CRISE DEMOCRÁTICA E DIREITO CONSTITUCIONAL GLOBAL

CONTRACORRENTE

CHRIS THORNHILL

CRISE DEMOCRÁTICA E DIREITO CONSTITUCIONAL GLOBAL

Tradução

Diógenes Moura Breda

Glenda Vicenzi

São Paulo

2021

CONTRACORRENTE

Copyright © EDITORA CONTRACORRENTE
Alameda Itu, 852 | 1º andar |
CEP 01421 002
www.loja-editoracontracorrente.com.br
contato@editoracontracorrente.com.br

Editores

Camila Almeida Janela Valim
Gustavo Marinho de Carvalho
Rafael Valim

Equipe editorial

Coordenação de projeto: Juliana Daglio
Revisão: Marcelo Madeira
Revisão técnica: Lisliane Pereira
Diagramação: Fernando Dias
Capa: Maikon Nery

Equipe de apoio

Fabiana Celli
Carla Vasconcelos
Fernando Pereira
Lais do Vale

Dados Internacionais de Catalogação na Publicação (CIP)
(Câmara Brasileira do Livro, SP, Brasil)

```
Thornhill, Chris
   Crise democrática e direito constitucional
global / Chris Thornhill ; tradução Diógenes Moura
Breda, Glenda Vicenzi. -- 1. ed. -- São Paulo :
Editora Contracorrente, 2021.

   Título original: Democratic crisis and
   global constitutional law
   ISBN 978-65-88470-46-6
   1. Democracia 2. Direito constitucional
3. Governo representativo e representação
4. Legitimidade dos governos - História
5. Pessoas (Direito constitucional) I. Título.

21-64522                                    CDU-342.5
```

Índices para catálogo sistemático:

1. Democracia : Direito constitucional   342.5

Maria Alice Ferreira - Bibliotecária - CRB-8/7964

Para Atina, Grace e John

SUMÁRIO

AGRADECIMENTOS 9

INTRODUÇÃO 11

CAPÍTULO I - SUJEITOS DEMOCRÁTICOS E PROCESSO SOCIAL 31

CAPÍTULO II - DEMOCRACIA E MILITARIZAÇÃO 65

CAPÍTULO III - DEMOCRACIA E DIREITO GLOBAL 185

CAPÍTULO IV - POPULISMO COMO DEMOCRACIA MAL COMPREENDIDA 289

CONCLUSÃO 329

REFERÊNCIAS BIBLIOGRÁFICAS 339

INTRODUÇÃO
A HIBRIDIZAÇÃO DA DEMOCRACIA

Em linhas gerais, este livro é uma tentativa de compreender o enfraquecimento da democracia que atualmente se observa em diferentes sociedades, em particular nas sociedades afetadas pela recente ascensão de movimentos e partidos populistas. É um esforço, construído sobre amplos fundamentos sociológicos, para compreender por que a democracia constitucional parece ter se tornado instável ou mesmo ter entrado em risco justamente no momento de sua maior difusão, ao aproximar-se do status de norma jurídica global. O livro propõe um modelo teórico geral para explicar este amplo processo de desestabilização democrática.

As décadas de 1980 em diante presenciaram a disseminação global da democracia em diversas formas constitucionais. Antes de 1945, foram poucas as democracias que perduraram por muito tempo, e a maioria das experiências democráticas terminou em catástrofe. Além do mais, as nações que pareciam ter alcançado uma forma democrática estável antes de 1945 estariam hoje aquém dos critérios satisfatórios com os quais se define a democracia. Por exemplo, o Reino Unido era frequentemente visto como um Estado democrático antes de 1945. No entanto, até 1950, ele teve um sistema eleitoral baseado no voto ponderado, e hoje não seria, em sua forma anterior a 1950, visto como uma democracia plena. Da mesma forma, os EUA eram vistos frequentemente como uma democracia antes de 1945, mas mantiveram o apartheid racial até os anos 60. Após 1945, foi lentamente aceito o princípio de que somente governos totalmente democráticos, baseados no direito ao voto igualitário de cidadãos adultos e na organização regular de eleições competitivas, deveriam ser considerados legítimos. Inicialmente, este princípio não deu origem a muitos países que pudessem ser definidos como totalmente democráticos. Entre o final da década de 1940 e aproximadamente o ano de 1960, um pequeno conjunto de países, principalmente no norte da Europa, poderia ser classificado como democracias relativamente sólidas. Em meados da década de 1960, os EUA somaram-se ao grupo de países amplamente democratizados, a partir do estabelecimento da legislação que garantiu a igualdade do direito ao voto para todos os grupos da população. Alguns Estados latino-americanos passaram por experiências breves de aprofundamento da democracia entre o final da década de 1940 até a década de 1960. Porém, entre as décadas de 1960 e 1980, a maioria dos países da América Latina foi governada por regimes autoritários duros ou brandos. Mesmo os países latino-americanos que preservaram alguns procedimentos democráticos eram apenas democracias parciais. Por exemplo, a Colômbia gozava de um sistema democrático desde 1958, mas até os anos 70 a alternância nos cargos governamentais ocorria por meio de sucessões negociadas previamente. Os países do Leste Europeu assentados sobre um sistema de partidos contavam, após 1945, com alguns mecanismos representativos, tais como os acordos para delegação intrapartidária e as consultas locais.[1] Mas o autoritarismo duro ou brando foi o modo de governo dominante nessa região até as reformas iniciadas no final da década de 1980. Na África, na esteira do processo de descolonização, uma série de países vivenciou a democratização durante um curto período de tempo. Porém, nos anos 70, muitos desses governos democráticos em exercício foram destituídos por golpes militares.

A partir dos anos 90, porém, já era possível falar da democracia, ou de algum tipo de democracia, como um padrão de governo globalmente consolidado. A ascensão da democracia como uma realidade

---

[1] Kahn, 1988, p. 80.

AGRADECIMENTOS

A ideia para este livro me ocorreu pela primeira vez no verão de 2018, quando passei um semestre muito estimulante como Professor da Cátedra "Niklas Luhmann" de Teoria Sociológica na Universität Bielefeld. Gostaria de agradecer a todos os colegas da Faculdade de Sociologia de Bielefeld por terem me convidado para trabalhar nessa instituição, pela recepção afetuosa e por terem possibilitado o início de minha pesquisa para este livro em sua biblioteca magnífica. Desde 2018, tenho realizado pesquisas adicionais para este livro na Biblioteca Britânica (em Londres e Boston Spa) e no *Zentrum fur Militärgeschichte und Sozialwissenschaften der Bundeswehr* em Potsdam. Além disso, beneficiei-me das estadias como professor convidado na Universidade de Flensburg, Universidade Federal do Paraná (Curitiba), Unisinos, Universidade Federal de Pernambuco (Recife) e Universidade de São Paulo, durante a primavera e o verão de 2019. Sou grato aos colegas dessas instituições por sua ajuda em minha pesquisa e por terem me incluído em debates relacionados com as questões abordadas neste livro. Durante esse período, também me nutri dos debates com colegas em numerosas conferências, especialmente em Atenas (2018), Lisboa (2018), Nottingham (2019) e Bruxelas (2019). Conversas informais com amigos, parentes e colegas também foram muito importantes para orientar minhas reflexões, e eu gostaria de agradecer, em especial, às seguintes pessoas, por terem dedicado parte seu tempo a conversas comigo: Guilherme Azevedo, Juliano Benvindo, Gilberto Bercovici, Paul Blokker, Alfons Bora, Hauke Brunkhorst, Carina Calabria, Lucas

Delgado, Pierre Guibentif, Gorm Harste, Kirsty Keywood, Poul Kjaer, Atina Krajewska, Andreas Krampe, Ben Morris, Darrow Schecter, Rainer Schützeichel, Maria Smirnova, Gunther Teubner, Grace Thornhill, John Thornhill, Amit Upadhyay, Rustamjon Urinboyev e Rafael Valim. Como sempre, deixo meu profundo agradecimento aos alunos de diferentes Universidades pelo envolvimento intelectual durante os cursos que tenho ministrado. Em particular, agradeço aos alunos que frequentaram meu curso de Sociologia do Direito na Universidade de Manchester em 2019, aos alunos que assistiram a meu minicurso sobre Militarismo e Democracia em Recife, em agosto de 2019, e aos que participaram do meu seminário de doutorado sobre o Sistema Jurídico Global em Bielefeld, no verão de 2018. Meu agradecimento mais caloroso é dedicado a Finola O'Sullivan, da Cambridge University Press.

INTRODUÇÃO

pelos cidadãos não estão aperfeiçoados o suficiente ou estão sujeitos a restrições.

Em muitos casos, as características institucionais dos países de democracias híbridas são historicamente determinadas e podem estar vinculadas a atributos estruturais das sociedades em que aparecem. Por exemplo, alguns países assumiram características híbridas porque retornaram a uma situação na qual traços anteriores à transição reapareceram, de tal forma que as instituições democráticas não puderam assumir uma função primordial no sistema político como um todo. O exemplo mais óbvio é a Federação Russa. Atualmente, há uma ampla discussão sobre o retorno do sistema político russo a uma prática claramente autoritária, em que se reproduzem elementos do sistema político soviético tanto na gestão da política interna como na política externa.[4] No entanto, o sistema político russo ainda conserva algumas instituições democráticas, embora, devido em parte a pressões internacionais, tais instituições estejam sujeitas a uma tensão crescente. Paralelamente, alguns sistemas políticos assumiram características híbridas porque as organizações responsáveis pela mediação entre governo e sociedade estão pouco consolidadas. Como resultado, tais sistemas políticos são frequentemente caracterizados pela existência de poderes executivos parcialmente independentes, e pela dificuldade dos movimentos de oposição em estabelecer uma articulação de longo prazo. Esse é um fenômeno comum na América Latina. Alternativamente, alguns sistemas políticos assumiram características híbridas porque suas instituições carecem da força necessária para uma penetração social profunda, de tal forma que as políticas governamentais têm efeitos sociais limitados. Esse fenômeno é comum na África e na América Latina. Em tais países, poderosos atores privados são capazes de se isolar do Estado, e o controle regional informal, muitas vezes baseado no clientelismo ou na violência privada, torna-se uma característica governamental dominante. A Colômbia pode ser vista como o exemplo paradigmático desse tipo de país.

---

[4] HALE, Henry E. *Patronal politics*: eurasian regime dynamics in comparative perspective. New York: Cambridge University Press, 2015, p. 20.

Em geral, a democracia híbrida apresenta muitas variantes. A lista anterior é apenas uma pequena amostra, e não um exame exaustivo. Porém, como parte dessa tendência de hibridização democrática, podemos observar um processo institucional que se generalizou mundialmente nos últimos anos. Este processo cria um padrão relativamente uniforme de hibridismo democrático, com certa independência em relação às características estruturais das sociedades em que ocorre. Ou seja, muitos sistemas políticos, em diferentes pontos do espectro da democratização, estão atualmente sujeitos à desestabilização por movimentos que podem ser definidos como neopopulistas ou neonacionalistas, os quais geralmente conjugam características do populismo e do nacionalismo. Ao adentrarmos neste tema, é necessário certo cuidado. O populismo não é um fenômeno essencialmente novo, visto que os precursores dos movimentos populistas contemporâneos têm uma longa história, especialmente na América Latina e, em menor medida, nos EUA. Além disso, os governos populistas nem sempre são nitidamente discerníveis dos governos não populistas. Apesar disso, nos últimos anos, certa variante de populismo tornou-se, pela primeira vez, uma forma de governo generalizada. O populismo está atualmente ou foi recentemente institucionalizado como governo em vários países, incluindo Bolívia, Brasil, Hungria, Índia, Itália, Polônia, EUA, Reino Unido, Venezuela. Além disso, partidos com fortes elementos populistas exercem influência em um número muito maior de países. Nacionalismo e populismo combinam-se de formas muitas vezes estranhas, e partidos populistas não são necessariamente nacionalistas. Na maioria dos casos, porém, o populismo tende, com diferenças caso a caso, a aglutinar-se com o nacionalismo, e o recurso ao "povo" como base de sustentação do populismo normalmente pressupõe o recurso à "nação". Tal forma de populismo é agora uma expressão comum da hibridização democrática, e aparece nos países que outrora se julgavam imunes aos apelos populistas.

Em termos gerais, o populismo é definido pelo fato de desafiar as instituições democráticas estabelecidas, o que debilita os elementos processuais liberais da democracia representativa. Embora seja geralmente um movimento da direita, o populismo também pode expressar demandas sociais normalmente associadas à esquerda. Alguns governos populistas, como o da Venezuela e o da Bolívia, por exemplo,

INTRODUÇÃO

institucional global, para além de uma expectativa normativa provisória, adquiriu enorme força durante as transições de regime na Argentina, em 1983, e no Brasil, em 1985. Essas transições repercutiram em outros países latino-americanos, levando à derrubada de governos autoritários ou ao fortalecimento dos instrumentos de representação democrática existentes. Em seguida, entre o final da década de 1980 até a década de 1990, a democracia se fortaleceu como um fenômeno político generalizado no Leste Europeu, após a diminuição da influência soviética naquela região e a dissolução subsequente da União Soviética. Ao mesmo tempo, muitos países africanos trilhavam, de diferentes maneiras, caminhos para um novo processo de democratização. No final dos anos 90, a democracia poderia ser considerada, com algumas ressalvas, como uma forma política global. As principais exceções regionais permaneciam no Norte da África, Oriente Médio, Ásia Central e China, mas a promoção da democracia não era mais um compromisso individual ou localizado. Na maior parte do mundo, a legitimidade de um governo era medida a partir de critérios ligados à democracia.

Muitos argumentos têm sido apresentados para explicar o crescimento transregional da democracia, e não é necessário ver tal crescimento, sem uma avaliação mais profunda, como algo inevitavelmente benéfico. Em particular, o fato de, na África e na América Latina, a democratização ter sido frequentemente acompanhada pela imposição – articulada globalmente – de ajustes fiscais profundos fez com que os benefícios trazidos pela democracia aparecessem de forma ambígua para os que por ela foram abençoados.[2] Mesmo assim, nos anos 90, os cidadãos da maioria dos países, mesmo aqueles profundamente insatisfeitos com seus governos, tinham, pelo menos, acesso a alguns instrumentos democráticos para expressar a sua insatisfação.

Não demorou muito, porém, para ficar claro que a fase de globalização da democracia que ganhou força em meados da década de 1980 seria incapaz de dar origem a um conjunto uniforme de países

---

[2] BRYSK, Alison; WISE, Carol. "Liberalization and Ethnic Conflict in Latin America". *Studies in Comparative International Development*, vol. 32, n. 2, jun. 1997, p. 82.

democráticos totalmente avançados. Aparentemente, isto não deveria ter causado surpresa. A maioria das democracias constituídas depois de 1945 precisou de várias décadas para consolidar seus procedimentos democráticos. Países como a Índia, a Itália e o Japão, que se tornaram democracias logo após 1945, mantiveram-se durante décadas em um estado de transição prolongada e com a alternância de poder institucionalizada de maneira frágil. Há poucas evidências históricas de sucesso imediato em transições democráticas abruptas em grande escala. Em muitas sociedades que iniciaram transições democráticas nas décadas de 1980 ou 1990, as reformas políticas rapidamente produziram resultados distintos das definições de democracia contidas nos livros-texto. Em muitas sociedades, a transição para a democracia estagnou completamente ou resultou em sistemas políticos atípicos, que combinaram características nitidamente democráticas com alguns atributos geralmente não associados à democracia. Na primeira década do século XXI, era difícil ignorar o fato de que a expansão global da democracia havia produzido uma situação que resultou em uma série de novas tensões e variantes da própria democracia.[3] Na maioria dos casos, a democratização não levou à criação das democracias em forma pura, mas sim à formação de diferentes híbridos democráticos, localizados em pontos intermediários do espectro entre democracia e autoritarismo.

Tais democracias híbridas assumiram uma série de características distintas, muitas das quais não serão analisadas aqui. Em linhas gerais, no entanto, um país de democracia híbrida pode ser definido através das seguintes características gerais: (1) em um nível formal, esse país atribui a produção de legitimidade para o exercício das funções políticas aos sujeitos que classicamente autorizam o regime democrático-constitucional, como reflexo da hipótese de que a legitimidade resulta da livre expressão da vontade de *cidadãos soberanos* através de *instituições soberanas*; (2) a *accountability* real das instituições políticas perante os cidadãos é limitada, e os procedimentos que permitem o exercício da soberania

---

[3] Ver CAROTHERS, Thomas. "The End of the Transition Paradigm". *Journal of Democracy*, vol. 13, n. 1, pp. 5-21, 2002; e DIAMOND, Larry. "Thinking about Hybrid Regimes". *Journal of Democracy*, vol. 13, n. 2, 2002, pp. 21-35.

INTRODUÇÃO

da democracia. Muitas das democracias criadas desde os anos 80 foram construídas a partir de procedimentos que enfraqueceram o aspecto popular ou coletivo da construção institucional, e talvez por causa disso estiveram intrinsecamente propensas à forma particular de hibridismo agora expressada no populismo.

Em primeiro lugar, na maioria dos países, os processos recentes de democratização foram profundamente influenciados por organizações e formuladores de normas internacionais. Em algumas sociedades, os artífices das novas democracias trabalharam em estreita colaboração com organismos internacionais de direitos humanos, e a democracia foi intencionalmente projetada para indicar concordância com as normas internacionais de direitos humanos.[7] Em algumas sociedades, as novas democracias foram criadas na medida em que os políticos apoiaram a democratização como pré-requisito para o acesso do país a organizações internacionais economicamente vantajosas. Isso teve início na Espanha após 1975. Mas a maioria dos Estados do Leste Europeu, após 1989, são exemplos desse fato. Nesses países, a transição democrática foi parcialmente conduzida como um processo no qual os princípios constitucionais internos se alinharam aos padrões globais da democracia política, baseados nos direitos humanos, de modo que os países em questão pudessem ingressar como membros da União Europeia (UE). Poucos dos atuais Estados-membro da UE estavam plenamente consolidados como democracias antes de serem integrados na UE. De maneira mais intangível, nas sociedades em que persistem características fortemente autoritárias, os elementos do sistema político que conservam um componente democrático são preservados, em ampla medida, porque algumas instituições estão funcionalmente ligadas aos formuladores de normas internacionais, de modo que as normas definidas globalmente ainda são capazes de penetrar no sistema político. Neste sentido, um exemplo muito importante é a Federação Russa, onde, apesar da natureza cada vez mais autoritária do sistema político como um todo, o Poder Judiciário ainda vincula as instituições e práticas políticas nacionais às expectativas normativas internacionais.

---

[7] Ver p. 237.

Em segundo lugar, em diversos contextos, os governos democráticos têm sido liderados por instituições cujo vínculo com a representação popular é indireto. Particularmente, os modelos recentes de construção de sistemas políticos democráticos estão marcados fortemente pela liderança das instituições judiciárias na definição da legislação e, em muitos casos, até mesmo das leis constitucionais básicas. Esta relevância do Poder Judiciário é particularmente visível nos sistemas políticos criados após a década de 1980. Muitos países assumiram uma forma democrática durante e logo após a década de 1980, ao mesmo tempo que ingressavam nos sistemas internacionais de direitos humanos e aceitavam a jurisdição das cortes internacionais de direitos humanos. A relação causal entre estes dois processos nem sempre é imediata. No entanto, a coincidência temporal entre a democratização na América Latina, Leste Europeu e África, e a consolidação do poder das cortes e comissões ligadas aos sistemas de direitos humanos americano, europeu e africano é difícil de contestar. Frequentemente, essa coincidência significou que os órgãos judiciais dos sistemas políticos nacionais assumissem um papel articulador na democratização, supervisionando processos de transição e legitimando atos legislativos através da mediação entre o Direito Internacional e o Direito doméstico. Esta importância do Poder Judiciário também é nítida em países com trajetórias democráticas mais longas. Alguns países – a Índia e o Reino Unido, por exemplo – que têm trajetórias democráticas anteriores aos anos 80, alcançaram suas formas democráticas atuais devido, em parte, ao aumento da influência dos órgãos judiciais. Em ambos os casos, isso é parcialmente causado pelo vínculo entre os formuladores de normas nacionais e internacionais.[8] Da mesma forma, os EUA são um país no qual a forma atual de democracia foi parcialmente elaborada por órgãos judiciais, que transferiram normas globais para o Direito Constitucional nacional.[9]

---

[8] THORNHILL, Chris. *The sociology of law and the global transformation of democracy.* Cambridge, RU; New York, NY: Cambridge University Press, 2018, pp. 323-350, pp. 478-479.

[9] Ver p. 190.

INTRODUÇÃO

adotaram políticas claramente vinculadas a movimentos de esquerda. Como discutido no quarto capítulo, o populismo contemporâneo tende a aparecer como um movimento, um conjunto de movimentos ou como um regime de governo que: (a) pressupõe o exercício legítimo do poder por meio da expressão direta da vontade soberana do povo, frequentemente incitando a mobilização popular para desacreditar as elites governamentais, ao mesmo tempo que reivindica ser oposição aos interesses consolidados dessas elites; (b) demonstra ser capaz de mudar rapidamente de posicionamento ideológico, dependendo de sua avaliação a respeito dos interesses populares e da necessidade de apoio eleitoral; (c) atribui a si mesmo uma certa identidade compartilhada com povo soberano, de forma que os interesses populares são frequentemente definidos em termos exclusivos; (d) apoia o majoritarismo extremo e condena as instituições que impõem padrões normativos cerceadores da expressão direta da vontade soberana do povo nos órgãos legislativos nacionais. Por este motivo, o populismo também tende a: (e) ser hostil às normas internacionais, às organizações internacionais com poder suprajurisdicional, e às cortes nacionais que tendem a interagir estreitamente com os formuladores de normas internacionais.[5]

Em cada uma das características descritas, os movimentos e os governos populistas pressionam os sistemas de organização democrática constituídos. Por exemplo, os políticos populistas são muitas vezes capazes de eludir as convenções estabelecidas para legitimar a legislação, reivindicando, em seu lugar, um mandato direto do povo. Por este motivo, os governos populistas tendem a transferir o poder das instâncias representativas, onde o equilíbrio é complexo, para quadros políticos mais personalistas. Além disso, os governos populistas, reivindicando uma forte sustentação na vontade popular, são capazes de reduzir a abrangência de atuação dos partidos de oposição, de modo que o consenso entre frações políticas perde importância como fonte

---

[5] Sobre a hostilidade populista às instituições de governança global, ver DROLET, Jean-François; WILLIAMS, Michael C. "Radical Conservatism and Global Order: International Theory and the New Right". *International Theory*, vol. 10, n. 3, 2018, pp. 285-313.

de legitimidade. Com frequência, os políticos populistas são capazes de influenciar politicamente o Poder Judiciário, tendendo a politizar as funções judiciais. De modo geral, o populismo carrega um forte ímpeto para o personalismo do Poder Executivo, o que entra em contradição tanto com os aspectos processuais quanto com os aspectos de moderação e consenso da democracia representativa. Neste sentido, os Estados governados por políticos populistas normalmente pertencem à família dos países democráticos, e o questionamento populista das instituições democráticas estabelecidas se faz, pelo menos aparentemente, em nome da democracia. No entanto, o regime populista revela propensões autoritárias nítidas, ainda que não totalmente corrosivas.

Populismo e sociologia constitucional

Pesquisadores importantes têm notado que o populismo moderno ainda não foi submetido a uma análise abrangente, e que nos falta uma perspectiva sociológica para explicar a prevalência do populismo na sociedade contemporânea.[6] Este livro tem o objetivo de propor um modelo sociológico abrangente para analisar o populismo, e de especificar as causas sociais profundas que criam oportunidades de legitimação para os movimentos populistas na sociedade contemporânea.

Em um certo nível, o fenômeno do hibridismo democrático pode, por si só, proporcionar uma chave sociológica para compreender o populismo. Os casos mais recentes de mobilização populista podem ser parcialmente explicados como variantes da hibridização generalizada das instituições democráticas, e é possível observar o crescimento do populismo como parte de um ambiente de debilidade democrática mais amplo. Na verdade, o crescimento dos movimentos populistas na última década pode ser atribuído, de alguma forma, ao fato de a democratização, nas transições mais recentes, ter sido frequentemente realizada sobre bases que não estavam previstas nas definições clássicas

---

[6] JANSEN, Robert S. "Populist Mobilization: a New Theoretical Approach to Populism". *Sociological Theory*, vol. 29, n. 2, 2011, p. 90.

INTRODUÇÃO

marcados por processos constitucionais globais, e conquistarem legitimidade ao denunciar a hibridez de tais sistemas políticos. Entretanto, quando reagem contra o (suposto) esgotamento dos padrões de democracia causado por aqueles padrões constitucionais globais de construção de normas, os movimentos populistas normalmente enfraquecem ainda mais a democracia.[11] Em outras palavras, o populismo aparece como uma forma constitucional que reage criticamente à promulgação de normas constitucionais a nível global para o estabelecimento da democracia. Contudo, sua reação a essas normas globais leva à erosão da democracia a nível nacional. A demanda populista por *mais democracia*, ou por *menos democracia global*, geralmente resulta em *menos democracia nacional*.

Nesse aspecto, a ascensão do populismo expressa e apresenta um problema sociológico que transcende as discussões sobre a democracia híbrida. Em primeiro lugar, o populismo levanta um problema sobre a relação entre constitucionalismo nacional e constitucionalismo global. Tal problema indica que esta relação tem sido mal compreendida, ou, pelo menos, que é necessário um maior esclarecimento a respeito, em nome da democracia. Desde a década de 1980, o constitucionalismo democrático tem avançado consideravelmente por dois eixos distintos, um nacional e outro global. Estes eixos criam expectativas normativas conflituosas na sociedade, e não são facilmente conciliáveis. O atrito normativo entre as duas esferas se expressa geralmente em populismo, e é claramente problemático para o futuro da democracia. Os termos de articulação entre esses domínios exigem uma explicação sociológica rigorosa. Em segundo lugar, o populismo levanta uma questão profunda a respeito da concepção normativa fundamental da democracia. Os movimentos populistas impõem os sujeitos democráticos clássicos como a subestrutura essencial da democracia, e insistem em obter apoio de enormes manifestações da soberania popular. Ao fazê-lo, porém, o populismo fragiliza ainda mais a democracia. Assim, o populismo implica,

---

[11] Ver HUBER, Robert A.; SCHIMPF, Christian H. "Friend or Foe? Testing the Influence of Populism on Democratic Quality in Latin America". *Political Studies*, vol. 64, n. 4, pp. 872-889, 2016, pp. 873-874; e a análise da pp. 204-214.

em algumas conjunturas, o descolamento entre os conceitos clássicos de democracia e as premissas sociopolíticas reais da democracia. Na maioria das vezes, os conceitos clássicos de democracia são incapazes de descrever os processos pelos quais ela foi criada e, quando aplicados como medidas de legitimação, levam ao enfraquecimento da democracia. No populismo, consequentemente, observamos uma realidade política na qual a democracia se desestabiliza através do restabelecimento das suas principais reivindicações e conceitos normativos. Desse modo, é necessário um exame crítico destas reivindicações e conceitos normativos, e também uma ampla investigação para determinar por que, muitas vezes, a afirmação de conceitos democráticos prejudica a democracia. Em suma, o problema do populismo revela duas antinomias nas formas usuais em que a democracia é compreendida: levanta uma questão sobre o conflito entre os padrões nacionais e globais na elaboração de constituições democráticas; e levanta uma questão sobre o conflito entre os entendimentos convencionais a respeito da democracia, por um lado, e a forma sociológica real e os requisitos do regime democrático, por outro.

Este livro aborda o populismo através da análise das antinomias presentes na democracia, e, por meio de uma investigação sobre a própria democracia, busca explicar as razões para o espraiamento do populismo. Para abordar o problema do populismo, emprega-se um método sociológico global na análise da democracia e de seus fundamentos e fragilidades constitucionais. Esta abordagem é utilizada para isolar os processos objetivos através dos quais, em geral, a democracia tomou forma, seus conceitos fundadores surgiram e, com variações, ela conseguiu se enraizar em diversas sociedades. Em particular, argumenta-se que o populismo frequentemente adquire influência porque a compreensão sobre democracia apresenta deficiências sociológicas, de modo que ela é avaliada a partir de uma perspectiva falsa. Vista através de uma perspectiva histórica global, também se afirma que a democracia deve ser interpretada não como o resultado de escolhas ou ações políticas subjetivas, mas como o resultado – sempre diverso – de processos profundos de integração, cujo equilíbrio é fundamental para a organização da sociedade moderna como um todo. Por esta razão, a democracia é o produto de dois processos de integração associados, um dos quais tem um sentido institucional e o outro um sentido normativo, que remontam às origens

INTRODUÇÃO

Sob qualquer das distintas formas descritas, a maioria das democracias contemporâneas tomou forma mediante processos nos quais as normas constitucionais foram estabelecidas a partir de condicionantes globais, ou pelo menos foram matizadas por uma profunda interação entre os processos nacionais e internacionais de construção das normas. Poucos países democráticos foram construídos através de expressões clássicas da vontade democrática, nas quais os povos soberanos simplesmente criam e conquistam a força legislativa dentro de instituições que projetaram para si mesmos. Poucas democracias dependem da legitimidade resultante de decisões coletivas de um povo nacional. Na maioria das democracias, os papéis básicos da cidadania foram determinados, pelo menos em parte, por expectativas externas, e expressam processos globalmente convergentes de formação constitucional.

O fato de que muitas democracias contemporâneas tenham origens tão atípicas cria, em geral, um terreno propício à formação de regimes híbridos. Os regimes híbridos mais autoritários, tais como os que existem atualmente na Rússia e em partes da Ásia Central, claramente se desenvolveram em condições nas quais a construção de instituições democráticas não foi liderada pela vontade popular. Nessas circunstâncias, a recorrência do autoritarismo é comprovadamente influenciada pelo fato de que os papéis clássicos da cidadania não estavam incorporados à sociedade de maneira consistente.[10] Este pano de fundo também cria um contexto no qual o populismo pode facilmente nascer e florescer. O populismo é normalmente impulsionado pela reclamação de que as instituições políticas não estão profundamente enraizadas na sociedade e que os padrões de subjetividade política – ou soberania cidadã – necessários para legitimar a democracia não são sólidos. Como já se afirmou, o vocabulário essencial do populismo está centrado no argumento de que os mecanismos representativos favorecem as elites e fragilizam a participação popular. Um traço comum no populismo contemporâneo é sua intensa hostilidade às normas internacionais e às

---

[10] Ver antecedentes em BRUBAKER, Rogers. "Nationhood and the National Question in the Soviet Union and post-Soviet Russia: an Institutionalist Account". *Theory and Society*, vol. 23, 1994, pp. 47-78.

instituições das sociedades nacionais que alinham seus processos políticos aos princípios internacionais. A rigor, nesse âmbito o populismo expressa a acusação de que os sistemas políticos por ele criticados são de natureza híbrida. O populismo é uma forma de democracia híbrida que se insurge contra democracias caracterizadas, retoricamente, por possuírem características híbridas, e adquire legitimidade ao afirmar que, nos locais onde nasce, os sistemas políticos não estão totalmente democratizados. Em sua crítica à democracia contemporânea, o populismo é especificamente impulsionado e legitimado pela insistência de que os conceitos democráticos clássicos, de *cidadania nacional* e *soberania popular*, devem ser colocados, indiscutivelmente, no centro da democracia. Sob este ponto de vista, o populismo corresponde a uma forma de pensar a legitimidade governamental, forma esta que rejeita profundamente as premissas sobre as quais a maioria das democracias contemporânea foi construída.

Por tais motivos, a análise do populismo pode ser enquadrada, de maneira fecunda, em uma discussão político-sociológica mais ampla sobre a hibridização democrática e suas implicações. À primeira vista, é possível observar que a própria democracia se tornou uma forma global por meio de formas híbridas, de tal maneira que a maior parte das democracias atuais são democracias híbridas. O populismo pode ser visto, dessa maneira, como um híbrido entre tantos outros, com parte em um ambiente de legitimação produzido e definido pelo hibridismo democrático. Porém, em um nível mais profundo, o fato de o populismo se apresentar como remédio para a democracia defeituosa levanta questões que não podem ser resolvidas apenas em uma discussão comparativa sobre a hibridização democrática. O populismo se distingue dos demais padrões de democracia híbrida por buscar estabelecer um modelo de democracia fortemente legitimado, baseado em princípios clássicos do agir democrático. Em consequência, o populismo levanta questões sobre os pré-requisitos básicos da democracia, e traz à luz algumas antinomias na democracia que de outra forma não se tornariam visíveis. O populismo revela um profundo paradoxo no cerne da democracia moderna, cuja compreensão requer uma ampla análise sociológica global. Este paradoxo se expressa claramente no fato de os movimentos populistas, em geral, tornarem-se influentes em países profundamente

INTRODUÇÃO

da forma societária moderna e moldam todas as sociedades nacionais. A democracia emerge através de um processo no qual a sociedade se transforma, como um todo, em um sistema de integração jurídica, e o êxito desse processo depende da capacidade dos países para apoiá-lo, e, assim, consolidar na sociedade um *sistema geral de integração institucional* e um *sistema geral de integração normativa*. Ou seja, a democracia adquire concretude na sociedade moderna à medida que o sistema político estende e sustenta aquela forma societária através da integração dos cidadãos às atribuições das instituições políticas e do estabelecimento de normas jurídicas reconhecidas e aplicadas a todos os membros da sociedade. A democracia simplesmente não pode existir sem estes dois processos integradores, e tampouco pode surgir onde estes processos de integração não moldam a sociedade. Para sustentar estes processos de integração, um sistema político democrático deve: (a) construir instituições capazes de manter uma interação próxima com os cidadãos de forma individual, consolidando papéis de cidadania para perpetuar essa interação; (b) estabelecer uma ordem normativa na qual os cidadãos estejam conectados entre si e com o governo por leis cuja origem eles reconheçam como legítima; (c) construir legitimidade normativa para as leis, capaz de sustentar a aplicação da lei em toda a sociedade; (d) assegurar, na medida do possível, que os processos de integração institucional e normativa, nos quais a democracia se baseia, não entrem em conflito entre si ou se desestabilizem mutuamente. Ao propor uma explicação integral sobre a formação democrática, este livro argumenta que a democracia possui pré-requisitos que são amplamente mal compreendidos. Além disso, o trabalho sustenta que, encarada como parte da forma integral da sociedade, a democracia geralmente é resultado da articulação entre as os sistemas políticos nacionais e os processos globais de construção de normas. A incompreensão destes fatos seguidamente deriva em instabilidade democrática, e tal instabilidade desemboca com frequência no populismo.

Com base nisso, este livro trata de explicar o populismo por meio de uma análise sociológica global da articulação entre as normas fundamentais do Direito Constitucional nacional e as normas fundamentais do Direito Constitucional global. Afirma-se, a respeito, que a má interpretação conceitual sobre a relação entre estes campos cria o ambiente em que o populismo se desenvolve. Subjacente a esta análise, há uma afirmação complementar: a de que o vocabulário básico em que se define e se promove a democracia exacerba os problemas de integração na sociedade, e tal fato está presente nas crises democráticas de forma generalizada. É necessária uma ampla reconstrução sociológica do surgimento da democracia e a formulação de conceitos democráticos, tanto para explicar a natureza real da democracia quanto para evitar a tendência de a democracia sucumbir ao populismo.

Contexto da pesquisa

Ao fundir a sociologia global e a análise sociológica da democracia, do populismo e do constitucionalismo, este livro se relaciona com três campos de pesquisa distintos.

Em primeiro lugar, este livro se considera parte do conjunto crescente de pesquisas que discute os padrões atípicos de constitucionalismo, e estabelece um diálogo crítico com seus pontos de vista. Atualmente, observa-se o aumento de uma literatura de grande relevância que analisa o *constitucionalismo autoritário* como um fenômeno particular, criado pelo fracasso parcial das recentes experiências constitucionais.[12] Este livro busca contribuir para as pesquisas neste campo, analisando os fundamentos sociais da crise constitucional nos países democráticos. Dentro deste campo, existe também outro mais específico, que se concentra nas dimensões constitucionais do populismo. Na atualidade, é frequente o argumento de que o populismo se tornou uma forma constitucional particular, que expressa problemas de natureza constitucional específica e exige explicações em categorias constitucionais.[13] Este livro

---

[12] LAW, David; VERSTEEG, Mila. "Sham Constitutions". *California Law Review*, vol. 101, n. 4, 2013, pp. 863-952; TUSHNET, Mark. "Authoritarian Constitutionalism". *Cornell Law Review*, vol. 100, 2015, pp. 391-462; GINSBURG, Tom; HUQ, Aziz Z. *How to save a constitutional democracy*. Chicago; London: Chicago University Press, 2018.

[13] LANDAU, David. "Populist Constitutions". *University of Chicago Law Review*, vol. 85, n. 2016, pp. 521-543, 2018; BLOKKER, Paul. "Varieties of Populist Constitutionalism: the Transnational Dimension". *German Law Journal*, vol. 20, pp. 333-350, 2019; BUGARIC, Bojan. "Could Populism Be Good for

desenvolve e amplia esta linha de pesquisa. Também mostra também como o populismo evolui como expressão de antinomias inerentes à democracia constitucional. Porém, aqui há uma diferença em relação a outras tentativas de interpretar o populismo como uma categoria do constitucionalismo. A diferença reside, sobretudo, no ponto de vista que aqui se sustenta, de que o motivo pelo qual a democracia contemporânea encontra-se fragilizada se deve, em grande parte, ao vocabulário do próprio constitucionalismo democrático: ou seja, a causa da crise democrática pode ser encontrada nas categorias constitucionais que articulam os fundamentos da democracia. No centro do problema do populismo, que expressa e ao mesmo tempo provoca a crise democrática, está um problema interno à democracia. Esse problema se expressa na contradição cada vez mais intensa entre a construção constitucional dos sujeitos necessários para sustentar a construção democrática legítima e os procedimentos reais que de fato estabelecem e consolidam a democracia. Essa questão revela um paradoxo profundo no cerne da democracia constitucional.

Em segundo lugar, este livro se enquadra no campo de pesquisa relacionado com a *sociologia global* ou *sociologia jurídica global*. Ao realizar uma abordagem sociológica global dos problemas constitucionais, este livro compreende a sociologia global de uma maneira distinta. Isto é, ele busca explicar a crise democrática identificando conjunturas normativas e institucionais comuns, as quais, durante longos períodos de tempo, têm sustentado sistemas políticos democráticos em diferentes partes do globo. Neste sentido, há alguns pontos de contato com linhas da sociologia teórica que utilizam modelos da teoria do sistema político mundial, de cultura mundial ou de sociedade mundial como matrizes explicativas. Tal como essas abordagens, trata-se de isolar e explicar as tendências generalizadas ou isomórficas da sociedade global que apoiam a consolidação da democracia.[14] De fato, os processos que sustentam o

---

Constitutional Democracy?". *Annual Review of Law and Social Science*, vol. 15, 2019, pp. 41-58.

[14] Para diferentes versões dessa teoria, ver MEYER, John. "The World Polity and the Authority of the Nation-State". *In*: BERGESEN, Albert (coord.). *Studies of the*

Estado democrático são relativamente consistentes em todo o mundo, e a maioria dos Estados adquiriu uma forma democrática a partir de premissas amplamente uniformes. No entanto, este livro difere de outras abordagens em virtude de sua perspectiva histórica. Por meio de uma abordagem dos processos globais que constituem e afetam a democracia, este trabalho prioriza a identificação e explicação das manifestações originais, mais condensadas ou paradigmáticas, de tais processos, e tenta reconstruir o impacto dos processos globais, avaliando os contextos em que eles se expressaram e foram elaborados conceitualmente pela primeira vez. Portanto, ao examinar a democracia e o constitucionalismo democrático através de uma lente sociológica global, este livro ocupa-se, primeiramente, dos redutos europeus da democracia e do constitucionalismo nascentes. Grande parte das análises sobre essa fase inicial destaca a França e alguns Estados alemães, nos quais os conceitos de cidadania que definiram a sociedade moderna adquiriram expressão pela primeira vez. E isso porque foram nestes contextos que as forças que moldaram a construção de sistemas políticos democráticos apareceram de maneira evidente, e nos quais as complexas implicações sociais dos conceitos democráticos podem ser analisadas de forma mais clara. Isto não implica privilegiar uma localização geográfica em detrimento de outras. Indica, no entanto, uma tentativa de rastrear os processos políticos globais até suas origens, e de analisar as manifestações iniciais desses processos, uma vez que elas possuem uma enorme capacidade explicativa e podem ser, em grande medida, generalizáveis. Dessa forma, este livro expressa a afirmação, sistematizada pela primeira vez na análise teórico-sistêmica da sociedade global, de que os processos jurídico-políticos globais estão geralmente ligados a experiências de diferenciação social, e os processos globais podem ser capturados com mais precisão

---

modern world-system. New York: Academic Press, 1980, pp. 109-137; MEYER, John W.; BOLI, John; THOMAS; George M.; RAMIREZ, Francisco. "World Society and the Nation-State". *American Journal of Sociology*, vol. 103, n. 1, 1997, pp. 144-181; STICHWEH, Rudolf. *Die Weltgesellschaft*: Soziologische Analysen. Frankfurt am Main: Suhrkamp, 2000. Tais análises sobre a transformação dos sistemas políticos nacionais através da ampliação das normas transnacionais na sociedade mundial coincidem com meu ponto de vista (STICHWEH, Rudolf. *Die Weltgesellschaft*: Soziologische Analysen. Frankfurt am Main: Suhrkamp, p. 43).

INTRODUÇÃO

através do questionamento sobre os padrões de diferenciação que moldaram sua ascensão inicial. Como resultado, a abordagem da formação social global aqui proposta está baseada em pesquisas recentes da sociologia histórica. Em particular, nos estudos que examinam o papel do sistema militar nos processos de diferenciação que acompanharam a primeira ascensão da democracia.[15] A ênfase sociológica global do livro fica clara em sua tentativa de reconstruir acontecimentos que moldaram a forma da democracia no interior de um amplo espectro de sociedades nacionais. Também aborda as diferenças de cada contexto nesses processos globais. No entanto, parte-se da ideia de que os padrões de diferenciação que finalmente adquiriram relevância global para a democracia são melhor compreendidos através da análise de sua gênese.

Em terceiro lugar, este livro contribui para um campo de pesquisa que pode ser definido, de maneira ampla, como o da *sociologia dos conceitos*. Este livro busca reconstruir as crises democráticas contemporâneas, mostrando como os princípios normativos que moldam a teoria democrática e constitucional são reflexos de forças e pressões sociais profundas. Neste sentido, ele expande as ideias desenvolvidas no contexto da história conceitual e utiliza aspectos da sociologia sistêmica que ajudam a ilustrar como as ideias normativas são formadas por processos de evolução social, os quais, por sua vez, elas ajudam a criar. A sociologia dos conceitos não está totalmente estabelecida como um subcampo da sociologia. Entretanto, certos aspectos de uma sociologia dos conceitos já estavam presentes no pensamento de Hegel, que observou os conceitos como refrações estruturais dos processos históricos. Mais recentemente, uma série de teóricos tem se esforçado para mostrar como os conceitos políticos estruturam, direcionam e reforçam as linhas do desenvolvimento histórico. Tais perspectivas são evidentes

---

[15] HOERES, Peter. "Das Militär der Gesellschaft: zu Verhältnis von Militär und Politik im deutschen Kaiserreich". *In*: BECKER, Franz (coord.). *Geschichte und Systemtheorie*: Exemplarische Fallstudien. Frankfurt; New York: Campus Verlag, 2004, pp. 330-354; KUCHLER, Barbara. "Krieg und gesellschaftliche Differenzierung". *Zeitschrift für Soziologie*, vol. 42, n. 6, 2013, pp. 502-520; HARSTE, Gorm. *Kritik af Krigens Fornuft*: et perspektiv på selvreferentielle systemer fra 11.-21 Århundrede. (S. l.): Aarhus University Press, 2016.

em diversos aspectos da historiografia de Bielefeld, exemplificadas por Reinhart Koselleck[16] e Niklas Luhmann.[17] Este livro se vincula explicitamente à afirmação, articulada em tal pensamento, de que conceitos teóricos e processos sociais estão estruturalmente entrelaçados. Contudo, difere de tais abordagens na medida em que insiste, centralmente, que a elaboração sociológica de conceitos é fundamental para um debate político adequado, e explica como a interpretação demasiado literal ou sociologicamente impensada de conceitos políticos e constitucionais tem consequências adversas para a democracia como realidade material. Sobre esta premissa, este livro argumenta que a realidade objetiva da democracia não pode ser compreendida através dos modelos conceituais em que a democracia tem sido explicada ao longo de seu desenvolvimento histórico. As crises na democracia frequentemente são resultado da falta de reflexão sociológica na interpretação de conceitos normativos.

Sobre estes três pilares, o livro que apresentamos oferece uma explicação sociológica das razões pelas quais as democracias modernas mostram uma propensão a cair no populismo. Argumenta que as razões para isso devem ser procuradas nas origens da democracia moderna, nos padrões de diferenciação social subjacentes à democracia, e nos problemas normativos criados pelo entendimento conceitual da democracia sobre si mesma.

---

[16] KOSELLECK, Reinhart. *Vergangene Zukunft*: Zur Semantik geschichtlicher Zeiten. Frankfurt: Suhrkamp, 1979, p. 113.

[17] LUHMANN, Niklas. *Gesellschaftsstruktur und Semantik*: Studien zur Wissenssoziologie der modernen Gesellschaft. vol. I. Frankfurt am Main: Suhrkamp, 1980, p. 49.

Capítulo I

SUJEITOS DEMOCRÁTICOS E PROCESSO SOCIAL

Introdução

O modelo de ordenamento político conhecido como "democracia" desenvolveu-se em torno ao pressuposto de que o exercício do poder político se torna legítimo quando um sistema político institucionaliza os procedimentos para a representação igualitária dos membros da população que estão submetidos a ele. Neste sentido, o indicador essencial da legitimidade democrática é a manifestação, por parte do sistema político, do princípio da *soberania popular*, e os sistemas políticos são considerados legítimos na medida em que dão consequência à *vontade soberana do povo*. Esta concepção de um sistema político legítimo difundiu-se pela primeira vez durante as revoluções constitucionais ocorridas na Europa e na América no final do século XVIII. Após esse período, as decisões do povo soberano se estabeleceram como o fundamento essencial da legitimidade de governo, formando o atributo primário das normas jurídicas e políticas vinculativas em um determinado país.

A ideia legitimadora do povo soberano esteve, desde sua primeira manifestação, intrinsecamente associada ao conceito de *cidadania*, um conceito utilizado para descrever o conjunto de direitos e deveres por meio dos quais os membros da sociedade constroem e reconhecem a legitimidade dos órgãos governamentais que exercem autoridade sobre eles. O conceito de cidadania possui uma série de significados, com implicações diversas em diferentes fases da sua formação. Inicialmente, um conceito embrionário de cidadão tomou forma, concebendo a cidadania como uma condição social na qual as pessoas obtinham direitos e deveres em relação ao governo devido ao seu pertencimento a uma comunidade territorial particular. Essa ideia inicial de cidadania pressupunha que os indivíduos estavam obrigados a reconhecer seus governos como legítimos se esses governos lhes proporcionassem um certo número de garantias jurídicas subjetivas (direitos), decorrentes de seu vínculo territorial. Normalmente, tais direitos incluíam a garantia de ocupação de propriedade, incluindo direitos de residência na terra, e o mais importante, garantias de um tratamento processual justo nos termos da lei. Tais princípios jurídicos de cidadania já estavam parcialmente consolidados na Europa no século XVIII, antes do período revolucionário. No final do século XVIII, porém, um conceito mais amplo de cidadania foi estabelecido. A partir desse momento, a cidadania passou a ser definida como uma condição na qual, em um determinado contexto territorial, esperava-se que os indivíduos considerassem seus governos como legítimos na medida em que participassem, geralmente por meio de representação eleitoral, da criação das normas do sistema político como um todo e das leis relacionadas à vida cotidiana. A concepção do sistema político democrático moderno foi, essencialmente, resultado da fusão entre o conceito de soberania popular e o conceito de cidadão, por meio da qual o cidadão foi definido como um ator político fortemente engajado. Immanuel Kant definiu essa relação de maneira paradigmática. Ele afirmou que o cidadão (*Staatsbürger*) é definido pelo exercício da soberania popular, e que a legitimidade do Estado emana diretamente da vontade soberana dos cidadãos.[18] Sobre esta base, o sistema político moderno se concentrou em um modelo dominante de subjetividade política – o cidadão soberano, ou o cidadão nacional como agente da soberania popular.

---

[18] KANT, Immanuel. *Metaphysik der Sitten*. vol. 8. Frankfurt am Main: Suhrkamp, 1977, p. 432.

CAPÍTULO I - SUJEITOS DEMOCRÁTICOS E PROCESSO SOCIAL

A fusão desses eixos conceituais, o povo soberano e o cidadão, é ainda fundamental para as categorias a partir das quais se avalia a legitimidade dos Estados modernos. É verdade que, nos últimos anos, muitas análises teóricas têm questionado a correlação básica entre soberania popular, cidadania nacional e legitimidade democrática. Intelectuais como Jürgen Habermas e Hauke Brunkhorst insistem na possibilidade de uma democracia pós-soberana ou de uma cidadania pós-nacional, em que os atos de participação popular historicamente ligados às populações nacionais são substituídos por práticas e organizações supranacionais. No entanto, a projeção dos sujeitos básicos da democracia tem se mantido, em grande medida, inalterada desde o século XVIII. O pressuposto essencial de que um sistema político se legitima pelo fato de produzir leis que se originam dos atos do povo soberano, emancipados no papel de cidadãos, permanece no cerne da democracia. São poucas as teorias sobre a democracia que põem em xeque essa arquitetura subjetiva. Tal entendimento a respeito dos sujeitos democráticos abrange fundamentalmente todo o espectro de explicações importantes sobre a democracia representativa hoje em dia. Trata-se de um ponto de partida central tanto para teorias que defendem padrões liberais de democracia quanto para teorias, geralmente de viés populista, que preconizam manifestações mais fortes da ação coletiva como a base de um sistema político legítimo. Como já mencionado acima, muitas formas políticas autoritárias emergentes na sociedade contemporânea criam um apelo normativo porque radicalizam as concepções de subjetividade política em torno dos quais a democracia explicou a si mesma originalmente.

Este capítulo trata das crises da democracia contemporânea, analisando os sujeitos conceituais – cidadãos e povos soberanos – pelos quais a democracia explica a sua legitimidade. Como ponto de partida, explica-se como a formação desses sujeitos estava relacionada com causas sociais múltiplas. Na sua origem, esses sujeitos foram determinados por pressões sociais diversas, e responderam a objetivos funcionais bastante específicos. Em particular, este capítulo explica como esses sujeitos foram articulados como princípios para consolidar os pré-requisitos funcionais mais essenciais da sociedade moderna, e como a expressão inicial de tais sujeitos esteve intimamente ligada aos processos de integração social, de construção institucional e de inclusão legal.

Com base nisso, este capítulo demonstra que a arquitetura conceitual básica da democracia é uma construção social contingente. Ao explorar esta afirmação, o capítulo indica, em primeiro lugar, que os sujeitos atribuídos à democracia devem ser vistos não apenas como descrições de pessoas reais ou como os produtores reais de normas na sociedade, mas como articulações de processos sociais arraigados. Em muitos casos, tais sujeitos agiram para consolidar linhas preexistentes de formação social, e a substância normativa a eles atribuída não era totalmente independente do arranjo social mais amplo nos quais eles tomaram forma. Além disso, em segundo lugar, este capítulo argumenta que os sujeitos básicos da democracia adquiriram a autoridade para definir as condições de legitimidade de um governo porque, em parte, os teóricos da democracia não identificaram nem interpretaram adequadamente os processos sociais que aqueles sujeitos consolidaram e dos quais eram expressão. Como resultado, as normas decorrentes de tais sujeitos foram interpretadas de forma bastante simplificada, descontextualizadas de suas origens sociais, sem plena consciência de suas implicações. Em determinados aspectos, esses sujeitos foram construídos por processos que não proporcionam uma base sólida para um governo democrático. Isso significa que frequentemente recaem sobre os sujeitos democráticos expectativas normativas não condizentes com sua posição social original. Baseado nisso, em terceiro lugar, este capítulo estabelece um arcabouço teórico para uma aproximação mais crítica aos problemas da democracia contemporânea, mostrando que a falta de sensibilidade sociológica, manifestada com frequência na elaboração das fontes subjetivas da democracia e na produção de normas democráticas, está atualmente no cerne, ou próximo ao cerne, das crises inerentes a muitos sistemas políticos democráticos. Em outras palavras, este capítulo argumenta que o vocabulário básico da democracia tem sido formulado de forma bastante simplista e tem transposto processos históricos de formação do sujeito de forma bastante precipitada para a sociedade contemporânea. Este simplismo cria um espaço de legitimação que pode ser facilmente ocupado por movimentos hostis à democracia. Neste sentido, em quarto lugar, este capítulo propõe um arcabouço teórico para uma crítica profunda ao populismo. Ao fazer essas afirmações, este capítulo busca orientar o debate sobre democracia e populismo para

CAPÍTULO I - SUJEITOS DEMOCRÁTICOS E PROCESSO SOCIAL

análises sociológicas mais refinadas, e também criar um prisma para observar como, em alguns aspectos, as crises da democracia, que agora se manifestam como populismo, são induzidas por abordagens sociológicas carentes de uma reflexão sobre a própria democracia.

Integração social e subjetividade política

Conforme se afirmou, a convicção que define a cidadania moderna – a de que os cidadãos possuem certos direitos que lhes permitem participar da construção da vontade soberana, e que o exercício de tais direitos legitima o sistema político – foi elaborada no período revolucionário do final do século XVIII. Porém, tal convicção não surgiu por acaso. Certas normas de cidadania, principalmente aquelas relacionadas à formalização dos direitos jurídicos, permearam as sociedades europeias e as sociedades abertas à influência europeia muito antes daquele período. A forma básica da sociedade já havia sido definida, de diversas formas, por princípios jurídicos de cidadania, e a ascensão da figura moderna do cidadão político foi consequência de processos de formação social que haviam sido moldados profundamente por noções de cidadania. Em particular, a concepção moderna do cidadão veio à tona em um ambiente social profundamente marcado por padrões de integração baseados em normas pré-existentes, menos explícitas, de cidadania. Essa concepção tomou forma em um momento crucial do desenvolvimento da sociedade moderna e assumiu um lugar central no longo trajeto através do qual a sociedade foi sendo gradativamente definida por processos de integração institucional e normativa. Em outras palavras, essa concepção surgiu como parte de um processo no qual as instituições se inseriram mais profundamente na sociedade, e a ordem jurídica da sociedade expandiu seu alcance e sua consistência social. Conforme se verá a seguir, é possível observar uma série de meios pelos quais as formas jurídicas nascentes de cidadania estimularam uma crescente integração na dimensão institucional e na dimensão normativa da sociedade. Esses processos criaram o ambiente em que a concepção política moderna de cidadão surgiu, e tal concepção nasceu diretamente de formas anteriores de cidadania. Entender o cidadão político moderno como uma figura que simplesmente enunciou novas normas de participação que definiram os critérios de legitimidade de um sistema político é, portanto, simplificar profundamente o papel dos conceitos teóricos.

Em primeiro lugar, no século XVIII, essa concepção jurídica inicial de cidadão ampliou a capacidade de integração da sociedade ao imprimir características seculares aos sistemas de governo europeus. Por um lado, é certo que, no princípio da Europa moderna, a maioria dos Estados possuía um viés religioso explícito. A ascensão das estruturas modernas de governo começou na Reforma, e se consolidou, sobretudo, na Paz Religiosa de Augsburgo (1555). Nesse período, tornou-se característico a imposição de obrigações confessionais uniformes por parte das instituições estatais, de modo que a cidadania, em um determinado Estado, pressupunha a aceitação de uma determinada religião. Alguns Estados proibiram a diversidade confessional até o final do século XVIII. O caso mais importante dessa proibição é o Édito de Fontainebleau na França (1685), que revogou cláusulas anteriores sobre tolerância religiosa. Apesar disso, porém, a maioria dos Estados europeus tomou forma, tanto conceitual como funcionalmente, sem que sua legitimidade fosse definida a partir uma base religiosa. Os Estados europeus se constituíram como instituições com ordens administrativas independentes para regular questões judiciais, fiscais e militares, questões estas que não se guiavam por ideais e modelos religiosos de legitimação.[19] Até mesmo os Estados que impunham uniformidade religiosa criaram sistemas administrativos que separavam estritamente as funções governamentais das religiosas.

Durante um longo período, esse processo de secularização se refletiu na busca dos governos por legitimar seus atos em princípios derivados do *Direito natural*. O Direito natural evoluiu como um vocabulário para explicar as ações de governo nas quais os Estados manifestavam sua

---

[19] Veja a afirmação de Carl Schmitt de que os primeiros Estados modernos passaram por um processo triplo de secularização. Esse processo compreendeu a criação de órgãos legislativos, administrativos e judiciais centralizados; a supressão das guerras civis religiosas; a organização da sociedade como uma unidade territorial (SCHMITT, Carl. *Der Nomos der Erde im Völkerrecht des Jus Publicum Europaeum*. Berlin: Duncker und Humblot, 1950, pp. 98-99).

CAPÍTULO I - SUJEITOS DEMOCRÁTICOS E PROCESSO SOCIAL

legitimidade sobre bases formais, de modo que a autoridade para legislar se sustentava em normas racionalmente fundamentadas. Em algumas teorias, o Direito natural ainda se remetia a formulações metafísicas sobre o sistema político. Nelas, a legitimidade de um determinado sistema político se dava em função de sua proximidade com a vontade divina.[20] Em alguns casos, o Direito natural estava próximo das primeiras formulações do positivismo, que explicavam a legitimidade governamental através da interpretação fundamentada do comportamento humano.[21] Em alguns países, a teoria do Direito natural incorporou gradualmente princípios constitucionais clássicos, que afirmavam que toda a lei na sociedade deve ser determinada por princípios normativos superiores, ou *leis fundamentais*: isto é, por leis reconhecidas como válidas por todos os cidadãos e que não poderiam ser arbitrariamente violadas por pessoas investidas de poder político. A doutrina das leis fundamentais foi amplamente difundida no Sacro Império Romano-Germânico por volta de 1700; foi aceita na França durante o mesmo período, e foi intensamente promovida em 1750; apareceu na Inglaterra durante o período da Guerra Civil, e foi lugar-comum constitucional na década de 1760; tornou-se ortodoxia política na Prússia depois de 1750; e desempenhou um papel vital no contexto da Revolução Americana.[22]

---

[20] LOCKE, John. *Two Treatises of Government*. New York: Cambridge University Press, 1960; DOMAT, Jean. *Les lois civiles dans leur ordre naturel*, vol. II. Revised edition. Paris: Cavelier, 1705, p. 2; WOLFF, Christian. *Grundsätze des Natur- und Völckerrechts*. Halle: Renger, 1754, p. 113; LEIBNIZ, Gottfried Wilhelm. "De Justicia". In: MOLLAT, Georg (coord.). *Rechtsphilosophisches aus Leibnizens ungedruckten Schriften*. Leipzig: Robolsky, 1885, pp. 36-42.

[21] THOMASIUS, Christian. *Entwurf der Grundlehren, die einem studioso iuris zu wissen und auf Universitäten zu lernen nötig sind*. Halle: Renger, 1699, p. 107.

[22] Para a vigência desta teoria no Sacro Império Romano-Germânico, ver Limnaeus (LIMNAEUS, Johannes. *Jus publicus imperii romano-germanici*, vol. I. Strasburg: Spoor, 1699, pp. 7, 12); na França, ver sua manifestação inicial (1519) em de Seyssel (DE SEYSSEL, Claude. *La monarchie de France*. Paris: D'Argences, 1961, p. 113), e a sua manifestação posterior em Holbach (HOLBACH, Paul Henri Thiry. Éthocratie ou le gouvernement fondé sur la morale. Amsterdam: Marc-Michel Rey, 1776, p. 17); para a Inglaterra, ver Blackstone (BLACKSTONE, William. *Commentaries on the Laws of England*. vol. 1. Chicago; London: University of Chicago Press, 1979, p. 124); na América, essa doutrina foi a base do pensamento e da prática revolucionária no final do século XVIII. O grande jurista holandês Ulrich Huber definiu as

Em certos aspectos, essa doutrina protegia os interesses constitucionais dos atores privilegiados no Estado, pois era utilizada, muitas vezes, para sugerir o parecer da nobreza como um pré-requisito para a legitimidade da legislação. No entanto, de diversas maneiras, as doutrinas do Direito natural convergiram em torno da afirmação de que o Direito legítimo se originava em obrigações normativas mais amplas, separadas de indivíduos particulares. Esperava-se que a legitimidade governamental alcançada pelo reconhecimento do Direito natural se expressasse, salvo exceções justificadas, na aprovação, por parte dos governantes, de leis válidas para todo o povo, e que todas as pessoas fossem tratadas como iguais perante a lei. Por exemplo, John Locke argumentou que a qualidade mais essencial de um sistema político regido pelo Direito natural é a aplicação de forma igualitária, pelos juízes, de uma "legislação estabelecida e conhecida".[23] Antes de 1720, D'Aguesseau, chanceler da França, declarou, por exemplo, que as leis às quais se deve obediência têm duas características: são aplicadas comumente a todas as pessoas; são impostas a todas as pessoas por uma "vontade superior" que expressa uma "revelação natural".[24]

De diversas maneiras, a teoria do Direito natural implicou uma ordem jurídica ampla para o Estado, que vinculou o princípio da legalidade às normas acordadas racionalmente. Também criou uma ordem jurídica ampla em que a aplicação da lei na sociedade como um todo estava ligada a expectativas de uniformidade e consistência. Em ambos os aspectos, os princípios do Direito natural foram vitais para a forma de integração da sociedade moderna, e o Direito natural estabeleceu as bases para um ordenamento jurídico capaz de incorporar todas as partes da sociedade. É importante ressaltar que a conexão entre o Direito

---

"constitutiones" como as leis fundamentais [*leges fundamentales*] que definem a estrutura do Estado (HUBER, Ulrich. *De Jure Civitatis*, vol. I. Franeker: J. Gyselaar, 1684, p. 125).

[23] LOCKE, John. *Two Treatises of Government*. New York: Cambridge University Press, 1960, p. 369.

[24] D'AGUESSEAU, Henri François. "Essai d'une Institution au droit public". *In*: D'AGUESSEAU, Henri François. *Oeuvres completes*. vol. XV. Paris: Fantins et compagnie, 1819, p. 187.

CAPÍTULO I - SUJEITOS DEMOCRÁTICOS E PROCESSO SOCIAL

natural e a integração jurídica se tornou visível pela promoção, por parte das doutrinas do Direito natural, do princípio de que as pessoas submetidas à lei deveriam ser tratadas como *sujeitos de direito*, portadoras de certas expectativas legítimas quanto ao seu tratamento por quem aplicasse a lei.[25] No final do século XVIII, a ideia de que todas as pessoas possuíam certos direitos jurídicos comuns já estava generalizada. Esta ideia se originou diretamente do pressuposto de que certas leis superiores (naturais) precediam ao ordenamento do Estado, e, portanto, todas as pessoas tinham direito à proteção de certas atribuições e liberdades. Neste sentido, o Direito natural promoveu um primeiro conceito de cidadania. Seu pressuposto era o de que o Direito legítimo era o Direito aplicado igualmente a todo o povo, e demonstrava sua racionalidade e legitimidade intrínsecas mediante a proteção igualitária das liberdades naturais. Tal aspecto do Direito natural contribuiu profundamente para a formação da sociedade como um sistema de integração jurídica. Isso implicou que, se concedido aos indivíduos como sujeitos de direito, o Direito poderia ser utilizado em diferentes esferas da sociedade e teria uma justificação intrínseca e geral. Em geral, a secularização, a integração jurídica e as primeiras normas de cidadania estiveram profundamente interligadas nas origens da sociedade europeia moderna.

Em segundo lugar, no século XVIII, essa primeira concepção jurídica de cidadão expandiu a forma de integração da sociedade ao diminuir a dependência dos governos europeus das organizações baseadas em vínculos privados ou familiares. Em particular, essa concepção restringiu a possibilidade de famílias aristocráticas com domínio sobre determinadas pessoas e regiões da sociedade se envolverem, por sua própria autoridade, em assuntos de governo. No século XVIII, os governos passaram a negociar com as elites familiares tradicionais em

---

[25] Wolff afirmou que o ser humano é uma "pessoa moral" ou um "sujeito com certas obrigações e certos direitos" (WOLFF, Christian. *Grundsätze des Natur- und Völckerrechts*. Halle: Renger, 1754, p. 59). Posteriormente, Kant alegou que o ser humano deve ser tratado como um "sujeito de razão prático-moral", cuja dignidade essencial deve ser reconhecida pela lei (KANT, Immanuel. *Metaphysik der Sitten*. vol. 8. Frankfurt am Main: Suhrkamp, 1977, p. 569).

termos que subordinavam essas elites à força dos Estados territoriais.[26] Às vezes, os governos nacionais em formação exerciam sua prerrogativa de poder para alcançar tal objetivo, empregando meios coercivos para eliminar a resistência das famílias nobres. Outras vezes, isso ocorreu de forma mais consensual, pois os regentes ofereciam aos membros da aristocracia privilégios sociais ou econômicos (isto é, status, remunerações, prebendas) que compensavam a perda da influência política direta.[27] Foi fundamental, para esses processos, a generalização gradual da escolha dos cargos de Estado através de regras públicas, e a expectativa de que o exercício do poder político por parte dos indivíduos observasse as leis prescritas publicamente. Os cargos políticos foram separados, em princípio, do patrimônio e dos benefícios eclesiásticos, os quais haviam sido historicamente distribuídos aos membros da aristocracia. Nesse sentido, os governos começaram a impor às suas sociedades uma estrutura nitidamente nacional, que integrava todos os sujeitos, de maneira cada vez mais uniforme, na mesma ordem administrativa.

Essa separação entre o governo e as fontes tradicionais de poder local ou privado foi realizada, em parte, através de um processo legal no qual o uso da autoridade política foi submetido a restrições universalmente aceitas. Como parte desse processo, foram adotadas normas para determinar as competências inerentes aos cargos públicos e para decidir que pessoas estavam autorizadas a exercer o poder político. Por exemplo, as normas básicas do Direito Administrativo começaram a ser definidas no século XVIII.[28] Além disso, adotaram-se normas para decidir como a autoridade pública deveria ser aplicada na sociedade. Nessa época, o pressuposto de que os ocupantes de cargos públicos deveriam utilizar seus poderes de maneira sensata, sem privilegiar determinadas pessoas, passou a ser cada vez mais formalizado.[29] A ideia de que o cidadão é um indivíduo com direitos jurídicos fundamentais surgiu, nesse

---

[26] Ver p. 69.
[27] Ver p. 68.
[28] Ver p. 86.
[29] Ver p. 89.

CAPÍTULO I - SUJEITOS DEMOCRÁTICOS E PROCESSO SOCIAL

contexto, como uma forma de construção de legitimidade, e a centralização da autoridade em órgãos e instituições formais foi reforçada pela convicção (ainda parcialmente formulada) de que o poder político deveria ser exercido de uma maneira legal, adaptada e aplicada igualmente a cada ator social. Em cada um desses aspectos, a construção do Estado como um ordenamento institucional integrado capaz de impor autoridade de forma generalizada por toda a sociedade dependia do conceito de cidadão como personalidade jurídica.

Em terceiro lugar, durante o século XVIII, essa primeira concepção jurídica de cidadão fortaleceu a capacidade de integração da sociedade europeia porque promoveu um intenso processo de *territorialização*. A essa altura, as funções de governo já estavam naturalmente identificadas com uma administração governante, e os poderes do Estado já se estendiam de maneira uniforme (teoricamente) por todas as partes do território submetidas a essa administração. Como resultado, a sociedade foi se transformando, cada vez mais, em um território integrado, no qual subdivisões políticas e regionais internas perderam um pouco de sua importância, e famílias ou organizações com autoridade concentrada em determinadas localidades perderam parte de sua autoridade. Nesse sentido, os governos da Europa pré-revolucionária promoveram conceitos de pertencimento social que prefiguraram claramente as ideias posteriores de cidadania. A construção da sociedade como um território uniforme foi efetivada por meio do princípio de que todas as pessoas da sociedade estavam igualmente sujeitas à lei, e de que todas elas possuíam certos direitos por lei, a qual emanava diretamente dos governos nacionais, e não das famílias locais. Estes conceitos de legitimação tiveram um impacto transformador sobre a forma geográfica básica da sociedade, tornando-a um domínio nacional próprio e inclusivo do ponto de vista normativo (embora ainda não materialmente).

Em quarto lugar, e de maneira mais geral, essa primeira concepção jurídica de cidadão estimulou e aprofundou um processo de sistematização jurídica, que definiu a substância das relações pessoais na sociedade europeia. No âmago dos governos europeus do século XVIII, tal como já se discutiu, estava o princípio cada vez mais difundido de que as leis extraíam sua legitimidade de normas fundamentais, de modo que todas as pessoas eram governadas pelas mesmas leis, e estas últimas eram baseadas em princípios gerais. Sobre essa base, no final do século XVIII, a sociedade como um todo aproximava-se do desfecho de um processo de transformação estrutural que durou aproximadamente um século, ligado à dissolução do feudalismo. Em aspectos decisivos, as sociedades europeias do século XVIII vivenciaram as últimas etapas de uma profunda trajetória de consolidação jurídica, na qual o Direito tornou-se o meio dominante para a definição de direitos e deveres sociais e políticos e para a estruturação das relações interpessoais. Através desse processo, a sociedade como um todo foi transformada em um sistema de integração, no qual as obrigações estruturadas legalmente substituíram as obrigações de natureza mais informal ou pessoal, normalmente baseadas em padrões de autoridade pessoal e territorial remanescentes da ordem social feudal. Como resultado, muitas sociedades no século XVIII experimentaram processos de codificação jurídica e judicial de longo alcance, nos quais a aplicação da justiça se estabeleceu em fundamentos mais uniformes, e a origem pública e comum das expectativas legais se reforçou. A formalização do Direito e da justiça nessa época pretendia eliminar a massa de deveres consuetudinários na sociedade, estabelecer limites aos poderes judiciais da nobreza e consolidar o sistema jurídico como uma ordem normativa compartilhada. Nesses processos, os novos códigos jurídicos foram baseados cada vez mais no princípio normativo de que o Direito se destina essencialmente ao indivíduo independente em relação a órgãos intermediários ou vínculos corporativos, e que a força do Direito depende da construção da personalidade jurídica, em essência, como detentora de certos direitos uniformes. Tal como se abordará a seguir, a ideia do cidadão como um detentor de direitos estabelecidos publicamente não se consolidou de maneira plena até o período revolucionário. Porém, as inovações jurídicas desse momento foram fortemente influenciadas pela noção de que o Direito se destina a cidadãos individualizados, com reivindicações jurídicas similares. O princípio jurídico da cidadania deu um forte estímulo à ordenação da sociedade em um sistema jurídico unificado.

Exemplos de tais desdobramentos podem ser encontrados em diferentes sistemas jurídicos na Europa do século XVIII. Na Prússia, por exemplo, ocorreram reformas nos processos judiciais em meados do século XVIII. Nessa ocasião, a Lei de Terras de 1794 representou

CAPÍTULO I - SUJEITOS DEMOCRÁTICOS E PROCESSO SOCIAL

uma tentativa de organizar a sociedade a partir de pressupostos jurídicos determinadas por alguns direitos comuns de cidadania. Certamente não é correto afirmar, como alguns sociólogos o fizeram, que a Prússia tenha se desenvolvido como sistema político com base em normas arbitrárias.[30] Por um lado, a Lei de Terras da Prússia definiu os indivíduos como "cidadãos livres do Estado", com direito a igualdade de proteção perante a lei. No entanto, também garantiu que as liberdades dos cidadãos só poderiam ser exercidas de forma limitada, dentro de propriedades da nobreza.[31] Dessa forma, permitiu a continuidade da servidão, e também sancionou a continuidade das cortes aristocráticas.[32] Como resultado, a Lei de Terras estabeleceu um padrão de cidadania em dois níveis, no qual os indivíduos submetidos à autoridade do Estado foram considerados livres, enquanto as pessoas submetidas à autoridade aristocrática permaneceram na condição de servos.[33] Apesar disso, os autores da Lei de Terras buscaram uma visão de ordem jurídica na qual toda jurisdição tivesse sua origem no regente e a mesma lei fosse válida e obrigatória para o povo como um todo. A Lei de Terras estabeleceu claramente que, em caso de conflito, a lei do Estado deveria prevalecer sobre as obrigações de natureza feudal.[34] Esta visão estava intimamente ligada ao pressuposto de que a lei está baseada em direitos subjetivos, reivindicados por cidadãos com direitos iguais, os quais "devem ser respeitados em todas as constituições de Estado".[35] Na Áustria, as

---

[30] DOWNING, Brian. *The military revolution and political change*: origins of democracy and autocracy in early modern Europe. Princeton: Princeton University Press, 1992, pp. 77, 92.

[31] Isso foi estabelecido na Lei de Terras da Prússia (1794) II, 7, §147.

[32] Sobre a persistência dos tribunais informais após o período revolucionário, ver WIENFORT, Monika. *Patrimonialgerichte in Preussen*: Ländliche Gesellschaft und bürgerliches Recht 1770–1848/49. Göttingen: Vandenhoeck und Ruprecht, 2001, pp. 80-117.

[33] Para uma visão ainda mais crítica, ver BREUER, Stefan. *Sozialgeschichte des Naturrechts*. Opladen: Westdeutscher Verlag, 1983, p. 207.

[34] Lei de Terras da Prússia (1794) II, 7, §136.

[35] SVAREZ, Carl Gottlieb. *Gesammelte Schriften*. Vol. 4/1. Stuttgart: frommann--holzboog, 2000, p. 72.

legislações implementadas no final do século XVIII destinavam-se a reduzir os efeitos da servidão e a proporcionar proteção jurídica a todos os cidadãos. O Código de Direito Civil introduzido por Joseph II em 1786/87 enfatizou a importância do indivíduo sujeito à lei como um titular de certos direitos comuns, e declarou (Seção I, §1) que o dever primordial do regente era "determinar claramente os direitos dos sujeitos" e assegurar que suas ações promovessem o bem-estar público. Na Inglaterra, nesta época, Blackstone redigiu um corpo de leis que projetou o indivíduo como o foco do Direito constituído, e definiu as obrigações legais em termos de direitos e deveres pessoais gerais.[36] Na França, o governo de Luís XIV promoveu um ordenamento jurídico relativamente uniforme, introduzindo uma série de códigos jurídicos, em especial o *Código Louis* (*Code Louis*) de 1667. De uma maneira geral, a partir do final do século XVII, a França presenciou várias iniciativas da monarquia para limitar os privilégios jurisdicionais da nobreza e para estabelecer uma ordem jurídica capaz de integrar as cortes da nobreza ao sistema judicial nacional.[37]

Nesses exemplos, diversas sociedades europeias do século XVIII assistiram a um processo de desenvolvimento do Direito como um sistema de integração global. Esse processo foi estimulado pelo fato de que, embora de forma incompleta, o indivíduo, delimitado em categorias relativamente uniformes, foi definido como o ponto de referência para o Direito. Na maioria das sociedades, a ideia de que o Direito assumia sua autoridade na medida em que era aplicado diretamente aos indivíduos cumpriu um papel importante no longo processo de reforma jurídica centralizadora e de integração jurídica geral. Através dessa individualização jurídica, a sociedade inteira assumiu a forma de uma ordem jurídica compartilhada, centrada em instituições estatais e capaz de transcender ou se sobrepor às normas jurídicas tradicionais ou locais da sociedade.

---

[36] BLACKSTONE, William. *Commentaries on the Laws of England*. vol. 1. Chicago; London: University of Chicago Press, 1979, p. 125.

[37] Ver pp. 83-88.

CAPÍTULO I - SUJEITOS DEMOCRÁTICOS E PROCESSO SOCIAL

Nessas inovações, a organização do Direito moderno foi conduzida por uma aliança implícita, embora obviamente não percebida, entre grupos localizados dentro do Estado – ou seja, regentes, governantes e seus administradores – e membros não nobres da sociedade. A construção dos indivíduos como sujeitos de direito na Europa do século XVIII teve como objetivo específico redirecionar as obrigações legais do âmbito da aristocracia proprietária de terras para o âmbito do Estado, e garantir, assim, que a relação direta entre sujeito e Estado fosse o núcleo das obrigações legais. A maioria das reformas legislativas foi acompanhada de políticas para proteger os direitos de propriedade dos camponeses, para controlar os acordos de tributação entre camponeses e senhores, e para utilizar o Direito como um meio de restringir a autoridade local da nobreza. Na França, por exemplo, as reformas jurídicas do século XVIII tinham por objetivo vincular de maneira direta e uniforme os camponeses à monarquia.[38] Um estudo importante explica como isso levou ao fortalecimento das comunidades camponesas como personalidades jurídicas com acesso ao Direito, de modo que sua predisposição para contestar seus senhores aumentou.[39] Na Áustria, o Código Civil de 1786/87, o qual estabeleceu que todas as pessoas tinham direitos jurídicos iguais, seguiu a legislação anterior, de 1781, para abolir a servidão e fortalecer o estatuto jurídico dos camponeses nas terras dos Habsburgos. Em algumas regiões do sul da atual Polônia, as reformas jurídicas do século XVIII, não aboliram de maneira uniforme a servidão, mas deram maior proteção jurídica aos camponeses.[40] Em regiões da atual República Checa, uma legislação para proteger a propriedade dos camponeses e controlar as obrigações em forma de trabalho pagas por eles havia sido introduzida, particularmente em 1775.[41] Na Prússia, os anos de 1748

---

[38] MAUCLAIR, Fabrice. *La justice au village*: justice seigneuriale et société rurale dans le duché-pairie de la Vallière (1667–1790). Rennes: Preses universitaires de Rennes, 2008, p. 47.

[39] Root, Hilton L. *Peasants and king in Burgundy*: agrarian foundations of French Absolutism. Berkeley: University of California Press, 1987, p. 203.

[40] KIENIEWICZ, Stefan. *The emancipation of the Polish peasants*. Chicago; London: Chicago University Press, 1969, p. 38.

[41] GRÜNBERG, Karl. *Die Bauernbefreiung und die Auflösung des gutsherrlich-bäuerlichen Verhältnisses in Böhmen, Mähren und Schlesien, I*: Überblick der Entwicklung. Leipzig:

e 1749 presenciaram a introdução de políticas que visavam proteger a propriedade camponesa de expropriações por parte nobres.[42] Em cada um desses casos, os processos de sistematização jurídica e judicial levaram a reformas importantes do status jurídico dos camponeses. Em cada um desses casos, a reforma jurídica pretendia aproximar juridicamente a administração central e a personalidade jurídica individual e, ao fazê-lo, liberar os atores sociais, especialmente os camponeses, do controle aristocrático completo. Em geral, esta primeira concepção jurídica de cidadão tornou-se o ponto central de um amplo processo de integração jurídica, no qual a interpretação de todos os sujeitos, incluindo os servos, como portadores pessoais de subjetividade jurídica, impulsionou a integração da sociedade em sua totalidade. Neste sentido, a forma jurídica do cidadão provou ser o eixo central do aumento do poder de integração do Estado.

Por estas razões, em quinto lugar, essa primeira concepção jurídica do cidadão potencializou a integração da sociedade como uma unidade porque fortaleceu a autoridade básica das instituições estatais. Os governos que se formaram no século XVIII conquistaram um grau de poder significativamente elevado na sociedade, e foram capazes de suplantar as organizações cuja autoridade estava fundada no poder privado ou familiar. Um elemento central para esse aspecto do governo foi o fato de os atores governamentais terem assumido, progressivamente, um envolvimento mais direto, individual, com as pessoas, através de linhas de comunicação diretas. Conforme mencionado, a elaboração de códigos jurídicos nacionais comuns resultou em uma abordagem direta dos indivíduos pelos atores nas instituições do Estado. Isso significou que os indivíduos começaram a construir o horizonte regulatório de suas vidas em sociedade não mais em torno a obrigações com famílias

---

Duncker und Humblot, 1894, pp. 223, 244; WRIGHT, William E. *Serf, seigneur and sovereign*: agrarian reform in eighteenth-century Bohemia. Minneapolis: University of Minnesota Press, 1966, p. 55.

[42] KNAPP, Georg Friedrich. *Die Bauernbefreiung und der Ursprung der Landarbeiter in den ältern Theilen Preußens*. vol. II. 2. ed. Munich: Duncker und Humblot, 1927, p. 314; KAAK, Heinrich. *Die Gutsherrschaft: Theoriegeschichtliche Untersuchungen zum Agrarwesen im ostelbischen Raum*. Berlin: de Gruyter, 1991, p. 411.

CAPÍTULO I - SUJEITOS DEMOCRÁTICOS E PROCESSO SOCIAL

ou corporações de ofício, mas sim com representantes da administração do Estado. À medida que as pessoas se situavam nesta relação jurídica individualizada, os Estados nacionais passavam a atuar como entidades soberanas na sociedade, e a definir obrigações sociais sem a necessidade do reconhecimento ou, pelo menos, com menor preocupação em relação aos poderes vinculados a outros órgãos e unidades associativas. É claro que este processo de integração individualizada só teve início no século XVIII. Em diversas sociedades, as organizações intermediárias entre o Estado e os atores sociais conservaram sua influência por pelo menos um século após 1800. Contudo, por volta de 1750, as entidades estatais de grande parte da Europa já haviam começado a assumir uma autoridade social sem precedentes e, simultaneamente, a aplicar essa autoridade diretamente a indivíduos. De fato, as entidades estatais se constituíram através de um processo no qual os governos nacionais isolaram os indivíduos das corporações intermediárias a que estavam submetidos e, especialmente em questões jurídicas, militares e tributárias, trouxeram esses indivíduos para uma relação com suas próprias instituições e órgãos. Nesse sentido, como observou Durkheim, o surgimento do Estado soberano e a crescente individualização do cidadão protegido juridicamente foram duas faces do mesmo processo.[43] A construção dos Estados soberanos modernos apoiou-se, necessariamente, na capacidade de seus atores internos de suplantar as organizações tradicionais e familiares para vincular sua autoridade às personalidades jurídicas individuais (cidadãos), cuja individualização jurídica e reconhecimento como sujeitos de direito eram constantemente reforçados pelos atores estatais como um pré-requisito de seu poder soberano.

Essa descrição dos processos fundamentais de integração jurídica e política da sociedade moderna não pretende ser mais do que uma explicação de tipo ideal das linhas de desenvolvimento institucional e de construção de normas que marcaram os primeiros sistemas políticos e sociedades europeias. Esses processos não se articularam de maneira uniforme entre as diferentes regiões, e antes do período revolucionário todos eles aparecem apenas como padrões incipientes de formação

---

[43] DURKHEIM, Émile. *Le Socialisme*. Paris: PUF, 1928, p. 93.

social e institucional. No entanto, no final do século XVIII, o princípio jurídico da cidadania, que implicava a suposição de que cada indivíduo possuía alguma reivindicação a subjetividade e reconhecimento jurídico, foi estendido a toda a Europa, e para além dela. Tal princípio tornou-se um poderoso determinante material da estrutura social: ele foi a base de uma série de processos de integração secular que agora reconhecemos como fundamentais para a sociedade moderna. As expectativas vinculadas ao princípio da cidadania respaldaram as trajetórias de centralização na sociedade, as quais deram origem, pouco a pouco, a instituições jurídicas e políticas capazes de exercer (em tese) o poder soberano — isto é, de incorporar todos os atores sociais e garantir uma relação direta entre as instituições estatais e os indivíduos em diferentes pontos da sociedade. As expectativas vinculadas à cidadania consolidaram padrões de integração jurídica que conectaram os membros da sociedade como nações e livraram os atores sociais das obrigações privadas. Em ambos os aspectos, a concepção jurídica do cidadão foi o elemento central de um longo processo de reorganização da sociedade. Este processo refletiu a transformação profunda da sociedade moderna, de sua condição medieval como um conjunto de relações baseadas em expectativas normativas de natureza essencialmente privada em um sistema abrangente de interação, baseado em leis estabelecidas por fontes públicas de autoridade e capazes de integrar toda a sociedade. O cidadão individual, aparecendo inicialmente como uma simples forma de personalidade jurídica, definiu o eixo normativo central desse processo. Os acontecimentos estruturais básicos que constituíram a sociedade moderna foram criados a partir dessa primeira projeção dos atores sociais como sujeitos de direito (cidadãos).

Ao se aproximarem de uma configuração nacional, as sociedades modernas em formação guiaram seus processos de integração em duas dimensões gerais: a primeira, uma dimensão normativa/subjetiva geral, em que se consolidaram as normas gerais de controle do convívio social e as obrigações jurídicas legítimas; e a segunda, uma dimensão institucional/funcional geral, em que os indivíduos liberados das relações locais foram incorporados a instituições formais. Em primeiro lugar, a figura do cidadão como sujeito de direito individual serviu de fundamento para ambos os processos, e criou uma conexão profunda

CAPÍTULO I - SUJEITOS DEMOCRÁTICOS E PROCESSO SOCIAL

entre a dimensão normativa e a dimensão institucional da integração social. Esta figura adquiriu relevância como uma norma de legitimação governamental que promoveu a produção do Direito em geral e consolidou as instituições de governo, por meio das quais o Direito foi aplicado. Em particular, a construção jurídica do cidadão proporcionou uma imagem de legitimidade ao Direito, a partir da qual os legisladores puderam contar com apoio direto para os processos de integração institucional. Foi crucial para os legisladores poder utilizar esta figura como premissa para a formação dos Estados como entidades soberanas, capazes de ampliar o campo da integração social. Assim, nessa figura, os elementos normativos e institucionais dos processos de integração social foram alinhados estreitamente. O reconhecimento, implícito nas primeiras concepções de cidadania, da pessoa como sujeito de direito individualizado apareceu inicialmente como uma figura-chave, ou uma *norma funcional*, na transformação que integrou a sociedade como um todo. Esta figura guiou ambos os processos de integração no momento fundamental da primeira etapa da construção do Estado europeu, que ocorreu no século XVIII.

Processo social e cidadania moderna

Durante as revoluções do final do século XVIII, como já indicamos, os primeiros princípios jurídicos de cidadania foram adquirindo maior densidade, resultando em um conceito no qual as garantias subjetivas da personalidade jurídica foram ampliadas para incluir direitos de participação política ampla. Do período revolucionário em diante, as instituições públicas que reivindicavam para si a legitimidade tiveram que criar leis que poderiam ser definidas como leis às quais as pessoas, na qualidade de cidadãos, aderiram racionalmente – ou às quais teriam aderido caso fossem capazes de exercer adequadamente suas faculdades essenciais da razão prática. Assim, as leis passaram a ser consideradas legítimas na medida em que pudessem ser apresentadas como leis criadas pelas mesmas pessoas às quais eram aplicadas, refletindo os propósitos subjetivos essenciais dos cidadãos. Para ser claro, nenhum sistema político conquistou uma legitimidade democrática nesse período. Depois das décadas revolucionárias, as experiências democráticas chegaram ao fim rapidamente na maioria das sociedades, e foram necessários mais de cem anos até que os sistemas políticos próximos à democracia se tornassem um fenômeno institucional comum. Na maioria das sociedades, os direitos de cidadania política ativa concedidos no início do século XIX eram, de fato, bastante limitados.[44] Nesse período, no entanto, a cidadania política começou a ganhar força como norma legitimadora, e a maioria dos sistemas políticos passou a conceber sua legitimidade como expressão de cidadãos constitucionalmente engajados e soberanos. Isso ficou ilustrado, evidentemente, nas revoluções constitucionais na América e na França. Porém, até mesmo os países com mecanismos limitados de representação política começaram a projetar sua legitimidade tendo como referência normas definidas publicamente. A reformas estruturais e constitucionais que os Estados alemães realizaram após a Revolução Francesa e sob influência napoleônica ilustram esse fato. Desse ponto em diante, os sistemas políticos não puderam mais restringir a cidadania a um pequeno conjunto de direitos jurídicos limitados. *A concessão de direitos de cidadania significou, necessariamente, a transformação do portador desses direitos em um ator inerentemente político, com demandas potenciais e contestáveis de participação na criação das leis.* Após 1848, por exemplo, os mecanismos de representação eleitoral foram gradualmente restabelecidos na maior parte da Europa.

O surgimento da forma moderna de cidadania política é visto muitas vezes como o ponto de inflexão na formação da sociedade moderna, após o qual as instituições políticas passaram a ser concebidas em termos que romperam categoricamente com as concepções anteriores de obrigação social.[45] Tal com discutido acima, essa construção conceitual gerou uma perspectiva normativa que até hoje é utilizada para avaliar a legitimidade de um governo. Em muitos aspectos, entretanto, a formação do cidadão político não foi um acontecimento de natureza revolucionária. É importante destacar que as normas articuladas por este

---

[44] Ver p. 119, nota 97.

[45] DAHRENDORF, Ralf. *Gesellschaft und Demokratie in Deutschland*. Munich: Piper, 1965, p. 79; SHKLAR, Judith N. *American citizenship*: the quest for inclusion. Cambridge, MA: Harvard University Press, 1991, p. 1.

CAPÍTULO I - SUJEITOS DEMOCRÁTICOS E PROCESSO SOCIAL

conceito não podem ser facilmente separadas do conjunto de processos de integração descritos acima. Se observada com atenção, a concepção de cidadania em sua forma política moderna ampliou e desenvolveu a substância funcional das primeiras concepções jurídicas de cidadão, e deu projeção a uma imagem de governo que levou as trajetórias de integração existentes, ligadas à cidadania, a um grau mais elevado de articulação. As primeiras revoluções democráticas ocorreram em uma conjuntura definida pela cidadania, e seu principal efeito foi a expansão do sistema de integração já criado pelos princípios de cidadania. Em aspectos decisivos, as primeiras formas de cidadania democrática propuseram *normas* legitimadoras de governo que consolidaram a forma *institucional* em desenvolvimento na sociedade e, ao fazê-lo, criaram um ambiente social em que os direitos ligados à cidadania democrática puderam ser exercidos. Nesse sentido, como se verá a seguir, a concepção moderna de subjetividade democrática representou uma *norma funcional* para a sociedade. Tal como nos primeiros modelos de cidadania, esta ideia definiu uma norma que promoveu ativamente as estruturas institucionais necessárias para a sua realização.

Cidadania política e integração institucional

Os governos criados após a década de 1780 e que derivaram sua legitimidade da construção do cidadão político soberano intensificaram, via de regra, os processos de centralização institucional e integração jurídica que haviam ocorrido nos sistemas políticos pré-revolucionários. De fato, a conquista de legitimidade a partir do cidadão político desempenhou um papel fundamental no estímulo à expansão institucional do governo.

O fortalecimento da relação entre cidadania política ativa e integração institucional pode ser visto no crescimento da interação entre os governos pós-revolucionários e os cidadãos individuais. Na maioria dos países legitimados pela cidadania ativa, o vínculo entre o governo e os membros individuais da sociedade se aprofundou, e as divisões institucionais dentro das sociedades nacionais perderam força. Tal fato se evidenciou nas organizações representativas que acompanharam essa primeira formação dos países revolucionários. Os países cuja legitimidade advinha do conceito de cidadão soberano começaram a criar instituições para facilitar a produção de legitimidade para o governo, mais frequentemente sob a forma de consentimento eleitoral. Em consequência, os sistemas políticos legitimados por cidadãos ativos geralmente deram origem a instituições representativas, como parlamentos e outros órgãos de representação popular, através dos quais a relação entre cidadão e Estado foi traduzida em um fato relevante: os cidadãos tornaram-se atores diretamente representados no sistema político. A relação entre cidadania política e integração também se tornou evidente na criação, pela maioria dos sistemas políticos legitimados por cidadãos ativos, de organizações com a função de conectar as instituições representativas com os cidadãos em diversos âmbitos da sociedade. Como decorrência desse processo, os primeiros sistemas políticos democráticos assistiram, via de regra, ao surgimento de partidos políticos com capacidade de transmitir demandas de diferentes meios sociais para o Estado e de imprimir uma nacionalização mais sólida à sociedade como um todo. Os partidos políticos desempenharam um papel fundamental na formação dos cidadãos como atores nacionais e na vinculação dos cidadãos, em diferentes domínios geográficos, com as instituições políticas nacionais.[46] A relação entre cidadania política e integração também revelou que, na maioria dos países do período revolucionário, houve uma rápida intensificação da densidade institucional do Estado e um crescimento exponencial das capacidades administrativas do governo. Por exemplo, a França revolucionária foi cenário de uma rápida centralização institucional e da criação de uma classe numerosa de funcionários estatais assalariados.[47] No mesmo período, a Prússia e outros Estados alemães assistiram à expansão do serviço público, que impôs uma

---

[46] Ver CARAMANI, Daniele. *The nationalization of politics*: the formation of national electorates and party systems in Western Europe. Cambridge, UK: Cambridge University Press, 2004.

[47] BOSHER, J. F. *French finances 1770-1795*: from business to bureaucracy. Cambridge, MA: Cambridge University Press, 1970, pp. 231, 276; BROWN, Howard G. *War, revolution, and the bureaucratic state*: politics and army administration in France, 1791-1799. Oxford: Clarendon, 1995, pp. 282-283.

CAPÍTULO I - SUJEITOS DEMOCRÁTICOS E PROCESSO SOCIAL

ordem administrativa uniforme à sociedade.[48] Na maioria dos casos, o crescimento do serviço público foi impulsionado por um envolvimento mais direto das agências estatais com os cidadãos.

A relação entre a cidadania ativa e a integração institucional na era revolucionária assumiu uma dimensão particularmente importante devido à transformação mais ampla da sociedade onde ela ocorreu. Na maioria dos casos, dentro e fora da Europa, a ascensão da cidadania política coincidiu, imediatamente ou durante um intervalo de tempo maior, com a abolição definitiva do direito de propriedade sobre pessoas — isto é, da servidão ou da escravidão, dependendo do contexto geográfico. A expectativa de uma relação direta entre indivíduo e Estado na construção moderna do cidadão pôs fim às organizações administrativas locais/pessoais características das economias baseadas na servidão ou na escravidão, e as substituiu por sistemas de regulação pessoal integrados de maneira mais formal.[49] Neste sentido, a figura moderna do cidadão acelerou processos de integração manifestados em conceitos de cidadão anteriores, e transformou profundamente a estrutura institucional da sociedade. Tal como se verá a seguir, a legitimidade das instituições políticas criadas pela cidadania moderna dependeu, muitas vezes, de sua capacidade para integrar os grandes grupos populacionais liberados da servidão ou de outros regimes de trabalho forçado. A partir do final do século XVIII, os Estados internalizaram paulatinamente as funções judiciais, educacionais e militares, que eram originalmente realizadas

---

[48] CANCIK, Pascale. *Verwaltung und Öffentlichkeit in Preußen*. Tübingen: Mohr, 2007, p. 226.

[49] Minha análise não equipara de forma alguma a servidão e a escravidão, pois obviamente a escravidão foi uma forma de subjugação muito mais extrema do que a servidão. Contudo, no século XVIII, algumas sociedades europeias haviam chegado a padrões de servidão, com a supressão direitos pessoais e de propriedade, que tinham características em comum com a escravidão. Sobre esta relação, ver GRÜNBERG, Karl. *Die Bauernbefreiung und die Auflösung des gutsherrlich-bäuerlichen Verhältnisses in Böhmen, Mähren und Schlesien, I*: Überblick der Entwicklung. Leipzig: Duncker und Humblot, 1894, pp. 29-30; KNAPP, Georg Friedrich. *Die Bauernbefreiung und der Ursprung der Landarbeiter in den ältern Theilen Preußens*. vol. II. 2. ed. Munich: Duncker und Humblot, 1927, pp. 25, 80); BLUM, Jerome. *The end of the old order in rural Europe*. Princeton: Princeton University Press, 1978, pp. 36-38). Na Prússia, a Lei de Terras de 1794 definiu a servidão como um "tipo de escravidão pessoal" (II, 7, §148).

pelos senhores feudais e proprietários de servos ou escravos. Isso levou à rápida expansão funcional do governo.

Nesse sentido, a emergência do sujeito fundamental, o cidadão político soberano, que moldou a democracia em seus momentos iniciais, aparece como um dos elementos de um processo de integração que surgiu antes, e foi em alguma medida independente, da própria democracia. Em muitos casos, tal processo de integração teve consequências emancipatórias para os membros da sociedade, refletindo-se na redução do poder privado e na abolição dos privilégios físicos atrelados aos regimes de trabalho coercitivo vinculados à terra (servidão ou escravidão). Entretanto, esse processo foi impulsionado por forças mais profundas na sociedade. Ele refletiu e intensificou processos de integração institucional e de criação de competências políticas, processos estes que foram reforçados pelos padrões de individualização jurídica que já eram fundamentais para a forma da sociedade. Nesse sentido, o cidadão político evoluiu não apenas como um princípio legitimador, mas também como uma norma funcional que acompanhou e consolidou a expansão institucional da sociedade como um todo. O conceito de cidadão político conferiu um princípio de legitimidade ao Estado, a partir do qual as pessoas passaram paulatinamente a estabelecer uma relação direta e individual com as instituições estatais, fazendo do Estado a unidade institucional dominante na sociedade. A forma básica do Estado soberano moderno emanou diretamente da concepção de cidadão soberano.

Cidadania política e integração normativa

O processo social mais profundo relacionado ao surgimento do cidadão político se refletiu no sistema jurídico da sociedade moderna. De fato, é difícil compreender a construção fundamental do sistema jurídico moderno sem considerar o advento da cidadania política.

Tal como discutido anteriormente, as características essenciais da sociedade moderna foram determinadas por processos profundos de centralização, expansão institucional e integração social. Cada um destes processos foi acompanhado, de modo geral, pela erosão gradual do poder privado e, em particular, pela abolição dos ordenamentos sociais

CAPÍTULO I - SUJEITOS DEMOCRÁTICOS E PROCESSO SOCIAL

em que indivíduos podiam exercer o domínio físico sobre os outros. Esses processos estavam vinculados, de maneira constitutiva, ao fato de que, durante a longa formação da sociedade moderna, o próprio Direito foi dissociado dos privilégios pessoais oriundos de padrões de dominação privada ligados à terra. Assim, as normas legitimadoras da autoridade do sistema jurídico foram transferidas dos costumes baseados em poderes locais ou status individual para premissas de natureza mais formal e generalizada, e as leis puderam adquirir legitimidade sem depender de favores pessoais diretos, privilégios ou atos de coerção. Nesse sentido, os processos de integração institucional e de integração normativa da sociedade moderna se conectaram de maneira integral.

Esse processo profundo de integração normativa também adquiriu uma forma particular com a emergência da figura do cidadão político. O cidadão político, instituído como uma norma de reconhecimento para o Direito, expressou uma forma positiva em torno da qual se intensificou a transformação da sociedade em um sistema compartilhado de integração jurídica. Esse princípio incutiu uma definição geral de legitimidade dentro do próprio sistema jurídico, separando o Direito de fontes externas de poder e legitimidade. O resultado desse processo foi que o Direito foi separado de indivíduos particulares e de padrões particulares de poder, para que as leis advindas do Estado pudessem ter maior destaque, legitimidade e força integradora do que outras leis.

Esse aumento da capacidade de integração do Direito ficou claro, de diferentes formas, nos contextos revolucionários em que a cidadania democrática foi elaborada pela primeira vez como uma norma legalmente constituída. Na França revolucionária, o aumento da capacidade de integração do Direito se expressou na doutrina da soberania do Legislativo, que concentrou a autoridade exclusiva para aprovar leis nas Assembleias Legislativas, eleitas pela comunidade de cidadãos com direito a voto. Através desta doutrina, todos os contrapesos formais e informais à autoridade pública, remanescentes da estrutura do *ancien régime*, foram erradicados. Nos EUA, a força de integração cada vez maior do Direito se expressou, de maneira ainda mais direta, no conceito de soberania constitucional. Tal como estabelecido no *Federalist 33*, essa doutrina estabeleceu que a nova Constituição Federal funcionaria como a autoridade original para qualquer lei em todos os âmbitos da sociedade.[50] Em ambos os contextos, o surgimento de instituições estatais que reivindicaram sua legitimidade diretamente a partir cidadãos significou a organização do Direito em uma base normativa simples, além de tornar visível a autoridade do Direito para toda a sociedade. Em consequência, o sistema jurídico pôde criar normas para fortalecer sua condição de ordem integradora ampla, com capacidade para penetrar em diferentes esferas das relações sociais. Assim, os processos de codificação jurídica iniciados no século XVIII adquiriram novo impulso após 1789, e o estabelecimento do princípio da legalidade a partir da cidadania levou, frequentemente, à codificação do Direito em diferentes esferas sociais. A codificação do Direito Penal se generalizou na França revolucionária e nos Estados pós-revolucionários. As iniciativas para a codificação do Direito Civil francês começaram em 1791, e tomou uma forma definitiva em 1804. Esses esquemas de codificação jurídica se repetiram em grande parte da Europa durante o período. Após 1789, a maioria dos países começou, progressivamente, a codificar o Direito Público de forma constitucional. Nas constituições criadas durante esta época, o cidadão foi definido como o autor primário de todo o Direito, de forma que todos os processos legislativos deveriam refletir os interesses gerais dos cidadãos. Em todos os sentidos, a capacidade de integração do Direito, relacionada à autoridade que a figura do cidadão trouxe, ampliou-se drasticamente.

    A relação entre cidadania ativa e integração normativa também pode ser vista na tendência dos sistemas políticos legitimados pela vontade dos cidadãos ativos a criar sistemas de Direito Administrativo, através dos quais organizaram o diálogo com seus cidadãos. Conforme mencionado, o crescimento dos sistemas políticos baseados na cidadania democrática desencadeou uma rápida expansão da administração estatal. Ao mesmo tempo, o crescimento da administração estatal foi acompanhado, com frequência, pela consolidação de princípios mais

---

[50] MADISON, James; HAMILTON, Alexander; JAY John. *The federalist papers*. London: Penguin, 1987, p. 226.

CAPÍTULO I - SUJEITOS DEMOCRÁTICOS E PROCESSO SOCIAL

rigorosos de responsabilidade normativa para os ocupantes de cargos públicos, o que significou que os funcionários estatais passaram a ter a obrigação de se relacionar com os indivíduos da sociedade respeitando um conjunto de restrições normativas rigorosas. Em diversos contextos, tal como já se discutiu, a expansão do Direito Administrativo precedeu o surgimento efetivo do Direito Constitucional. Em meados do século XVIII, muitas sociedades europeias já contavam com um corpo rudimentar de normas de Direito Administrativo, especialmente no âmbito tributário, e os procedimentos para a revisão das formas de arrecadação monetária já estavam generalizados.[51] Entretanto, o período revolucionário trouxe um adensamento significativo do Direito Administrativo. Por exemplo, em seu longo período revolucionário, a França assistiu à elaboração de um corpo independente de normas administrativas. Em 1790, institui-se uma lei para facilitar a apresentação de recursos administrativos. Após 1800, foram criados órgãos especializados, *conseils de préfecture*, para tratar de demandas administrativas. Em 1806, um órgão próprio para litígios administrativos foi agregado ao *Conseil d'État*, o mais alto tribunal administrativo. Na Prússia, durante todo o período revolucionário, foram criados mecanismos para garantir que os procedimentos administrativos estivessem sujeitos ao controle judicial.[52] Estes mecanismos incluíram uma regulamentação, em 1797, para promover a separação entre o Poder Judiciário e a administração do Estado em algumas partes da Prússia, e uma legislação mais restritiva sobre essa mesma questão em 1808.[53] Em tais leis, a expansão administrativa do Estado impôs uma gramática jurídica generalizada aos indivíduos que com ele interagiam, e as relações entre o Estado e a sociedade foram incorporadas dentro de um ordenamento jurídico definido.

---

[51] Ver pp. 84 e ss.

[52] POPPITZ, Johannes. "Die Anfänge der Verwaltungsgerichtsbarkeit". *Archiv des öffentlichen Rechts*, vol. 72, n. 2/3, 1943, p. 185; SCHRIMPF, Heinrich. "Die Auseinandersetzung um die Neuordnung des individuellen Rechtsschutzes gegenüber der staatlichen Verwaltung nach 1807". *Der Staat*, vol. 18, n. 1, 1979, p. 66.

[53] O ponto culminante deste processo foi o *Verordnung wegen verbesserter Einrichtung der Provinzial-, Polizei- und Finanz-Behörden* (26.12.1808).

Observada nesse amplo contexto funcional, a figura moderna do cidadão democrático foi estabelecida, no final do século XVIII, como o ponto culminante de um longo processo socioconceitual. Dessa forma, a trajetória jurídica que deu forma à sociedade moderna – a separação das obrigações legais do domínio territorial e do poder pessoal, e a tradução dessas obrigações em estruturas jurídicas relativamente generalizadas – se aproximou de sua conclusão. O conceito de cidadão democrático tornou-se uma forma subjetiva que, em muitos aspectos, acelerou drasticamente a produção do Direito, intensificou sua força integradora e garantiu que, para a maioria dos indivíduos, o vínculo com os Estados nacionais se tornasse a principal fonte de obrigação legal na sociedade. Esse conceito proporcionou uma base independente ao Direito, de modo que o sistema jurídico como um todo tornou-se relativamente diferenciado e as leis puderam ser transmitidas à sociedade com um alto nível de autonomia. Esse conceito permitiu à sociedade como um todo se consolidar como um sistema de vínculos integradores que não estavam fundamentalmente presos a um determinado espaço geográfico ou a pessoas que ocupavam posições de poder dentro de um território. A forma básica da sociedade moderna foi sendo definida à medida que as pessoas começaram a assumir suas obrigações umas com as outras como obrigações legais subjetivas compartilhadas. E foi ganhando força à medida que as pessoas passaram a definir suas obrigações como resultados jurídicos de suas próprias decisões coletivas. Cada aspecto desses processos pressupunha a figura do cidadão, primeiro como sujeito de direito, depois como agente democrático. O conceito de cidadão político criou uma forte linha de integração normativa em torno do Estado, o qual submeteu progressivamente os indivíduos às mesmas leis e os assimilou diretamente à mesma ordem jurídica.

Uma implicação importante dessas análises é a necessidade de uma certa nuance sociológica em qualquer exame dos conceitos políticos e das concepções normativas que tomaram forma na Europa revolucionária, e que posteriormente moldaram os entendimentos sobre a democracia. No período revolucionário, a figura do cidadão passou por uma profunda transformação conceitual, e apareceu de uma maneira que acelerou os diferentes processos de integração aos quais os princípios de cidadania estavam ligados desde a sua primeira concepção.

CAPÍTULO I - SUJEITOS DEMOCRÁTICOS E PROCESSO SOCIAL

Este conceito criou a forma básica do sistema político moderno, e deu origem a um duplo processo de integração institucional e normativa em torno do sistema político. Contudo, essa transformação não criou um sujeito radicalmente novo, nem tampouco deu início a um conjunto completamente novo de processos sociais. Embora o conceito de cidadão político tenha se desviado, no âmbito normativo, dos princípios anteriores de personalidade jurídica, ele fortaleceu os resultados desses princípios no âmbito funcional. No fundo, a democracia moderna, ligada a sujeitos democráticos construídos conceitualmente, desenvolveu-se como uma forma de sistema político no qual os processos de integração anteriores puderam ser preservados e fortalecidos. A democracia desse período tomou forma em realidades sociopolíticas caracterizadas por uma centralização institucional crescente e uma integração jurídica maior: a figura do cidadão político só podia ganhar força em uma realidade política nacional desse tipo. Uma vez estabelecida, essa cidadania democrática inicial se apoiou estruturalmente nesses mesmos processos de integração institucional e normativa, ao mesmo tempo que os consolidou. A figura do cidadão político proporcionou uma concepção legitimadora em torno do qual aqueles processos e estruturas puderam se consolidar na sociedade, e reforçou as bases sobre as quais aquela própria figura havia surgido originalmente. O conceito de cidadania política que surgiu por volta de 1789 veio à tona com uma certa exigência conceitual, resultante dos padrões de individualização normativa existentes, e impulsionou os processos de centralização institucional nacional e integração jurídica já promovidos pelas concepções jurídico-políticas existentes. Como resultado, a figura do cidadão político expressou uma relação mais profunda entre a dimensão normativa e a dimensão institucional da integração social. Ela promoveu um conjunto de normas que alicerçaram as estruturas institucionais necessárias para a integração social e para a concretização da cidadania democrática.

Conclusão

Nosso entendimento da democracia moderna está ligado a uma série de conceitos, ou a uma série de *sujeitos conceituais*. A democracia é vista, em geral, como um sistema de organização política em que um sujeito específico, geralmente definido como o cidadão soberano, assume um papel central como o ator que define a arquitetura fundamental do governo. Porém, essa compreensão subjetiva da democracia gira em torno de uma interpretação reducionista do processo social, e demonstra uma resistência em perceber a influência de forças sociais estruturais sobre os sujeitos conceituais, considerados os responsáveis pelos atos de criação das normas democráticas. Pode-se observar, em primeiro lugar, que os sujeitos da democracia não são simplesmente atores reais-materiais que vieram à tona nas origens da democracia moderna. Pelo contrário, tais sujeitos se desenvolveram como articulações de processos sociais que já existiam muito antes da cidadania política e da democracia. Pode-se observar, em segundo lugar, que os sujeitos da democracia procederam de trajetórias funcionais, assumindo um papel de grande importância para a sociedade moderna. Entre as funções desempenhadas por estes sujeitos está, sobretudo, a promoção de processos confiáveis de integração normativa e institucional, que foram capazes de consolidar as relações sociais em uma ordem social marcada pela dissolução do feudalismo. Tal como se discutiu, a arquitetura conceitual para sustentar esses processos já havia sido estabelecida, de forma mais incipiente, antes da ascensão da cidadania democrática. Originalmente, esses processos se refletiam em um conceito de cidadão constituído dentro da lei, como sujeito de direito. Porém, agora esses processos estão estruturalmente ligados à cidadania política. A cidadania democrática moderna surgiu originalmente como uma *norma funcional* para levar adiante esses processos, e a cidadania democrática se desenvolveu através da consolidação destes processos.

Desse ponto de vista, podemos observar a democracia a partir de uma dupla perspectiva. Em um primeiro nível, a democracia pode ser analisada de uma perspectiva que destaca sua ênfase na formação de normas subjetivas: podemos argumentar que a democracia é concebida para expressar os interesses coletivos dos sujeitos constitucionais (populações soberanas, cidadãos nacionais) considerados como seu fundamento. Essa é a visão normativa dominante da democracia constitucional. Em um outro nível, a democracia pode ser analisada a partir de uma perspectiva que ressalta sua importância dentro de um conjunto de processos funcionais complexos, reconhecendo, a partir dessa

CAPÍTULO I - SUJEITOS DEMOCRÁTICOS E PROCESSO SOCIAL

perspectiva, uma certa contingência histórico-conceitual nos sujeitos que foram criados para consolidar a democracia. Dessa forma, o cidadão sempre atua em duas dimensões integradoras – a normativa/subjetiva e a funcional/institucional. É necessário desenhar as normas para o governo democrático e para a legislação democrática, e, além disso, consolidar as exigências funcionais-institucionais para a condução de um governo democrático. As dimensões normativa e institucional do cidadão são sempre indissociáveis, e o aspecto normativo da cidadania é tanto o pré-requisito quanto o resultado dos processos funcionais que sustentam as instituições democráticas.

Nessa perspectiva, a democracia pode aparecer como uma ordem política que realiza efetivamente as liberdades e os interesses dos sujeitos democráticos. Nas democracias, os indivíduos podem viver em comunidades amplas e abrangentes, seus interesses podem ser incluídos em processos coletivos de elaboração de leis e os vínculos sociais podem se estruturar em torno de modos de reconhecimento relativamente impessoais, nos quais a coerção física ou o privilégio privado direto cumprem um papel menor na definição de obrigações sociais. De fato, a democracia pode ser vista, em suas raízes, como uma ordem política em que as normas da subjetividade humana estavam intimamente alinhadas aos desenvolvimentos funcionais da sociedade, e estas normas ajudaram a consolidar os processos de integração em crescimento. No entanto, esses sujeitos democráticos possuem uma certa independência funcional em relação à democracia. A evolução da realidade social da democracia foi determinada por realidades estruturais, na qual o cidadão democrático apareceu tardiamente, e nas quais a figura do cidadão soberano foi a base para criar condições de integração que se desenvolveram primeiramente sem uma vontade popular ou seleção normativa. De modo geral, a democracia pode ser observada como um sistema de governança com duas dimensões. A democracia existe como um sistema de integração institucional, servindo à incorporação material da sociedade na esfera da autoridade governamental. A democracia existe como um sistema de integração normativa, que define as premissas de legitimação para a tradução das obrigações humanas em relações jurídicas compartilhadas. Estas dimensões estão dialeticamente conectadas umas às outras. A dimensão normativa da democracia consolida a dimensão institucional da democracia, mas também depende desta última histórica e estruturalmente. A figura do sujeito democrático adquiriu forma pela primeira vez em um contexto de integração criado pelas concepções iniciais de cidadania, e agiu para conectar as dimensões institucionais e normativas da sociedade. Este sujeito não teria existido facilmente fora dos contextos de integração – instituições centralizadas, sociedades integradas, sistemas jurídicos elaborados de maneira positiva – nos quais ele se desenvolveu inicialmente. As primeiras democracias ao mesmo tempo *ultrapassaram*, o que era *constantemente pressuposto*, e *fortaleceram* os padrões de integração dos períodos pré-democráticos da história.

Ao considerar-se o conceito de cidadão político por essa dupla perspectiva sociológica, é somente com certo grau de cautela que ele pode ser considerado o eixo categorial para uma explicação normativa consistente do sistema político e para um conjunto de expectativas jurídico-políticas relacionadas categoricamente. É de se questionar até que ponto os sujeitos políticos, como os povos soberanos e os cidadãos, podem ser simplesmente retirados dos processos sociais que os produziram e projetados como parâmetros imutáveis de legitimidade. Na teoria democrática, os sujeitos fundamentais da democracia – cidadãos nacionais e populações soberanas – são vistos como os autores das normas que definem categoricamente o governo legítimo. No entanto, é possível inverter essa relação. Em muitos aspectos, os sujeitos da democracia surgiram como reflexos da forma de integração da sociedade em curso naquele momento, e a partir dela é que articularam padrões de construção de normas, profundamente ligados à evolução funcional da sociedade, que já estava bastante avançada. É questionável se, dada sua ligação estrutural, estes sujeitos podem ser isolados dos processos com os quais estavam relacionados desde sua formação, ou se, de fato, alguma vez eles estiveram completamente vinculados a sujeitos reais. Dentro desta dupla perspectiva, sobretudo, existe sempre a possibilidade de que o aspecto normativo ou subjetivo da integração democrática entre em conflito com o aspecto funcional ou institucional da integração democrática. Isto é, a democracia como construção subjetivo--normativa pode apresentar princípios de autorização do Direito que debilitam os pré-requisitos da democracia como realidade funcional. As construções da subjetividade atribuídas à democracia podem, em certas

CAPÍTULO I - SUJEITOS DEMOCRÁTICOS E PROCESSO SOCIAL

circunstâncias, engendrar condições nas quais as liberdades democráticas tornam-se improváveis e a ordem institucional, pressuposto para o exercício da subjetividade democrática, torna-se precária. Embora os teóricos da democracia tenham apontado os sujeitos normativos da democracia como pré-requisitos absolutos da legitimidade democrática, eles não são necessariamente sujeitos constitutivos da democracia como realidade funcional. De fato, não é de forma alguma correto afirmar que os sujeitos normativos identificados como o centro da democracia sejam totalmente adequados à tarefa de preservar a democracia como um sistema de integração, baseado em padrões estáveis de legitimação e de produção do Direito. Não há motivo para supor que estes sujeitos continuem sendo eternamente uma descrição adequada de democracia. Atribuir a democracia exclusivamente aos sujeitos que originalmente se cristalizaram em torno dela implica, sempre, uma simplificação do surgimento da política democrática.

O segundo capítulo examina as maneiras através das quais os sujeitos normativos, em relação aos quais a democracia foi concebida, às vezes entram em conflito e subvertem os processos funcionais que estão nas bases da democracia. Nele, amplia-se o método sociológico conceitual para investigar como os princípios da subjetividade democrática têm, por vezes, contestado a própria democracia, e como a elaboração social desses princípios tornou-se um forte obstáculo à democracia. Esse método é utilizado para mostrar que, em sua atual articulação histórica, o conceito moderno de cidadão político soberano não forneceu uma base sólida para a integração normativa da sociedade. Devido às condições iniciais de seu surgimento, esse conceito não proporcionou um caminho de integração normativa para a sociedade e fragilizou a ordem funcional básica necessária para que suas próprias implicações se tornassem realidade. Em muitos aspectos, a figura do cidadão político soberano erodiu os processos de integração coletiva, de formação jurídica compartilhada, de institucionalização consistente, e erodiu até mesmo a própria nacionalidade, que havia proposto como sua própria essência.

Capítulo II
DEMOCRACIA E MILITARIZAÇÃO

O declínio do feudalismo e da violência social

Como se discutiu no capítulo anterior, a sociedade moderna foi construída, em grande medida, por um processo, que durou muitos séculos, em que as fontes básicas de validação jurídica foram separadas da autoridade pessoal ligada à posse da terra. Durante esse processo, a sociedade como um todo caminhou para uma forma definida pela *integração jurídica*: a lei foi separada dos laços feudais, os instrumentos para criar e aplicar a lei foram removidos das mãos da aristocracia rural, e os indivíduos foram progressivamente vinculados uns aos outros através de obrigações mais uniformemente definidas. Essa transformação foi conduzida principalmente pelos Estados em formação, e a integração jurídica geral pressupôs o surgimento de instituições estatais nacionais dotadas de poder soberano e de uma profunda capacidade de inserção social nos territórios. Essa transformação não foi um acontecimento histórico uniforme e variou consideravelmente de região para região. Além disso, ainda estava longe de um desfecho na época dos levantes revolucionários do final do século XVIII. Em diversas regiões, a aristocracia manteve certo controle, embora limitado, sobre órgãos judiciais e fiscais até o século XIX. Em várias regiões, a servidão continuou arraigada por muito tempo depois de 1789. A escravidão, é claro, perdurou por muito mais tempo, e ordenamentos jurídicos que refletiam variações extremas de status jurídico, decorrentes da servidão colonial e do controle político indireto, sobreviveram até depois da Segunda Guerra Mundial. No entanto, durante um longo período de tempo, tal processo de transformação jurídica moldou a estrutura da maioria das sociedades. A ascensão do cidadão e, em última instância, do cidadão democrático, foram os momentos-chave dessa transformação, ao colocar o Direito sobre premissas autônomas de integração e vincular diretamente as instituições políticas aos indivíduos. Mas, sobretudo, é importante destacar que esse processo de integração jurídica, em sua manifestação original, não foi um fenômeno isolado, mas esteve acompanhado por trajetórias paralelas em outros âmbitos da sociedade. O desenvolvimento simultâneo da *dimensão militar* da sociedade, que espelhava a transformação da forma jurídica, esteve estreitamente ligado à transformação integradora do Direito.

As sociedades feudais da Europa medieval não se caracterizavam somente pelo fato de que o Direito refletia as diferenças de status em função da posse da terra, mas pela profunda conexão entre a terra e o poder militar. Como um modo de organização social, o feudalismo desenvolveu-se como um dispositivo constitucional complexo para facilitar a arregimentação militar, e sua função original era a de promover o recrutamento de soldados para os senhores feudais. Nas sociedades feudais, os indivíduos de posição social elevada eram normalmente aqueles que recebiam terras ou cargos sob a forma de feudos ou regalias das autoridades territoriais superiores ou dos regentes. A posse de feudos geralmente incluía a autoridade jurídica no interior das terras concedidas, o que significava que os vassalos também adquiriam alguns direitos para exercer jurisdição sobre os habitantes de seus domínios. Ao mesmo tempo, o recebimento das terras implicava o compromisso, por parte dos vassalos e das pessoas a eles subordinadas, de prestar serviço militar e de fornecer recrutas ao doador original do feudo, caso fosse necessário para a guerra ou para a defesa do território. Os feudos que sustentaram a sociedade feudal foram concedidos, em essência, como contratos para facilitar o recrutamento de tropas e para fortalecer a autoridade militar dos indivíduos que ocupavam as posições de poder mais elevadas.[54] A

---

[54] Ver WEBER, Max. *Wirtschaft und Gesellschaft*: Grundriß der verstehenden Soziologie. Tübingen: Mohr, 1921-22, p. 136); HUBER, Ernst Rudolf. "Deutsche

CAPÍTULO II - DEMOCRACIA E MILITARIZAÇÃO

provisão de efetivos militares funcionou como um tributo pago com homens, e que vinculou constitucionalmente a nobreza ao governo.

Embora essencialmente hierárquicas, as obrigações feudais estabeleceram um equilíbrio constitucional amplo entre os principais atores da sociedade, por meio do qual, idealmente falando, os regentes eram obrigados a reconhecer os direitos dos senhores em que confiavam para o serviço militar, e até mesmo a incluí-los nos processos de tomada de decisões políticas. De fato, o desempenho de funções militares frequentemente deu a vassalos importantes o direito de participação nas deliberações relativas a assuntos de grande importância pública. A maioria dos sistemas políticos feudais criou órgãos consultivos em que alguns vassalos mais proeminentes, obrigados a combater ou fornecer soldados, também tinham voz nos assuntos de Estado.[55] Estes órgãos acabaram se transformando nos primeiros parlamentos ou assembleias representativas, cujas principais decisões diziam respeito a questões militares, em particular a mobilização das Forças Armadas e dos recursos monetários para a guerra. Observa-se, frequentemente, que as técnicas feudais de recrutamento militar criaram mecanismos ampliados para a representação política em

---

Wehrordnung und Verfassung bis zum Ende des Absolutismus". *Zeitschrift für die gesamte Staatswissenschaft*, vol. 97, n. 1, 1937a, pp. 44-45); LYON, Bryce D. *From fief to indenture*: the transition from feudal to non-feudal contract in western Europe. Cambridge, MA: Harvard University Press, 1957, pp. 232-233). Há uma interpretação que vê na oferta contratual de terras para o serviço militar a base do feudalismo (HOFBAUER, Martin. *Vom Krieger zum Ritter*: Die Professionalisierung der bewaffneten Kämpfer im Mittelalter. Freiburg: Rombach, 2015, p. 84). Uma das primeiras explicações desse fenômeno sustenta que as obrigações de vassalagem decorreram, inicialmente, da concessão de terras, por parte dos senhores, em troca dos serviços de cavalaria (BRUNNER, Heinrich. "Der Reiterdienst und die Anfänge des Lehnwesens". *Zeitschrift für Rechtsgeschichte*, vol. 8, 1887, p. 28).

[55] KAEUPER, Richard. *War, justice, and public order*. England and France in the later Middle Ages. Oxford: Clarendon, 1988, p. 151. Veja a análise deste processo na Inglaterra em BALDWIN, James Fosdick. *The king's council in England during the Middle Ages*. Oxford: Clarendon, 1913, p. 308); na França em AUBERT, Félix. *Le parlement de Paris*: de Philippe le Bel a Charles VII (1314-1422): Sa compétence, ses attributions. Geneva: Slatkine Reprints, 1977, p. 259); na Espanha em O'CALLAGHAN, Joseph F. *The cortes of Castile Leon 1188-1350*. Philadelphia: University of Pennsylvania Press, 1989, p. 19).

tempos de guerra. Nesse sentido, os exércitos promoveram continuamente formas rudimentares de cidadania, e os sistemas políticos caracterizados por funções militares compartilhadas tendiam a expandir os direitos políticos a um círculo mais amplo de notáveis.[56] Um historiador explicou que, na Europa medieval, a fonte de representação constitucional "foi, em primeira instância, o Exército", e os indivíduos que forneciam recursos militares foram os primeiros a estabelecer uma ordem constitucional para a nação ou para o povo.[57] Nesse sentido, as relações sociais básicas durante o curso da sociedade feudal, as responsáveis por sustentar as obrigações legais que vinculavam as pessoas e definiam seus direitos políticos, foram as relações no âmbito militar. Esta relação estava originalmente baseada nos feudos, normalmente relacionados a concessões de terras.[58]

Ao discutir estes assuntos, é necessária certa cautela. Na maioria das regiões caracterizadas por estruturas feudais, as leis feudais conviveram com normas legais de natureza menos personalizada, criadas por corporações ou instituídas como leis básicas para todos os residentes de um determinado território. Em alguns aspectos, o Direito feudal se desenvolveu como uma ordem normativa que se sobrepôs a formulações paralelas e anteriores de dever legal. O Direito feudal foi sempre parte de uma ordem jurídica heterogênea, convivendo com outros princípios normativos que reconheciam os indivíduos como portadores de direitos e sujeitos a restrições de natureza menos pessoal.[59] Por exemplo,

---

[56] O *lócus classicus* para compreender a relação entre participação militar e representação popular é o trabalho de Max Weber (WEBER, Max. *Wirtschaft und Gesellschaft*: Grundriß der verstehenden Soziologie. Tübingen: Mohr, 1921-22, pp. 734-735). Ver também DOWNING, Brian. *The military revolution and political change*: origins of democracy and autocracy in early modern Europe. Princeton: Princeton University Press, 1992, p. 25.

[57] BISSON, Thomas N. "The military origins of medieval representation". *The American Historical Review*, vol. 71, n. 4, 1966, p. 1200.

[58] BLUM, Jerome. "The rise of serfdom in Eastern Europe". *The American Historical Review*, vol. 62, n. 4, 1957, p. 808.

[59] DROEGE, Georg. *Landrecht und Lehnrecht im hohen Mittelalter*. Bonn: Röhrscheid, 1969, pp. 55, 77-78; KEITEL, Christian. *Herrschaft über Land und Leute*: Leibherrschaft

CAPÍTULO II - DEMOCRACIA E MILITARIZAÇÃO

alguns códigos jurídicos da Europa medieval separaram o Direito como um todo em cláusulas separadas, distinguindo entre o Direito dos feudos e obrigações pessoais relacionadas a ele e o corpo mais geral do Direito Civil e Penal. Isto significava que os residentes de um território estavam sujeitos a dois ordenamentos jurídicos, de origens distintas.[60] Algumas características não feudais da lei medieval sobreviveram até ao início da era moderna, inclusive na esfera militar. No entanto, foi o Direito feudal que moldou de forma generalizada a sociedade medieval europeia. Isso organizou a sociedade em torno de um conjunto de deveres legais hierarquizados, e concebeu os direitos individuais como demandas mediadas por feudos e responsabilidades militares pessoais.

Por diversos motivos, o feudalismo obstruiu a formação de sistemas políticos nacionais e a consolidação da sociedade nacional como uma ordem integrada. Os princípios militares do feudalismo foram o maior obstáculo à criação de instituições e normas jurídicas capazes de integrar a sociedade de maneira abrangente. Por exemplo, o sistema militar feudal baseava-se em acordos por meio dos quais o território era privatizado em troca de armas e, assim, esses fornecedores poderosos de força militar podiam se situar fora da autoridade das instituições políticas nacionais. Tais acordos resultaram em uma mobilização militar fortemente organizada a partir de prerrogativas locais, em que vassalos contavam com recursos militares independentes que podiam utilizar facilmente uns contra os outros. Essa característica conferiu à sociedade feudal uma profunda tendência a violência localizada. Tais acordos também fizeram com que a convocação dos exércitos fosse algo arriscado e que o sistema militar dependesse de negociações complexas e do patronato dos regentes sobre os vassalos poderosos. Além disso, a condição para a sustentação do recrutamento feudal era a abundância de terras, de tal forma que os regentes que não tivessem terras suficientes para oferecer não seriam capazes de construir um apoio militar estável na sociedade.

---

und Territorialisierung in Würtemberg 1246-1593. Leinfelden-Echterdingen: DRW--Verlag, 2000, p. 244.

[60] É o caso do *Sachsenspiegel*, que continha um livro para o direito da terra e um livro para o direito dos feudos.

Mais importante ainda, os modelos feudais de recrutamento militar dependiam da instituição da servidão. O recrutamento de soldados nas sociedades feudais não exigia necessariamente a participação militar direta, em combate, dos camponeses. Em algumas das primeiras sociedades feudais, todos os homens aptos, incluindo os servos, estavam sujeitos ao recrutamento, o que vinculava o serviço militar ao domicílio em um determinado território. Posteriormente, contudo, a vassalagem tornou-se a base do serviço militar e, em algumas sociedades feudais, os servos foram proibidos de portar armas, exceto em situações indispensáveis para a defesa local ou a nacional.[61] No entanto, em muitos cenários medievais, os exércitos foram criados por meio de intimações, formação de milícias e atos de recrutamento obrigatório que atingiram profundamente os setores mais pobres da população. Além disso, o sistema militar feudal pressupunha que, em tempos de guerra, as necessidades de subsistência da sociedade seriam cobertas pelos camponeses que trabalhavam na produção agrícola e pagavam impostos, de sorte que a mobilização militar não era possível sem a servidão.[62] Isto significava que o indivíduo com autoridade para recrutar tropas presidia uma máquina administrativa local, que cimentava o poder pessoal da nobreza sobre os servos. De fato, a intensificação, em tempos de guerra, dos deveres recíprocos entre vassalos com grande poder e regentes via de regra fortaleceu a instituição da servidão nos domínios de propriedade do vassalo, de tal forma que eventuais ampliações da influência constitucional provocada pela guerra não incluíram necessariamente o campesinato. No núcleo constitucional da sociedade feudal havia uma negação radical à igualdade de status jurídico na relação entre senhores, guerreiros e servos. O ordenamento

---

[61] FEHR, Hans. "Das Waffenrecht der Bauern im Mittelalter". *Zeitschrift für Rechtsgeschichte*, vol. 35, 1914, p. 162; BISSON, Thomas N. The crisis of the twelfth century: power, lordship, and the origins of European government. Princeton; Oxford: Princeton University Press, 2009, p. 64; HOFBAUER, Martin. *Vom Krieger zum Ritter*: Die Professionalisierung der bewaffneten Kämpfer im Mittelalter. Freiburg: Rombach, 2015, p. 47.

[62] Sobre este tema, ver LAMPE, Albrecht. *Der Milizgedanke und seine Durchführung in Brandenburg-Preussen vom Ausgang des 16*: Jahrhunderts bis zur Heeresreform nach 1807. Berlin: FU-Dissertation, 1951, p. 4; HELLIE, Richard. *Enserfment and military change in Muscovy*. Chicago: University of Chicago Press, 1971, p. 146.

CAPÍTULO II - DEMOCRACIA E MILITARIZAÇÃO

militar da sociedade feudal estava articulado sobre a reprodução de diferenças de condição jurídica, em que os principais provedores de poder militar possuíam autoridade legal, jurisdicional e direitos de controle pessoal sobre seus inferiores. Isso fez com que a sociedade como um todo assumisse uma forma profundamente centrífuga.

Inclusive, os resíduos do feudalismo continuaram visíveis em algumas partes da Europa por muito tempo após os membros da nobreza terem renunciado a seus papéis militares originais, sobretudo no fato de que os senhores transformaram em domínios privados as terras que haviam recebido como feudos. Em seus domínios, membros da nobreza utilizaram os direitos e poderes que emanavam dos feudos para assentar sua jurisdição pessoal sobre os camponeses que trabalhavam em suas terras, e para arrecadar impostos das economias camponesas controladas por eles. Assim, o ordenamento militar inicial do feudalismo acabou dando origem a um padrão secundário de organização feudal, que se generalizou em algumas partes da Europa a partir do século XV. Esse novo padrão de feudalismo diferiu da ordem feudal original, pois coexistiu com processos de centralização institucional que reduziram o papel político da aristocracia. Nos locais onde esse sistema foi implementado, porém, a nobreza local conseguiu obter privilégios sociais dos Estados territoriais em formação, arrogar para si funções judiciais em seus domínios e estabelecer economias aristocráticas de base servil, que passaram a funcionar como unidades administrativas e fiscais semiautônomas dentro de diferentes regiões. Por volta de 1650, grande parte da Europa Central e do Leste Europeu estava organizada em torno de um sistema neofeudal de gestão agrária, no qual os camponeses viviam em condições de dominação redobradas, muitas vezes semelhantes às da escravidão. Esse sistema também se desenvolveu na Europa Ocidental, embora não tenha se consolidado tanto quanto nas outras regiões mencionadas. Neste sistema, a aristocracia restringiu profundamente os direitos vitais dos camponeses, especialmente o direito de possuir terras, o direito de mudar de emprego e o direito de buscar reparação legal.[63]

---

[63] Esses processos foram particularmente intensos no centro e no nordeste da Europa, incluindo regiões localizadas atualmente na Alemanha, Polônia, República Checa

O período entre 1650 e 1750 testemunhou um fortalecimento rigoroso da servidão em grande parte da Europa, muito tempo depois do desaparecimento da função militar básica da vassalagem.

Os métodos feudais de mobilização militar sofreram uma profunda transformação à medida que as sociedades europeias começaram a assumir uma forma mais obviamente nacional, durante o último período da Idade Média. Esse período assistiu a um processo gradual de convergência social em torno das instituições estatais, que se expressou em acontecimentos no sistema militar, ao mesmo tempo que foi estimulado por eles. Durante o período medieval, o recrutamento por meio de feudos ligados à posse da terra deu lugar, em parte, ao recrutamento por meio de feudos ligados ao pagamento de renda em dinheiro e depois, finalmente, a contratos de recrutamento. Em ambas as fases, os contratos

---

e Eslováquia. Para comentários a respeito, ver GRÜNBERG, Karl. *Die Bauernbefreiung und die Auflösung des gutsherrlich-bäuerlichen Verhältnisses in Böhmen, Mähren und Schlesien*, I: Überblick der Entwicklung. Leipzig: Duncker und Humblot, 1894, p. 91; BORNHAK, Conrad. *Geschichte des Preußischen Verwaltungsrechts*. vol. I: Bis zum Regierungsantritt Friedrich Wilhelms I. Berlin: Springer, 1884, p. 116; KNAPP, Georg Friedrich. *Die Bauernbefreiung und der Ursprung der Landarbeiter in den ältern Theilen Preußens*. vol. II. 2. ed. Munich: Duncker und Humblot, 1927, p. 50; WRIGHT, William E. *Serf, seigneur and sovereign*: agrarian reform in eighteenth-century Bohemia. Minneapolis: University of Minnesota Press, 1966, pp. 10-15; KIENIEWICZ, Stefan. *The emancipation of the Polish peasants*. Chicago; London: Chicago University Press, 1969, p. 3; KAAK, Heinrich. *Die Gutsherrschaft*: Theoriegeschichtliche Untersuchungen zum Agrarwesen im ostelbischen Raum. Berlin: de Gruyter, 1991, pp. 3-6, 45; SCHMIDT, Christoph. *Leibeigenschaft im Ostseeraum*: Versuch einer Typologie. Cologne: Böhlau, 1997, pp. 22-29; LEMARCHAND, Guy. *Paysans et seigneurs en Europe*: une histoire comparée XVI-XIX siècle. Rennes: Presses universitaires de Rennes, 2011, p. 101. Para uma análise semelhante das regiões atualmente pertencentes à Áustria, ver FEIGL, Helmut. *Die niederösterreichische Grundherrschaft vom ausgehenden Mittelalter bis zu den theresianisch-josephinischen Reformen*. Vienna: Verein für Landeskunde von Niederösterreich und Wien, 1964, p. 320. Para uma análise da França, na qual esse processo também pôde ser observado, ver Saint-Jacob (SAINT-JACOB, Pierre de. *Les paysans de la Bourgogne du Nord au dernier siècle de l'Ancien Régime*. Paris: Société les Belles Lettres, 1960, p. 62); SOBOUL, Albert. "Survivances 'féodales' dans la société rurale française au XIXe siècle". *Annales: Économies, Sociétés, Civilisations*, vol. 23, n. 5, 1968, p. 983; HAYHOE, Jeremy. *Enlightened feudalism*: seigneurial justice and village society in eighteenth-century France. Rochester: University of Rochester Press, 2008, pp. 17, 48-49. Para uma análise geral da questão, ver BLUM, Jerome. *The end of the old order in rural Europe*. Princeton: Princeton University Press, 1978, pp. 71, 197-199.

CAPÍTULO II - DEMOCRACIA E MILITARIZAÇÃO

militares ligados à terra foram substituídos por contratos de natureza monetária, de modo que os exércitos do final do período medieval estavam, em sua maioria, repletos de mercenários de todas as espécies.[64] Ao se discutir este ponto, é preciso evitar pontos de vista unilaterais. O recrutamento de mercenários já havia começado em uma fase anterior da sociedade feudal, e os exércitos feudais sempre incluíram soldados contratados. Por outro lado, mais tarde, já no século XVI, alguns Estados, especialmente a Inglaterra, continuavam recrutando alguns soldados por meio do alistamento de natureza feudal. No entanto, a tendência para a formação de exércitos contratados se acentuou em sistemas políticos feudais tardios. A essa altura, o valor básico dos soldados era calculado cada vez mais em termos monetários, e os exércitos eram sustentados através de subvenções fiscais. Nesses contextos, por exemplo, as obrigações militares eram frequentemente consideradas como um tipo de tributação, e uma parte do pagamento para a guerra era feito com homens e a outra parte se fazia em dinheiro.[65] No final da Idade Média, a participação direta da aristocracia na organização militar era limitada.[66]

Os resultados dessas mudanças foram frequentemente ambíguos para as instituições políticas, e em parte perniciosos. Por meio desse processo, os regentes feudais do final da Idade Média podiam mobilizar exércitos consideráveis utilizando recursos financeiros obtidos através de sistemas de tributação antecipada e, ao fazê-lo, reforçavam o poder soberano das instituições centrais com um todo.[67] De certa maneira,

---

[64] Ver SCZANIECKI, Michel. *Essai sur les fiefs-rentes*. Paris: Sirey, 1946, p. 27. Sobre a supressão do feudo no contrato, ver LYON, Bryce D. "The Feudal Antecedent of the Indenture System". *Speculum*, vol. 29, n. 3, 1954, p. 511.

[65] Harriss, 1976, p. 1950; Henneman, 1983, p. 2.

[66] Em um dos cálculos a respeito, a proporção da aristocracia francesa envolvida no serviço militar diminuiu, em algumas regiões, para menos de 20% no século XVI (LE ROUX, Nicolas. *Le créspucule de la chevalerie*: noblesse et guerre au siècle de la Renaissance. Ceyzétieu: Champ Vallon, 2015, p. 77). Para argumentos semelhantes sobre a Inglaterra, ver Gunn (GUNN, Steven. *The English people at war in the age of Henry VIII*. Oxford: Oxford University Press, 2018, p. 54).

[67] LYON, Bryce D. *From fief to indenture*: the transition from feudal to non-feudal contract in western Europe. Cambridge, MA: Harvard University Press, 1957, p. 11.

esse processo significou um envolvimento mais direto dos Estados com os seus súditos, e, em geral, os sistemas políticos feudais desse último período assistiram à expansão da mobilização popular, pelo menos para a defesa nacional. No entanto, esse processo também permitiu que os senhores feudais poderosos pudessem contratar grandes comitivas armadas, o que reforçou sua independência e muitas vezes levou a conflitos civis e ao aumento da violência social. Como resultado, esses senhores assumiram responsabilidades importantes como funcionários militares e como capitães de exércitos mercenários, criando novas posições de liderança militar para a aristocracia. Por toda a Europa, além disso, à medida que os regentes faziam guerra com grandes exércitos pagos, eles se tornaram dependentes de instituições representativas por meio das quais a nobreza e outros estamentos passaram a controlar as finanças militares.

Por fim, o ordenamento militar feudal foi amplamente substituído por um sistema de contratação em que o alistamento e a administração militar eram coordenados por recrutadores profissionais ou empresários militares, muitas vezes de origem aristocrática. Esse sistema de recrutamento baseava-se numa relação contratual direta entre regentes e empresários militares, e permitia aos regentes contratar um grande número de mercenários, e mesmo exércitos privados inteiros, para sustentar suas guerras.[68] Dessa maneira, a arregimentação de exércitos perdeu parte de sua importância como base constitucional direta para a aristocracia conquistar direitos políticos e para moldar o exercício do poder real. Contudo, onde esse sistema se desenvolveu, os regentes frequentemente se empenharam em institucionalizar mecanismos fiscais adequados para

---

[68] REDLICH, Fritz. *The German military enterpriser and his work force*: a study in European economic and social policy. vol. I. Wiesbaden: Franz Steiner, 1964a, p. 53; LYNN, John A. *Giant of the grand siècle*: the French Army, 1610-1725. Cambridge, UK: Cambridge University Press, 1997, p. 6. Na Inglaterra, afirma-se que os contratistas privados substituíram as fontes mais tradicionais de poder militar no decorrer da Guerra dos Cem Anos (POWICKE, Michael. *Military obligation in medieval England*: a study in liberty and duty. Oxford: Clarendon, 1962, p. 166; HEWITT, H. J. *The organization of war under Edward III*. Manchester; New York: Manchester University Press, 1966, p. 33). Isso se deveu ao aumento do tamanho dos exércitos criados no período.

CAPÍTULO II - DEMOCRACIA E MILITARIZAÇÃO

sustentar seus exércitos. Na maioria dos casos, eles foram forçados a empregar técnicas de financiamento a seus exércitos que diminuíram sua capacidade de controlar a organização militar e frequentemente debilitaram sua soberania.

Cada etapa da dissolução do feudalismo assistiu a uma mudança na base contratual do Exército. Cada mudança na base contratual do Exército repercutiu na base contratual do Estado, uma vez que os Estados garantiram sua própria capacidade militar, alterando os termos da sua articulação com os principais sujeitos da sociedade. Consequentemente, cada etapa da dissolução do feudalismo trouxe também uma mudança no estatuto constitucional da nobreza. Através da monetarização dos contratos militares, a nobreza perdeu parte da sua força constitucional tradicional, uma vez que passou a ser menos demandada como provedora direta de força militar. Como se discute a seguir, porém, a nobreza ainda conservou sua influência constitucional porque, com o fim do recrutamento feudal, ela passou a ser amplamente requisitada como arrecadadora de tributos. O eixo constitucional do poder da nobreza se deslocou para o âmbito fiscal. Em cada etapa desse processo, porém, o legado constitucional do feudalismo, que ligava a provisão de exércitos à autoridade jurídica, foi muitas vezes de encontro à formação de um ordenamento integrado robusto na sociedade. As consequências do deslocamento da nobreza de seu status militar-constitucional original, e a consequente necessidade de criar uma base alternativa para o Exército, permaneceu por muito tempo como um dos aspectos mais sensíveis da construção do sistema político pós-feudal.

Em alguns casos, a transição dos exércitos feudais para exércitos contratados causou uma profunda crise no processo de formação do Estado nacional. A monetarização do recrutamento militar já estava bem estabelecida no século XV. No final da Idade Média, a dependência dos regentes em relação a exércitos recrutados por particulares influenciou de forma decisiva as consequências sociais da guerra. Nesse momento, a exploração das terras conquistadas tornou-se um meio fundamental de recompensar os líderes militares e seus soldados, e períodos de combate mais longos frequentemente provocaram crises sociais extremas e violência generalizada, à medida que os exércitos escapavam do controle público. Contudo, tal monetarização atingiu um auge momentâneo durante as guerras religiosas e dinásticas, normalmente conhecidas como a Guerra dos Trinta Anos, que ocorreram na Europa no século XVII. Nessas guerras, a França seguiu um modelo distinto, reproduzido posteriormente, pois o Exército francês era controlado de maneira oficial pelo Estado. Tipicamente, porém, estas guerras foram travadas por exércitos mercenários, liderados por empresários independentes. Devido à escala do combate em várias regiões, somente cofres principescos tinham condições de financiar tais exércitos. Nessa época, frequentemente a única forma de manter exércitos no campo de batalha era através de tributos e contribuições extorquidos diretamente pelos comandantes militares nas terras onde as tropas estavam localizadas. A arrecadação de contribuições tornou-se central para a estrutura contratual de vários exércitos durante o período, pois criou a receita privada necessária para o pagamento das tropas, em contextos em que a maioria dos governos não possuía instituições sólidas para garantir o financiamento dos exércitos, deixando os soldados muitas vezes sem pagamento. Sobre essa base contratual, os exércitos mercenários se desenvolveram como organizações com estruturas jurídicas bastante autônomas. Diversas unidades militares contratadas por empresários agiram como corporações autônomas, separadas dos sistemas de obrigação feudal e nacional.[69] A coesão de tais exércitos, compostos por soldados de diversos países, frequentemente se alcançava por meio de acordos, expressos como juramentos de recrutamento pelos membros de cada unidade, através dos quais se estabeleciam, em uma base coletiva, as leis que vinculavam entre si os membros de cada unidade militar e a força jurisdicional para impor tais leis.[70] Por não

---

[69] Ver a excelente discussão sobre as características legais dos exércitos no final do período medieval em MÖLLER, Hans-Michael. *Das Regiment der Landesknechte*: Untersuchungen zu Verfassung, Recht und Selbstverständnis in Deutschen Söldnerheeren des 16. Jahrhunderts. Wiesbaden: Franz Steiner, 1976, p. 5; BURSCHEL, Peter. *Söldner in Nordwestdeutschland des 16. und 17. Jahrhunderts*: Sozialgeschichtliche Studien. Göttingen: Vandenhoeck und Ruprecht, 1994, p. 129.

[70] Para análise dessa questão, ver REDLICH, Fritz *The German military enterpriser and his work force*: a study in European economic and social policy. vol. II. Wiesbaden: Franz Steiner, 1964b, p. 61); MÖLLER, Hans-Michael. *Das Regiment der Lan-*

CAPÍTULO II - DEMOCRACIA E MILITARIZAÇÃO

possuírem acordos fiscais estáveis para seu financiamento, os exércitos e seus comandantes acabavam exercendo um poder excepcional nos territórios nos quais se encontravam, causando enorme penúria nas regiões onde permaneciam.

O crescimento dos exércitos mercenários na etapa final do feudalismo e no início da modernidade europeia representou um ponto intermediário decisivo para a consolidação do aparelho militar moderno e do Estado moderno como um todo. Como dito anteriormente, esses exércitos levaram à separação entre a origem dos recursos militares e as pessoas constitucionalmente privilegiadas pelo feudalismo, resultando em uma situação social na qual a dependência constitucional do Estado em relação à nobreza diminuiu. Nessa transformação constitucional, no entanto, os regentes frequentemente perderam o controle da violência na sociedade, e os exércitos mercenários provocaram uma instabilidade muito maior do que os exércitos feudais.

Passadas as guerras religiosas, a autoridade exercida pelos Estados sobre seus exércitos foi reforçada substancialmente. Embora os exércitos ainda estivessem compostos por tropas mercenárias, muitas vezes recrutadas no exterior, os Estados assumiram um poder maior sobre recrutamento e abastecimento dos contingentes militares. O período após 1648 assistiu à expansão de exércitos permanentes, que moldaram profundamente o Estado e a sociedade moderna. Os exércitos permanentes influenciaram de maneira decisiva a forma básica de integração da sociedade moderna.

---

desknechte: Untersuchungen zu Verfassung, Recht und Selbstverständnis in Deutschen Söldnerheeren des 16. Jahrhunderts. Wiesbaden: Franz Steiner, 1976, p. 40; BAUMANN, Reinhard. *Landsknechte*: Ihre Geschichte und Kultur vom späten Mittelalter bis zum Dreißigjährigen Kreg. Munich: Beck, 1994, p. 79; HUNTEBRINKER, Jan Willem. "*Fromme Knechte*" *und* "*Garteteufel*": Söldner als soziale Gruppe im 16. und 17. Jahrhundert. Konstanz: UVK, 2010, p. 35; KRÜSSMANN, Walter Grafensohn. *Söldnerführer, Kriegsunternehmer gegen Habsburg im Dreißigjährigen Krieg*. Berlin: Duncker und Humblot, 2010, p. 661; PARROTT, David. *The business of war*: military enterprise and military revolution in early modern Europe. New York; Cambridge, UK: Cambridge University Press, 2012, p. 104.

A importância dos exércitos permanentes na Europa moderna deve ser ponderada. Nem sempre é possível separar nitidamente tais exércitos dos padrões anteriores ou subsequentes de organização militar. Por exemplo, a relação direta entre os soldados e o Estado, relação típica dos sistemas militares maduros, foi central para a criação de exércitos permanentes, pois eliminou a independência contratual dos soldados nos exércitos feudais e mercenários anteriores. O surgimento de exércitos permanentes foi resultado de um processo de intensificação das demandas dos Estados territoriais sobre os indivíduos, e a relação entre os sujeitos e o governo se expressou em um conjunto de obrigações individuais diretas. De fato, o recrutamento de exércitos permanentes dependia, em parte, da mobilização não voluntária de efetivos militares, através de formas brutais de recrutamento militar obrigatório, e a formação dos primeiros exércitos permanentes foi acompanhada do aumento da utilização de milícias. Na França, o serviço militar obrigatório foi, a partir de 1726, um elemento importante e constante do recrutamento militar.[71] Gebelin descreve o século XVIII na França como o "século das milícias".[72] O recrutamento de milícias aumentou significativamente no final do século XVIII na Inglaterra, a partir do *Militia Act* de 1757.[73] O recrutamento militar obrigatório foi instituído na Prússia durante a imposição do sistema cantonal, em vigor até 1733, que estabeleceu mecanismos de formação de exércitos com algumas características parecidas a de um serviço militar obrigatório

---

[71] BLANTON, Harold D. "Conscription in France during the Era of Napoleon". *In*: STOKER, Donald; SCHNEID, Federick C.; BLANTON, Harold D. (Coords.). *Conscription in the Napoleonic era*: a revolution in military affairs? Abingdon: Routledge, 2009. pp. 6-23. Na França, as origens das milícias vêm de muito antes; elas já existiam como instituição regular em 1688 (GIRARD, Georges. *Racolage et milice* (1701–1715): le service militaire en France à la fin du règne de Louis XIV. Paris: Plon, 1921, p. 163).

[72] GEBELIN, Jacques. *Histoire des milices provinciales (1688-1791)*: le tirage au sort sous l'ancien regime. Paris: Hachette, 1882, p. 73.

[73] WESTERN, J. R. *The English militia in the eighteenth century*: the story of a political issue 1660-1802. London: Routledge, 1965, p. 205; BREWER, John. *The sinews of power*: war, money and the English state 1688-1783. London: Routledge, 1989, pp. 32-33.

CAPÍTULO II - DEMOCRACIA E MILITARIZAÇÃO

e generalizado).[74] Isso levou alguns historiadores a argumentar que o crescimento do Exército permanente prussiano provocou uma militarização profunda da sociedade prussiana.[75] Variantes do sistema cantonal foram introduzidas em outras regiões de língua alemã, incluindo alguns territórios dos Habsburgos a partir de 1771. Nesse sentido, os exércitos permanentes tanto anteciparam processos de recrutamento que se estabeleceriam posteriormente quanto reproduziram os procedimentos utilizados nas sociedades feudais para a defesa nacional e para a mobilização das milícias. A análise do caráter específico dos exércitos permanentes precisa ser feita com cautela.

No entanto, os exércitos permanentes que se generalizaram na Europa nas décadas seguintes a 1648 refletiram um modelo particular de ordenamento social e institucional, que teve consequências profundas para a estrutura de integração do Estado e da sociedade como um todo. Sobretudo, a ascensão dos exércitos permanentes significou um controle sobre a atuação militar à margem da lei, e os Estados afirmaram cada vez mais sua autoridade (soberania) sobre indivíduos e organizações capazes de mobilizar forças militares. A construção básica do Estado moderno como um ordenamento administrativo soberano, capaz de exercer poderes gerais de integração na sociedade, foi em parte o resultado desses processos.

Em primeiro lugar, a importância dos exércitos permanentes na formação dos Estados modernos pode ser observada na transformação

---

[74] BORNHAK, Conrad. *Geschichte des Preußischen Verwaltungsrechts*. vol. II: Bis zum Frieden von Tilsit. Berlin: Springer, 1885, p. 6; SIKORA, Michael. *Disziplin und Desertion*: Strukturprobleme militärischer Organisation im 18. Jahrhundert. Berlin: Duncker und Humblot, 1996, p. 146.

[75] Esta é a proposta teórica de Büsch (BÜSCH, Otto. Militärsystem und Sozialleben im Alten Preußen 1713-1807: Die Anfänge der sozialen Militarisierung der preußischen-deutschen Gesellschaft. Berlin: de Gruyter, 1962, p. 73). Para um contraponto a essa teoria, ver Hanisch (HANISCH, Hartmut. "Preußisches Kantonsystem und ländliche Gesellschaft. Das Beispiel der mittleren Kammerdepartments". In: KROENER, Bernhard R.; PRÖVE, Ralf (Coords.). Krieg und Frieden: Militär und Gesellschaft in der Frühen Neuzeit. Paderborn: Schöningh, 1996. pp. 137-165, p. 147); Nowosadtko (NOWOSADTKO, Jutta. Stehendes Heer im Ständestaat: Das Zusammenleben von Militär- und Zivilbevölkerung im Fürstentum Münster 1650-1803. Paderborn: Schöningh, 2011, p. 20).

das funções militares a que esses exércitos deram origem. Por um lado, a ascensão dos exércitos permanentes alterou a importância dos mercenários. Por volta de 1648, as tropas mercenárias mais dispersas, que haviam inicialmente substituído os exércitos feudais, foram pouco a pouco sendo incorporadas aos regimentos oficiais do Estado territorial em formação. Os mercenários estrangeiros continuaram a desempenhar um papel extremamente importante na maioria dos exércitos, mas passaram a ser utilizados de maneira mais permanente e integrada ao Exército regular. Sobretudo, os contratos que subordinavam os soldados a seus comandantes tornaram-se cada vez mais controlados pelo poder público, vinculando, assim, os soldados diretamente ao Estado.[76] Por outro lado, a ascensão dos exércitos permanentes alterou a importância dos líderes militares.[77] Após 1648, os comandantes militares passaram a estar cada vez mais sujeitos, por obrigações oficiais, aos senhores, regentes e governantes a quem serviam, o que significou uma absorção pelo Estado das funções desempenhadas pelos empresários militares.[78] Mas não há dúvidas de que os empresários militares continuaram existindo. Muitos historiadores reconhecem atualmente que alguns Estados continuaram dependendo financeiramente do suprimento privado de contingentes militares e que os subsídios militares

---

[76] FICHTE, Robby. *Die Begründung des Militärdienstverhältnisses* (1648–1806): Ein Beitrag zur Frühgeschichte des öffentlich-rechtlichen Vertrages. Baden-Baden: Nomos, 2010, pp. 55, 231.

[77] REDLICH, Fritz *The German military enterpriser and his work force*: a study in European economic and social policy. vol. II. Wiesbaden: Franz Steiner, 1964b, p. 46. Esta visão é contestada em Parrott (2012). No entanto, Parrott também argumenta que, depois de 1648, os "recursos distribuídos pelo Estado" assumiram maior centralidade na política militar (PARROTT, David. *The business of war*: military enterprise and military revolution in early modern Europe. New York; Cambridge, UK: Cambridge University Press, 2012, p. 317). Minha interpretação histórica reproduz a descrição de Lynn sobre a transição, nos anos 1600, do *Exército por contrato* para o *Exército como função estatal* (LYNN, John A. *Giant of the grand siècle*: the French Army, 1610-1725. Cambridge, UK: Cambridge University Press, 1997, pp. 6-9).

[78] SCHMOLLER, Gustav. *Preußische Verfassungs-, Verwaltungs- und Finanzgeschichte*. Berlin: Verlag der Täglichen Rundschau, 1921, p. 113; BURSCHEL, Peter. *Söldner in Nordwestdeutschland des 16. und 17. Jahrhunderts*: Sozialgeschichtliche Studien. Göttingen: Vandenhoeck und Ruprecht, 1994, p. 206.

CAPÍTULO II - DEMOCRACIA E MILITARIZAÇÃO

internacionais continuaram sendo fundamentais para a guerra.[79] Além disso, em alguns países, especialmente na França, o emprego de empresários independentes havia sido menos generalizado no início do século XVII, e os contratantes militares haviam sido frequentemente integrados à administração governamental.[80] Depois de 1648, no entanto, a independência das elites e dos recrutadores militares foi, em geral, restringida.

Como resultado desses processos, a ocupação de cargos militares no início da Europa moderna foi progressivamente se equiparando à ocupação de cargos em outras esferas do serviço público. As responsabilidades relacionadas com a guerra foram essencialmente cumpridas como deveres contratuais impostos pelos regentes, de acordo com um controle administrativo formal. Isto significou, em particular, que os militares foram criando uma ordem profissional cada vez mais estruturada, à medida que diferentes grupos sociais ingressavam na carreira militar em pontos específicos de uma hierarquia profissional interna.[81] Os privilégios e distinções de natureza pessoal foram parcialmente desvinculados dos cargos militares.[82]

---

[79] THIELE, Andrea. "The Prince as Military Entrepreneur? Why Smaller Saxon Territories sent 'Holländische Regimenter' (Dutch Regiments) to the Dutch Republic". In: FYNN-PAUL, Jeff (Coord.). *War, entrepreneurs, and the state in Europe and the Mediterranean 1310-1800*. Leiden: Brill, 2014. pp. 170-192.

[80] PARROTT, David. *The business of war*: military enterprise and military revolution in early modern Europe. New York; Cambridge, UK: Cambridge University Press, 2012, pp. 279, 301.

[81] Ver SCHMIDT, Hans. "Militärverwaltung in Deutschland und Frankreich im 17. und 18. Jahrhundert". *In*: KROENER, Bernhard R.; PRÖVE, Ralf (Coords.). *Krieg und Frieden*: Militär und Gesellschaft in der Frühen Neuzeit. Paderborn: Schöningh, 1996. pp. 25-46.

[82] Ver LORENZ, Maren. *Das Rad der Gewalt*: Militär und Zivilbevölkerung in Norddeutschland nach den Dreißjäihrigen Krieg (1650–1700). Cologne: Böhlau, 2007; GUINIER, Arnaud. "De l'autorité paternelle au despotisme légal: Pour une réévaluation des origines de l'idéal du soldat-citoyen dans la France des lumières". *Revue d'histoire moderne & contemporaine*, vol. 61, n. 2, pp. 150-175, 2014. Aqui, são necessárias algumas considerações. Na França, por exemplo, era possível adquirir cargos importantes de comando militar de forma venal, ou seja, os poderes de comando de regimentos eram, em certa medida, negociados como um bem privado (ver DURUY,

Esses processos também tiveram implicações para o papel constitucional desempenhado pela nobreza. A organização formal do Exército implicou uma subordinação cada vez maior da aristocracia, em sua esfera tradicional de influência, ao Estado territorial. É certo que, em diversos Estados, os cargos do corpo de oficiais estavam reservados ou, pelo menos, parcialmente monopolizados por membros da aristocracia. Na Prússia, por exemplo, os cargos do corpo de oficiais eram ocupados quase exclusivamente por membros da aristocracia, os quais obtinham privilégios sociais significativos através do acesso a tais cargos. Uma análise clássica sobre a Prússia argumenta que a participação no corpo de oficiais implicava praticamente um "novo tipo de obrigação feudal".[83] Uma análise sobre a mesma questão na França afirma que antes de 1789 o Exército era pouco mais que um "sistema de sinecuras" para a nobreza.[84] Na França, o recrutamento dos exércitos foi coordenado por capitães nobres até 1760.[85] Em alguns países, o acesso fácil a cargos militares importantes protegeu a aristocracia da perda de status provocada pela centralização política, e a manteve como classe protegida no século XX.[86] No entanto, a integração dos filhos da aristocracia a funções formais no Exército fez com que eles adquirissem uma formação militar que os tornou úteis para o governo e pouco capazes de reivindicar uma autoridade independente na sociedade. Isso significou, de fato, que a aristocracia foi parcialmente incorporada ao serviço público em formação.[87]

Albert. "L'Armée royale en 1789: L'effectif. – La composition et la formation. Le commandement". *Revue des deux mondes*, vol. 81, n. 2, pp. 372-411, 1887, p. 396).

[83] FRAUENHOLZ, Eugen von. *Das Heerwesen in der Zeit des Absolutismus*. Munich: Beck, 1940, p. 7.

[84] FELD, Maury D. *The structure of violence*: armed forces as social systems. Beverly Hills: Sage, 1977, p. 149.

[85] BLAUFARB, Rafe. *The French army 1750-1820*: careers, talent, merit. Manchester; New York: Manchester University Press, 2002, pp. 25-26.

[86] KUNISCH, Johannes. *Der kleine Krieg*: Studien zum Heerwesen des Absolutismus. Wiesbaden: Steiner, 1973, p. 54.

[87] MESSERSCHMIDT, Manfred. "Preußens Militär in seinem gesellschaftlichen Umfeld". *Geschichte und Gesellschaft, Sonderheft*, vol. 6, 1980, pp. 45-46.

CAPÍTULO II - DEMOCRACIA E MILITARIZAÇÃO

Em todos os aspectos, a formação dos exércitos permanentes levou à construção de um sistema militar no qual os indivíduos com autoridade militar perderam parte de sua independência legal e constitucional, e os membros do Exército foram submetidos a linhas de comando verticais e mais rígidas. Como parte desse processo, entre outras coisas, os aspectos financeiros e penais do Direito Militar foram formalizados, e os acordos militares independentes, que antes regulamentavam as unidades militares mercenárias, foram submetidos a uma maior centralização.[88] Muito antes de 1648, já se havia tentado estabelecer um corpo sistemático de princípios para regulamentar o Direito Militar. Em 1570, no Sacro Império Romano-Germânico, foram criados artigos para amparar uma ordem militar uniforme, de modo que nesta época já existia uma clara ideia de uma "legislação militar geral".[89] No final do século XVII, a legislação militar foi progressivamente organizada em artigos legais formais, e os soldados submetidos a padrões cada vez mais uniformes de comando e obrigação legal. No Sacro Império Romano-Germânico, novos artigos militares foram publicados entre 1660 e 1680.[90]

A importância dos exércitos permanentes para o estabelecimento dos Estados modernos por ser vista, em segundo lugar, nos mecanismos utilizados para financiar unidades militares e nas consequências dos regimes financeiros militares para a sociedade como um todo.

Em um nível imediato, os Estados com exércitos permanentes reduziram sua dependência das contribuições diretas como origem do financiamento militar, o que teve um impacto profundo para a sociedade em seu conjunto. A arrecadação direta de contribuições para manter

---

[88] FRAUENHOLZ, Eugen von. *Das Heerwesen in der Zeit des dreißigjährigen Krieges*. Munich: Beck, 1939, p.8; MESSERSCHMIDT, Manfred. "Preußens Militär in seinem gesellschaftlichen Umfeld". *Geschichte und Gesellschaft, Sonderheft*, vol. 6, 1980, p. 73; BURSCHEL, Peter. *Söldner in Nordwestdeutschland des 16. und 17. Jahrhunderts*: Sozialgeschichtliche Studien. Göttingen: Vandenhoeck und Ruprecht, 1994, pp. 144-145.

[89] LAURENTIUS, Johann Gottlieb. *Abhandlung von den Kriegsgerichten zu unsern Zeiten*. Altenburg: Richterische Buchhandlung, 1757, p. 97.

[90] Em 1672, o *Articuls-Brief vor die Reichs-Völcker* estabeleceu um modelo importante para os regulamentos militares e para a aplicação da justiça militar.

os exércitos continuou após 1648. As contribuições foram uma fonte de financiamento militar durante todo o *ancien régime* europeu, e até os exércitos mais organizados se valeram da requisição armada ao longo do século XVIII.[91] Em alguns contextos, essa forma de arrecadação de recursos produziu níveis elevados de violência entre os soldados e a população civil.[92] Como se verá a seguir, porém, a organização política após 1648 esteve profundamente marcada pelo esforço de controlar a violência necessária para mobilizar e manter grandes exércitos. Os exércitos passaram a ser cada vez mais financiados por mecanismos formais de tributação, e perderam parte do seu poder de arrecadar impostos de maneira independente, por meio de requisições e pilhagens, nos campos de batalha.[93] As leis militares criadas nesse período, por exemplo, ressaltavam que todos os bens obtidos pelas tropas pertenciam ao regente. De fato, a reivindicação do mandato soberano sobre a requisição militar, por parte dos regentes, foi um elemento fundamental do processo de expansão administrativa e de construção de instituições soberanas que definiram os primeiros Estados de forma mais geral.[94]

---

[91] LYNN, John A. *Giant of the grand siècle*: the French Army, 1610-1725. Cambridge, UK: Cambridge University Press, 1997, p. 216.

[92] Ver LYNN, John A. *Giant of the grand siècle*: the French Army, 1610-1725. Cambridge, UK: Cambridge University Press, 1997, pp. 185-197; LORENZ, Maren. *Das Rad der Gewalt*: Militär und Zivilbevölkerung in Norddeutschland nach den Dreißjäihrigen Krieg (1650-1700). Cologne: Böhlau, 2007, pp. 81-82.

[93] LYNN, John A. *Giant of the grand siècle*: the French Army, 1610-1725. Cambridge, UK: Cambridge University Press, 1997, p. 197.

[94] Antes do final do século XVI, os códigos militares reconheciam o direito a saquear o inimigo como parte da empresa militar, conforme as leis gerais da guerra. Em 1570, o Imperador Maximiliano II introduziu alguns artigos militares que se destinavam, em parte, a suprimir a pilhagem descontrolada. Contudo, tais artigos reconheciam o direito dos soldados aos saques. O antigo código militar dos Países Baixos (1590) determinava que todos os saques deveriam ser registrados formalmente (PAPPUS, Petrus, *Corpus juris militaris*. Frankfurt: Helmsdorff, 1674, pp. 664-665). O código militar de Brandemburgo, o *Churfürstliches Brandenburgisches Kriegs-Recht oder Articuls-Brieff* (cuja primeira versão foi promulgada em 1656), definiu das categorias de pilhagem que pertenciam ao príncipe. (PAPPUS, Petrus, *Corpus juris militaris*. Frankfurt: Helmsdorff, 1674, pp. 428-429). As leis militares do Império também regulamentaram formalmente a busca por espólios (ver MALDONER, Johan Franz. S*ynopsis militaris oder kurtzer Begriff über die Kayserliche Kriegs--Articul*. Nuremberg: Lochner, 1724, pp. 174-175). Outros tratados definiram o saque

CAPÍTULO II - DEMOCRACIA E MILITARIZAÇÃO

No século XVIII, as contribuições eram normalmente obtidas através de mecanismos fiscais relativamente ordenados. Em algumas regiões, a distinção entre contribuições militares e impostos regulares foi eliminada.[95] Importantes tratados contemporâneos sobre o tema definiram as contribuições como uma forma de dever público, "pagas ao Estado", para a "segurança e para evitar a violência inimiga", que "todos os súditos [...] devem aceitar".[96]

Em ambos os sentidos, o Estado moderno começou a adquirir sua forma administrativa característica em um contexto, profundamente ligado à dissolução prolongada do feudalismo, no qual a organização e o financiamento da guerra se transformaram em questões constitucionais determinantes para a sociedade. O Estado passou a se firmar como a organização dominante na sociedade à medida que os governantes construíam uma ordem regulatória para frear a violência extrema, exemplificada de forma mais aguda no início do século XVII, causada por exércitos mercenários e regimes tributários frágeis.[97] A criação de

---

como uma forma de imposto militar (BEUST, Joachim Ernst von. *Observationes militares*. vol. 4. Gotha: Christian Mevius, 1747, p. 426). Até mesmo os mais céticos nas discussões sobre essas normas concordam que o saque para benefício próprio havia se tornado menos frequente por volta de 1750 (RINK, Martin. "Partisanen und Landvolk 1730 bis 1830. Eine militär- und sozialgeschichtliche Beziehung zwischen Schrecken und Schutz, zwischen Kampf und Kollaboration". *Militärgeschichtliche Zeitschrift*, vol. 59, 2000, p. 44). O controle do saque de guerra também foi declarado um princípio da legislação das nações. Um exemplo dessa questão está em WOLFF, Christian. *Jus Gentium methodo scientifica petractatum*. Reprint of 1764 edition. Oxford: Clarendon Press, 1764, p. 310.

[95] REDLICH, Fritz. *De Praeda Militari*: looting and booty 1500-1815. Wiesbaden: Steiner, 1956, pp. 66-69; DICKSON, P. G. M. *Finance and government under Maria Theresia, 1740-1780*: society and government. Oxford: Clarendon, 1987, pp. 297-298; HOCHEDLINGER, Michael. *Austria's wars of emergence*: war, state and society in the Habsburg monarchy 1683-1797. London: Pearson, 2003, p. 105.

[96] BEUST, Joachim Ernst von. *Observationes militares*. vol. 4. Gotha: Christian Mevius, 1747, pp. 231-233.

[97] Lynn descreve tais "agonias da guerra" como as "dores do parto do Estado moderno" (LYNN, John A. *Giant of the grand siècle*: the French Army, 1610-1725. Cambridge, UK: Cambridge University Press, 1997, p. 184). Para pontos de vista semelhantes, ver BURSCHEL, Peter. *Söldner in Nordwestdeutschland des 16. und 17. Jahrhunderts*: Sozialgeschichtliche Studien. Göttingen: Vandenhoeck und Ruprecht, 1994, p. 318. Mesmo as explicações que rejeitam o marco teórico da "construção do Estado" para

um sistema contratual para o recrutamento do Exército, financiado por um regime tributário controlado politicamente, foi fundamental para esse processo. Os exércitos permanentes e seus respectivos mecanismos tributários formaram um aparelho a partir do qual a guerra foi incorporada ao âmbito público, e, portanto, a condução da guerra foi dissociada de indivíduos situados fora do Estado. Um dos intérpretes desse fenômeno o analisa de forma esclarecedora, explicando como os Estados começaram a adquirir sua forma moderna através de um processo de expansão administrativa no qual os "custos sociais" das primeiras guerras modernas (ou seja, a violência descontrolada e a militarização profunda da sociedade) foram traduzidos em custos "fiscais".[98] Em outras palavras, os exércitos permanentes e os primeiros regimes tributários foram criados conjuntamente no interior do Estado, como o preço a se pagar e a condição necessária para a paz social. A consolidação de regimes tributários centralizados permitiu aos regentes o controle soberano sobre seus exércitos, afirmar o controle soberano sobre a sociedade em geral e reduzir a disseminação da violência na sociedade como um todo. Assim, de maneira ainda incipiente, *os impostos substituíram o fornecimento de homens como a base da autoridade social*, e a capacidade do Estado de administrar a tributação como mecanismo de incorporação dos soldados tornou-se o fundamento de sua soberania.

A legislação civil e a legislação militar

Para administrar o impacto social da violência militar, os Estados que se desenvolveram depois de 1648 tiveram que submeter suas instituições a uma profunda revisão constitucional, que incidiu sobre todos os aspectos da sociedade. No cerne do Estado europeu que

---

explicar a regulamentação das funções militares no início da Europa moderna descrevem padrões de fortalecimento do controle institucional naquela época (ROWLANDS, Guy. *The dynastic state and the army under Louis XIV*: royal service and private interests, 1671-1701. New York: Cambridge University Press, 2002, p. 361).

[98] ASCH, Ronald G. "Kriegsfinanzierung, Staatsbildung und ständische Ordnung im 17. und 18. Jahrhundert". *Historische Zeitschrift*, vol. 268, 1999, p. 655.

CAPÍTULO II - DEMOCRACIA E MILITARIZAÇÃO

tomou forma nessa época estava o fato de que exércitos permanentes haviam modificado a articulação fundamental entre a esfera civil e a esfera militar – entre a guerra e a sociedade.

É claro que a expansão dos exércitos permanentes não significou uma perda de importância das relações entre instituições militares e civis. Importantes sociólogos e historiadores militares afirmaram que a crescente profissionalização do Exército após 1648 levou – em parte – a uma maior assimilação dos militares na vida civil como um todo.[99] Como já se discutiu, a reorganização dos militares foi um elemento-chave no processo mais amplo de formação do Estado nacional, e a forma básica do Estado administrativo moderno é, em alguma medida, resultado do processo no qual exércitos permanentes foram disciplinados e subordinados à autoridade civil. A internalização das funções militares definiu, em parte, o Estado moderno em sua primeira fase, e a característica fundamental do Estado moderno como provedor de regulamentação administrativa decorreu da conexão entre o Estado e o Exército. De maneira eloquente, os historiadores da primeira etapa da França moderna observaram que foi somente nos anos 1750 que o termo "administração" começou a ser empregado como uma descrição geral das funções governamentais, e que o aumento do volume de cargos administrativos naquela época foi impulsionado pelas exigências militares.[100] Em alguns casos, os primeiros exércitos modernos de fato se desenvolveram como um aparato administrativo paralelo às estruturas administrativas baseadas em estamentos aristocráticos, os quais, de forma gradual, foram substituídos pelos primeiros, que puderam ampliar, assim, a autoridade das instituições diretamente ligadas ao comando militar. Observa-se com frequência que, durante a expan-

---

[99] CORVISIER, André. *L'armée française de la fin du XVII siècle au ministère de Choiseul*: Le soldat. Paris: PUF, 1964, pp. 98, 848, 990; REDLICH, Fritz *The German military enterpriser and his work force*: a study in European economic and social policy. vol. II. Wiesbaden: Franz Steiner, 1964, p. 160.

[100] MOUSNIER, Roland. "La fonction publique en France du début du siezième siècle à la fin du dix-huitième siècle". *Revue Historique*, vol. 261, n. 2, 1979, pp. 321, 326; BIGOT, Grégoire. *L'autorité judiciaire et le contentieux de l'administration*: vicissitudes d'une ambition 1800-1872. Paris: Librairie générale de droit et de jurisprudence, 1999, p. 6.

são dos exércitos permanentes, os militares apareceram como um sistema de comando invasivo, que marginalizou as instituições tradicionais reguladoras da vida civil.[101] Um exemplo disso é a Prússia. Na Prússia, todas as questões relativas à administração militar foram, a partir de 1655, centralizadas em um Comissariado Geral Militar, a partir do qual o setor militar assumiu a responsabilidade pela arrecadação fiscal anteriormente realizada pelas propriedades rurais.[102] As funções militares e fiscais supremas foram unificadas com a criação do Diretório Geral para assuntos financeiros e militares em 1722-23.[103] Como consequência, a administração militar tornou-se a base para responsabilidades estatais mais amplas, além de incorporar outras esferas de atuação do Estado aos órgãos militares.[104] Portanto, é possível caracterizar o século anterior a 1789 como o período da militarização de alguns sistemas políticos europeus, na medida em que as atribuições militares foram separadas dos atores privados e vinculadas a cargos públicos. Essa teoria ficou conhecida através de Otto Hintze, quem afirmou que o *militarismo* foi

---

[101] Uma explicação clássica afirma que, nos primeiros governos modernos, a formação do sistema militar implicou "um elemento completamente estranho na vida cotidiana das regiões administrativas feudais, aldeias comunais e cidades" (GNEIST, Rudolf. *Der Rechtsstaat und die Verwaltungsgerichte in Deutschland*. Darmstadt: Wissenschaftliche Buchgesellschaft, 1966, p. 120). Outra referência igualmente clássica argumenta que o Exército surgiu como "um corpo estranho no Estado" (HINTZE, Otto. *Staat und Verfassung*: Gesammelte Abhandlungen zur allgemeinen Verfassungsgeschichte, edited by Gerhard Oestreich. 2. ed. Göttingen: Vandenhoeck & Ruprecht, 1962, p. 70).

[102] JANY, Curt. *Geschichte der königlich Preußischen Armee bis zum Jahre 1802*: Von den Anfängen bis 1740. vol. I. Berlin: Karl Siegismund, 1928, pp. 153, 308-309; SCHMIDT, Eberhard. *Beiträge zur Geschichte des preußischen Rechtstaates*. Berlin: Duncker und Humblot, 1980, p. 85.

[103] ISAACSOHN, Siegfried. *Geschichte des Preußischen Beamtenthums vom Anfang des 15. Jahrhunderts bis auf die Gegenwart*: Das Beamtenthum unter Friedrich Wilhelm I und während der Anfänge Friedrichs des Großen. Berlin: Puttkammer & Mühlbrecht, 1884, pp. 118-119.

[104] Ver Marwitz (MARWITZ, Ulrich. *Staatsräson und Landesdefension*: Untersuchungen zum Kregswesen des Herzogtums Preußen 1640-1655. Boppard am Rhein: Harald Boldt, 1984, pp. 149-150). Ver a descrição a respeito de processos paralelos em outros Estados alemães, que explicam, igualmente, como "as origens da burocracia moderna encontram-se nas instituições com finalidades militares", em Böhme (1954, p. 19).

CAPÍTULO II - DEMOCRACIA E MILITARIZAÇÃO

a característica estrutural que definiu esse período.[105] Outros analistas afirmaram que o período posterior a 1648 foi marcado por uma "intensificação da guerra", em que a violência se aprofundou na sociedade.[106] Essa visão é corroborada pelo fato, já destacado, de que houve uma expansão dos exércitos permanentes, o que, por sua vez, significou um rápido crescimento da proporção das populações nacionais servindo o Exército.

Apesar disso, a administração mais centralizada da vida militar que prevaleceu depois de 1648 significou uma separação do Exército, em seus aspectos fundamentais, das instituições civis e da vida civil de forma mais ampla. No século XVIII, a sociedade europeia foi marcada por novas linhas de diferenciação entre a esfera civil e a esfera militar. A estrutura de integração fundamental da primeira etapa da sociedade europeia moderna, descrita nas linhas anteriores, foi determinada principalmente por esse processo.

A separação entre a esfera civil e militar pode ser observada em todos os níveis de interação da sociedade. A administração do Exército, no século XVIII, criou um sistema de interação civil-militar, no qual, até certo ponto, a incorporação da população como um todo nas guerras e nas atividades militares foi menos intensa. Após 1648, em termos gerais, as guerras interestatais continuaram tão frequentes quanto antes e mantiveram o potencial de devastar regiões inteiras. Porém, as guerras tornaram-se cada mais demarcadas e também diminuiu a frequência

---

[105] HINTZE, Otto. *Staat und Verfassung*: Gesammelte Abhandlungen zur allgemeinen Verfassungsgeschichte, edited by Gerhard Oestreich. 2. ed. Göttingen: Vandenhoeck & Ruprecht, 1962, p. 58.

[106] BURKHARDT, Johannes. "Die Friedlosigkeit der Frühen Neuzeit: Grundlegung einer Theorie der Bellizität". Zeitschrift für Historische Forschung, vol. 24, n. 4, 1995, p. 571. Sobre essa questão na Prússia, ver Büsch (BÜSCH, Otto. *Militärsystem und Sozialleben im Alten Preußen 1713-1807*: Die Anfänge der sozialen Militarisierung der preußischen-deutschen Gesellschaft. Berlin: de Gruyter, 1962). Para argumentos semelhantes, fortemente baseados em Büsch, ver Downing (DOWNING, Brian. *The military revolution and political change*: origins of democracy and autocracy in early modern Europe. Princeton: Princeton University Press, 1992, pp. 77-78, 95).

com que degeneravam em conflitos domésticos descontrolados.[107] A estratégia de conduzir guerras de maneira técnica e ordenada, menos propensas a atingir a população civil, generalizou-se no século XVIII, pelo menos em princípio.[108] De maneira emblemática, Clausewitz afirmou posteriormente que esse período assistiu ao "isolamento artificial" da experiência militar em relação às demais esferas da vida social.[109]

A separação das esferas civil e militar pode ser observada tanto no plano político quanto no plano de *legitimação* da sociedade. A formação de exércitos permanentes significou que, em diversos sistemas políticos, os órgãos responsáveis pela legislação civil foram separados dos órgãos relacionados à organização militar. Um historiador explica que este período se caracterizou pela "divisão de trabalho" entre funcionários públicos civis e militares.[110] Ao longo do século XVIII, tanto o sistema

---

[107] LYNN, John A. *Giant of the grand siècle*: the French Army, 1610-1725. Cambridge, UK: Cambridge University Press, 1997, p. 13; HEWITSON, Mark. *Absolute war*: violence and mass warfare in the German lands, 1792-1820. Oxford: Oxford University Press, 2017, p. 128).

[108] DEMETER, Karl. *Das deutsche Heer und seine Offiziere*. Berlin: Hobbing, 1933, p. 151; SCHMITT, Carl. Der Nomos der Erde im Völkerrecht des Jus Publicum Europaeum. Berlin: Duncker und Humblot, 1950, p. 295; KUNISCH, Johannes. *Der kleine Krieg*: Studien zum Heerwesen des Absolutismus. Wiesbaden: Steiner, 1973, p. 80; HEWITSON, Mark. "'Princes' Wars, Wars of the People, or Total War? Mass Armies and the Question of a Military Revolution in Germany, 1792-1815". *War in History*, vol. 20, n. 4, 2013, p. 464.

[109] CLAUSEWITZ, Claus von. *Vom Kriege*. Hamburg: Nikol, 2008, p. 570.

[110] RINK, Martin. "Preußisch-deutsche Konzeptionen zum 'Volkskrieg' im Zeitalter Napoleons". *In*: LUTZ, Karl-Heinz; RINK, Martin; SALISCH, Marcus von (Coords.). *Reform-Reorganisation-Transformation*: Zum Wandel in deutschen Streitkräften von der preußischen Heeresreform bis zur Transformation der Bundeswehr. Munich: Oldenbourg, 2010. pp. 65-87. Veja-se também o argumento de que, antes de 1789, os militares se constituíram como um "sistema social" particular ou um "subsistema" apartado da sociedade, no qual as relações entre indivíduos do setor militar e indivíduos fora do setor militar foram se diferenciando cada vez mais (PRÖVE, Ralf. "Zum Verhältnis von Militär und Gesellschaft im Spiegel gewaltsamer Rekrutierungen (1648-1789)". *Zeitschrift für Historische Forschung*, vol. 22, n. 2, 1995, p. 220; PRÖVE, Ralf. "Systematische Herrschaftskonkurrenz durch Instanzenzüge und Patronatsbeziehungen. Probleme im Verwaltungshandeln des 18. Jahrhunderts". *In*: NOWOSADTKO, Jutta; KLIPPEL, Diethelm; LOHSTÄTER, Kai (Coords.). *Militär und Recht vom 16. bis 19.*

CAPÍTULO II - DEMOCRACIA E MILITARIZAÇÃO

jurídico quanto o sistema militar foram, em diversas sociedades, submetidos à autoridade de uma administração governamental centralizada. Nesse processo, tanto as instituições jurídicas como as instituições militares deixaram de ser controladas por famílias nobres influentes, cujos poderes estavam tradicionalmente ligados à capacidade militar. Por um lado, esse processo indicou claramente a conexão entre as funções militares e jurídicas no interior do sistema político, já que o sistema militar passou a estar sujeito a uma jurisdição formal e legal cada vez mais invasiva. Por outro lado, nesse processo as funções jurídicas e militares também foram distribuídas em divisões administrativas separadas no interior do Estado, cada qual baseada em princípios regulatórios próprios. De fato, o Direito assumiu funções particulares quando o sistema militar foi separado formalmente das demais esferas da sociedade e os militares foram excluídos das funções jurídicas, o que aumentou muito a autonomia básica e o alcance integrador do sistema jurídico como um todo. A diminuição da influência da nobreza sobre as funções militares e jurídicas criou uma constituição baseada, em diversos aspectos, na separação normativa entre a guerra e o Direito, a partir da qual a legitimidade para os processos legislativos foi desvinculada dos indivíduos com status constitucionais sustentados na autoridade militar. Muitas características do Estado europeu moderno foram consequência direta do fato de que, em função da expansão dos exércitos permanentes, o sistema jurídico e o sistema militar tornaram-se relativamente diferenciados. No século XVIII, a ordem jurídica a partir da qual os Estados articularam sua legitimidade foi determinada de maneira generalizada por essa diferenciação, e as instituições produtoras de leis para

---

Jahrhundert: Gelehrter Diskurs – Praxis – Transformation. Göttingen: V & R unipress, 2016. pp. 251-268). Argumentos semelhantes estão presentes em Rink (RINK, Martin. *Vom "Partheygänger" zum Partisanen*: Die Konzeption des kleinen Krieges in Preußen 1740-1813. Frankfurt am Main: Lang, 1999, pp. 42, 71); Paret (PARET, Peter. *The cognitive challenge of war*: Prussia 1806. Princeton: Princeton University Press, 2009, p. 7); Nowosadtko (NOWOSADTKO, Jutta. Stehendes Heer im *Ständestaat*: Das Zusammenleben von Militär- und Zivilbevölkerung im Fürstentum Münster 1650-1803. Paderborn: Schöningh, 2011, p. 138). Para uma discussão a respeito da particularidade constitucional dos primeiros Estados modernos nesse quesito, ver Papke (PAPKE, Gerhard. *Von der Miliz zum stehenden Heer*: Wehrwesen im Absolutismus. Munich: Bernard & Graefe, 1979, p. 207).

a sociedade se distanciaram cada vez mais dos atores sociais cuja autoridade provinha do exercício de funções militares.

Essa separação entre o sistema jurídico e o sistema militar se refletiu, em primeiro lugar, no fato de que, na maioria dos Estados europeus após 1648, a aristocracia foi situada em um papel político funcionalmente subordinado, e a contribuição da nobreza para os compromissos militares não se expressou de maneira tão intensa em influência constitucional.

Nas sociedades feudais, conforme discutido anteriormente, o estatuto sociopolítico da aristocracia foi definido como o de uma classe que possui obrigações militares de fornecer contingentes, receitas e experiência militar para as monarquias. Conforme mencionado, o cumprimento de suas funções militares conferia aos membros da antiga classe militar um status constitucional protegido, através do qual exerciam autoridade jurídica sobre os habitantes de suas terras influenciavam a política governamental. Durante a primeira etapa de construção das instituições estatais modernas, a influência constitucional da nobreza frequentemente aumentou, de forma variada. Na verdade, a transição para regimes governamentais baseados em exércitos mercenários geralmente fortaleceu o status constitucional das famílias nobres, ao menos temporariamente. Isto ocorreu porque o pagamento a mercenários pressupôs que a nobreza estava disposta a conceder doações regulares de dinheiro aos governantes. Deste modo, o sistema de governo pós-feudal evoluiu, pouco a pouco, para uma forma inicial de *Estado fiscal*, em que a administração pública foi reformada para maximizar os poderes de arrecadação do Estado.[111] Nos primeiros passos de seu surgimento, o sistema político pós-feudal foi ordenado em torno

---

[111] Eu defino o Estado fiscal como um modelo de estatalidade em que os custos da guerra pressupõem a formação de instituições governamentais capazes de arrecadar receitas crescentes, de modo que a guerra e os impostos se transformam nas principais causas do desenho institucional (ver BONNEY, Richard; ORMROD, W. M. "Introduction: Crises, revolutions and self-sustained growth: towards a conceptual model of change in fiscal history". *In*: ORMROD, W. M.; BONNEY, Margaret; BONNEY, Richard. *Crises, revolutions and self-sustained growth*: essays in European fiscal history, 1130-1830. Stamford: Shaun Tyas, 1999, p. 2).

CAPÍTULO II - DEMOCRACIA E MILITARIZAÇÃO

de uma Constituição negociada difusa, na qual os instrumentos para a mobilização de exércitos e os instrumentos para garantir o consenso em relação à legislação foram interligados profunda e delicadamente. Como os regentes foram obrigados a formar os exércitos mercenários por meio da cobrança de impostos, eles tiveram que contar com a nobreza e outros estamentos para financiá-los, estabelecendo um ordenamento constitucional para facilitar a arrecadação. Nesses contextos, os regentes normalmente projetaram sistemas de delegação nos quais os membros da nobreza, e às vezes de outros grupos sociais, tinham a autorização de debater, aprovar ou rejeitar as políticas de tributação. Um historiador descreve o poder de aprovar tributos como o "direito fundamental" da aristocracia europeia moderna, e que esse direito se exercia, geralmente, através de assembleias da nobreza.[112] Esse poder tem sua origem nos arranjos constitucionais anteriores que diziam respeito ao recrutamento militar feudal. Esse poder perdurou até o início da época moderna e, em seus aspectos principais, continuou sendo fundamental para a ordem constitucional do Estado europeu até o final do século XVII, e mesmo depois desse período. Sobretudo, esse poder limitou a capacidade dos governantes de legislar contra os interesses dos atores cuja autoridade estava assentada em privilégios feudais. Na maioria das sociedades, os governantes dos primeiros Estados modernos mantiveram uma abordagem conciliatória com a aristocracia, e tiveram o cuidado de preservar a influência e autonomia aristocráticas em certas esferas, como forma de assegurar que suas demandas de tributação fossem atendidas por ela.[113] Em alguns casos, a autoridade da nobreza expandiu-se a tal ponto que provocou a crise dos regimes dinásticos. O exemplo mais importante é a rebelião dos estamentos da Boêmia em 1618. Porém, mesmo nesse caso, as leis constitucionais introduzidas em 1627 para reduzir os poderes da nobreza rebelde da Boêmia não revogaram o direito essencial dos estamentos de autorizar o pagamento de tributos.

---

[112] SCHOTTE, Walther. *Fürstentum und Stände in der Mark Brandenburg unter der Regierung Joachims I*. Leipzig: Duncker und Humlot, 1911, p. 37.

[113] Ver pp. 68-69, pp. 90 *e ss*.

Em geral, o status constitucional privilegiado da nobreza se enfraqueceu no século XVII. Esse status perdeu força primeiramente nas guerras religiosas. Conforme mencionado, durante as guerras religiosas, o financiamento militar frequentemente escapou ao controle constitucional, levando alguns exércitos a se tornarem corporações independentes, agindo quase como Estados itinerantes. Em seguida, aquele status perdeu ainda mais força, de maneira diferente, pela expansão dos exércitos permanentes, uma vez que, nesse momento, os Estados consolidaram sistemas tributários capazes de financiar os exércitos permanentes, reduzindo a autoridade constitucional da nobreza. Os exércitos permanentes foram inicialmente recrutados através da imposição de uma maior carga tributária sobre as propriedades aristocráticas, aprovada mediante acordos complexos entre regentes e membros da nobreza. Progressivamente, porém, os regentes aprenderam a financiar os exércitos permanentes, estabelecendo instrumentos de arrecadação tributária que lhes permitiram dispensar a aprovação explícita da nobreza para a mobilização de contingentes militares. Na maioria das sociedades, os regentes desenvolveram técnicas para criar impostos de efeito prolongado, cuja arrecadação passou a não mais depender da autorização recorrente da nobreza, e foram esses impostos a base para financiamento dos exércitos permanentes. Esse processo teve início, originalmente, na França. Em 1439, Carlos VII afirmou sua autoridade para arrecadar alguns impostos nacionais anuais sem qualquer consentimento específico, o que significou um crescimento correspondente da autonomia do executivo monárquico.[114] Em seguida, na França, a legislação tributária foi posta em vigor pelas cortes reais, os *parlements*, e, dessa forma, a nobreza manteve (com algumas interrupções) certo controle sobre as finanças públicas. No entanto, a autoridade constitucional da nobreza foi restringida pela limitação do seu poder de legislar sobre a oferta monetária. Este processo culminou após a década de 1660, quando a arrecadação de impostos passou a ser controlada de forma mais rigorosa

---

[114] MARCHADIER, André. "Les états généraux sous Charles VII". Bordeaux: Cadoret, 1904, p. 131; WOLFE, Martin. *The fiscal system of Renaissance France*. New Haven: Yale University Press, 1972, pp. 33, 51; LYNN, John A. *Giant of the grand siècle:* the French Army, 1610-1725. Cambridge, UK: Cambridge University Press, 1997, p. 22.

CAPÍTULO II - DEMOCRACIA E MILITARIZAÇÃO

pela Coroa. Finalmente, padrões semelhantes de arrecadação foram reproduzidos em toda a Europa, normalmente após 1648. A partir de 1653, institui-se um novo ordenamento tributário para os estamentos de Brandenburgo, medida que limitou muito seus poderes políticos, de tal forma que a monarquia pôde governar sem a necessidade de convocar assembleias com representatividade plena. Esse fato acabou sendo crucial para a consolidação posterior do Estado prussiano. Na Prússia Oriental, os impostos sofreram aumentos, sem aprovação da nobreza, a partir de 1673. Durante o Sacro Império Romano-Germânico, um Édito de 1654 declarou que todos os estamentos tinham a obrigação de fornecer recursos para fins militares. Além disso, o enfraquecimento constitucional do poder aristocrático se refletiu em uma maior criação de tributos permanentes, frequentemente na forma de *impostos indiretos*, que geraram receitas para o poder Executivo sem a necessidade da aprovação dos estamentos.[115] Esse fenômeno é frequentemente analisado como uma marca característica do início do Estado moderno, e deve ser avaliado com atenção. Os impostos indiretos não foram o único instrumento para garantir sistemas tributários independentes capazes de financiar os exércitos permanentes. Diversos Estados criaram carteiras complexas para manter sua autonomia monetária, incluindo empréstimos,

---

[115] Para uma análise desse processo em diferentes conjunturas e em diferentes contextos, ver Bornhak, (BORNHAK, Conrad. *Geschichte des Preußischen Verwaltungsrechts*. vol. I: Bis zum Regierungsantritt Friedrich Wilhelms I. Berlin: Springer, 1884, pp. 251, 408-9); Schmidt (1980, p. 88); Brewer (BREWER, John. *The sinews of power*: war, money and the English state 1688-1783. London: Routledge, 1989, pp. 99-100); Beckett e Turner (BECKETT, Jean-Jacques; TURNER, Michael. "Taxation and economic growth in eighteenth-century England". *The Economic History Review*, vol. 43, n. 3, pp. 377-403, 1990); Winnige (WINNIGE, Norbert. "Von der Kontribution zur Akzise: Militärfinanzierung als Movens staatlicher Steuerpolitik". *In*: KROENER, Bernhard R.; PRÖVE, Ralf (Coord.). *Krieg und Frieden. Militär und Gesellschaft in der Frühen Neuzeit*. Paderborn: Schöningh, 1996, p. 61); Lynn (LYNN, John A. *Giant of the grand siècle*: the French Army, 1610-1725. Cambridge, UK: Cambridge University Press, 1997, p. 22); Sahm (SAHM, Rainer. *Theorie und Ideengeschichte der Steuergerechtigkeit*. Berlin: Springer, 2019, pp. 5-7). Em alguns casos, foram introduzidos impostos indiretos específicos para financiar as forças militares (INAMA-STERNEGG, Karl Theodor von. "Der Accisenstreit deutscher Finanztheoretiker im 17. und 18. Jahrhundert". Zeitschrift für die gesamte Staatswissenschaft, vol. 21, n. 4, 1865, p. 518).

vendas de cargos públicos, novos impostos diretos, subsídios em tempos de guerra, emissão de dívida com pagamento de juros.[116] Inclusive, os impostos indiretos haviam sido utilizados para financiar as guerras muito antes do século XVII. No entanto, a tributação indireta tornou-se uma forma cada vez mais comum de arrecadação de receitas após 1648, o que significou que os regentes puderam impor algumas formas de tributação sem a necessidade o apoio dos seus compatriotas nobres.

Como resultado, em grande parte da Europa, a expansão dos exércitos permanentes significou que a aristocracia perdeu uma parcela de seu poder constitucional.[117] Na maioria dos sistemas políticos, o enfraquecimento dos estamentos não resultou em um simples rebaixamento de sua condição política, mas em um deslocamento funcional e uma reacomodação da nobreza. Os regentes geralmente preservaram as relações de colaboração com a nobreza, e formas intrincadas de dependência e clientelismo conectaram esses dois atores sociais durante a etapa final do *ancien régime*. Uma análise deste processo mostra que, por volta de 1700, o sistema governamental padrão na Europa estava baseado na "troca recíproca de bens e serviços entre monarquia e aristocracia".[118] A suposição

---

[116] ROOT, Hilton L. *Peasants and king in Burgundy*: agrarian foundations of French Absolutism. Berkeley: University of California Press, 1987, p. 25; BREWER, John. *The sinews of power*: war, money and the English state 1688-1783. London: Routledge, 1989, p. 126; ASCH, Ronald G. "Kriegsfinanzierung, Staatsbildung und ständische Ordnung im 17. und 18. Jahrhundert". *Historische Zeitschrift*, vol. 268, 1999, pp. 635-671, .

[117] Para comentários a respeito, ver Isaacsohn (ISAACSOHN, Siegfried. *Geschichte des Preußischen Beamtenthums vom Anfang des 15. Jahrhunderts bis auf die Gegenwart*: Das Beamtenthum unter Friedrich Wilhelm I und während der Anfänge Friedrichs des Großen. Berlin: Puttkammer & Mühlbrecht, 1884, pp. 75, 158); Hansen (HANSEN, Ernst Willi. "Zur Problematik einer Sozialgeschichte des deutschen Militärs im 17. und 18. Jahrhundert". *Zeitschrift für Historische Forschung*, vol. 6, pp. 425-460, 1979, p. 456); Willems (WILLEMS, Emilio. *Der preußisch-deutsche Militarismus*: Ein Kulturkomplex im sozialen Wandel. Cologne: Verlag Wissenschaft und Politik, 1984, p. 26); Nowosadtko (NOWOSADTKO, Jutta. Stehendes *Heer im Ständestaat*: Das Zusammenleben von Militär- und Zivilbevölkerung im Fürstentum Münster 1650-1803. Paderborn: Schöningh, 2011, p. 20).

[118] LEMARCHAND, Guy. *Paysans et seigneurs en Europe*: une histoire comparée XVI-XIX siècle. Rennes: Presses universitaires de Rennes, 2011, p. 126.

CAPÍTULO II - DEMOCRACIA E MILITARIZAÇÃO

de que os governos do início da Europa moderna criaram um sistema "absolutistas" de vantagens unilaterais, em que um governante simplesmente erradicou todos os contrapesos ao poder real, é um dos grandes mitos da historiografia moderna. Conforme mencionado, o período associado ao "absolutismo" foi, em muitos casos, um período em que a nobreza experimentou um ressurgimento de seu poder. Nesse período houve um fortalecimento do Direito feudal dentro dos territórios da nobreza, que se expressou em um maior controle sobre os servos e na imposição de regimes de trabalho forçado. Foi somente por volta de 1750 que, em distintas partes da Europa, os governantes nacionais arremeteram de forma concertada contra os poderes da aristocracia dentro das suas propriedades. Em muitos aspectos, os ordenamentos governamentais criados após 1650 foram baseados em um acordo de benefício constitucional mútuo, no qual os privilégios políticos retirados da nobreza através da expansão dos exércitos permanentes foram convertidos, como compensação, em privilégios tributários, jurisdicionais e profissionais. No entanto, como tendência geral, muitos sistemas políticos no longo século XVII criaram ordenamentos constitucionais em que os estamentos detentores de funções militares tradicionais perderam o poder de dar forma à legislação de maneira direta.

É praticamente desnecessário sublinhar que existiram diferenças nacionais importantes nesses processos. Na Inglaterra e nos Países Baixos, foram criados sistemas tributários que não restringiram a representação dos estamentos nos órgãos parlamentares. A Inglaterra assistiu ao crescimento de um exército permanente no final do século XVII e durante o século XVIII, mas o papel dos órgãos parlamentares na aprovação de impostos não foi reduzido de maneira uniforme. O sistema parlamentar na Inglaterra foi sustentado por certos fatores bastante atípicos, que azeitaram as negociações entre o monarca e o Parlamento. Em particular, essa relação foi favorecida por níveis relativamente baixos de integração militar, pelo surgimento precoce de uma economia de trocas e de um sistema bancário apto a fornecer empréstimos ao governo.[119]

---

[119] BREWER, John. *The sinews of power*: war, money and the English state 1688-1783. London: Routledge, 1989, pp. 43-45, 182; CARRUTHERS, Bruce G. *City of*

Esse último elemento dependia centralmente do trabalho forçado, uma vez que o sistema bancário na Inglaterra se desenvolveu, em parte, para atender aos comerciantes de escravos.[120] Em toda a Europa, portanto, cada um dos sistemas constitucionais se fundamentava – direta ou indiretamente – no trabalho forçado. Em sua forma característica, porém, o Estado moderno europeu em seu estágio inicial estava baseado em um modelo constitucional, único na história moderna, no qual as obrigações legais e militares não estavam articuladas de maneira permanente. Este modelo garantiu que os indivíduos cujo poder estava associado à provisão de contingentes militares perdessem um pouco de sua relevância constitucional nos processos legislativos. Os atores que sustentavam sua posição constitucional a partir da guerra perderam parte do poder para determinar a legitimidade da legislação.

Em segundo lugar, essa separação entre o sistema jurídico e o sistema militar se refletiu no fato de que, no início do Estado moderno, ambos os sistemas passaram por processos independentes de formalização e foram organizados em torno a princípios jurídicos mais uniformes e consistentes. A organização sistemática do Direito Civil no início do período moderno foi descrita nas páginas anteriores.[121] Contudo, o surgimento dos exércitos permanentes também levou a um maior ordenamento do Direito Militar, destinado a reduzir a independência dos líderes militares. No final do século XVII, por exemplo, na França, os *intendants d'armée* reais foram nomeados para supervisionar e coordenar exércitos em diferentes regiões. Os *intendants* militares assumiram algumas funções judiciais relacionadas a atividades militares, e uma das suas funções era prevenir a atividades militares ilegais na sociedade.[122] De

---

capital: politics and markets in the English financial revolution. Princeton: Princeton University Press, 1996, p. 77.

[120] INIKORI, Joseph E. *Africans and the Industrial Revolution in England*: a study in international trade and economic development. Cambridge, UK: Cambridge University Press, 2002, p. 361.

[121] Ver p. 34.

[122] DARESTE, Rodolphe. "Études sur les origines du contentieux administratif en France, I. Les Intendants et commissaires départis". *Revue historique de droit français et*

CAPÍTULO II - DEMOCRACIA E MILITARIZAÇÃO

fato, os primeiros *intendants* militares eram frequentemente de origem burguesa e foram recrutados pela monarquia para coibir os poderes de membros da aristocracia no Exército.[123] Através da nomeação de tais *intendants*, as funções militares foram parcialmente integradas a um novo sistema de supervisão administrativa. No século XVIII, de maneira mais geral, o Direito Militar passou a ser visto como parte do Direito Público, como *jus publicum militare*, distinto do *jus militare* mais tradicional, que historicamente havia sido parte do Direito consuetudinário das nações.[124] No início desse século, as leis militares francesas foram sendo publicadas gradualmente em compilações sistematizadas, descritas como códigos militares. Na Prússia do século XVIII, o Direito Militar foi definido entre as categorias gerais do Direito Público, como o conjunto de leis "que estabelecem os direitos e deveres dos senhores territoriais entre si e entre eles e seus súditos".[125] Um elemento central de tais processos foi a insistência de que os artigos de natureza militar, originalmente pactuados entre membros de unidades específicas, deveriam ser estabelecidos sobre premissas vinculantes de caráter público, para que pudessem ser aplicados pelos regentes.[126] Em alguns tratados

---

étranger, vol. 1, 1855a, p. 45; BAXTER, Douglas Clark. *Servants of the sword*: French intendants of the army 1630-70. Urbana: University of Illinois Press, 1976, p. 201. As funções dos *intendants* militares incluíam a supervisão dos mantimentos, a negociação de contratos, o recebimento de queixas sobre o comportamento das tropas, certas atribuições judiciais e o controle da criminalidade (ROWLANDS, Guy. *The dynastic state and the army under Louis XIV*: royal service and private interests, 1671-1701. New York: Cambridge University Press, 2002, pp. 94-95).

[123] MILOT, Jean. "Evolution du corps des intendants militaires (des origines à 1882)". *Revue du Nord*, vol. 50, 1968, p. 392.

[124] KEEN, M. H. *The laws of war in the late middle ages*. London: Routledge, 1965, p. 15.

[125] MÜLLER, George Friedrich. *Koniglich-Preußisches Krieges-Recht*. Berlin: Verlag der Haude- und Spenerschen Buchhandlung, 1760, p. 13.

[126] Os compiladores de leis militares nos Estados alemães salientaram que os artigos militares deveriam ser tratados como estatutos (MÜLLER, George Friedrich. *Koniglich-Preußisches Krieges-Recht*. Berlin: Verlag der Haude- und Spenerschen Buchhandlung, 1760, p. 17). Tais artigos foram considerados obrigatórios independentemente de os soldados terem ou não jurado reconhecê-los (GNÜGEN, Friedrich Andreas Gottlieb. *Gründliche Anleitung zum Kriegs-Recht*. Jena: Christian Friedrich Gollner,

contemporâneos, foi estipulado que os artigos militares deveriam ser dissociados dos juramentos corporativos e alinhados às leis militares formais, para que a atividade militar fosse assimilada diretamente no ordenamento jurisdicional do Estado.[127] Os tratados militares também definiram as condições sob as quais os soldados poderiam ser recrutados, definição esta que buscava garantir que o contrato de recrutamento se tornasse uma obrigação oficial entre o soldado recrutado e o regente, isto é, que essa relação estivesse sujeita a um controle legal.[128]

Em terceiro lugar, essa separação entre o sistema jurídico e o sistema militar se refletiu no fato de que, na maioria dos sistemas políticos europeus, os instrumentos de financiamento militar foram submetidos a um sistema de regulação mais centralizado. Na Prússia, como já se mencionou, os poderes de supervisão militar, tributária e administrativa geral foram parcialmente unificados no início do século XVIII.[129] Isso implicou uma fiscalização do Estado sobre o aparato de geração de receitas militares. Durante o *ancien régime* francês, os *intendants* de finanças eram nomeados para supervisionar a cobrança de impostos para fins militares, de modo que a gestão da receita militar foi submetida a um sistema de controle administrativo uniforme. Em geral, uma série de *intendants* foram nomeados na França, entre os quais os *intendants* com funções militares específicas, que se tornaram uma categoria à parte. Os *intendants* eram funcionários públicos, cujo dever era assegurar que as esferas fundamentais da administração pública – especialmente a administração tributária e militar – fossem conduzidas de acordo com as diretrizes reais. Um dos principais objetivos dos *intendants* era organizar um sistema administrativo que diminuísse o poder dos *parlements* judiciais, os quais tradicionalmente

---

1750, p. 5). Isso implicou a subordinação constitucional das atividades militares ao Estado, e suprimiu, em consequência, a base constitucional autônoma das companhias militares.

[127] LAURENTIUS, Johann Gottlieb. *Abhandlung von den Kriegsgerichten zu unsern Zeiten*. Altenburg: Richterische Buchhandlung, 1757, pp. 93-94.

[128] Ver MÜLLER, George Friedrich. *Koniglich-Preußisches Krieges-Recht*. Berlin: Verlag der Haude- und Spenerschen Buchhandlung, 1760, pp. 86, 104.

[129] SCHMOLLER, Gustav. *Preußische Verfassungs-, Verwaltungs- und Finanzgeschichte*. Berlin: Verlag der Täglichen Rundschau, 1921, p. 90.

CAPÍTULO II - DEMOCRACIA E MILITARIZAÇÃO

representavam interesses da aristocracia e tendiam a demonstrar contrariedade em relação à tributação obrigatória. De fato, os *parlements* lideraram as primeiras revoltas aristocráticas contra os planos centralizadores da monarquia francesa, culminando na *Fronde* iniciada em 1648, e uma de suas principais exigências era a extinção dos *intendants*.[130] O emprego dos *intendants*, portanto, pretendia limitar o poder constitucional da aristocracia em questões importantes para as finanças militares, e criar um regime tributário que desse sustentação ao Exército como uma esfera independente.[131] Tal esforço finalmente não foi bem sucedido, e os *parlements* franceses ressurgiram como adversários do governo central e como poderosos incentivadores da revolução.[132] Contudo, os *intendants* desempenharam um papel importante na criação de um ordenamento normativo que fez com que os procedimentos para demonstrar hostilidade constitucional à tributação militar perdessem força. Em geral, o sistema administrativo dos primeiros Estados modernos foi resultado de pressões provocadas pelas finanças militares e, em sua estrutura básica, o Estado administrativo nasceu por causa da guerra. Porém, a expansão da administração estatal significou que funções públicas vitais ficassem bloqueadas a atores cuja autoridade constitucional decorria originalmente da guerra.

É significativo a esse respeito que, conforme buscavam separar a administração dos impostos dos órgãos próximos à nobreza, os primeiros

---

[130] DARESTE, Rodolphe. "Études sur les origines du contentieux administratif en France, I. Les Intendants et commissaires départis". *Revue historique de droit français et étranger*, vol. 1, 1855, p. 28.

[131] Ver Frauenholz (FRAUENHOLZ, Eugen von. *Das Heerwesen in der Zeit des Absolutismus*. Münch: Beck, 1940, p. 8); Burschel (BURSCHEL, Peter. *Söldner in Nordwestdeutschland des 16. und 17. Jahrhunderts*: Sozialgeschichtliche Studien. Göttingen: Vandenhoeck und Ruprecht, 1994, p. 318); Pröve (PRÖVE, Ralf. *Stehendes Heer und städtische Gesellschaft im 18. Jahrhundert*: Göttingen und seine Militärbevölkerung 1713-1756. Munich: Oldenbourg, 1995, p. 192). Certo historiador explica como a criação de tribunais militares independentes correu paralelo à redução do poder aristocrático sobre o financiamento e recrutamento militar (WINTER, Martin. *Untertanengeist durch Militärpflicht? Das preußische Kantonsystem in brandenburgischen Städten im 18. Jahrhundert*. Bielefeld: Verlag für Regionalgeschichte, 2005, p. 202).

[132] Ver p. 85.

Estados modernos começaram a elaborar procedimentos internos alternativos por meio dos quais suas funções poderiam ser avaliadas e legitimadas. Em alguns casos, o esforço para retirar as funções públicas do controle constitucional da nobreza foi acompanhado pelo crescimento de um corpo rudimentar de Direito Administrativo.

Na França, alguns procedimentos para recursos contra decisões de agentes públicos, especialmente em matéria fiscal, já existiam muito antes da Revolução. Durante o último período do século XVIII, os *intendants* foram progressivamente submetidos a normas de responsabilização individual, seus atos e decisões podiam ser contestados em órgãos vinculados ao *Conseil du roi*, o mais alto tribunal administrativo do reino, e suas decisões foram anuladas com mais frequência.[133] No final da década de 1770, foi criado um primeiro sistema de controle administrativo para regulamentar a atividade dos agentes públicos, e um comitê independente com funções jurisdicionais em matéria de recursos fiscais, o *Comité contentieux des finances*, foi incorporado ao *Conseil du roi*.[134] Durante esse período, o cargo de *intendant* de finanças foi

---

[133] DARESTE, Rodolphe. "Études sur les origines du contentieux administratif en France, II. Le Conseil d'État". *Revue historique de droit français et étranger*, vol. 1, 1855b, p. 244; MESTRE, Jean-Louis. "Le traitement du contentieux administratif au XVIIIe siècle". *La Revue administratif*, vol. 52, n. 3, 1999, p. 94; PIGEON, Jérôme. *L'intendant de Rouen juge du contentieux au XVIII siècle*. Rouen: Publications des universités de Rouen, 2011, p. 232.

[134] Ver a discussão sobre o tema em Logette (LOGETTE, Aline. *Le comité contentieux des finances près le conseil du roi (1777-1791)*. Nancy: Société d'impressions typographiques, 1964); Antoine (ANTOINE, Michel. *Le coeur de l'État*: surintendance, contrôle général et intendances des finances 1552-1791. Paris: Fayard, 2003, p. 519). Sobre as funções do *Conseil du roi* no exercício das competências administrativas, ver Dareste (DARESTE, Rodolphe. "Études sur les origines du contentieux administratif en France, II. Le Conseil d'État". *Revue historique de droit français et étranger*, vol. 1, 1855b, p. 254). Para uma discussão sobre o direito administrativo antes da Revolução, ver Mestre (MESTRE, Jean-Louis. *Un droit administratif à la fin de l'ancien régime*: le contentieux des communautés de Provence. Paris: Librairie générale de droit et de jurisprudence, 1976, p. 141); Bigot (BIGOT, Grégoire. *L'autorité judiciaire et le contentieux de l'administration*: vicissitudes d'une ambition 1800-1872. Paris: Librairie générale de droit et de jurisprudence, 1999, pp. 489-490); Pigeon (PIGEON, Jérôme. *L'intendant de Rouen juge du contentieux au XVIII siècle*. Rouen: Publications des universités de Rouen, 2011, p. 232).

CAPÍTULO II - DEMOCRACIA E MILITARIZAÇÃO

temporariamente abolido. À instituição desses procedimentos seguiu-se a uma breve tentativa, no início da década de 1770, de suspender os antigos *parlements*, que, como se sabe, tinham historicamente assumido a responsabilidade de analisar as leis tributárias, tendendo a representar os interesses aristocráticos. Na Prússia do século XVIII, a capacidade das cortes para supervisionar os recursos relacionados às funções administrativas permaneceu limitada. Em 1749, foi aprovado um Édito para estabelecer os limites entre as competências dos órgãos judiciais e administrativos. Dessa maneira, foram estabelecidas condições muito rigorosas para o tipo de queixas que poderiam ser feitas contra os agentes do Estado, além da garantia de que as questões relativas aos militares e à cobrança de impostos não estariam sujeitas a recursos judiciais.[135] Entretanto, nesse período também foram estabelecidas as câmaras de justiça delegadas, *Kammerjustizdeputationen*, com algum poder (limitado) de controle sobre os assuntos públicos. Esse período também assistiu à criação de uma série de cortes administrativas especializadas, responsáveis, por exemplo, pela regulação da venda e dos impostos de importação de tabaco.[136]

É importante deixar claro que os ordenamentos normativos que começaram a surgir na Europa do século XVIII não devem ser vistos como marcos legais rigorosos de regulamentação da autoridade pública. Contudo, alguns mecanismos de controle administrativo surgiram nessa época, à medida que a administração pública se expandia e os funcionários públicos passavam a estar cada vez mais sujeitos a procedimentos recursais formais. Em seu principal objetivo constitucional, o Direito Administrativo, nessa primeira etapa, desenvolveu-se como um sistema de fiscalização interna do Estado, especialmente em torno aos funcionários com responsabilidades tributárias. Uma função deste sistema, naturalmente, era criar uma ordem

---

[135] LOENING, Edgar. *Gerichte und Verwaltungsbehörden in Brnadenburg-Preußen*: Ein Beitrag zur Preußischen Rechts- und Verfassungsgeschichte. Halle: Verlag der Buchhandlung des Waisenhauses, 1914, p. 77.

[136] BORNHAK, Conrad. *Geschichte des Preußischen Verwaltungsrechts*. vol. II: Bis zum Frieden von Tilsit. Berlin: Springer, 1885, pp. 262-263.

jurídica que permitisse aos regentes recolher impostos de forma mais eficaz e diminuir o impacto das condutas lesivas à arrecadação. Além do mais, os primeiros procedimentos de controle administrativo tinham um papel legitimador crucial para o sistema político como um todo. Esses procedimentos serviram para demonstrar que os órgãos governamentais eram controlados por normas e funcionários internos ao Estado, e projetaram uma imagem do governo como um conjunto consistente de funções regulamentadas. Isto significou que o Estado conseguiu reduzir publicamente sua dependência de atores externos para sua legitimação, afastando assembleias externas do controle de atos públicos e substituindo-as por procedimentos internos de revisão, o que resultou em um enfraquecimento ainda maior dos contrapesos tradicionais à autoridade governamental. As origens do Direito Administrativo podem ser buscadas no contexto em que os príncipes procuraram eliminar a influência da nobreza sobre a Constituição. É um fato significativo que, tanto na França quanto na Prússia, por volta de 1750, o Direito Administrativo tenha surgido no momento em que a abordagem conciliadora do governo em relação aos privilégios da nobreza estava em declínio, e tenha sido promovido como parte de um esforço para aumentar a receita do Estado. Na França, como já se indicou, a expansão do controle administrativo coincidiu com a suspensão dos *parlements* e com as tentativas de consolidar um sistema tributário uniforme. Na Prússia, a introdução das cortes administrativas coincidiu com um esforço (limitado) para aumentar as receitas tributárias e com políticas para melhorar a situação jurídica e econômica dos servos. Nesse sentido, uma legislação importante para proteger os camponeses da expansão das propriedades feudais foi introduzida na Prússia em 1749 e 1764.[137] Em cada caso, em sua fase inicial, o Direito Administrativo foi aplicado como uma ordem constitucional particular, agindo para estabelecer novas premissas para a legitimidade do governo, em um momento em que a nobreza estava sendo afastada de suas funções constitucionais tradicionais. Em sua primeira etapa, o

---

[137] KNAPP, Georg Friedrich. *Die Bauernbefreiung und der Ursprung der Landarbeiter in den ältern Theilen Preußens*. vol. II. 2. ed. Munich: Duncker und Humblot, 1927, p. 130.

CAPÍTULO II - DEMOCRACIA E MILITARIZAÇÃO

Direito Administrativo refletiu claramente a separação entre o sistema jurídico e o sistema militar. Essa separação permitiu que o sistema jurídico conferisse legitimidade ao governo sem a dependência das corporações tradicionais poderosas que justificavam sua posição constitucional a partir da guerra.

Em quarto lugar, como já se discutiu, a separação entre o sistema jurídico e o sistema militar se refletiu na elaboração, pelos governos do século XVIII, de uma linguagem conceitual normativa para explicar sua legitimidade, a qual diminuía a importância dos acordos constitucionais com os atores externos. Nesse período, difundiu-se o pressuposto de que os atos públicos da legislação só adquiriam legitimidade se fossem condizentes com os princípios formais do Direito natural. Conforme mencionado, esse pressuposto implicava que a legitimidade do Direito decorria de normas superiores, externas ao Estado, e que demonstrava sua legitimidade por ser aplicada de forma universal, sem considerações a respeito da identidade ou a posição de seus destinatários. No final do século XVIII, essa ênfase na universalidade começou, de maneira ainda tímida, a estabelecer o princípio secundário de que o Direito deveria reconhecer as pessoas como indivíduos na sociedade, e as pessoas sujeitas ao direito deveriam ser vistas como portadoras de certos direitos subjetivos.

Conforme discutido, os princípios do Direito natural foram expressos nas filosofias do Estado no século XVIII, que justificavam o exercício do poder governamental pelo grau em que ele reconhecia as pessoas subordinadas ao poder como detentoras de direitos naturais iguais.[138] Os princípios do Direito natural também orientaram a organização administrativa da maioria dos Estados do século XVIII. A teoria do Direito natural afirmava que o Estado era legitimado pelo fato de cumprir uma série de funções estabelecidas de maneira natural, e que cada órgão do Estado tinha um papel definido em uma ordem administrativa natural. Essa ideia forneceu a premissa para uma concepção do cargo público como o exercício de uma função específica racionalmente

---

[138] Ver p. 30.

atribuída, sujeita a normas formais de responsabilidade.[139] Essa concepção de cargo público tornou-se fundamental para o crescimento dos Estados administrativos, pois era usada para exigir "respeito e obediência" aos titulares de cargos entre os cidadãos do país.[140] Os princípios do Direito natural também foram traduzidos em processos práticos de reforma e codificação jurídica durante o século XVIII. Em geral, o Direito natural desempenhou um papel central na ordenação sistemática do Direito nesse período, e a ênfase na validade universal do Direito foi a base dos códigos jurídicos nacionais e da autoridade do Direito Civil. No final do século XVIII, conforme discutido, o Direito natural havia começado, de maneira incipiente, a imprimir uma ênfase individualista nos processos de codificação jurídica. A propósito, um dos códigos de Direito Civil mais importantes criados no século XVIII, a Lei de Terras na Prússia (implementada em 1794), refletiu certos princípios individualistas da jurisprudência administrativa. Em sua forma final, conforme mencionado, esse código atribuiu status jurídicos variáveis a diferentes grupos sociais. No entanto, este código foi o produto de um longo processo de revisão. Uma versão preliminar, o *Allgemeines Gesetzbuch für die Preußischen Staaten* (1791), estipulava claramente (Introdução, §79) que "as leis e decretos do Estado não devem restringir a liberdade e os direitos naturais dos cidadãos para além do que seja exigido pelo interesse comum". Ali se expressou o princípio sólido de que o reconhecimento dos direitos da personalidade jurídica individual constitui o principal determinante do Direito legítimo.

Assim, a construção do sujeito de direito individual como foco do Direito emergiu como um elemento central na consolidação do Estado moderno, e desempenhou um papel fundamental na transformação da

---

[139] Sobre a profunda conexão interna entre a primeira etapa do Direito Administrativo e o Direito natural, ver Voltelini (VOLTELINI, Hans von. "Die naturrechtlichen Lehren und die Reformen des 18. Jahrhunderts". *Historische Zeitschrift*, vol. 105, n. 1, 1910, p. 67); Hellmuth (HELLMUTH, Eckhart. *Naturrechtsphilosophie und bürokratischer Werthorizont*: Studien zur preußischen Geistes- und Sozialgeschichte des 18. Jahrhunderts. Göttingen: Vandenhoeck und Ruprecht, 1985, pp. 17, 279).

[140] DOMAT, Jean. *Les lois civiles dans leur ordre naturel*. vol. II. Revised edition. Paris: Cavelier, 1705b, p. 160.

CAPÍTULO II - DEMOCRACIA E MILITARIZAÇÃO

sociedade moderna em um sistema de integração jurídica. A codificação do Direito como um corpo normativo aplicado igualmente e de forma consistente aos indivíduos implicou – claramente – que o Direito adquiriu uma autoridade fixa, que podéria ser imposta a todos os atores da mesma sociedade. Mais precisamente, no entanto, a codificação do Direito em premissas definidas pelo Direito natural fez com que o Direito pudesse ser reconhecido em termos formais e universais, desligado de acordos específicos com determinados grupos da sociedade. Nesse sentido, a concepção jusnaturalista do sujeito de direito teve uma importância decisiva no desenvolvimento da sociedade moderna, ao respaldar a legitimação do Direito a partir de uma ordem constitucional que não necessitava de atores externos para autorizá-la. Como já foi mencionado, a promoção do conceito individualista de personalidade jurídica coincidiu com a introdução de políticas, pelos governos nacionais, para garantir que os camponeses residentes em propriedades da nobreza obtivessem personalidade jurídica plena, e pudessem, assim, litigar contra seus senhores.[141] Em cada um desses aspectos, a consolidação do sujeito individual como o foco básico do Direito estruturou um princípio que erodiu rapidamente os mecanismos tradicionais por meio dos quais a nobreza havia influído no Direito, além de permitir aos funcionários do governo forjar articulações normativas diretas com os indivíduos na sociedade. Em outras palavras, esse primeiro conceito de indivíduo como sujeito de direito tomou forma através de uma figura na qual o sistema jurídico se desligou de pessoas com posições constitucionais vinculadas à atividade militar: ele descreveu, paradigmaticamente, a separação entre a esfera civil e a esfera militar.

---

[141] Sobre a expansão dos direitos dos camponeses para propor ações judiciais na Polônia do final do século XVIII, ver Von Mises (VON MISES, Ludwig. Die Entwicklung des gutsherrlich-bäuerlichen Verhältnisses in Galizien (1772-1848). Vienne: Deuticke, 1902, p. 71); Kieniewicz (KIENIEWICZ, Stefan. *The emancipation of the Polish peasants*. Chicago; London: Chicago University Press, 1969, p. 38); sobre processos similares na Áustria, ver Link (LINK, Edith Murr. *The emancipation of the Austrian peasant 1740-1798*. New York: Columbia University Press, 1949, p. 47); sobre a Prússia, ver Hagen (HAGEN, William W. *Ordinary Prussians*: Brandenburg Junkers and Villagers, 1500-1840. Cambridge, UK: Cambridge University Press, 2002, p. 651); sobre a França, ver Root (ROOT, Hilton L. *Peasants and king in Burgundy*: agrarian foundations of French Absolutism. Berkeley: University of California Press, 1987, p. 193).

Em suma, a estrutura básica da sociedade moderna em formação foi definida por dois processos conectados de maneira integral. Em primeiro lugar, a sociedade foi transfigurada pelo surgimento do sistema jurídico como um sistema de integração independente, por meio do qual os indivíduos foram incorporados a uma ordem jurídica comum na sociedade. Em segundo lugar, a sociedade foi transformada, de maneira profunda, pela reconstrução do aparato militar como um sistema independente de interação, onde a antiga ligação constitucional entre a capacidade militar e a posse feudal foi finalmente rompida. Ambos os processos reduziram o nexo constitucional entre a autoridade jurídica e o poder militar, nexo este que era estrutural para a sociedade feudal. A crescente autonomia do Direito e o aumento do controle sobre a gestão do Exército foram características fundamentais da sociedade moderna em seus princípios, e ambos os fenômenos estavam ligados à crescente centralização e abstração social das instituições de governo. Em ambos os processos, a legitimidade do governo, como sistema de integração normativa e institucional, foi articulada em categorias que não estavam originalmente vinculadas à guerra. Assim, o governo pôde desempenhar funções de integração contando com uma base normativa independente e consistente. Esses dois processos estão intrinsecamente relacionados com a decadência da servidão. Os dois os processos pressupunham a formação de padrões de interação entre atores sociais e instituições políticas, em que as pessoas se comunicassem com o poder político de forma individualizada, como cidadãos, reduzindo, assim, o poder das instituições intermediárias.

É claro que tal processo de diferenciação entre funções jurídicas e militares é apresentada aqui como um tipo ideal. O desenvolvimento do sistema jurídico moderno na França e na Prússia foi apenas uma variante de um processo mais geral. Sociedades menos militarizadas, como a Inglaterra, também presenciaram, no final do século XVIII, os primeiros passos da formação de um sistema jurídico individualizado. [142] Na Inglaterra, este processo foi beneficiado pelo fato de que os resíduos

---

[142] As primeiras proteções para os indivíduos foram estabelecidas, durante esse período, no Direito inglês. Ver o caso Entick v Carrington [1765] EWHC KB J98.

CAPÍTULO II - DEMOCRACIA E MILITARIZAÇÃO

da servidão eram mais débeis e o nível dos gastos militares eram inferiores ao do restante da Europa. A promoção da inclusão jurídica ocorreu dentro de um sistema constitucional já existente. Por toda a Europa, o sistema militar e o sistema jurídico permaneceram durante muito tempo interligados com outras formas institucionais. Além do mais, nenhum dos processos de diferenciação foi concluído nesse contexto do início da modernidade. Os sistemas políticos anteriores a 1789 normalmente não presenciaram a erradicação dos poderes judiciais da nobreza.[143] Na França, por exemplo, a administração da justiça nas cortes inferiores continuou a ser um direito senhorial durante todo o *ancien régime*, e as cortes reais foram preenchidas através da venda de cargos à nobreza até 1789. Na Prússia, o processo de codificação jurídica do século XVIII manteve muitos privilégios aristocráticos. Em ambos os cenários, seria ilusório imaginar o surgimento de padrões uniformes de subjetividade jurídica nesse período. Na Prússia, além disso, o acesso aos postos militares de alto nível estava, como já se discutiu, praticamente vedado a não nobres. Na França, os cargos militares foram transacionados até 1790, apesar das repetidas tentativas de proibir tal venalidade.[144] Não é plausível, portanto, argumentar que o Exército se tornou uma esfera social completamente diferenciada. Mesmo assim, porém, a maioria das sociedades europeias do século XVIII testemunhou a construção inicial do Direito como um sistema baseado em princípios gerais de validação,

---

[143] Ver a análise em Blum (BLUM, Jerome. *The end of the old order in rural Europe*. Princeton: Princeton University Press, 1978, p. 387); Carey (CAREY, John A. *Judicial reform in France before the Revolution of 1789*. Cambridge, MA: Harvard University Press, 1981, pp. 108-109); Hayhoe (HAYHOE, Jeremy. *Enlightened feudalism*: seigneurial justice and village society in eighteenth-century France. Rochester: University of Rochester Press, 2008, p. 135); Wienfort (WIENFORT, Monika. *Patrimonialgerichte in Preussen*: Ländliche Gesellschaft und bürgerliches Recht 1770-1848/49. Göttingen: Vandenhoeck und Ruprecht, 2001, pp. 80-117).

[144] A venda de cargos no Exército foi proibida pelo *Code Michau* de 1629. E foi novamente proibida em 1776. E foi proibida finalmente no Art. 9 do *Décret sur la constitution militaire* (de 28 de fevereiro de 1790). Um dos estudos sobre o período destaca como a consolidação do Exército francês baseou-se originalmente da aceitação da venalidade, como um incentivo para o recrutamento de oficiais (ROWLANDS, Guy. *The dynastic state and the army under Louis XIV*: royal service and private interests, 1671-1701. New York: Cambridge University Press, 2002, p. 167).

e a organização do Exército como um sistema com influência restrita sobre outras funções governamentais.

Em última instância, isso significou, em muitos contextos, a divisão interna do Estado moderno em dois sistemas funcionais: o sistema jurídico e o sistema militar, em que cada um deles começou a criar seu próprio ordenamento regulatório. Ao sistema jurídico coube, em termos gerais, uma *legislação judicial*, por meio da qual o governo organizou instituições para legislar e aplicar a legislação. No longo século XVIII, pouca diferenciação foi feita entre as funções legislativas e as judiciais, e a responsabilidade do soberano pela "administração da justiça" não se separava do "direito de criar leis e regulamentações necessárias para o bem comum".[145] Ao sistema militar, por sua vez, coube uma *legislação militar*, em que as funções militares passaram a ser reguladas internamente, de forma independente de instituições com outras obrigações. Historicamente, estes dois sistemas haviam sido ligados um ao outro pela aristocracia, que, de maneira geral, foi capaz de consolidar sua influência na criação e aplicação da lei durante o período em que o sistema político era pressionado de fora para dentro, e, dessa forma, pôde monopolizar as instituições responsáveis pela aplicação da lei na sociedade. Porém, no final do *ancien régime* europeu, o impacto das guerras externas sobre os processos legislativos internos perdeu força. A dimensão civil e a dimensão militar do Estado foram mais claramente demarcadas, e ambas assumiram formas constitucionais particulares.[146]

---

[145] DOMAT, Jean. *Les lois civiles dans leur ordre naturel*. vol. II. Revised edition. Paris: Cavelier, 1705b, p. 10. Para análise das decorrências do vínculo entre funções judiciais e legislativas nesse momento, ver Antoine (ANTOINE, Michel. *Le conseil du roi sous le règne de Louis XV*. Geneva: Droz, 1970, p. 17).

[146] Uma análise brilhante explica como Estado moderno em sua primeira fase se desenvolveu por meio da separação entre "Estado civil" do "Estado militar" (LEONHARD, Jörn. *Bellizismus und Nation*: Kriegsdeutung und Nationsbestimmung in Europa und den Vereinigten Staaten 1750-1914. Munich: Oldenbourg, 2008, p. 77). Para argumentos semelhantes, ver Rink (RINK, Martin. *Vom "Partheygänger" zum Partisanen*: Die Konzeption des kleinen Krieges in Preußen 1740-1813. Frankfurt am Main: Lang, 1999, p. 42). Um outro ponto de vista descreve como o exército moderno foi "construído sobre o princípio da separação entre os militares e a sociedade civil" (GUINIER, Arnaud. "De l'autorité paternelle au despotisme légal: Pour une réévaluation des origines de l'idéal du soldat-citoyen dans la France des lumières".

CAPÍTULO II - DEMOCRACIA E MILITARIZAÇÃO

Como discutido anteriormente, essa separação foi em parte causada pela menor abrangência das guerras entre Estados após 1648. Contudo, esta separação também ocorreu porque a aristocracia perdeu o poder constitucional e a influência legislativa que possuía por estar vinculada aos processos de recrutamento militar. Como consequência, o aparelho militar passou a ser vinculado ao sistema jurídico principalmente através das instituições executivas do Estado, geralmente controladas por regentes únicos ou por famílias dinásticas, seus conselheiros e seus administradores. Isto significou que o Estado moderno desenvolveu princípios de legitimidade que expressaram e consolidaram de maneira específica a separação entre o Direito e a guerra, e, dessa forma, foi capaz de comandar processos de integração normativa desligados da guerra. Isso é perceptível na confiança dos Estados do século XVIII nos princípios do Direito natural, o que lhes permitiu criar legitimidade a partir de modalidades distintas à da guerra. Isso é visível no fato de que os indivíduos passaram a estar cada vez mais integrados ao Estado como portadores de direitos individuais, ou pelo menos como portadores de direitos subjetivos básicos. Em cada um desses aspectos, a legitimidade do Estado foi transferida da nobreza, como um ator constitucional coletivo, para o sujeito de direito individual. Essa transformação ocorreu em paralelo à transformação dos contratos militares, pois a concepção do cidadão como sujeito de direito público espelhava a concepção do soldado como uma pessoa vinculada ao Estado por meio de um contrato público. Tanto o soldado quanto o cidadão tomaram forma neste momento, como indivíduos diretamente vinculados ao Estado através de normas legais públicas. Esse processo de individualização articulou-se em torno da separação constitucional entre a guerra e o Direito.

Revue d'histoire moderne & contemporaine, vol. 61, n. 2, 2014, p. 171). Da mesma forma, outra interpretação descreve a "diferenciação da sociedade entre as esferas 'civil' e 'militar' como a característica central do início da vida moderna" (RINK, Martin. "Preußisch-deutsche Konzeptionen zum 'Volkskrieg' im Zeitalter Napoleons". *In*: LUTZ, Karl-Heinz; RINK, Martin; SALISCH, Marcus von (Coords.). *Reform-Reorganisation--Transformation*: Zum Wandel in deutschen Streitkräften von der preußischen Heeresreform bis zur Transformation der Bundeswehr. Munich: Oldenbourg, 2010, p. 68).

Conforme analisado, a trajetória profunda que deu forma à sociedade moderna é a da construção da sociedade como um sistema de integração jurídica, no qual tanto a produção uniforme de normas jurídicas quanto a expansão das instituições estatais na sociedade são elementos combinados de um processo de integração básica. Em grande parte da Europa, esse processo se acelerou no século XVIII. O período de construção estatal nos séculos XVII e XVIII é habitualmente detratado como um período de governos "absolutistas" ou autoritários. Como discutido, essa visão é justificada pelo fato de que os mecanismos representativos tradicionais perderam força em muitos Estados.[147] Entretanto, tal período pode ser visto como um período em que o foco fundamental da construção da cidadania foi redirecionado e, de certa forma, ampliado. Nesse momento, muitos Estados rebaixaram o status constitucional dos cidadãos como atores corporativos ativos, representados, para fins de tributação, em assembleias e parlamentos. Tal rebaixamento reduziu os poderes historicamente preservados dos membros da nobreza, que, como provedores de recursos militares, haviam sido os principais beneficiários de tais órgãos representativos. Paralelamente, porém, à medida que sua dependência fiscal em relação à nobreza diminuiu, os Estados começaram a estabelecer sistemas jurídicos que se aplicavam diretamente a todas as pessoas, a consolidar princípios de cidadania que beneficiavam indivíduos não pertencentes à aristocracia e a promover padrões mais gerais de integração jurídica.

Conforme discutido, tais processos de integração jurídica dependiam originalmente da concepção do cidadão como um sujeito de direito individual, com personalidade reconhecida pelo Direito. De certa maneira, a concepção da personalidade jurídica promoveu uma forma de integração entre Direito e governo, ao estabelecer uma fonte positiva de legitimidade para o Direito. Em um outro nível, a construção do sujeito de direito aprofundou a força integradora do Direito e do

---

[147] Ver DOWNING, Brian. *The military revolution and political change*: origins of democracy and autocracy in early modern Europe. Princeton: Princeton University Press, 1992, pp. 10-11.

CAPÍTULO II - DEMOCRACIA E MILITARIZAÇÃO

governo porque desligou a autoridade do Direito da antiga classe militar, que acabou ficando fora do sistema jurídico. Através da concepção da personalidade jurídica individual, o Direito, em sua origem como fonte de legitimidade, foi separado dos atores coletivos e *desmilitarizado*. Essa concepção ampliou a força integradora do Direito porque criou premissas normativas sobre as quais o Estado pôde legislar de forma constitucional e independente, sem a imposição de pessoas influentes vinculadas ao aparato militar. Em seu cerne, o foco integrador da sociedade moderna, o cidadão individual como sujeito de direito uniforme, foi cristalizado como expressão de forças estruturais profundas na sociedade. Ele foi criado como parte de um impulso mais amplo para diferenciar funções jurídicas e militares, para erradicar a violência militar da sociedade e para submeter a violência a um controle jurídico-político. A concepção legitimadora que sustentou inicialmente a ascensão do Estado moderno e a expansão do Direito moderno foi configurada através da diferenciação do sistema jurídico e do sistema militar. Esta construção deu suporte à transformação da sociedade como um todo em sua primeira forma de integradora. A forma integradora inicial da sociedade moderna foi estabelecida pela construção do cidadão como um ponto de atribuição normativa, uma *norma funcional*, que desvinculou o Direito da guerra.

O nascimento da democracia moderna e a militarização social

A transformação do Estado, do Direito e da sociedade durante o surgimento da Europa moderna ocorreu em torno de um conceito bipartido de cidadania, no qual os indivíduos passaram a ser reconhecidos na sociedade como habitantes de um território cada vez mais uniforme e como sujeitos individuais detentores de certos direitos processuais e certos direitos ao reconhecimento legal. Nota-se, porém, nesses processos, que esse padrão legal aprimorado de cidadania não produziu, em última análise, um princípio de legitimidade para o Direito capaz de traduzir o Direito em um meio universal de integração social. Como se comentará a seguir, a forma da sociedade moderna em sua primeira fase continha um paradoxo estrutural que impossibilitava uma integração jurídico-política abrangente. O sistema jurídico, no início da sociedade moderna, foi sendo construído, gradualmente, com base em princípios normativos orientados para a integração individual, cujo objetivo era situar o Direito sobre fundamentos públicos e atribuir a autoridade da lei diretamente ao Estado soberano. Porém, a concepção jurídica de cidadão que sustentou o sistema jurídico não foi robusta o bastante – no fim das contas – para abstrair o Direito dos núcleos históricos de autoridade privada.

O passo decisivo para a transformação da sociedade em um sistema de integração jurídica geral ocorreu quando uma nova camada de significados foi acrescentada ao conceito de cidadão. Isso ocorreu quando um vocabulário distinto de cidadania começou a surgir, onde o cidadão apareceu como demandante de *direitos políticos*: isto é, de direitos que se exercem através da participação na tomada de decisões governamentais, o que fez com os cidadãos não apenas obtivessem o reconhecimento formal-subjetivo do Direito, mas também influenciassem diretamente a produção do Direito. Conforme discutido, os sistemas políticos revolucionários fundados na América e na França entre 1776 e 1795 diferiram dos governos anteriores por terem consolidado o princípio de que o Direito era legitimado mediante ciclos institucionalizados de comunicação eleitoral entre o povo e o governo. Tal aspecto político da cidadania constituiu-se como a fonte do constitucionalismo moderno e das ideias modernas sobre a legitimidade política de maneira mais ampla. A ideia de que as leis têm sua origem nos atos dos cidadãos e que a vontade coletiva dos cidadãos deve ser definida como a origem do Direito legítimo é o princípio que separa a ordem constitucional moderna dos padrões regulatórios de codificação jurídica das décadas anteriores a 1789. Na verdade, o constitucionalismo moderno como um todo pode ser entendido como um vocabulário para a construção da legitimidade estatal, resultante da fusão de duas linhas de reflexão sobre a legitimidade e articuladas em torno de dois conceitos de cidadão. Uma das linhas expressa o princípio de que o governo legítimo tem como enquadramento uma ordem judicial e administrativa codificada, que reconhece os cidadãos como portadores de direitos subjetivos formais. A outra expressa a convicção de que o governo legítimo manifesta a vontade de cidadãos politicamente ativos. Essa

CAPÍTULO II - DEMOCRACIA E MILITARIZAÇÃO

fusão entre codificação jurídica e autolegislação popular está no centro do pensamento constitucional moderno. E essas duas concepções distintas de cidadania foram galvanizadas no período revolucionário, especialmente na América e na França.

Na maioria dos contextos sociais, como já se discutiu, a figura moderna do cidadão, possuidor de direitos políticos coletivos, adquiriu forma como uma concepção que foi profundamente influenciada por processos sociais fundamentais, e que refletiu e intensificou as trajetórias de definição da sociedade moderna. Esta figura surgiu, mais especificamente, como uma concepção que deu suporte às funções integradoras da sociedade moderna, permitindo à sociedade consolidar estruturas normativas e administrativas para além das fronteiras locais da ordem social pré-moderna. Conforme discutido, a formação da cidadania sobre um modelo democrático em construção levou a uma dramática aceleração dos processos de centralização e integração ligados à figura jurídica do cidadão, que já haviam moldado a sociedade moderna em sua primeira fase.

Apesar disso, a importância do cidadão como o autor ativo da legislação não pode ser inteiramente associada aos padrões pré--existentes de formação e integração social. Ao contrário, o aspecto político da cidadania que veio à tona durante o período revolucionário contrariou e, em certa medida, desestabilizou as trajetórias de integração que haviam começado a se consolidar na etapa inicial das sociedades modernas. A figura normativa do cidadão político ativo produziu uma série de resultados contraditórios, ou dialéticos, na sociedade. Por um longo período, a estruturação projetiva do Direito em torno da cidadania política, ocorrida entre 1776 e 1795, criou conflitos normativos que desestabilizaram profundamente a forma de integração em curso na sociedade. Essa figura tanto estimulou quanto impediu a formação da sociedade moderna como um sistema de integração, e ambos os processos estabeleceram as bases, ainda que também insistentemente corroídas, para os mecanismos de integração necessários para conquistar os partidários da sociedade nacional. Esse conteúdo dialético do conceito moderno de cidadão está intimamente relacionado com as implicações da cidadania ativa para o segundo sistema de integração, cuja criação moldou o desenvolvimento da sociedade moderna em sua fase inicial: o sistema militar.

Conforme já se analisou, a construção progressiva do Direito como um sistema de integração dependeu, até o final do século XVIII, da separação parcial entre a autoridade da lei e os atores com papéis constitucionais ancorados em funções militares. Por sua vez, essa separação entre o Direito e a guerra dependeu, como passo indispensável, da construção de um sistema tributário eficaz, por meio do qual os regentes fossem capazes de arrecadar receitas suficientes para garantir o atendimento das necessidades militares sem a necessidade de acordos políticos recorrentes com organizações corporativas da aristocracia. Conforme já mencionado, a consolidação do Direito sobre premissas individualistas é indissociável da consolidação de um sistema tributário público. Ambos os processos criaram os pré-requisitos para um sistema de autoridade estatal não determinado pela nobreza. Consequentemente, o sistema tributário nacional se desenvolveu, via de regra, em paralelo ao aparato jurídico e à administração militar, como um terceiro âmbito constitucional no curso do surgimento dos sistemas políticos e das sociedades europeias. A separação relativa entre as organizações civis e militares dentro do Estado moderno em formação dependeu, sobretudo, da capacidade do Estado para organizar a arrecadação tributária com base em uma ordem constitucional viável, a fim de recrutar e sustentar onerosos exércitos permanentes independentes.

Assim como em outras esferas sociais, esse processo de ordenamento tributário permaneceu incipiente no século XVIII. Como mencionado, a crescente afirmação da soberania tributária pelos Estados nacionais foi acompanhada frequentemente pelo aumento dos poderes neofeudais dentro das propriedades da nobreza. Em Brandemburgo-Prússia, por exemplo, os acordos tributários necessários para financiar um exército permanente haviam sido selados pela primeira vez em 1653. Na verdade, porém, esse acordo estabeleceu um pacto entre a dinastia Hohenzollern e os estamentos de Brandenburgo, e foi muito benéfico para esta última. Com esse arranjo, por um lado, os estamentos concederam maior soberania fiscal ao príncipe e, por outro, o

CAPÍTULO II - DEMOCRACIA E MILITARIZAÇÃO

príncipe fortaleceu os poderes da aristocracia em seus domínios e garantiu as isenções fiscais para a nobreza.[148] Isenções fiscais semelhantes para a nobreza foram implementadas em grande parte da Europa nos séculos XVII e XVIII.[149] Na França, a continuidade da influência judicial da aristocracia lhe proporcionou um poderoso instrumento para defender seus privilégios fiscais. Como consequência, a capacidade de arrecadação dos governos nacionais sempre foi limitada, pois a nobreza ficou isenta de muitos impostos. Na Inglaterra, o fortalecimento do Parlamento após 1689 significou, em essência, a cooptação da aristocracia para um novo sistema tributário, após a crise causada pela arrecadação monetária forçada na década de 1630.

Apesar de tais diferenças e observações, o período entre 1648 e 1789 foi marcado por esforços, na maioria dos sistemas políticos europeus, para organizar o sistema tributário em bases constitucionalmente independentes. Como já se explicou, o impulso para isso era que um sistema tributário sólido permitiria ao Estado diminuir seus laços com a nobreza, aumentar a autonomia legislativa do governo e minimizar o impacto dos interesses militares sobre a constituição legislativa do Estado. A arrecadação tributária foi promovida, em essência, como um meio para concentrar o poder militar no Estado e para estabelecer uma garantia geral contra os custos sociais da guerra. Com a criação de tal garantia, as instituições estatais foram capazes de legitimar e de ampliar cada vez mais sua força política soberana.

---

[148] Sobre os privilégios concedidos à aristocracia na Prússia, ver Isaacsohn (ISAACSOHN, Siegfried. *Geschichte des Preußischen Beamtenthums vom Anfang des 15. Jahrhunderts bis auf die Gegenwart*: Das Beamtenthum im 17. Jahrhundert. Berlin: Puttkammer & Mühlbrecht, 1878, pp. 76-77); Schmoller (SCHMOLLER, Gustav. *Preußische Verfassungs-, Verwaltungs- und Finanzgeschichte*. Berlin: Verlag der Täglichen Rundschau, 1921, p. 56); Schwennicke (SCHWENNICKE, Andreas. "*Ohne Steuer kein Staat*": Zur Entwicklung und politischen Funktion des Steuerrechts in den Territorien des Heiligen Römischen Reichs (1500-1800). Frankfurt: Klostermann, 1996, p. 319).

[149] Sobre a França, ver Kwass (KWASS, Michael. *Privilege and the politics of taxation in eighteenth-century France*: liberté, egalité, fiscalité. Cambridge, UK: Cambridge University Press, 2000, pp. 23-29).

No final do século XVIII, porém, os sistemas tributários nacionais em grande parte da Europa estavam submetidos a tensões. Essas tensões foram causadas, em primeiro lugar, pelo pré-requisito essencial do Estado moderno – elas surgiram dos custos relativos à expansão dos exércitos. Porém, mais especificamente, essas tensões foram causadas pelo fato de que, na maioria dos sistemas políticos, os regentes só conseguiram arrogar para si os poderes de soberania tributária com a contrapartida de preservarem muitos dos privilégios e isenções econômicas da nobreza, permitindo que os membros da aristocracia controlassem a economia agrícola em suas propriedades. A preservação da servidão, garantida por esse compromisso, significou que os grupos sociais majoritários arcaram com uma carga tributária desproporcionalmente elevada, que o aumento da produtividade agrícola foi obstruído e que a capacidade da mão de obra produtiva para gerar receitas frequentemente diminuiu. Em cada caso, o Estado pós-1648 foi construído em torno de premissas tributárias e constitucionais destinadas a consolidar a soberania básica do Estado, o que limitou persistentemente a abrangência dentro da qual o Estado podia obter recursos da nobreza, ou legislar de fato contra os interesses das famílias nobres. Ao longo do século XVIII, o custo dos exércitos permanentes pesou fortemente sobre os recursos fiscais dos Estados europeus. Nessas situações, os Estados tornaram-se incapazes de gerar receitas suficientes para cobrir seus custos, e os acordos contraídos com a nobreza para manter exércitos permanentes exacerbaram sua fragilidade financeira. Em última análise, os pré-requisitos básicos sobre os quais os regentes estabeleceram a sua soberania reduziram a força integradora das instituições do Estado. De fato, no final do século XVIII, muitos Estados começaram a alterar os termos constitucionais de suas negociações com os provedores tradicionais de impostos, a nobreza, de tal forma que alguns regentes começaram a ceder sua soberania aos órgãos corporativos dos quais a haviam tomado inicialmente, ou haviam tentado tomá-la. Em diversos sistemas políticos do final do século XVIII, a nobreza retomou sua posição como ator central da Constituição, por vezes com resultados graves e desestabilizadores.[150]

---

[150] Na França, o século XVIII assistiu a um rápido crescimento do número de nobres (BLUM, Jerome. *The end of the old order in rural Europe*. Princeton: Princeton Univer-

CAPÍTULO II - DEMOCRACIA E MILITARIZAÇÃO

Esse fato se fez mais evidente na França pré-revolucionária. A reunião dos Estado Gerais que desencadeou a Revolução de 1789 foi motivada por uma Assembleia de Notáveis, organizada para tratar da situação fiscal alarmante da monarquia. Essa Assembleia trabalhou em aliança parcial com os *parlements*, antigos defensores dos interesses da nobreza, e os *parlements* aproveitaram a oportunidade aberta pela Assembleia para fortalecer sua oposição à tributação real.[151] Na maioria das sociedades do século XVIII, entretanto, os arranjos constitucionais necessários para consolidar o Estado soberano contra a aristocracia levaram o Estado à crise fiscal. Os sistemas tributários criados no século XVIII apresentavam graves deficiências estruturais, causadas em grande medida pela conservação dos privilégios da aristocracia.

O problema subjacente a tal constelação era que os Estados territoriais em formação organizaram sua relação com a sociedade reconhecendo os indivíduos como sujeitos de direito, com proteções fundamentais comuns asseguradas pela lei. Este conceito foi a alavanca essencial para o fortalecimento do governo central. Mas os primeiros Estados territoriais não conseguiram impor essa estrutura a fundo na sociedade, e seu fracasso em estabelecer uma ordem jurídica uniforme ficou particularmente evidente no âmbito tributário. Os analistas contemporâneos dos Estados do *ancien régime* identificaram estes problemas de forma muito perspicaz. Muitos teóricos do governo e da economia política do século XVIII argumentaram que o sistema tributário frágil dos Estados só teria sido remediado caso os governos tivessem imposto um sistema de integração jurídica universal às suas populações, e se esse sistema tivesse sido aplicado, em especial, para limitar os privilégios fiscais. Na verdade, a consciência dessa solução potencial para a

---

sity Press, 1978, pp. 15-16). Sobre o ressurgimento geral da nobreza no século XVIII, ver Gehrke (GEHRKE, Roland. "Zwischen altständischer Ordnung und monarchischem Konstitutionalismus. Begriffserklärungen und Fragestellungen". *In*: GEHRKE, Roland (Coord.). *Aufbrüche in die Moderne*: Frühparlamentarismus zwischen altständischer Ordnung und monarchischem Konstitutionalismus. Schlesien-Deutschland--Mitteleuropa. Cologne: Böhlau, 2005, p. 2).

[151] KWASS, Michael. *Privilege and the politics of taxation in eighteenth-century France*: liberté, egalité, fiscalité. Cambridge, UK: Cambridge University Press, 2000, p. 274.

crise fiscal esteve implícita em diversas políticas governamentais. Os planos concebidos pelos primeiros governos modernos para consolidar seus sistemas tributários geralmente buscaram restringir as mudanças de status social que afetavam negativamente as receitas reais, além de impor deveres jurídicos uniformes para toda a sociedade. Na França, por exemplo, a segunda metade do século XVIII assistiu a numerosos planos de reforma agrária e comercial. No mesmo período houve uma série de esforços para melhorar a condição jurídica individual dos camponeses.[152] E, também, a promoção de várias políticas de longo alcance, particularmente em 1763, para estabelecer as bases de uma tributação universal.[153] A demanda por uma tributação uniforme foi destaque entre as queixas registradas contra a monarquia antes de 1789.[154] Ao mesmo tempo, tanto a Prússia quanto alguns domínios dos Habsburgos passaram por reformas agrárias, incluindo medidas para conferir aos servos personalidade jurídica plena, que foram nitidamente motivadas por imperativos fiscais.[155] Em cada caso, a concepção básica do indivíduo como sujeito de direito foi determinada pela necessidade de imprimir um regime de tributação uniforme à sociedade. A construção da pessoa individual como sujeito de direito agiu novamente

---

[152] ROOT, Hilton L. *Peasants and king in Burgundy*: agrarian foundations of French Absolutism. Berkeley: University of California Press, 1987, p. 193.

[153] KWASS, Michael. *Privilege and the politics of taxation in eighteenth-century France*: liberté, egalité, fiscalité. Cambridge, UK: Cambridge University Press, 2000, p. 181; DECROIX, Arnaud. *Question fiscale et réforme financière en France (1749-1789)*: logique de la transparence et recherche de la confiance publique. Marseille: Presses universitaires de'Aix-Marseilles, 2006, pp. 183, 228.

[154] Ver NORBERG, Kathryn. "The French Fiscal Crisis of 1788 and the Financial Origins of the French Revolution of 1789". *In*: HOFFMANN, Philip T.; NORBERG, Kathryn (Coords.). *Fiscal crises, liberty and representative government*. Stanford: Stanford University Press, 1994, p. 294.

[155] LINK, Edith Murr. *The emancipation of the Austrian peasant 1740-1798*. New York: Columbia University Press, 1949, p. 26; KAAK, Heinrich. *Die Gutsherrschaft*: Theoriegeschichtliche Untersuchungen zum Agrarwesen im ostelbischen Raum. Berlin: de Gruyter, 1991, pp. 76-77, 411; REINHARD, Wolfgang. "Kriegsstaat – Steuerstaat – Machtstaat". *In*: ASCH, Roland G.; DUCHHARDT, Heinz (Coords.). *Der Absolutismus – ein Mythos?* Strukturwandel monarchischer Herrschaft in West- und Mitteleuropa (ca.1550-1700). Cologne: Böhlau, 1996, p. 307.

CAPÍTULO II - DEMOCRACIA E MILITARIZAÇÃO

como uma fonte primária de soberania efetiva do Estado. Embora esses problemas fossem identificados com frequência, eles não foram solucionados. Na maioria das sociedades do século XVIII, os membros da nobreza utilizaram a debilidade da monarquia para reafirmar seus privilégios tradicionais, seja endurecendo o controle sobre seus domínios, seja buscando uma nova proteção para seus privilégios dentro do Estado. Em alguns casos importantes, os membros da nobreza se beneficiaram dos processos de individualização jurídica e econômica promovidos pelos regentes. Eles utilizaram esses processos como uma oportunidade para diminuir suas obrigações com os camponeses e, ao mesmo tempo, fortalecer seus direitos senhoriais sobre o território.[156] A construção de regimes tributários baseados em obrigações jurídicas individuais provou-se bastante elusiva.

No final do século XVIII, em síntese, os três pilares sobre os quais o Estado pós-1648 havia começado a adquirir forma, a legislação militar, o sistema jurídico/judicial e o sistema tributário, haviam se conectado ao acaso. As pressões sobre o sistema militar produziram pressões cronicamente desestabilizadoras dentro de outras dimensões constitucionais do sistema político. Em casos mais graves, como os da Polônia e da França, a incapacidade dos governantes para construir modelos generalizados de cidadania, vinculados a obrigações tributárias gerais, levou ao colapso do Estado, tanto pela ocupação na Polônia quanto pela revolução na França. As crises constitucionais profundas que afligiram muitos Estados europeus foram causadas, em grande medida, pelo fato de que as sociedades estavam despontando como sistemas de integração legitimadas pela construção de leis sobre premissas públicas: leis autorizadas por *sujeitos de direito*. Tais sujeitos foram a base para a criação de instituições centralizadas, com regimes tributários centralizados. Eles também estimularam a consolidação de um sistema jurídico independente de indivíduos em particular.

---

[156] Para uma análise clássica desse processo na França, ver SAINT-JACOB, Pierre de. *Les paysans de la Bourgogne du Nord au dernier siècle de l'Ancien Régime*. Paris: Société les Belles Lettres, 1960, p. 414; VAN DEN HEUVEL, Gerd. *Grundprobleme der französischen Bauernschaft 1730-1794*. Munich: Oldenbourg, 1982, p. 79.

Porém, faltava a muitos sistemas políticos do século XVIII a capacidade institucional para impor o reconhecimento da subjetividade jurídica individual e para consolidar as condições gerais de integração em toda a sociedade. Onde se tentou impor tais condições de integração, elas sofreram uma resistência preocupante. Essa resistência ficou mais evidente na esfera tributária.

Foi nessa crise constitucional e de integração profunda que surgiu a figura legitimadora do cidadão político moderno, que adquiriu uma forma exemplar na Revolução Francesa e na Revolução Americana. Em cada contexto, a concepção moderna do cidadão tomou forma no interior de sistemas políticos que haviam falido, ou se aproximavam da falência, pelo custo de seus exércitos permanentes, ou nos quais o financiamento de exércitos permanentes causava uma hostilidade profunda.[157] Essa conjuntura criou a brecha social em que a concepção do cidadão político moderno, vinculada à do povo soberano, tornou-se uma fonte vital de normas jurídicas. Essa concepção se estabeleceu como uma nova categoria de personalidade jurídica, e ofereceu uma justificativa normativa para o Direito que era suficientemente forte para romper a resistência convencional em relação à igualdade tributária. Assim, essa concepção estabeleceu uma norma integradora para o direito da personalidade jurídica que pôde, finalmente, tirar o Direito do campo de influência da nobreza. Um importante historiador da Revolução Francesa explica que o poder político foi transferido para "a nação soberana" em Versalhes, em 1789, como parte de um plano para

---

[157] Ver uma análise geral sobre a questão em NEUGEBAUER, Wolfgang. "Staat-Krieg-Korporation. Zur Genese politischer Strukturen im 17. und 18. Jahrhundert". *Historisches Jahrbuch*, vol. 123, 2003, p. 230. Sobre essa relação na Prússia, ver VOGEL, Barbara. "Staatsfinanzen und Gesellschaftsreform in Preußen". *In*: BERDING, Helmmut (Coord.). *Privatkapital, Staatsfinanzen und Reformpolitik in Deutschland der napoleonischen Zeit*. Ostfildern: Scripta Mercaturae Verlag, 1981, p. 40); SCHISSLER, Hanna. "Preußische Finanzpolitik nach 1807. Die Bedeutung der Staatsverschuldung als Faktor der Modernisierung des preußischen Finanzsystems". *Geschichte und Gesellschaft*, vol. 8, n. 3, 1982, p. 382. Sobre a França, ver KWASS, Michael. *Privilege and the politics of taxation in eighteenth-century France*: liberté, egalité, fiscalité. Cambridge, UK: Cambridge University Press, 2000, p. 1.

CAPÍTULO II - DEMOCRACIA E MILITARIZAÇÃO

resolver a crise financeira.[158] Em sua primeira articulação, o conceito de cidadão como ator soberano impactou nas estruturas governamentais ao estabelecer novas bases para o sistema tributário e erradicar os contrapesos à autoridade efetiva do Estado. Nesse período, a ideia de que cada indivíduo deveria ser considerado como uma pessoa igual a qualquer outra, e estar vinculada ativamente ao governo, apareceu como uma solução jurídica para a baixa capacidade de integração do governo, refletida nos problemas tributários resultantes do financiamento militar.

A amplitude com que a figura do cidadão moderno articulou as tensões da estrutura de integração da sociedade pode ser vista claramente nos termos por meio dos quais a cidadania reivindicou e exerceu seus direitos políticos.

O cidadão político moderno expressou sua opinião, primeiramente, nos protestos sobre a tributação, como uma figura que demandava maior consideração e representação no âmbito tributário. Na maioria dos casos, a formação da cidadania política ocorreu porque os cidadãos rejeitaram as iniquidades dos regimes tributários existentes e reivindicaram o direito de participar ativamente dos procedimentos representativos de decisão sobre as políticas tributárias. Consequentemente, a cidadania se expressou inicialmente como uma demanda de influência coletiva sobre o sistema tributário da sociedade. Isso foi axiomático para o desenvolvimento da cidadania em todos as conjunturas revolucionárias do século XVIII. Assim, cada convulsão revolucionária desta época criou regimes tributário nos quais o gasto público era controlado de maneira mais rigorosa por órgãos e representantes populares eleitos.[159] Em cada um desses casos, a construção da cidadania fortaleceu a capacidade fiscal do governo.[160] O cidadão moderno ganhou vez, em

---

[158] SONENSCHER, Michael. "The nation's debt and the birth of the modern republic: the French fiscal deficit and the politics of the revolution: Part 1". *History of Political Thought*, vol. 18, n. 1, 1997, p. 70.

[159] BOSHER, J. F. *French finances 1770-1795*: from business to bureaucracy. Cambridge, UK: Cambridge University Press, 1970, p. 219.

[160] Sobre o aumento da tributação na França revolucionária, ver Lefebvre (LEFEBVRE, Georges. *Les paysans du nord pendant la révolution française*. Paris: Colin,

segundo lugar, como uma figura que negava o privilégio jurídico formal, especialmente o privilégio em relação à tributação governamental, e que exigia a igualdade perante a lei para todos. Em certa medida, esse aspecto da cidadania revolucionária intensificou os planos existentes de consolidação da uniformidade jurídica na sociedade como um todo. No entanto, esse aspecto da cidadania adquiriu uma força maior durante a crise fiscal generalizada do final do século XVIII. As demandas revolucionárias pela igualdade perante a lei geralmente se expressaram em reformas do sistema jurídico que reduziram as distinções de status jurídicos. Na maioria dos Estados moldados pela cidadania revolucionária, foram impostas reformas jurídicas que promoveram uma maior uniformidade em matéria tributária, de modo que a tributação passou a ser interpretada como uma obrigação geral vinculante (em princípio) para todos. Através dessas reformas, todas as pessoas, ou pelo menos a maioria delas, passaram a ser definidas como sujeitos tributários, integrados em uma relação jurídico-econômica direta com o Estado.[161] Em cada um desses casos, o surgimento da cidadania política é indissociável da fragilidade fiscal dos primeiros Estados modernos, e seu principal resultado foi a criação de uma ordem jurídica/política que enfrentou e atenuou as crises fiscais. O cidadão político moderno, em suma, criou a base para um novo sistema tributário.

Um fato marcante nessa análise é que, em sua influência sobre o sistema tributário da sociedade, a concepção do cidadão político teve

---

1972/1971, p. 581) e Norberg (NORBERG, Kathryn. "The French Fiscal Crisis of 1788 and the Financial Origins of the French Revolution of 1789". In: HOFFMANN, Philip T.; NORBERG, Kathryn (Coords.). *Fiscal crises, liberty and representative government*. Stanford: Stanford University Press, 1994, p. 264). Sobre a criação de um sistema estável de finanças públicas depois disso, ver Bosher (BOSHER, J. F. *French finances 1770-1795*: from business to bureaucracy. Cambridge, UK: Cambridge University Press, 1970, pp. 317-318).

[161] Sobre a importância simbólica da uniformidade da tributação na França revolucionária, ver Kwass (KWASS, Michael. *Privilege and the politics of taxation in eighteenth--century France*: liberté, egalité, fiscalité. Cambridge, UK: Cambridge University Press, 2000, pp. 255-231[sic]). Na Prússia, algumas isenções fiscais para a nobreza foram mantidas após 1815, mas a definição de tributação como um dever dos cidadãos foi estabelecida nesse período (ver MAMROTH, Karl. *Geschichte der Preußischen Staats--Besteuerung 1808-1816*. Leipzig: Duncker und Humblot, 1890, pp. 776-777).

CAPÍTULO II - DEMOCRACIA E MILITARIZAÇÃO

implicações que transcenderam as políticas tributárias. De fato, por ter surgido no bojo das crises fiscais, a concepção do cidadão moderno foi determinada profundamente por pressões militares. Ao criar a premissa de um novo sistema tributário, essa concepção criou também, inevitavelmente, a premissa de uma nova legislação militar. Conforme mencionado, antes do período revolucionária, o sistema tributário da maioria dos Estados serviu para dividir a esfera civil da esfera militar. As mudanças no sistema tributário, portanto, impactaram profundamente o sistema militar. Nesse sentido, os primeiros defensores da cidadania política foram particularmente hostis aos exércitos permanentes, pois os consideravam uma ameaça à liberdade e a causa de uma elevada carga tributária.[162] Na maioria dos Estados onde os direitos de cidadania política foram ampliados durante a era revolucionária, o sistema militar existente foi desmantelado e o poder dos exércitos permanentes foi reduzido. Em cada caso, a emergência da cidadania moderna alterou profundamente a legislação militar existente. A concepção legitimadora do cidadão reconfigurou os termos básicos em que os Estados organizavam suas relações tributárias e militares com a sociedade.

A transformação da legislação militar, que acompanhou o surgimento da cidadania política, teve um impacto dos mais duradouros na sociedade moderna. Os princípios modernos de cidadania foram, em certa medida, um produto contínuo das ordens militares que tinham se desenvolvido em regiões da Europa antes de 1789. Em algumas áreas, o aparato militar já havia penetrado profundamente na vida cotidiana da sociedade do século XVIII, e as organizações militares foram precursoras da cidadania nacional.[163] No entanto, a emergência da cidadania moderna por volta de 1789 modificou profundamente

---

[162] Robespierre associou reiteradamente o poder militar ao "despotismo militar" e "tirania cruel" (ROBESPIERRE, Maximilien. *Le Défenseur de la Constitution*. Paris: [s. n.], 1792, p. 34). Na América, Madison declarou, antes da Convenção Constitucional de 1787, que: "Uma força militar permanente, com um Executivo desproporcional, não será por muito tempo uma companheira segura da liberdade" (FARRAND, Max (Coord.). *The Records of the Federal Convention of 1787*. vol. I. New Haven: Yale University Press, 1911, pp. 464-465).

[163] Ver p. 113.

a posição dos militares na sociedade nacional. Em aspectos decisivos, a cidadania moderna criou sistemas políticos marcados por profundas descontinuidades em relação a padrões anteriores de organização constitucional e formação sociopolítica. Mais importante ainda, o surgimento da cidadania política levou a um redirecionamento da estrutura de integração da sociedade. A diferenciação fundamental entre as esferas militar e civil perdeu força devido à emergência do cidadão político soberano como figura legitimadora, e tanto os processos normativos quanto os processos institucionais fundamentais básicos sociedade moderna foram vinculados novamente ao sistema militar. A relação profunda entre o Direito e a guerra tornou-se constitucional para a sociedade moderna a partir deste ponto, como se discutirá a seguir. No *ancien régime*, os Estados tendiam a integrar seus cidadãos através de processos de integração normativa e institucional que, na medida do possível, estavam desligados da esfera militar. Isso ficou plasmado na concepção básica do cidadão como sujeito de direito. Após o período revolucionário, ambos os processos de integração se basearam na reconexão estrutural entre a guerra e o Direito, e a centralidade da figura constitucional do cidadão soberano nos Estados pós-revolucionários desembocou em um nexo profundo entre o sistema jurídico e o sistema militar.

O soldado-cidadão

No final do século XVIII, a cidadania adquiriu uma dimensão militar particular, e os Estados legitimados pelos princípios de cidadania política passaram a ser construídos sobre bases militares de maneira intrínseca.

Conforme mencionado, a cidadania política veio à tona em ambientes onde os mecanismos tradicionais de arrecadação para o financiamento do Exército estavam entrando em colapso. Isso fez com que os Estados baseados na cidadania tivessem, com frequência de maneira rápida, que elaborar novas técnicas para a mobilização de tropas. Isso, por sua vez, significou, inevitavelmente, que as práticas de cidadania adquiriram uma relevância militar direta, uma vez que os

CAPÍTULO II - DEMOCRACIA E MILITARIZAÇÃO

cidadãos foram integrados em novos procedimentos de recrutamento e financiamento de exércitos. Essa questão surgiu de forma mais premente na França depois de 1789. As várias ordens governamentais estabelecidas na França revolucionária foram definidas pelo fato de que a Revolução havia destruído as bases fiscais do *ancien régime*. Consequentemente, o período revolucionário assistiu à criação tanto de novos instrumentos tributários quanto de novos acordos, dependentes da aprovação popular, para o recrutamento e financiamento de unidades militares. A necessidade de estabelecer tais mecanismos era especialmente urgente pois, por volta de 1792, os sistemas políticos revolucionários haviam entrado em guerra com as monarquias europeias, aparentemente mais poderosas. A guerra não era o objetivo de todos os líderes da França revolucionária. Robespierre não estava disposto a declarar guerra a outros Estados. Ele antecipou com horror que a guerra levaria ao fortalecimento do "Poder Executivo", permitindo aos líderes militares "derrubar a Constituição".[164] Logo, porém, o regime revolucionário na França se envolveu em várias frentes de batalha, e assumiu um caráter fortemente militarista. Nessa situação, seus líderes se viram forçados a mobilizar exércitos sem um sistema tributário totalmente consolidado. Para isso, os exércitos nacionais da Revolução Francesa foram transformados, passo a passo, de exércitos mercenários permanentes em exércitos criados através do recrutamento em massa e, eventualmente, através do serviço militar obrigatório. O contrato básico do Estado com os soldados mudou profundamente nesse momento. A capacidade de impor uma mobilização obrigatória de tropas militares tornou-se uma característica constitucional essencial do governo revolucionário, e substituiu os acordos tributários existentes para a condução da guerra.[165]

---

[164] ROBESPIERRE, Maximilien. *Discourse sur la guerre*. Paris: [s. n.], 1792a, p. 72. Há um estudioso que afirma que o espectro da ditadura militar pairou sobre Robespierre (MICHON, Georges. "Robespierre et la Guerre". *Annales révolutionnaires*, vol. 12, n. 4, 1920, p. 301).

[165] Sobre as origens tributárias do serviço militar obrigatório, ver Köllner (KÖLLNER, Lutz. *Militär und Finanzen*: Zur Finanzgeschichte und Finanzsoziologie von Militärausgaben in Deutschland. Munich: Berhard & Graefe Verlag, 1982, p. 37).

O padrão mais adequado para a organização constitucional do Exército foi discutido nos primeiros meses da Revolução Francesa. Inicialmente, os revolucionários adotaram o princípio do alistamento voluntário e mantiveram o Exército profissional.[166] De fato, a hostilidade ao recrutamento obrigatório para o Exército foi notória entre as queixas dos opositores da monarquia dos Bourbon até 1789, e a aversão ao serviço das milícias foi um fator importante no contexto da revolução.[167] Nos anos seguintes a 1789, porém, a necessidade de reunir grandes exércitos tornou-se uma questão política vital, e o recrutamento passou a ser realizado através de mecanismos compulsórios.[168] Essa forma havia sido antecipada no início de dezembro de 1789, quando Dubois de Crancé, responsável pela reforma militar, discursou na Assembleia Nacional a favor de um serviço militar obrigatório "verdadeiramente nacional", afirmando que "todo cidadão deveria estar sempre pronto para marchar em defesa de seu condado".[169] O alistamento na Guarda Nacional, as milícias criadas para defender a República, tornou-se obrigatório para os cidadãos ativos em 1790. O recrutamento voluntário em larga escala, direcionado a cidadãos ativos e filhos de cidadãos ativos, iniciou-se em 1791, e resultou na vinculação normativa entre o engajamento militar e a cidadania política.[170] O serviço militar obrigatório

---

[166] WOHLFEIL, Rainer. *Vom Stehenden Heer des Absolutismus zur Allgemeinen Wehrpflicht*. Munich: Bernard & Graefe, 1983, p. 39.

[167] GEBELIN, Jacques. *Histoire des milices provinciales (1688-1791)*: le tirage au sort sous l'ancien régime. Paris: Hachette, 1882, p. 259; CORVISIER, André. *L'armée française de la fin du XVII siècle au ministère de Choiseul*: Le soldat. Paris: PUF, 1964, p. 118; CRÉPIN, Annie. "Armée, conscription et garde nationale dans l'opinion publique et le discours politique en France septentrionale (1789-1870)". *Association Revue du Nord*, vol. 350, n. 2, 2003, p. 314.

[168] Isso reflete a terceira fase da tipologia de recrutamento militar de Lynn, da fase do alto feudalismo para a do surgimento da democracia moderna: a mudança para o *exército popular de recrutamento obrigatório* (LYNN, John A. *Giant of the grand siècle*: the French Army, 1610-1725. Cambridge, UK: Cambridge University Press, 1997, p. 9).

[169] O discurso de 12 de dezembro de 1789 está impresso em *Archives Parlementaires (Archives Parlementaires de 1787* à 1860, Series 1, vol. X. Paris: Librairie Administrative P. Dupont, 1878, p. 521).

[170] CRÉPIN, Annie. *La conscription en débat*: ou le triple apprentissage de la nation, de la citoyenneté, de la République (1798-1889). Arras: Artois Presses Université, 1998, p. 20.

CAPÍTULO II - DEMOCRACIA E MILITARIZAÇÃO

foi estabelecido na Constituição Jacobina de 1793. Foi promulgado no primeiro *levée en masse*, também em 1793, o que implicou em uma associação ainda maior entre cidadania nacional e deveres militares.[171] Nesse período, a figura do soldado e a figura do cidadão estabeleceram uma forte conexão normativa, através da concepção de *soldat-citoyen*. O serviço militar obrigatório formal e universal foi introduzido na França em 1798, o que transformou as obrigações militares impostas durante a Revolução em uma forma jurídica mais sólida e colocou efetivamente o *levée en masse* sob controle soberano.[172]

Através desses processos, os princípios de cidadania política que sustentavam os sistemas políticos revolucionários na França foram vinculados intimamente à obrigação militar. Nesse momento, os direitos de *cidadania ativa*, que conferiam o direito a participar de eleições e, através delas, influenciar os atos legislativos, eram originariamente direitos atribuídos a pessoas que cumpriam o serviço militar.[173] Inicialmente, o serviço militar obrigatório esteve estreitamente vinculado com a cidadania ativa, e foi através da aceitação da obrigação militar que o cidadão adquiriu a liberdade de exercer seus direitos políticos.[174] Tal como no feudalismo, a relação militar tornou-se a principal relação social, sustentando e dando origem a direitos e deveres fundamentais. O direito de dar forma à ordem jurídica da sociedade foi novamente concebido como um direito resultante do direito de portar armas. Nesses processos, foi revisto o equilíbrio entre os custos sociais e fiscais da guerra, que havia sido a base de ascensão do Estado moderno de forma mais ampla. Na Revolução Francesa, a criação de exércitos de

---

[171] O artigo 109 da Constituição Jacobina de 1793 declarou: "Tous les Français sont soldats; ils sont tous exercés au maniement des armes".

[172] CRÉPIN, Annie. *Vers l'armée nationale*: les débuts de la conscription en Seine-et--Marne 1795-1815. Rennes: Presses universitaires de Rennes, 2011, p. 33.

[173] Já em 1790, um certo período de serviço militar contínuo era recompensado com plenos direitos de participação política, ou cidadania ativa. Ver art. 7 do *Décret sur la constitution militaire* (28 de Fevereiro de 1790).

[174] HIPPLER, Thomas. *Soldats et citoyens*: naissance du service militaire en France et en Prusse. Paris: PUF, 2006, pp. 43, 147.

soldados recrutados de maneira obrigatória significou que o fornecimento de homens e o pagamento de impostos foram reconectados, e o recrutamento obrigatório serviu como um imposto militar pago em espécie.[175] Nesse sentido, na França pós-1789, o serviço militar foi frequentemente concebido em termos tributários, destinado expressamente a compensar as quedas das receitas decorrentes da crise fiscal. O serviço militar foi descrito, posteriormente, como "um imposto que cada família paga em espécie para a defesa do país" com "o caráter de uma taxa pessoal e local de interesse público".[176] Em ambos os casos, apresentou-se um conceito de cidadania que rejeitava especificamente os termos constitucionais que haviam separado as esferas civil e militar no início das sociedades modernas.

Vínculos semelhantes entre cidadania e mobilização militar estiveram presentes, com características próprias, em outros sistemas políticos do período revolucionário. Claramente, a República Americana nasceu em guerra contra a Grã-Bretanha, e o recrutamento e a organização de exércitos foram as primeiras funções de figuras importantes da República nascente. A sociedade americana não se militarizou na mesma escala que algumas sociedades europeias nesse período. As diretrizes legislativas para o serviço militar obrigatório foram testadas na década de 1790, mas só foram estabelecidas na Guerra Civil de 1860. E mesmo na Guerra Civil, o serviço militar obrigatório não resultou em uma grande quantidade de tropas, especialmente nos exércitos da União.[177] O vínculo profundo entre a guerra e a cidadania só se evidenciou plenamente nos EUA em uma fase posterior.[178] Porém, o engajamento militar foi um atributo

---

[175] O serviço militar foi frequentemente compreendido como uma forma de tributação (VOCKE, Wilhelm. "Indirekte Steuern". *FinanzArchiv*, vol. 20, n. 2, 1903, p. 1; LEFEBVRE, Georges. *Les paysans du nord pendant la révolution française*. Paris: Colin, 1972, p. 582).

[176] LAFERRIÈRE, A.G.D. *Cours de droit public et administratif*. Paris: Joubert, 1841, pp. 351-352.

[177] Aproximadamente 5 a 7% do Exército da União na Guerra Civil era composto por recrutas (FRANK, Joseph Allan. *With ballot and bayonet*: the political socialization of American Civil War soldiers. Athens: University of Georgia Press, 1998, p. 7).

[178] Ver pp. 186-186.

CAPÍTULO II - DEMOCRACIA E MILITARIZAÇÃO

importante para a cidadania na América revolucionária.[179] Há um ponto de vista que afirma que a "milícia armada foi um alicerce cívico da nação americana".[180] Em outras partes da Europa revolucionária, as técnicas francesas de mobilização militar em massa se difundiram amplamente. A popularização do serviço militar obrigatório na França foi reproduzida em outros países, especialmente naqueles que haviam sido derrotados pelos exércitos criados através do *levée en masse* e, posteriormente, do recrutamento obrigatório. A Prússia, por exemplo, não sofreu sequer uma democratização parcial após 1789. No entanto, o serviço militar obrigatório foi introduzido na Prússia, sob várias formas, através de leis de recrutamento obrigatório aprovadas em 1813-14. Na Prússia, o serviço militar obrigatório foi especificamente concebido para promover ideias de cidadania e unidade nacional, integrando os indivíduos como soldados dentro do Estado para intensificar a construção estatal.[181]

---

[179] Para comentários a respeito, ver Kettner (KETTNER, James H. "The development of American citizenship in the revolutionary era: the idea of volitional allegiance". *The American Journal of Legal History*, vol. 18, n. 3, pp. 208-242, 1974); Janowitz (JANOWITZ, Morris. "Observations on the Sociology of Citizenship: Obligations and Rights". *Social Forces*, vol. 59, n. 1, 1980, p. 14); Cress (CRESS, Lawrence Delbert. *Citizens in arms*: the army and the militia in American society to the war of 1812. Chapel Hill: University of North Carolina Press, 1982, p. 51); Duffy (DUFFY, Christopher. *The military experience in the age of reason*. London: Routledge, 1987, p. 51); Kestnbaum (KESTNBAUM, Meyer. "Citizenship and compulsory military service: the revolutionary origins of conscription in the United States". *Armed Forces & Society*, vol. 27, n. 1, 2000, p. 21).

[180] IZECKSOHN, Vitor. *Slavery and war in the Americas*: race, citizenship and state building in the United States and Brazil, 1861-1870. Charlottesville: University of Virginia Press, 2014, p. 96.

[181] Ver o debate em Huber (HUBER, Ernst Rudolf. "Volksheer und Verfassung: Ein Beitrag zu der Kernfrage der Scharnhorst-Boyenschen Reform". *Zeitschrift für die gesamte Staatswissenschaft*, vol. 97, n. 2, pp. 213-257, 1937b); Händel (HÄNDEL, Heribert. *Der Gedanke der allgemeinen Wehrpflicht in der Wehrverfassung des Königreiches Preußen bis 1819*. Frankfurt: Mittler, 1962, p. 74); Frevert (FREVERT, Ute. *Die Kasernierte Nation*: Militärdienst und Zivilgesellschaft in Deutschland. Munich: Beck, 2001, pp. 36-39). Em 1813-14, foram estabelecidas as *Landsturm* e as *Landwehr* na Prússia, nas quais a cidadania e o alistamento militar obrigatório estavam intimamente vinculados. Certo estudo argumenta que a transformação do sujeito (*Untertan*) em cidadão (*Staatsbürger*) foi a "base da reforma" realizada na

A legitimidade militar

Por esses motivos, o final do século XVIII presenciou uma transformação no tecido de legitimação fundamental do Estado. Do período revolucionário em diante, o Estado moderno começou a constituir-se como um tipo de sistema político que passou a depender – essencialmente – da vontade dos cidadãos para defendê-lo, fato que vinculou sua legitimidade à capacidade de mobilizar os cidadãos como combatentes. Os Estados pré-revolucionários haviam concebido os cidadãos e os soldados como indivíduos. Os Estados revolucionários reivindicaram o serviço militar como parte de um dever coletivo, tendo como contrapartida a concessão de direitos coletivos de participação política. O cumprimento do serviço militar não foi definido como uma obrigação decorrente de um contrato individual, mas como uma atividade que expressava um vínculo profundo entre o governo e os cidadãos. O serviço militar foi considerado como o pagamento coletivo de uma dívida militar ao governo, através do qual os soldados adquiriam direitos fundamentais de cidadania.

Em certa medida, mais uma vez, essa construção do cidadão democrático sobre um projeto militar expressou uma certa continuidade com os resultados anteriores produzidos pela cidadania. Em alguns aspectos, as leis do serviço militar obrigatório introduzidas na Europa revolucionária foram influenciadas pelas políticas de recrutamento utilizadas para formar os exércitos permanentes anteriores. A introdução do serviço militar obrigatório pretendia, em essência, criar um aparelho militar em grande escala, que resistisse às mudanças de aspirações e posicionamentos políticos das famílias influentes e dos potenciais contribuintes poderosos. Nesse sentido, o serviço militar obrigatório intensificou os processos militares de construção do Estado iniciados depois de 1648 e acelerou a imposição de um sistema centralizado de controle tributário-militar em diferentes esferas da sociedade. A ideia do *soldat-citoyen* já existia antes do período

---

Prússia após 1806 (STÜBIG, Heinz. *Armee und Nation*: Die pädagogisch-politischen Motive der preußischen Heeresreform 1807-1814. Frankfurt am Main: Peter Lang, 1971, p. 193).

CAPÍTULO II - DEMOCRACIA E MILITARIZAÇÃO

revolucionário, e a estreita associação entre cidadania, legitimidade política e deveres militares foi frequentemente defendida pelos expoentes do governo iluminista - especialmente Vattel, Rousseau, Justi e Mably.[182] O surgimento do serviço militar obrigatório generalizado após 1789 também reproduziu alguns projetos anteriores de reforma militar. No final do século XVI, reformadores influentes já haviam concebido o serviço militar obrigatório, baseado em um compromisso mútuo profundo entre o povo e os regentes, como uma premissa do bom governo.[183] A profunda ligação entre cidadania e deveres militares já havia ocorrido em situações revolucionárias anteriores, na Inglaterra da década de 1640, por exemplo.[184] O Decreto das Milícias de 1642, que permitiu ao parlamento inglês recrutar tropas sem o consentimento real, foi de certa forma um precursor das disposições subsequentes para a mobilização revolucionária.

Entretanto, a conexão entre cidadania e obrigação militar no período revolucionário introduziu outros fundamentos de legitimação para os sistemas políticos, claramente distintos daqueles moldados pelas linhas anteriores de cidadania. O crescimento do recrutamento militar extensivo pressupôs um padrão mais direto e intenso de

---

[182] Ver Vattel (VATTEL, Emer de. Le droit des gens ou principes de la loi naturelle. vol. I. Leiden: Aux depans de la compagnie, 1758, p. 4); Justi (JUSTI, Johann Heinrich Gottlob von. Gesammelte politische und Finanz-Schriften über wichtige Gegenstände der Staatskunst, der Kriegswissenschaften und des Kameral- und Finanzwesens. vol. I. Copenhagen: Rothensche Buchhandlung, 1761, p. 51); Rousseau (ROUSSEAU, Jean-Jacques. Considérations sur le gouvernement de Pologne. Paris: Cazin. 1782); Mably (MABLY, Gabriel Bonot de. *Collection complète des Oeuvres de l'abbé de Mably*. vol. 8. Paris: Desbriere, 1793, p. 199).

[183] A ordem militar (Landesdefensionsordnung) da Casa de Nassau-Siegen (década de 1590) manifestava desconfiança em relação a soldados contratados e previa a revista de tropas duas vezes ao ano. Esse documento está publicado em Frauenholz (FRAUENHOLZ, Eugen von. Das Heerwesen in der Zeit des dreißigjährigen Krieges. Munich: Beck, 1939, pp. 47-76). Para um comentário a respeito, ver Hahlweg (HAHLWEG, Werner. Die Heeresreform der Oranier und die Antike. Berlin: Juncker und Dünnhaupt, 1941, p.191); Ehlert (EHLERT, Hans. "Ursprünge des modernen Militärwesens. Die nassau-oranischen Heeresreformen". Militärgeschichtliche Mitteilungen, vol. 38, 1985, p. 33).

[184] CRESSY, David. *England on edge*: crisis and revolution 1640-1642. Oxford; New York: Oxford University Press, 2006, pp. 68-69.

interação entre os militares e a sociedade do que aquele que existira anteriormente nos Estados que mantiveram exércitos permanentes. O serviço militar obrigatório em massa após 1789 dependeu da vontade dos sujeitos em servir o país na guerra por motivações e obrigações pessoais – por lealdades individuais, por sentimentos de pertencimento coletivo, e por direitos e compromissos compartilhados com outros cidadãos, frequentemente forjados na guerra. Como consequência, o serviço militar obrigatório pressupôs que todas as pessoas da sociedade estavam diretamente ligadas ao Estado, que todas as pessoas transferiam certas liberdades básicas ao Estado e que a força e legitimidade do Estado residia, fundamentalmente, em obrigações aceitas por todos os membros da sociedade como um coletivo nacional. Nesse sentido, os contratos individuais que haviam dado suporte ao recrutamento militar antes de 1789 foram traduzidos em um contrato coletivo entre a sociedade e o Estado, aplicado a todas as pessoas. Por outro lado, a expectativa de autossacrifício em combate intensificou as linhas de dependência direta entre o Estado e o cidadão. Ao determinar o autossacrifício, a cidadania impôs novos deveres ao próprio Estado, que assumiu maiores responsabilidades pela representação e pelo bem-estar daqueles que se comprometiam a morrer por ele. Nesse sentido, houve um fortalecimento da relação entre o cidadão e o Estado, e o cidadão proporcionou legitimidade ao Estado não somente como titular de direitos jurídicos individuais, mas como um pré-requisito categórico para a autoridade do Estado, ou, de fato, como parte dos fundamentos do próprio Estado. Na concepção revolucionária do cidadão, o cidadão conferiu legitimidade ao Estado como um ator coletivo interno a ele, resultado da dependência do Estado em relação aos cidadãos como potenciais combatentes. Isso significou que o cidadão e o Estado passaram a formar uma unidade. A unidade militar entre cidadão e Estado constituiu a essência da primeira fase da democracia moderna.

É importante ressaltar que a intensidade do vínculo entre o cidadão e o Estado significou que essa primeira cidadania democrática foi concebida em categorias *totais*. Por um lado, a posse dos direitos de cidadania nacional implicava que o cidadão formava parte de uma entidade coletiva, o Estado, ao qual pertencia a existência biológica do

CAPÍTULO II - DEMOCRACIA E MILITARIZAÇÃO

indivíduo, e os direitos obtidos pelas pessoas como cidadãos se originavam, em essência, como contrapartida de um dever de sacrifício.[185] Fato notável é que a obrigação de morrer pela República, incutida na alma política dos soldados da França revolucionária, foi definida em si mesma como um *direito*, e não primeiramente como um dever. Durante a Revolução, o serviço militar, historicamente sujeito a leis de privilégio, foi aberto a todos os cidadãos, para que todos os homens tivessem a liberdade – ou seja, o direito – de morrer em defesa da nação.[186] A própria liberdade, em sua forma mais essencial, foi articulada como uma situação de submissão pessoal ao governo. Por outro lado, as reivindicações e obrigações expressas na cidadania foram fortemente moldadas pelo aumento dramático da escala da guerra no período revolucionário. A essa altura, a guerra assumiu um caráter aniquilador, distinto das guerras mais táticas, lideradas pelas elites do período pré-revolucionário.[187] A própria guerra começou a aparecer como um fenômeno total. Clausewitz observou isso claramente, apontando que as guerras revolucionárias infundidas com o "todo o peso" da "força nacional" eram qualitativamente diferentes das guerras travadas pelos exércitos permanentes.[188] Nessas guerras, os Estados beligerantes foram obrigados a aprofundar sua influência na sociedade para obter recursos militares, e a mobilização completa da sociedade teve como consequência o aumento da intensidade das hostilidades interestatais. Tal consequência ficou particularmente clara nos conflitos multipolares

---

[185] Certo historiador observa que a morte em combate foi o "ato de cidadania" paradigmático do período revolucionário (JEISMANN, Michael. *Das Vaterland der Feinde*: Studien zum nationalen Feindbegriff und Selbstverständnis in Deutschland und Frankreich 1792-1918. Stuttgart: Klett-Cotta, 1992, p. 152).

[186] Danton argumentava que a revolução havia posto um fim à monopolização do "le droit exclusif de sauver la patrie" por grupos sociais privilegiados (BUCHEZ, Philippe-Joseph-Benjamin. *Histoire parlementaire de la Révolution Française*. vol. 16. Paris: Paulin, 1835, p. 250).

[187] FORREST, Alan. *Conscripts and deserters*: the army and French society during the revolution and empire. New York; Oxford: Oxford University Press, 1989, p. 4; HOLSTI, K. J. *The state, war, and the state of war*. Cambridge, UK: Cambridge University Press, 1996, p. 4.

[188] CLAUSEWITZ, Claus von. *Vom Kriege*. Hamburg: Nikol, 2008, p. 229.

que definiram a Revolução Francesa e nas guerras napoleônicas que vieram em seguida, antecipando as guerras totais do século XX.[189] Essa transformação da guerra refletiu-se nos vínculos entre o cidadão e o Estado, e as obrigações da cidadania facilitaram a mobilização completa da sociedade para a guerra total. Em ambos os aspectos, para extrair sua legitimidade do cidadão, o Estado o incorporou completamente, o que fez a autoridade do Estado passar a depender de uma unidade visceral com o cidadão.

Por esses motivos, a ligação entre guerra e cidadania fez com que sistema político moderno adquirisse uma forma que, tanto normativa como institucionalmente, era muito mais abrangente do que a dos Estados pré-revolucionários. Os primeiros sistemas políticos democráticos formados após 1789 impuseram demandas aos cidadãos que tinham muito mais autoridade do que aquelas anteriormente estabelecidas pelos funcionários do Estado, e o preço da cidadania política ativa se transformou em uma obrigação profunda com a ordem política na qual a cidadania se exerce. O período de transformação revolucionária na França, de 1789 a 1815, é muitas vezes interpretado como a origem da democracia europeia moderna. E essa ideia é correta, naturalmente. Porém, a primeira fase da democracia moderna reproduziu uma série de experiências de construção institucional que, com ênfases estruturais distintas, apresentavam fortes semelhanças com os regimes militares. Em cada etapa da Revolução Francesa, a forma constitucional do Estado foi guiada pela necessidade de uma mobilização militar cada vez mais intensa. A primeira grande experiência democrática europeia levou à construção de um modelo democrático em que democracia e governo militar não eram facilmente distinguíveis, e em que a construção da legitimidade do governo se realizava de forma altamente invasiva.[190]

---

[189] BERTAUD, Jean-Paul. *La Révolution armée*: les soldats-citoyens et la Révolution française. Paris: Robert Laffont, 1979, p. 230; LEONHARD, Jörn. "Die Nationalisierung des Krieges und der Bellizismus der Nation". *In*: JANSEN, Christian (Coord.). *Der Bürger als Soldat*: Die Militarisierung europäischer Gesellschaften im langen 19. Jahrhundert: Ein internationaler Vergleich. Essen: Klartext, 2004, p. 88.

[190] Um historiador afirmou abertamente: "La Révolution française n'a été qu'une longue dictature" (MATHIEZ, Albert. "Le gouvernement révolutionnaire". *Annales*

CAPÍTULO II - DEMOCRACIA E MILITARIZAÇÃO

O Exército e a ampliação da democracia

Em cada um desses processos, os direitos políticos que vincularam os cidadãos aos sistemas políticos nacionais oriundos do período revolucionário foram construídos em torno das atividades militares. Os papéis constitucionais que permitiam aos cidadãos dar forma ao Direito foram vinculados fortemente às funções militares. Tal como na sociedade feudal, os direitos que respaldaram a produção de legislação foram frequentemente ampliados na guerra ou na preparação para a guerra, pois, para legitimar-se, o Estado passou a conceder direitos a indivíduos que poderia necessitar como soldados. Desde o princípio, portanto, a democracia moderna esteve inseparavelmente ligada ao recrutamento militar obrigatório, e a cidadania democrática foi consolidada como parte de uma negociação na qual os indivíduos que prestavam o serviço militar reivindicavam uma contrapartida política pelo seu serviço. Na França, teóricos militares mais recentes enfatizaram a conexão entre o serviço militar obrigatório e o aprofundamento da democracia durante o período revolucionário.[191] Certo pesquisador afirmou que a Revolução Francesa "transformou sujeitos em cidadãos e cidadãos em soldados", evidenciando uma "dupla evolução" que resultou em "sufrágio universal e serviço militar universal".[192] Na Europa pós-revolucionária, do mesmo modo, a ligação entre cidadania democrática e serviço militar obrigatório foi frequentemente discutida com preocupação por figuras ligadas ao *ancien régime*.[193] Conservadores

---

historiques de la Révolution française, vol. 80, 1937, p. 97). Para argumentos que defendem que o regime de Napoleão não foi um ditadura, ver Pietri (PIETRI, François. *Napoléon et le parlement, ou la dictature enchaînée*. Paris: Fayard, 1955, p. 8); Kirsch (KIRSCH, Martin. *Monarch und Parlament im 19. Jahrhundert*: Der monarchische Konstitutionalismus als europäischer Verfassungstyp – Frankreich im Vergleich. Göttingen: Vandenhoeck und Ruprecht, 1999, p. 212).

[191] Ver JAURÈS, Jean. *L'Armée nouvelle*. In: _____. *Oeuvres*. vol. IV. BONNAFOUS, Max (Coord.). Paris: Rieder, 1932, p. 148.

[192] MONTEILHET, Joseph. *Les institutions militaires de la France* (1814-1924): de l'armée permanente à la nation armée. Paris: Alcan, 1926, pp. 21-22.

[193] FREVERT, Ute. *Die Kasernierte Nation*: Militärdienst und Zivilgesellschaft in Deutschland. Munich: Beck, 2001, p. 19.

proeminentes como Chateaubriand descreveram o serviço militar obrigatório como um "modo de recrutamento que leva à democracia por basear-se no princípio da igualdade".[194] Segundo Walter, os Conservadores acreditavam que serviço militar estava rodeado pelo "fedor do jacobinismo" depois de 1815.[195] No longo período posterior a 1789, a correlação entre direitos democráticos e mobilização militar instaurou uma dinâmica permanente de integração no Estado, e a expansão dos direitos democráticos esteve quase sempre ligada às pressões militares. Ao longo do século XIX, os fatores militares estiveram no cerne dos padrões de construção das instituições políticas e de integração jurídico-normativa em diferentes sociedades nacionais.[196]

Há duas advertências importantes sobre essa questão.

Nas décadas posteriores a 1815, a relação entre os Estados da Europa foi pacífica, pois os grandes sistemas políticos europeus direcionaram seu expansionismo para outros continentes. O intervalo entre 1815 e 1850 foi um período de paz sem precedentes na Europa. Paralelamente, os anos que se seguiram ao Período Napoleônico testemunharam um retorno generalizado a um sistema de representação política baseado na propriedade da terra. Depois de 1815, os movimentos a favor de reformas democráticas perderam força até 1848, e provavelmente até 1860. A exceção, no longo período posterior às Guerras Napoleônicas, foi a Lei de Reforma de 1832, que introduziu uma construção mais acabada sobre os direitos políticos na Grã-Bretanha. Contudo, os principais Estados europeus, incluindo a Grã-Bretanha, continuaram com o direito ao voto muito limitado após 1815.[197]

---

[194] CHAS, Jean. *Biographie spéciale des pairs et des députés du royaume*: session de 1818-1819. Paris: Beaucé, 1819, p. 105.

[195] WALTER, Dierk. *Preußische Heeresreformen 1807-1870*: Militärische Innovationen und der Mythos der "Roonschen Reform". Paderborn: Schöningh, 2003, p. 327.

[196] Uma explicação abrangente de como o recrutamento nacional era uma condição prévia para a superação de profundas divisões nas sociedades nacionais está em KREBS, Ronald R. *Fighting for rights*: military service and the politics of citizenship. Ithaca: Cornell University Press, 2006, p. 7.

[197] Ver p. 143.

CAPÍTULO II - DEMOCRACIA E MILITARIZAÇÃO

Porém, nos sistemas políticos europeus ao longo do século XIX, a expansão da cidadania nacional e das instituições políticas relacionadas a ela esteve geralmente ligada, pelo menos em parte, à hostilidade interestatal, seja na forma de guerra real, seja na forma de ameaças de guerra. Finalmente, um novo impulso para a cidadania democrática começou no período de 1850-1870. Esse impulso estava intimamente relacionado com postura de diferentes Estados em conflitos internacionais e lutas pelo poder, e a ampliação dos direitos dos cidadãos nesse momento foi impulsionada em grande medida por pressões militares. Consequentemente, no último terço do século XIX, a relação entre a guerra e o sufrágio democrático, que havia começado por volta de 1789, ganhou uma força inconfundível. As últimas décadas do século XIX assistiram, em diversas sociedades europeias, a um aprofundamento tanto do serviço militar obrigatório quanto do direito ao voto. A cidadania e o recrutamento militar geralmente se expandiram juntos, uma vez que essas duas partes do processo pelo qual o Estado se tornou mais dependente de seus integrantes e indivíduos foram transformadas em uma relação mais direta com o Estado.[198]

Esse conjunto de processos estava ligado, de certa maneira, ao imperialismo. A ampliação do direito ao voto que ocorreu em diversos sistemas políticos europeus depois de 1860 foi amplamente defendida

---

[198] O argumento sociológico de que o sufrágio universal e o serviço militar obrigatório são elementos do "propédeutique de la citoyenneté" que dão base ao nascimento da sociedade moderna está em Gresle (GRESLE, François. "Le Citoyen-Soldat garant du pacte républicain". *L'Année sociologique*, vol. 46, 1996, p. 107). Há um estudo que descreve o serviço militar obrigatório como "aprendizagem para a nação e para a cidadania" (CRÉPIN, Annie. *La conscription en débat*: ou le triple apprentissage de la nation, de la citoyenneté, de la République (1798-1889). Arras: Artois Presses Université, 1998, p. 13). Sobre a conexão empírica entre o direito ao voto e o serviço militar obrigatório, ver Ingesson, Lindberg, Lindvall e Teorell (INGESSON, Tony; LINDBERG, Mårten; LINDVALL, Johannes; TEORELL, Jan. "The Military Origins of Democracy: A Global Study of Military Conscription and Suffrage Extensions sine the Napoleonic Wars". *Democratization*, vol. 25, n. 4, 2018, p. 646). Para uma explicação sintética das maneiras pelas quais o serviço militar obrigatório "estende significativamente (...) o alcance do Estado", ver Levi (LEVI, Margaret. "The institution of conscription". *Social Science History*, vol. 20, n. 1, 1996, p. 133). Para uma explicação sociológica mais ampla, ver também Tilly (TILLY, Charles. "Where do Rights come From?". *In*: SKOCPOL, Theda (Coord.). *Democracy, revolution, and history*. Ithaca: Cornell University Press, 1999, p. 57).

pelos imperialistas, que encaravam a integração política nacional como um trampolim para uma expansão externa eficaz. As grandes reformas de ampliação do direito ao voto nas sociedades europeias coincidiram com períodos de expansão imperial externa.[199] Esse conjunto de processos também esteve ligado à crescente volatilidade nas relações entre os Estados europeus. Em diversos sistemas políticos, a introdução da representação política de massas e da participação eleitoral coincidiu com as guerras europeias ou com a intensificação da preparação para a guerra. Na Alemanha, por exemplo, o sufrágio masculino generalizado foi introduzido durante a primeira fase das guerras de unificação, em 1867. Isso coincidiu com o estabelecimento do serviço militar obrigatório na Federação da Alemanha do Norte. Na monarquia dos Habsburgos, o serviço militar obrigatório universal e uma Constituição liberal foram introduzidos ao mesmo tempo, após a derrota militar contra a Prússia. A unificação da Itália na década de 1860 foi realizada por tropas irregulares. O resultado foi uma Constituição representativa, com leis abrangentes para o serviço militar, implementada no período 1870-1875.[200]

Mas essas relações são mais perceptíveis na Terceira República Francesa. A Terceira República foi, de longe, a mais avançada das grandes democracias europeias do século XIX e, desde o início, baseou-se no sufrágio masculino generalizado e em eleições competitivas. Ela foi fundada em 1870-71, após a derrota do Segundo Império bonapartista pela Prússia e por outras tropas alemãs na Guerra Franco-Prussiana.

Um resultado direto da Guerra Franco-Prussiana foi a formação do Estado alemão unificado em 1871. Na verdade, soldados de diferentes

---

[199] Tal fato pode ser observado nas reformas eleitorais de Bismarck, no período de 1867-71. Também pode ser visto nas reformas introduzidas pelos Tory na Grã-Bretanha em 1867 e, sobretudo, na ampliação do direito ao voto implementado por Giolitti na Itália em 1912, após a invasão da Líbia em 1911.

[200] ROVINELLO, Marco. "The Draft and Draftees in Italy, 1861-1914". *In*: ZÜRCHER, Erik-Jan (Coord.). *Fighting for a living*: a comparative study of military labour 1500-2000. [*S. l.*]: Amsterdam University Press, 2013, p. 488.

CAPÍTULO II - DEMOCRACIA E MILITARIZAÇÃO

Estados alemães lutaram juntos contra a França antes da unificação da Alemanha, de modo que a nação alemã formou um Exército antes de formar um Estado. A Alemanha unificada tomou forma como um Estado-nação em condições profundamente determinadas pelo recrutamento militar obrigatório. Nas reflexões contemporâneas sobre o tema, observadores tão distintos como Friedrich Engels e Theodor Fontane afirmaram que a superioridade alemã na Guerra Franco-Prussiana se explica pelo fato de que, devido a um serviço militar obrigatório mais efetivo, a sociedade prussiana era mais amplamente militarizada do que a francesa.[201] Engels, de fato, argumentou que a introdução do serviço militar obrigatório nacional e generalizado seria a única forma de derrotar o Exército Prussiano.[202]

Ao mesmo tempo, a Guerra Franco-Prussiana levou à fundação da Terceira República Francesa, que, como esperado, foi profundamente influenciada pela base militar do novo Estado Alemão. Após a derrota militar do Segundo Império, a nova República foi proclamada em setembro de 1870 na França, enquanto o país ainda estava em guerra. Assim, a França continuou a guerra com a Prússia como uma República, não mais como um Império. Neste momento, os soldados franceses foram mobilizados e recrutados pelo Exército sob novas condições, com compromissos e obrigações reformulados, e o novo governo republicano ampliou seu alcance na sociedade para organizar sua capacidade militar. No final da década de 1870, os soldados foram recrutados através do *levée en masse*. Além do mais, as fileiras do Exército Francês estavam repletas de partisans e guerrilheiros (*francs-tireus*). As tropas que se uniram contra a Prússia no final de 1870 estavam atreladas a atos formais de soberania apenas superficialmente, o que evidenciava o nível precário de legitimidade da própria República. De fato, essas tropas informais simbolizavam, exatamente, o deslocamento da soberania, do Imperador para os cidadãos, ocorrida no início da

---

[201] FONTANE, Theodor. *Der Krieg gegen Frankreich 1870-1871, 1*: Der Krieg gegen das Kaiserreich. Zürich: Manesse, 1985, p. 120.

[202] ENGELS, Friedrich. "Wie die Preußen zu schlagen sind". *In*: MARX, Karl; ENGELS, Friedrich. *Werke*. vol. XVII. Berlin: Dietz, 1962, p. 107.

República; ou seja, é possível afirmar que a primeira base popular da República foram os soldados mobilizados como partisans. Em inúmeros casos, o Exército Prussiano não reconhecia os direitos de guerra dos partisans franceses, o que fez com que muitos deles fossem sumariamente executados depois de presos.[203] Os historiadores caracterizaram os últimos meses da Guerra Franco-Prussiana, depois de a nova República ter sido declarada, como um período de "guerra total", alimentada por um nacionalismo mais intenso dos exércitos recrutados e das unidades de partisans.[204] Essa circunstância se tornou mais complexa pelo fato de algumas facções parisienses terem embarcado em uma experiência republicana radical no início de 1871, a Comuna de Paris, que provocou uma guerra civil de curta duração. A própria Comuna foi fruto de divisões entre os militares, pois foi fundada, em parte, por elementos dissidentes da Guarda Nacional.[205] A Comuna foi brutalmente reprimida pelo Exército regular, que representava as facções mais conservadoras do início da República. Após esse episódio, a Terceira República foi progressivamente consolidada sobre a base do sufrágio masculino.

A fundação da Terceira República trouxe uma série de elementos constitucionais que se tornaram características fundamentais dos sistemas políticos democráticos modernos. Ela foi fruto da resistência armada à ocupação militar prussiana, em parte levada a cabo pelos partisans. Nasceu também, simultaneamente, da repressão armada aos insurgentes civis na Comuna de Paris e das medidas repressivas posteriores contra os

---

[203] KÜHLICH, Frank. *Die deutschen Soldaten im Krieg von 1870/71*. Frankfurt am Main: Lang, 1995, p. 316; WAWRO, Geoffrey. *The Franco-Prussian war*: the German conquest of France in 1870-1871. New York: Cambridge University Press, 2003, pp. 279, 289.

[204] Para uma análise da Guerra Franco-Prússia como o protótipo da guerra moderna, ver HOWARD, Michael. *The Franco-Prussian War*. London: Routledge, 1961, p. 233; TAITHE, Bertrand. *Citizenship and wars*: France in turmoil. London: Routledge, 2001, pp. 23, 73; WALTER, Dierk. *Preußische Heeresreformen 1807-1870*: Militärische Innovationen und der Mythos der "Roonschen Reform". Paderborn: Schöningh, 2003, p. 176.

[205] Para uma explicação a respeito, ver TOMBS, Robert. *The war against Paris 1871*. Cambridge, UK: Cambridge University Press, 1981, pp. 4-5.

CAPÍTULO II - DEMOCRACIA E MILITARIZAÇÃO

dissidentes. Nesse sentido, a nova República refletiu a origem paradigmática da democracia moderna, ao transferir a soberania para os cidadãos que atuavam como soldados. Assim, a partir de 1870-71, a política interna francesa passou por uma intensa militarização. Por um lado, o governo da Terceira República se caracterizou inicialmente por uma capacidade de controle precária de sua própria sociedade. Os eventuais períodos de estabilidade se deveram ao fato de as facções militares terem sido submetidas à jurisdição do governo republicano, que, após a supressão da Comuna, consolidou-se como o foco da soberania política. E a estabilidade também foi resultado da integração progressiva da sociedade por meio de eleições democráticas. Por outro lado, até 1918, a República continuou profundamente influenciada pelas condições de seu nascimento – a vitória prussiana – e, sob a sombra do novo *Kaiserreich*, caracterizou-se por uma dinâmica frenética de militarização e arregimentação de tropas para garantir sua soberania. O Exército da Terceira República estava de fato submetido a um comando civil, e o Ministro da Guerra era obrigado a prestar contas ao Parlamento.[206] Porém, as políticas de reforma militar adquiriram relevância na sociedade francesa, de tal maneira que os militares se tornaram um elo fundamental entre o governo e a sociedade. As leis introduzidas em 1872-73 na França reformaram o Exército com base no serviço militar obrigatório de cinco anos, embora o recrutamento fosse aplicado de maneira variável e existissem fortes suspeitas de que os jovens mais ricos eram protegidos do serviço.[207] Com a consolidação do sistema republicano, as leis do serviço militar obrigatório adquiriram um alcance mais igualitário entre os setores. Em 1889, consolidou-se o princípio do serviço militar uniforme, ainda que com algumas exceções.[208] Advogados

---

[206] RALSTON, David B. *The army of the Republic*: the place of the military in the political evolution of France, 1871-1914. Cambridge, MA: MIT Press, 1967, pp. 65, 161.

[207] Um cálculo sobre esse período estima que mais de 50% dos homens não estavam sujeitos ao serviço militar obrigatório (MITCHELL, Allan. *Victors and vanquished*: the German influence on army and church in France after 1870. Chapel Hill: The University of North Carolina Press, 1984, p. 30). Segundo um pesquisador do tema, essas leis não foram capazes responder aos ideais republicanos (CRÉPIN, Annie. *Histoire de la conscription*. Paris: Gallimard, 2009, pp. 288-289).

[208] CHALLENER, Richard D. *The French theory of the nation in arms 1866-1939*.

públicos de destaque na França pós-1870 afirmavam, por exemplo, que a legitimidade governamental havia sido construída sobre um sistema de direitos iguais e recíprocos entre o governo e os cidadãos individuais. Esses direitos incluíam, como parte dos direitos públicos dos cidadãos, o direito ao voto e o *direito de ser um soldado*.[209] Em 1905, todos os cidadãos franceses do sexo masculino possuíam obrigações militares iguais, incluindo a inclusão no contingente da reserva militar.[210] O debate sobre a extensão do serviço militar obrigatório, que culminou na nova legislação de 1913, revelou-se altamente conflituoso ao tentar compatibilizar as divergências de partidos e facções à esquerda e à direita.[211] Nesse sentido, a Terceira República é um exemplo importante da correlação entre cidadania, militarização e aprofundamento da democratização. Em toda a República, os poderes políticos diretos dos militares foram cuidadosamente delimitados. Porém, tanto no interior como no exterior, a legitimidade e a força integradora do sistema político residiam simultaneamente no sufrágio universal (masculino) e no serviço militar obrigatório universal (masculino).[212]

New York: Russell & Russell, 1965, pp. 47-48. Sobre as contínuas restrições e mudanças na aplicação dessa lei, ver GEVA, Dorit. *Conscription, family, and the modern state*: a comparative study of France and the United States. New York: Cambridge University Press, 2013, p. 63).

[209] HAURIOU, Maurice. *Précis de droit administratif, contenant le droit public et le droit administratif*. Paris: Larose & Forcel, 1892 p. 76.

[210] Segundo uma autoridade no tema, em 1905, os franceses eram normalmente recrutados para dois anos de serviço militar ativo e continuavam potencialmente obrigados, durante os vinte e seis anos seguintes, a permanecer na reserva (BECKER, Jean-Jacques. "Les 'Trois Ans' et les débuts de la première guerre mondiale". *Guerres mondiales et conflits contemporains*, vol. 145, 1987, p. 8). O serviço militar obrigatório foi novamente prolongado, para três anos, em 1913. Sobre essa visão geral, ver KLAUSEN, Jytte. *War and welfare*: Europe and the United States, 1945 to the present. Basingstoke: Macmillan, 1998, p. 233); TARROW, Sidney. *War, states, and contention*: a comparative historical study. Ithaca: Cornell University Press, 2015, p. 241.

[211] MICHON, Georges. *La preparation à la guerre*: la loi de trois ans (1910-1914). Paris: Marcel Rivière, 1935 p. 175.

[212] Ver MONTEILHET, Joseph. *Les institutions militaires de la France* (1814-1924): de l'armée permanente à la nation armée. Paris: Alcan, 1926, p. 118; CRÉPIN, Annie. *Défendre la France*: les français, la guerre et le service militaire, de la guerre de Sept Ans à Verdun. Rennes: Presses universitaires de Rennes, 2005, p. 351.

CAPÍTULO II - DEMOCRACIA E MILITARIZAÇÃO

Cidadania militar e trabalho livre

Em diversas sociedades, a relação entre as funções militares e as primeiras políticas democráticas foi reforçada pelo fato de o crescimento da cidadania ter coincidido com a abolição da servidão ou de outros tipos de trabalho forçado. Conforme já se mencionou, a abolição da servidão e as transformações da esfera militar estiveram geralmente relacionadas. Normalmente, os Estados aboliram a servidão com o objetivo de consolidar a arrecadação de receitas que não estavam limitadas por privilégios nobiliários. No entanto, os Estados também aboliram a servidão para ter acesso a grupos de potenciais soldados, e em muitos sistemas políticos os exércitos foram o mecanismo de integração por meio dos quais os servos liberados adquiriram personalidade como cidadãos pela primeira vez.

O Exército consolidou seu papel de integrador dos servos liberados antes mesmo do período revolucionário. Em diversas regiões da Europa, os exércitos permanentes ofereceram um caminho de saída das diferentes formas de servidão que existiam no século XVIII. Em diversos contextos, o recrutamento militar libertou os servos da jurisdição aristocrática,[213] e, em alguns casos, os soldados não podiam ser devolvidos aos seus senhorios após a dispensa do serviço militar.[214] Sikora explica como, em alguns contextos, o serviço militar ofereceu oportunidades de mobilidade social pouco comuns para pessoas à margem da sociedade, proporcionando uma saída para os servos das hierarquias sociais estabelecidas.[215] Em algumas áreas, os exércitos permanentes cumpriram funções amplas de garantia de bem-estar e segurança para

---

[213] FRAUENHOLZ, Eugen von. *Das Heerwesen in der Zeit des Absolutismus*. München: Beck, 1940, p. 21; BENECKE, Werner. *Militär, Reform und Gesellschaft im Zarenreich*: die Wehrpflicht in Russland 1874-1914. Paderborn: Ferdinand Schöningh, 2006, p. 29.

[214] A análise desse processo na Rússia está em Jones (JONES, Ellen. *Red army and society*: a sociology of the Soviet military. Boston: Allen & Unwin, 1985, p. 34).

[215] SIKORA, Michael. "Söldner: historische Annäherung an einen Kriegertypus". *Geschichte und Gesellschaft*, vol. 29, n. 2, 2003, p. 213.

os soldados e seus dependentes, o que fez da libertação dos servos um processo sustentável.[216]

Após 1789, porém, uma das principais funções dos militares em diversas sociedades foi a de integrar pessoas recentemente libertadas da servidão e de outros tipos de trabalho forçado. Um processo que aparece em diversos sistemas políticos europeus é que a libertação dos camponeses da servidão foi rapidamente seguida pela introdução do serviço militar obrigatório para antigos servos, de modo que, na realidade, os servos frequentemente deixaram a servidão para se tornarem soldados. Na França, os anos 1789-1793 assistiram à abolição dos direitos senhoriais que permitiam aos proprietários de terras exercer um controle pessoal sobre os camponeses. Tais direitos não se comparavam com os aplicados pelos proprietários de terras dos regimes neofeudais da Europa Central. No entanto, os vestígios das leis feudais na França pré-1789 ainda impunham sérias restrições aos camponeses vinculados a elas.[217] Na França, conforme mencionado, o serviço militar obrigatório teve início em 1793 e foi formalizado em 1798.[218] Em distintas regiões da Prússia, a abolição da servidão tinha sido antecipada por uma

---

[216] PRÖVE, Ralf. *Stehendes Heer und städtische Gesellschaft im 18. Jahrhundert*: Göttingen und seine Militärbevölkerung 1713-1756. Munich: Oldenbourg, 1995a, pp. 27-28.

[217] Nos debates sobre a abolição do Direito feudal durante a Revolução, afirmava-se que o Direito feudal era formado por um conjunto de obrigações baseadas direta e indiretamente nos feudos: um *complexum feudale*. Esse conjunto de obrigações incluía impostos especiais, poderes para impor trabalho obrigatório e direitos de jurisdição privada (Isso está publicado nos *Archives Parlementaires* 574).

[218] Sobre a força duradoura das obrigações feudais na França pré-1789, ver SOBOUL, Albert. "Survivances 'féodales' dans la société rurale française au XIXe siècle". *Annales: Économies, Sociétés, Civilisations*, vol. 23, n. 5, 1968, p. 983; LEFEBVRE, Georges. *Les paysans du nord pendant la révolution française*. Paris: Colin, 1972, p. 185; HAYHOE, Jeremy. *Enlightened feudalism*: seigneurial justice and village society in eighteenth-century France. Rochester: University of Rochester Press, 2008, p. 48. Vários historiadores argumentam que, antes de 1789, os direitos senhoriais na França conservavam elementos centrais do feudalismo, incluindo o controle das cortes pelos nobres, a produção agrária, alguns impostos, o governo local e alguns aspectos da servidão pessoal (LEFEBVRE, Georges. *Les paysans du nord pendant la révolution française*. Paris: Colin, 1972, pp. 109, 117; LEMARCHAND, Guy. "La féodalité et la Révolution française: Seigneurie et communauté paysanne (1780-1799)". *Annales historiques de la Révolution française*, vol. 52, 1980, pp. 537, 543, 547).

CAPÍTULO II - DEMOCRACIA E MILITARIZAÇÃO

série de decretos, principalmente em 1763 e 1777, relacionados com o sistema cantonal de recrutamento militar. Os anos posteriores a 1806 viram, assim, a implementação de uma estratégia complexa de reforma social e agrária, destinada tanto a erradicar a servidão (definida como "escravidão pessoal") quanto a criar uma "legislação completamente nova" para o Exército.[219] A abolição da servidão foi (em tese) concluída na Prússia em 1807, durante debates sobre a introdução do serviço militar obrigatório. As primeiras leis para o serviço militar obrigatório foram implementadas seis anos depois. Na Baviera, a servidão foi abolida em 1808. O estabelecimento do serviço militar obrigatório foi um processo progressivo, iniciado em 1804/5 e consolidado em 1812. Em territórios sob domínio dos Habsburgos, esse processo foi menos linear. A abolição da servidão começou (sem concluir-se) em alguns territórios dos Habsburgos entre 1781 e 1785, e, ainda inconclusivamente, foi aprofundada no Código Civil de 1812. Uma espécie de serviço militar obrigatório cantonal foi introduzido em algumas regiões na década de 1770, e, em 1808, um método mais consolidado de serviço militar obrigatório foi imposto. Na década de 1770, nos territórios poloneses pertencentes aos domínios dos Habsburgos, uma certa forma de serviço militar foi introduzida de maneira concomitante à abolição (parcial) da servidão. Esse processo integrado se expressou de maneira paradigmática na Rússia, onde as pressões fiscais ligadas ao desastre militar na Guerra da Crimeia desembocaram nas Grandes Reformas, que incluíram a abolição formal da servidão em 1861.[220] A abolição da servidão foi acompanhada pela ampliação do serviço militar obrigatório, formalizado na legislação de 1874, e a ampliação precoce da cidadania

---

[219] Esses termos foram utilizados no famoso *Denkschrift* de Altenstein, que planejou reformas do Estado prussiano para imitar os resultados da Revolução Francesa (ALTENSTEIN, Karl vom Stein zum. "Denkschrift". In: WINTER, Georg (Coord.). *Die Reorganisation des Preussischen Staates unter Stein und Hardenberg. Erster Teil. Allgemeine Verwaltungs- und Behördenreform, I*: Vom Beginn des Kampfes gegen die Kabinettsregierung bis zum Wiedereintritt des Ministers von Stein. Leipzig: Hirzel, 1807, pp. 403, 431).

[220] BEYRAU, Dietrich. "Von der Niederlage zur Agrarreform: Leibeigenschaft und Militärverfassung in Rußland nach 1855". *Jahrbücher für Geschichte Osteuropas*, vol. 23, n. 2, 1975, pp. 207-209.

na Rússia esteve profundamente relacionada com a construção do cidadão-soldado.[221]

Estes processos não ficaram restritos à Europa. Na América Latina, a articulação entre esses processos de integração foi ainda mais intensa. Em geral, a guerra cumpriu um papel menos importante na formação do Estado e na integração política da América Latina do que no caso europeu. As guerras interestatais foram menos frequentes e intensas na América Latina, além de terem sido menos onerosas para os governos do que na Europa. Até mesmo as guerras de independência foram frequentemente empreendidas com soldados estrangeiros.[222] Contudo, à medida que os exércitos latino-americanos foram adquirindo sua própria forma como esfera independente no início do século XIX, os conflitos militares intensificaram visivelmente os padrões de integração social interna e de formação da cidadania. Isso ocorreu em contextos profundamente marcados pela escravidão e pela herança da escravidão africana, e o recrutamento militar teve um impacto generalizado na condição dos indivíduos submetidos a regimes de trabalho involuntário.

Durante o período das independências, o serviço militar foi um caminho para uma eventual libertação da escravidão em muitas partes da América Latina. O Chile foi o único país da América Latina que deu plena liberdade aos escravos durante o período das independências nacionais (1823). Nesse período, muitos governos introduziram legislações para abolir a escravidão que não foram aplicadas ou foram rapidamente revogadas. No entanto, muitos Estados recrutaram escravos para os exércitos anticoloniais, o que, em alguns casos, resultou

---

[221] SANBORN, Joshua A. *Drafting the Russian nation*: military conscription, total war, 1905-1925. Dekalb: Northern Illinois University Press, 2003, p. 4; LOHR, Eric. "The ideal citizen and the real subject in late Imperial Russia". *Kritika*, vol. 7, n. 2, 2006, p. 177. Para um excelente estudo da relação entre o Exército e a servidão na Rússia, ver WIRTSCHAFTER, Elise Kimerling. *From serf to Russian soldier*. Princeton: Princeton University Press, 1990.

[222] SOIFER, Hillel David. *State building in Latin America*. New York: Cambridge University Press, 2015, p. 95.

CAPÍTULO II - DEMOCRACIA E MILITARIZAÇÃO

na libertação desses indivíduos.[223] Na região que acabou se tornando a Colômbia, por exemplo, a abolição da escravidão foi gradual durante o período da Independência, e os escravos tiveram um papel limitado no movimento a favor da Independência.[224] No entanto, os escravos que pegaram em armas contra a Espanha foram libertados, e, na Guerra Civil de 1839-42, novamente lhes foi oferecida a liberdade em troca do serviço militar.[225] A legislação que aboliu a escravidão no Uruguai em 1842 afirmava expressamente que os ex-escravos deveriam entrar no serviço militar.[226] Em ambos os casos, o recrutamento militar criou uma estrutura importante, embora incompleta, para a integração de pessoas anteriormente submetidas à servidão.[227]

É importante destacar que a escravidão sobreviveu até o final do século XIX no Brasil. A persistência da escravidão no Brasil pode ser parcialmente atribuída ao fato de que o Brasil se tornou independente sob o domínio da Família Real portuguesa. Isso significou que a militarização nacional a partir de uma guerra de independência não ocorreu, e o recrutamento militar permaneceu concentrado em torno das elites. A expansão de uma cidadania nacional ampla foi nitidamente contida

---

[223] Ver BLANCHARD, Peter. *Under the flags of freedom*: slave soldiers and the wars of independence in Spanish South America. Pittsburgh: University of Pittsburgh Press, 2008, pp. 46-47.

[224] HELG, Aline. *Liberty and equality in Caribbean Colombia 1770-1835*. Chapel Hill: University of North Carolina Press, 2004, pp. 152-153

[225] LOHSE, Russell. "Reconciling freedom with the rights of property: slave emancipation in Colombia, 1821-1852, with special reference to La Plata". *Journal of Negro History*, vol. 86, n. 3, pp. 203-227, 2001. Na Colômbia, uma libertação parcial foi imposta em 1821, mas só foi concluída em 1851/52. Para uma análise do papel do recrutamento militar nos primeiros anos deste processo, ver CASTAÑO, Luis Ociel Zuluaga. "Modernidad ius-politica y esclavitud en Colombia: el proceso de abrogación de una institución jurídica". *Revista facultad de derecho y ciencias políticas*, vol. 41, n. 114, 2011, p. 230.

[226] SALES DE BOHIGAS, Nuria. "Esclavos y Reclutas en Sudamerica, 1816-1826". *Revista de Historia de América*, vol. 70, 1970, p. 281.

[227] Para uma explicação sobre este ponto de vista geral, ver VOELZ, Peter M. *Slave and soldier*: the military impact of blacks in the colonial Americas. New York: Garland, 1993, pp. 456-464.

por esse fato.[228] A escravidão brasileira esteve geralmente centrada nas plantações de cana de açúcar e fazendas cafeeiras. Dessa maneira, elas foram a base socioeconômica que sustentou as estruturas rurais de poder e transferiu para a sociedade brasileira padrões de estratificação oligárquica análogos aos que caracterizaram o feudalismo europeu.[229] Depois de o Brasil tornar-se um Império independente, as oligarquias familiares e as formas de clientelismo ligadas à lealdade familiar foram vitais tanto para o sistema político quanto para a estrutura da sociedade brasileira em geral[230], e esses dois padrões de articulação social foram sustentados pela escravidão. No final do século XIX, a oposição à escravidão aumentou. As pessoas que apoiavam o movimento abolicionista eram geralmente contrárias à estrutura oligárquica do Império, e a campanha pela abolição trouxe à tona um conflito de longa data – muitas vezes latente – entre grupos comprometidos com a preservação dos poderes locais e grupos que defendiam uma forte centralização do Estado Imperial.[231] Finalmente, a abolição da escravidão em 1888 diminuiu o apoio das elites agrárias ao Império. Esse fato levou rapidamente ao colapso do Império e à criação de uma República (1889), baseada em novas definições de cidadania.[232]

A abolição da escravidão no Brasil foi profundamente influenciada pela atuação política dos militares. Originou-se da profunda rivalidade entre os beneficiários do antigo regime oligárquico, comprometidos

---

[228] CARVALHO, José Murilo de. "Cidadania: tipos e percursos". *Revista Estudos Históricos*, vol. 18, 1996, p. 349.

[229] SCHWARTZ, Stuart B. *Sugar plantations in the formation of Brazilian Society*: Bahia, 1550-1835. Cambridge, UK: Cambridge University Press, 1985, pp. 245-251.

[230] BIEBER, Judy. *Power, patronage and political violence*: state building on a Brazilian frontier, 1822–1889. Lincoln: University of Nebraska Press, 1999, p. 67.

[231] Para análises desta contradição, ver SALLES, Ricardo. *Guerra do Paraguai*: escravidão e cidadania na formação do exército. Rio de Janeiro: Paz e Terra, 1990, pp. 132, 148; CARVALHO, José Murilo de. *A construção da ordem*: a elite política imperial. Teatro de sombras: a política imperial. 11. ed. Rio de Janeiro: Civilização Brasileira, 2018, pp. 232-234.

[232] CASTILHO, Celso Thomas. *Slave emancipation and transformations in Brazilian political citizenship*. Pittsburgh: University of Pittsburgh Press, 2016, p. 182.

CAPÍTULO II - DEMOCRACIA E MILITARIZAÇÃO

com a defesa dos interesses locais, e elementos do Exército, que buscavam fortalecer as instituições militares e ampliar a abrangência nacional das instituições governamentais.[233] Sobretudo, o estímulo para uma mobilização militar mais efetiva foi um fator importante no processo de abolição. Tradicionalmente, a milícia nacional (a *Guarda Nacional*) esteve profundamente atada ao sistema familiar/clientelístico que definiu o Império brasileiro, muitas vezes assumindo funções importantes na defesa e na perpetuação da escravidão.[234] Na década de 1860, porém, a necessidade de recrutar contingentes militares mais amplos para a Guerra do Paraguai (1864-1870) estimulou a modernização do Exército. Isso significou o apoio de muitas figuras militares de alto escalão à abolição, por a considerarem vital para impulsionar o surgimento de uma República nacional mais centralizada e com um Exército nacionalizado adequado a ela.[235] No lado paraguaio, onde a guerra produziu uma devastação e uma mobilização social sem precedentes, os escravos foram libertados para guerrear.[236] No Brasil, o Exército sofreu uma escassez de combatentes durante a guerra, e algumas unidades militares foram formadas através do recrutamento de soldados negros libertos, o que – até

---

[233] ALONSO, Angela. *Flores, votos e balas*: o movimento abolicionista brasileiro (1868-88). São Paulo: Companhia das Letras, 2015, p. 318; CARVALHO, José Murilo de. *Forças armadas e política no Brasil*. São Paulo: Todavia, 2019, p. 138.

[234] KRAAY, Hendrik. *Race, state, and armed forces in independence era Brazil*: Bahia, 1790s-1840s. Stanford: Stanford University Press, 2001, pp. 84-85; FERTIG, André. *Clientelismo político em tempos belicosos*: a guarda nacional da província de São Pedro do Rio Grande do Sul na defesa do império no Brasil (1850-1873). Santa Maria: Editora UFSM, 2012, pp. 21, 152; CARVALHO, José Murilo de. *Forças armadas e política no Brasil*. São Paulo: Todavia, 2019, p. 40.

[235] TOPLIN, Robert Brent. "Upheaval, violence, and the abolition of slavery in Brazil: the case of Sao Paulo". *The Hispanic American Historical Review*, vol. 49, n. 4, 1969, p. 650. Para uma análise mais ampla sobre a oposição militar ao Império, incluindo protestos sobre reduções de gastos militares e salários, e o aumento do profissionalismo militar, ver DUDLEY, William S. "Institutional Sources of Officer Discontent in the Brazilian Army, 1870-1889". *The Hispanic American Historical Review*, vol. 55, n. 1, 1975, pp. 54, 63-64.

[236] REBER, Vera Blinn. "A case of total war: Paraguay, 1864-1870". *Journal of Iberian and Latin American Research*, vol. 5, n. 1, 1999, p. 31.

certo ponto – acelerou sua integração social.[237] Após a guerra, foi introduzida no Brasil uma lei que, embora não tenha sido aplicada, impunha um recrutamento obrigatório por sorteio, com alguns limites (1874). Conforme mencionado, a escravidão só foi abolida completamente em 1888. A guerra, portanto, não levou a um fim imediato da escravidão no Brasil, porém acelerou sua proibição.[238] Da década de 1860 em diante, os militares permaneceram no centro do processo de nacionalização política ligado ao abolicionismo, e os líderes militares geralmente viram o Exército como um motor para a unificação nacional e para a modernização da sociedade brasileira.[239] Nesse sentido, é importante destacar que o conflito entre o Exército e o sistema oligárquico do Império foi rearticulado, em uma nova forma, pelos grupos que apoiaram Getúlio Vargas em 1930. Nessa época, os esforços para criar uma cidadania plenamente nacional e consolidar o processo de construção da nação estiveram intimamente ligados às prerrogativas militares, e até mesmo aos ideais do *soldat-citoyen*.[240]

Nos EUA, do mesmo modo, o serviço militar teve um papel central na abolição da escravidão. A escravidão nos EUA só foi extinta devido aos conflitos militares, pela Guerra Civil de 1860 e por uma série de emendas constitucionais resultantes da Guerra Civil. A Guerra Civil

---

[237] Para outros pontos de vista, ver MARTIN, Perry Alvin. "Slavery and abolition in Brazil". *The Hispanic American Historical Review*, vol. 13, n. 2, 1933, p. 174); GRADEN, Dale Torston. *From slavery to freedom in Brazil*: Bahia, 1835-1900. Albuquerque: University of New Mexico Press, 2006, p. 81; CORRÊA DO LAGO, Luiz Aranha. *Da escravidão ao trabalho livre*: Brasil, 1550-1900. São Paulo: Companhia das Letras, 2014, p. 307); IZECKSOHN, Vitor. *Slavery and war in the Americas*: race, citizenship and state building in the United States and Brazil, 1861-1870. Charlottesville: University of Virginia Press, 2014, pp. 91, 140.

[238] IZECKSOHN, Vitor. *Slavery and war in the Americas*: race, citizenship and state building in the United States and Brazil, 1861-1870. Charlottesville: University of Virginia Press, 2014, p. 127.

[239] TORRES, João Camilo de Oliveira. *O positivismo no Brasil*. Brasilia: Edições Câmara, 2018, p. 86.

[240] BORGES, Vavy Pacheco. *Tenentismo e revolução brasileira*. São Paulo: Brasiliense, 1992, p. 158; FAUSTO, Boris. *A revolução de 1930*. 16. ed. São Paulo: Companhia das Letras, 2010, p. 89.

CAPÍTULO II - DEMOCRACIA E MILITARIZAÇÃO

erodiu os enclaves de poder localizados nos Estados do Sul, que tradicionalmente se opunham à formação de um sistema político genuinamente nacional nos EUA, vinculado à igualdade de direitos dos cidadãos nacionais. Na Guerra Civil, ademais, tanto os Estados do Norte quanto os do Sul alistaram no Exército membros da população negra, alimentando expectativas de uma maior integração sociopolítica.[241] Certo historiador identificou a Guerra Civil como o contexto em que, pela "primeira vez na história americana", cidadãos negros e cidadãos brancos foram "tratados como iguais perante a lei".[242] O Direito Militar funcionou como um campo de testes para o Direito Constitucional nacional, e as normas uniformes de cidadania adquiriram sua substância inicial na esfera militar.

De modo geral, a participação das forças militares na constituição do cidadão moderno foi fundamental para o desenvolvimento dos sistemas políticos nacionais em diferentes regiões do planeta. Na maioria das sociedades nacionais em formação, os direitos de cidadania foram estendidos a novos grupos sociais à medida que os Estados se aproximavam de suas populações para recrutar soldados e organizar potenciais atores militares para a guerra. Conforme já se discutiu, só em casos excepcionais essa ampliação criou uma condição para a participação política plena. Entretanto, a concessão de direitos de cidadania através do serviço militar estabeleceu as bases para a expansão dos direitos eleitorais subsequentes e, como discutido abaixo, a cidadania democrática plena geralmente foi um resultado da guerra. Isso significa que os sujeitos políticos básicos da sociedade moderna foram nitidamente criados a partir de premissas militares, em resposta a demandas militares. Os sujeitos fundamentais das primeiras estruturas institucionais democráticas – o povo soberano, o cidadão nacional – foram extraídos da esfera

---

[241] BERRY, Mary Frances. *Military necessity and civil rights policy*: black citizenship and the constitution, 1861-1868. Port Washington, NY: Kennikat Press, 1977, p. 92. Na União, o recrutamento oficial de cidadãos negros começou em 1863, e em 1865 10% dos recrutas do Exército da União eram negros (IZECKSOHN, Vitor. *Slavery and war in the Americas*: race, citizenship and state building in the United States and Brazil, 1861-1870. Charlottesville: University of Virginia Press, 2014, pp. 109, 115).

[242] FONER, Eric. "Rights and the Constitution in Black Life during the Civil War and Reconstruction". *The Journal of American History*, vol. 74, n. 3, 1987, p. 864.

militar, e transpuseram as pressões militares para o sistema político.[243] A forma básica do cidadão moderno surgiu quando o povo foi integrado em um corpus de direitos que lhe permitiu obter reconhecimento no direito e conferir legitimidade a ele, porque este era o preço que o Estado estava disposto a pagar para poder exercer a violência militar.

Diversas pesquisas sociológicas centradas na cidadania e na integração social dos sistemas políticos democráticos afirmam de maneira otimista que o cidadão estimulou a integração das sociedades democráticas ao estabelecer um amplo conjunto de direitos que atraíram os indivíduos para uma cooperação social abrangente.[244] Durkheim afirmou, por exemplo, que o maior obstáculo para o estabelecimento dos

---

[243] Ver a análise sobre a relação estreita entre democratização e mobilização de massas nos sistemas políticos revolucionários em Skocpol (SKOCPOL, Theda. "Social revolutions and mass military mobilization". *World Politics*, vol. 40, n. 2, 1988, p. 151). Sobre a centralidade da guerra na formação inicial do sujeito democrático, ver Ritter (RITTER, Gerhard. *Staatskunst und Kriegshandwerk*: Das Problem des Militarismus in Deutschland, I: Die altpreußische Tradition (1740-1890). 3. ed. Munich: Oldenbourg, 1965, p. 70); Finer (FINER, Samuel E. *The man on horseback*: the role of the military in politics. New Brunswick: Transaction, 2002, p. 227); Gueniffey (GUENIFFEY, Patrice. *La politique de la terreur*: essai sur la violence révolutionnaire 1789-1794. Paris: Fayard, 2000, p. 63); Kruse (KRUSE, Wolfgang. *Die Erfindung des modernen Militarismus*: Krieg, Militär und bürgerliche Gesellschaft im politischen Diskurs der Französischen Revolution 1789-1799. Munich: Oldenbourg, 2003, p. 10); Planert e Frie (PLANERT, Ute; FRIE, Ewald. "Revolution, Krieg, Nation – ein universelles Muster der Staatsbildung in der Moderne?". *In*: FRIE, Ewald; PLANERT, Ute (Coords.). *Revolution, Krieg und die Geburt von Staat und Nation*. Tübingen: Mohr Siebeck, 2016, p. 1). Certo historiador define a essência da cidadania moderna, simplesmente, como "nascida da guerra" (LEONHARD, Jörn. "Die Nationalisierung des Krieges und der Bellizismus der Nation". *In*: JANSEN, Christian (Coord.). *Der Bürger als Soldat*: Die Militarisierung europäischer Gesellschaften im langen 19. Jahrhundert: Ein internationaler Vergleich. Essen: Klartext, 2004, p. 85). Sobre a profunda ligação entre "povo", "Estado" e "guerra" no período revolucionário, ver PRÖVE, Ralf. *Stadtgemeindlicher Republikanismus und die "Macht des Volkes"*. Civile Ordnungsformationen und kommunale Leitbilder politischer Partizipation in den deutschen Staaten vom Ende des 18. bis zur Mitte des 19. Jahrhunderts. Göttingen: Vandenhoeck & Ruprecht, 2000, p. 139.

[244] DURKHEIM, Émile. *Leçons de sociologie*. Paris: PUF, 1950, p. 93; MARSHALL, T. H. *Citizenship and social class*. Introduced by Tom Bottomore. London: Pluto, 1992; PARSONS, Talcott. "Full citizenship for the negro American? A sociological problem". *Daedalus*, vol. 94, n. 4, pp. 1009-1054, 1965.

CAPÍTULO II - DEMOCRACIA E MILITARIZAÇÃO

direitos de cidadania é a guerra.[245] Certas pesquisas sociológicas chegam até a sugerir que a cidadania democrática promove padrões de integração pois os cidadãos garantem, assim, que o Direito se oriente pelos princípios do consenso racional, de onde também extrai sua força de legitimação.[246] Entretanto, a forma do cidadão que está no centro da política democrática moderna é tudo menos um foco de legislação racional-reflexiva. O sujeito da democracia surgiu, primeiramente, como uma figura que adquiriu relevância na legislação a partir de um mecanismo pelo qual os Estados construíram poder de fogo para si, e a emergência daquele sujeito é inseparável das condições de guerra que definiram e, ao mesmo tempo, foram consequência das primeiras revoluções democráticas e dos primeiros processos de construção nacional. Em sua origem, os sistemas políticos nacionais começaram a conquistar uma ampla legitimidade para o exercício das funções legislativas reconhecendo os indivíduos como cidadãos a partir de uma forma criada pela guerra. A figura do cidadão moderno ativo apareceu pela primeira vez como uma concepção que reintegrou o sistema jurídico ao sistema militar e uniu processos de integração normativa, integração institucional e mobilização militar em um mesmo núcleo sólido. O cidadão moderno veio à tona, especificamente, como uma figura que criou as normas que deram sustentação à integração jurídica, ao traduzirem os impulsos militares no Direito. Devido a esses aspectos, é sociologicamente mais preciso examinar a forma subjetiva da sociedade moderna, a sociedade dos cidadãos nacionais, como uma *comunidade integrada através da violência*. Nessa comunidade, os processos básicos de integração e organização foram originalmente definidos e impulsionados por necessidades militares, e seus resultados raramente libertaram as pessoas neles envolvidas.[247] É emblemática a afirmação, feita por um

---

[245] DURKHEIM, Émile. *Leçons de sociologie*. Paris: PUF, 1950, p. 92.

[246] HABERMAS, Jürgen. *Legitimationsprobleme im Spätkapitalismus*. Frankfurt am Main: Suhrkamp, 1973, p. 153.

[247] A comunidade de violência (*Gewaltgemeinschaft*) é definida como uma associação cuja identidade se constrói através do "exercício comunitário da violência" em Speitkamp (SPEITKAMP, Winfried. "Gewaltgemeinschaften in der Geschichte. Eine Einleitung". *In*: SPEITKAMP, Winfried (Coord.). *Gewaltgemeinchaften in der Geschichte*:

historiador, de que no núcleo integrador da sociedade nacional encontra-se o "assassino sociável".[248]

A guerra e a dialética da cidadania política

Em questões fundamentais, a estreita ligação entre a cidadania democrática em formação e o serviço militar fortaleceu consideravelmente os processos de integração institucional que sustentam a sociedade moderna. De fato, em muitas sociedades, a relação entre cidadania e recrutamento militar estava no centro dos padrões básicos de incorporação geográfica e territorial, e o serviço militar obrigatório foi fundamental para dar forma objetiva às sociedades como *nações*.[249] Após 1789, o serviço militar obrigatório foi conduzido, em diversos países, como um processo quase que exclusivamente nacional, em que as vidas dos cidadãos foram imediatamente afetadas pelas instituições estatais.[250] Em

---

Entstehung, Kohäsionskraft und Zerfall. Göttingen: Vandenhoeck & Ruprecht, 2015, p. 27), e "para cuja evolução e continuidade a violência física tem uma função essencial" em Xenakis (XENAKIS, Stefan. *Gewalt und Gemeinschaft*: Kriegsknechte um 1500. Paderborn: Schöningh, 2015, p. 12).

[248] SANBORN, Joshua A. *Drafting the Russian nation*: military conscription, total war, 1905-1925. Dekalb: Northern Illinois University Press, 2003, p. 166.

[249] Há um estudo que afirma que o serviço militar obrigatório foi um fator de "primeira ordem na formação da identidade nacional" na França (BOULANGER, Philippe. *La France devant la conscription: géographie historique d'une institution républicaine 1914-1922*. Paris: Conomica et Institut de Stratégie compare, 2001, p. 251). É importante destacar que, na Revolução Francesa, os departamentos regionais perderam parte de seu poder de recrutamento, de modo que os soldados puderam se libertar das fidelidades regionais (BIRNBAUM, Pierre. *States and collective action*: the European experience. Cambridge, UK; New York: Cambridge University Press, 1988, p. 61). Uma análise paralela dos EUA afirma que, desde o final do século XVIII, "a participação no Exército Nacional tem sido parte da definição normativa da cidadania" (JANOWITZ, Morris. *The last half century*: societal change and politics in America. Chicago; London: University of Chicago Press, 1978, p. 178).

[250] Isso teve início nos anos seguintes à Revolução Francesa (ver SCHMITT, Bernhard. *Armee und staatliche Integration*. Preußen und die Habsburgermonarchie 1815-1866. Rekrutierungspolitik in den neuen Provinzen: Staatliches Handeln und Bevölkerung. Paderborn: Schöningh, 2007, pp. 39, 87). O impacto nacionalizador do serviço militar obrigatório não deve ser exagerado. O recrutamento normalmente

CAPÍTULO II - DEMOCRACIA E MILITARIZAÇÃO

diversas sociedades, além do mais, o Exército desempenhou um papel fundamental na integração de grupos sociais periféricos na estrutura do Estado-nação. Por exemplo, frequentemente se afirma que a sociedade francesa se tornou politicamente centralizada por causa do recrutamento militar.[251] Na Prússia, o recrutamento militar antes e depois de 1789 ajudou a unificar membros de regiões territoriais distantes dentro da estrutura política nacional. Um pouco antes, a Grã-Bretanha havia presenciado níveis elevados de recrutamento militar na Escócia. Esse fato cumpriu um papel importante no fortalecimento da base territorial do sistema político britânico em formação, proporcionando novas oportunidades profissionais para os Highlanders e afastando-os dos laços familiares suscetíveis a promover rebeliões.[252] Padrões semelhantes foram observados em toda a América Latina ao longo do século XIX.

---

apresentou diferenças locais até a Primeira Guerra Mundial. Tanto na Alemanha quanto no Reino Unido, a mobilização para a guerra em 1914 concentrou-se em unidades militares locais ou regionais. Daniel argumenta que a mobilização de massas na Alemanha em 1914 intensificou a diferenciação entre unidades territoriais dentro do Estado, uma vez que o recrutamento foi conduzido por organismos de abrangência regional (DANIEL, Ute. *Arbeiterfrauen in der Kriegsgesellschaft*. Göttingen: Vandenhoeck und Ruprecht, 1989, p. 53). Na Grã-Bretanha, os regimentos foram separados de suas localidades na última parte da guerra, mas as lealdades locais continuaram relevantes nos batalhões (WATSON, Alexander. *Enduring the great war*: combat, morale and collapse in the German and British armies, 1914-1918. Cambridge, UK: Cambridge University Press, 2008, p. 65). Para uma discussão sobre a França, explicando que o serviço militar obrigatório ainda não estava geograficamente universalizado em 1914, ver Boulanger (BOULANGER, Philippe. *La France devant la conscription: géographie historique d'une institution républicaine 1914-1922*. Paris: Conomica et Institut de Stratégie compare, 2001, pp. 143, 159, 161). Essa explicação destaca, no entanto, que o recrutamento foi "um fator determinante para mobilidade e a assimilação nacional" na França (BOULANGER, Philippe. *La France devant la conscription: géographie historique d'une institution républicaine 1914-1922*. Paris: Conomica et Institut de Stratégie compare, 2001, p. 251).

[251] WEBER, Eugene. *Peasants into Frenchmen*: the modernization of rural France, 1870-1914. Stanford: Stanford University Press, 1976, pp. 292-302.

[252] COOKSON, J. E. *The British armed nation 1793-1815*. Oxford: Clarendon, 1997, p. 35; CONWAY, Stephen. *War, state, and society in mid-eighteenth-century Britain and Ireland*. Oxford: Oxford University Press, 2006, p. 207; WOLD, Atle L. *Scotland and the French Revolutionary War, 1792-1802*. Edinburgh: Edinburgh University Press, 2015, p. 72.

Apesar dessas consequências do serviço militar obrigatório, a figura do cidadão político ativo em formação carregava uma série de implicações conflitantes para a sociedade moderna e para o Estado moderno. A figura do cidadão moderno idealizada na era revolucionária tornou-se uma concepção de importância global, que moldou processos de legitimação e integração no mundo inteiro. A Revolução Francesa foi um evento normativo global, cujas implicações determinaram profundamente os processos de integração em um amplo espectro de contextos nacionais. Ao vincular a legitimidade dos processos de integração às funções militares, a figura do cidadão moderno tornou diversas sociedades modernas profundamente instáveis. Devido a suas origens militares, o cidadão moderno sempre apareceu, dialeticamente, como uma fonte instável de normatividade jurídica, fortalecendo e, ao mesmo tempo, desafiando os poderes de integração e legitimação do Estado. Visivelmente, a figura do cidadão estruturou normas de legitimação que não propiciaram uma base firme para a integração jurídica, mas que, ao contrário, deixaram a marca de uma volatilidade profunda na estrutura de integração da sociedade. No mundo todo, diversos países internalizaram as antinomias criadas pelas experiências de cidadania revolucionária durante as origens da sociedade moderna. De fato, os padrões de instabilidade normativa que se articularam inicialmente nos sistemas políticos revolucionários repercutiram na maioria das manifestações posteriores da cidadania.

O primeiro aspecto dialético na figura do cidadão moderno adveio do fato de que a cidadania, por estar ligada à mobilização militar, criou condições para o surgimento de conflitos nas sociedades em que os cidadãos estavam integrados e mobilizados. O fato de os Estados terem concedido direitos políticos aos cidadãos em troca de sua participação em ações militares significou que os Estados passaram a depender dos grupos sociais comprometidos com a guerra, frequentemente outorgando-lhes privilégios sociais, de modo que o acesso aos direitos foi determinado, em parte, pelo entusiasmo demonstrado para incorporar-se ao serviço militar. Isto significou, inevitavelmente, que os Estados aprofundaram e militarizaram as divisões dentro das suas próprias sociedades, muitas vezes reproduzindo alguns aspectos do conflito internacional nos conflitos domésticos. A partir do período revolucionário,

CAPÍTULO II - DEMOCRACIA E MILITARIZAÇÃO

consequentemente, a política nacional frequentemente se aproximou da guerra civil. Essa tendência iniciou-se na França na década de 1790. O governo da França revolucionária mobilizou os cidadãos, ao mesmo tempo, em conflitos externos e internos, e estes últimos estavam frequentemente relacionados e foram exacerbados pelos primeiros.[253] Como resultado, a conquista de direitos de cidadania muitas vezes dependeu da vontade dos cidadãos de pegar em armas contra adversários externos e internos, o que fez com que a cidadania suscitasse e intensificasse clivagens profundas dentro da sociedade nacional. Robespierre deixou essa relação bastante clara. Ele afirmou que, para consolidar a República, era vital domar primeiro os "inimigos internos" antes de tomar medidas contra "inimigos externos".[254] A partir de 1789, a mobilização dos cidadãos para a guerra foi normalmente uma prática de facções, e gerou um risco agudo de instabilidade doméstica. A mobilização militar em massa quase sempre sofreu resistência interna, aumentando a possibilidade de insurreições e de guerra civil caso a guerra fosse mal-sucedida. Na França, a famosa insurreição de Vendée contra a revolução foi causada principalmente pela imposição do serviço militar obrigatório no campo.[255] Esse fato criou uma divisão simbólica na nação francesa e uma hostilidade permanente entre a população rural e os grupos urbanos mais progressistas.[256] Em cada um desses aspectos, a

---

[253] SOBOUL, Albert. *Les Soldats de l'an II*. Paris: Le Club français du livre, 1959, p. 67; KRUSE, Wolfgang. *Die Erfindung des modernen Militarismus*: Krieg, Militär und bürgerliche Gesellschaft im politischen Diskurs der Französischen Revolution 1789-1799. Munich: Oldenbourg, 2003, p. 130; LEONHARD, Jörn. *Bellizismus und Nation*: Kriegsdeutung und Nationsbestimmung in Europa und den Vereinigten Staaten 1750-1914. Munich: Oldenbourg, 2008, p. 223.

[254] ROBESPIERRE, Maximilien. Œuvres completes. vol. 8. Paris: PUF, 1954, p. 47.

[255] TILLY, Charles. *The Vendée*. London: Arnold, 1964, p. 308; BROERS, Michael. *Napoleon's other war*: bandits, rebels and their pursuers in the age of revolution. Oxford: Lang, 2010, p. 25.

[256] TOMBS, Robert. *The war against Paris 1871*. Cambridge, UK: Cambridge University Press, 1981, p. 106; LEHNING, James R. *Peasant and French*: cultural contact in rural France during the nineteenth century. New York: Cambridge University Press, 1995, pp. 25-26; GABORIAUX, Chloé. *La République en quête de citoyens*: les républicains français face au bonapartisme rural (1848-1880). Paris: Presses de Sciences Po., 2010, p. 181.

mobilização militar de massas originou antagonismos profundos entre as populações mobilizadas, e os antagonismos resultantes da militarização do cidadão também se propagaram internamente, entre grupos de cidadãos. A partir de 1789, a figura do cidadão já não apareceu como um centro estável de produção de normas, mas sim de maneira cindida, caracterizada por antagonismos tanto em relação a outras nações quanto em relação a outros cidadãos.

O segundo aspecto dialético presente na figura do cidadão moderno decorreu do fato de que, após 1789, a capacidade de afirmação da supremacia militar tornou-se um elemento determinante para os governos conquistarem o reconhecimento de sua própria sociedade. Conforme os Estados integravam suas populações por meio da guerra, as guerras tornaram-se fundamentais para a construção de legitimidade para o governo: a legitimidade tornou-se inseparável da violência, e os governos construíram sua legitimidade mobilizando seu povo contra um povo diferente.[257] Na maioria dos casos, consequentemente, os governos mal-sucedidos nas guerras terminavam em crise, enfrentando a oposição do próprio povo que haviam mobilizado. Os Estados beligerantes mal-sucedidos geralmente foram expostos às ameaças de uma revolução ou de uma reforma radical durante ou após a guerra, e a derrota militar, via de regra, levou à tomada do poder por grupos oposicionistas. Nesse sentido, o cidadão não representou uma fonte confiável de legitimidade para os Estados. Estados que mobilizaram cidadãos como soldados sempre estiveram, potencialmente, envolvidos em uma guerra de duas frentes.

A terceiro aspecto dialético da figura do cidadão moderno tornou-se evidente, após 1789, no fato de que o cidadão passou a ameaçar de maneira permanente a forma institucional básica do Estado. Após 1789, como já se discutiu, a introdução do serviço militar de caráter nacional implicou uma vinculação da legitimidade estatal aos indivíduos

---

[257] WALTER, Dierk. *Preußische Heeresreformen 1807-1870*: Militärische Innovationen und der Mythos der "Roonschen Reform". Paderborn: Schöningh, 2003, p. 175; MARTIN, Jean-Clément. *Violence et révolution*: essai sur la naissance d'un mythe national. Paris: Seuil, 2006, p. 16; Sellin, 2011, p. 105.

CAPÍTULO II - DEMOCRACIA E MILITARIZAÇÃO

motivadas para a guerra. Entretanto, a motivação de tais pessoas para lutar não estava apenas relacionada à lealdade a um monarca ou a um governo. Pelo contrário, os indivíduos estavam motivados pelo desejo de defender a sociedade nacional, seu estatuto de cidadãos nesta sociedade e sua liberdade de definir as leis desta sociedade. Essas pessoas, uma vez armadas, representavam uma ameaça implícita para os Estados que as mobilizavam, pois sua lealdade só por acaso se relacionava diretamente a um determinado governo.[258] A partir do período revolucionário, os soldados passaram a ser recrutados por meio de chamados a obrigações e sentimentos nacionais, elementos que não podiam ser facilmente monopolizados por instituições soberanas. Como resultado, os representantes do Estado estabeleceram uma relação mais cautelosa com os soldados que mobilizavam e dos quais extraíram sua legitimidade. Essa cautela se expressou na Constituição francesa de 1795, a qual, no artigo 365, subordinou expressamente toda a força militar ao Estado. É importante ressaltar que a Constituição de 1791 definiu, especificamente, o Exército como uma força cujo dever era obedecer, e não deliberar. Esta relação instável entre o Estado e o soldado foi exacerbada pelo fato, já mencionado, de que os Exércitos frequentemente criaram as bases da cidadania ao libertarem indivíduos da servidão e armaram muitas pessoas que antes tinham seus direitos pessoais negados. Em alguns casos, os Exércitos dos primeiros sistemas políticos nacionais recrutaram escravos que, uma vez armados, passaram a representar uma ameaça real à ordem e à propriedade.[259] Em todo o mundo, os Estados se depararam, pela primeira vez, com cidadãos que eram ao mesmo tempo recrutas indispensáveis e revolucionários em potencial.

Esse terceiro princípio dialético se acentuou pelo fato de que, em alguns países europeus, tanto a institucionalização do serviço militar obrigatório quanto a abolição da servidão estiveram ligadas à eclosão

---

[258] WALTER, Dierk. *Preußische Heeresreformen 1807-1870*: Militärische Innovationen und der Mythos der "Roonschen Reform". Paderborn: Schöningh, 2003, pp. 107-108.

[259] Ver QUARLES, Benjamin. *The negro in the American revolution*. Chapel Hill: University of North Carolina Press, 1961, p. 13.

das guerras contra a ocupação napoleônica, onde as mobilizações em massa de cidadãos assumiram a forma de milícias ou *partisans*. O partisan surgiu como uma figura que simbolizava a debilidade das reservas de legitimidade concedidas pelos cidadãos modernos ao Estado. Porém, o fenômeno dos partisans nesse contexto não deve ser exagerado. A ideia generalizada de que as nações europeias irromperam espontaneamente em guerras nacionais de libertação durante o Período Napoleônico é – pelo menos em parte – o resultado de interpretações nacionalistas posteriores.[260] Mesmo assim, durante o Período Napoleônico, soldados de muitos Estados ocupados foram mobilizados espontaneamente em unidades militares construídas de maneira informal, em torno de vínculos nacionais que não estavam sujeitos às leis convencionais da soberania. Nessas circunstâncias, o *soldat* e o *citoyen* fundiram-se de maneira voluntária, e muitos cidadãos escolheram livremente demonstrar suas virtudes cidadãs pegando em armas. Isso ficou evidente nas guerras contra Napoleão na Espanha, onde as populações se armaram em resistência à ocupação. Também ocorreu em outros países, incluindo a Áustria e alguns estados alemães. Na Prússia, as reformas militares concebidas para mobilizar e incorporar grupos de partisans ao Exército regular foram apresentadas em 1808, embora o plano não tenha sido implementado.[261] O partisan já tinha, de fato,

---

[260] Ver PLANERT, Ute. *Der Mythos vom Befreiungskrieg*: Frankreichs Kriege und der deutsche Süden. Alltag – Wahrnehmung – Deutung. 1792-1841. Paderborn: Schöningh, 2007, p. 23.

[261] Para um estudo das formas pelas quais os partisans transformaram a guerra depois de 1789, ver Wohlfeil (WOHLFEIL, Rainer. Vom Stehenden Heer des Absolutismus zur Allgemeinen Wehrpflicht. Munich: Bernard & Graefe, 1983, pp. 18-21); Rink (RINK, Martin. "Partisanen und Landvolk 1730 bis 1830. Eine militär- und sozialgeschichtliche Beziehung zwischen Schrecken und Schutz, zwischen Kampf und Kollaboration". Militärgeschichtliche Zeitschrift, vol. 59, pp. 23-59, 2000); Schmidt (SCHMIDT, Peer. "Der Guerrillero. Die Entstehung des Partisanen in der Sattelzeit: Eine atlantische Perspektive 1776–1848". Geschichte und Gesellschaft, vol. 29, n. 2, 2003, p. 186); Barth (BARTH, Boris. "'Partisan' und 'Partisanenkrieg' in Theorie und Geschichte. Zur historischen Dimension der Entstaatlichung von Kriegen". *Militärgeschichtliche Zeitschrift*, vol. 64, pp. 69-100, 2005). Ver a discussão sobre a resistência a Napoleão na Espanha como um modelo para as revoltas populares seguintes em Wolhlfeil (WOHLFEIL, Rainer. *Spanien und die deutsche Erhebung 1808-1814*. Wiesbaden: Steiner, 1965); Rink, (RINK, Martin. Vom "Partheygänger" zum Partisanen:

CAPÍTULO II - DEMOCRACIA E MILITARIZAÇÃO

adquirido uma importância constitucional como agente de cidadania nacional na América revolucionária.[262] É importante destacar que muitos recrutas das milícias estaduais americanas formadas depois de 1777 eram escravos libertos.

Nesses contextos, a figura do cidadão moderno desencadeou um conjunto de motivações profundamente ambíguo. Uma questão-chave da figura do partisan é que ela contrariou o princípio básico da lei militar do século XVIII e, de maneira mais ampla, da primeira forma do Direito Público: o de que o poder de mobilizar tropas é um atributo exclusivo do poder soberano.[263] Onde os partisans foram mobilizados, indivíduos que não estavam estritamente submetidos ao comando do Estado armaram-se e assumiram o direito de exercer a violência militar em nome do país a que pertenciam. Essas pessoas reivindicaram, inclusive, direitos de participação no sistema político nacional em função de suas ações militares. Os governos eram apoiados por forças político-militares que não controlavam totalmente, e, ao empreenderem a guerra, a capacidade de fazer valer sua soberania formal era potencialmente ameaçada pelos soldados de quem dependiam e a quem, em certa medida, deviam sua legitimidade. É importante ressaltar que alguns Estados europeus introduziram o serviço militar obrigatório de uma maneira parecida a dos partisans. Isso ocorreu, por exemplo, na Áustria em 1808 e na Prússia em 1813-14, onde o serviço militar obrigatório foi introduzido para resistir à ocupação. Nesses casos, o serviço militar obrigatório foi introduzido como parte de uma estratégia destinada tanto a aproveitar o potencial dos movimentos de partisans para uma defesa

---

Die Konzeption des kleinen Krieges in Preußen 1740-1813. Frankfurt am Main: Lang, 1999, p. 282). As explicações tradicionais sobre o papel do partisan na Espanha ocupada por Napoleão são questionados por Esdaile (ESDAILE, Charles J. Fighting Napoleon: guerillas, bandits and adventurers in Spain 1808-1814. New Haven: Yale University Press, 2004, p. 159).

[262] KWASNY, Mark V. *Washington's partisan war 1775-1783*. Kent, OH: Kent State University Press, 1996, p. 112.

[263] WOHLFEIL, Rainer. *Spanien und die deutsche Erhebung 1808-1814*. Wiesbaden: Steiner, 1965, p. 217; SCHMITT, Carl. *Theories des Partisanen*: Zwischenbemerkung zum Begriff des Politischen. Berlin: Duncker und Humblot, 2017, p. 17.

nacional eficaz quanto para a subordinar esses movimentos ao Estado, evitando assim o armamento espontâneo ou descontrolado da população.[264] Por volta de 1820, na restauração dos governos monárquicos em toda a Europa, a maioria dos Estados já havia estabelecido um serviço militar obrigatório limitado, assimilado unidades recrutadas na forma exércitos regulares, ou preservado o serviço militar obrigatório geral de forma meramente superficial.[265] Durante um longo período, o recrutamento tornou-se um instrumento para disciplinar potenciais partisans e para garantir que as energias desses grupos se manifestassem de uma forma que fosse totalmente controlada pelo Estado.

Tomados em conjunto, esses fatores significam, simplesmente, que, em muitos contextos, o povo se tornou uma presença dentro do Estado moderno em circunstâncias nas quais a capacidade militar regular era insuficiente para enfrentar ameaças externas, e os governos dependiam dos cidadãos para constituir sua capacidade militar. Nesses contextos, o cidadão apareceu como o sujeito legitimador do sistema político moderno, não porque simplesmente exigisse direitos políticos de autolegislação, mas porque as instituições soberanas tradicionais haviam se fragmentado sob pressão militar. Em algumas sociedades, o primeiro encontro direto entre o Estado nacional e o povo ocorreu pela mobilização dos partisans. Nesses casos, o cidadão surgiu como um ator no qual o Estado-nação confiava, mas que também exigia constante domesticação: o cidadão apareceu às autoridades públicas de uma forma que era ao mesmo tempo libertadora e ameaçadora. Carl Schmitt, em uma passagem famosa, afirmou na década de 1920 que os Estados constroem sua soberania estabelecendo uma diferença entre amigos e

---

[264] Ver a discussão sobre as leis de recrutamento austríacas e prussianas de 1808, 1813 e 1814 em RASSOW, Peter. "Die Wirkung der Erhebung Spaniens auf die deutsche Erhebung gegen Napoleon I". *Historische Zeitschrift*, vol. 167, n. 2, 1943, p. 311; WOHLFEIL, Rainer. *Spanien und die deutsche Erhebung 1808-1814*. Wiesbaden: Steiner, 1965, p. 227; RINK, Martin. *Vom "Partheygänger" zum Partisanen*: Die Konzeption des kleinen Krieges in Preußen 1740-1813. Frankfurt am Main: Lang, 1999, p. 373.

[265] WALTER, Dierk. *Preußische Heeresreformen 1807-1870*: Militärische Innovationen und der Mythos der "Roonschen Reform". Paderborn: Schöningh, 2003, p. 108.

CAPÍTULO II - DEMOCRACIA E MILITARIZAÇÃO

inimigos.[266] Porém, o que Schmitt omitiu ao fazer essa observação foi que, em suas origens, os Estados modernos não podiam realizar facilmente aquela distinção. Em sua primeira formação, os Estados modernos dependiam, para a sua soberania e legitimidade, de atores que também poderiam desestabilizar sua soberania e legitimidade. Como discutiremos a seguir, os sistemas políticos legitimados pela cidadania foram normalmente caracterizados, a nível estrutural, por terem criado métodos para expandir seus poderes soberanos sobre os cidadãos.[267] Os Estados começaram a construir sua forma integradora usando artifícios militares para afirmar a soberania sobre seus cidadãos, e consolidaram sua posição na sociedade através de uma arregimentação violenta das pessoas das quais extraíam sua legitimidade.

Assim, pode-se ver um quarto aspecto dialético na figura do cidadão que era perceptível no fato de a cidadania aparecer como um foco de integração jurídica em ambientes onde servos ou escravos haviam sido recrutados para a guerra, geralmente para guerras de defesa ou de fundação nacional. Conforme mencionado, a libertação dos indivíduos de regimes de trabalho forçado foi um aspecto inseparável da forma constitucional moderna, e esta forma foi muitas vezes introduzida na sociedade pelo Exército. Em tais processos, porém, a figura do cidadão lança uma luz profundamente ambivalente sobre o sistema jurídico no qual as pessoas libertadas do trabalho forçado foram incorporadas, e a ligação entre o engajamento militar e a cidadania criou premissas de legitimação extremamente frágeis para o governo. Conforme já discutido, para muitas pessoas, a experiência de conquista da personalidade jurídico-política como cidadão foi a de um processo de rápida transição de uma condição de trabalho forçado para uma condição de recrutamento militar forçado. Para muitas pessoas, portanto, o caminho típico para cidadania, através do Exército, resultou em uma condição não muito distante da condição de servidão da qual haviam sido libertadas. A realidade inicial da cidadania era frequentemente uma vida de combate

---

[266] SCHMITT, Carl. *Der Begriff des Politischen*. Berlin: Duncker und Humblot, 1932 p. 26.

[267] Ver p. 177.

forçado, pouco mais do que "uma nova forma de servidão", imposta pelo Estado central em vez de por um lorde local, e que implicava um aumento significativo do risco de uma morte violenta.[268] Em geral, o trabalho militar era uma modalidade de trabalho que não se distinguia categoricamente da servidão ou da escravidão, ou no qual, pelo menos, persistiam certos aspectos do trabalho forçado.[269] Na verdade, o Exército, via de regra, não era completamente distinto de uma penitenciária e o serviço militar foi utilizado para punir os criminosos.[270] No momento em que obtiveram a cidadania, portanto, os cidadãos foram lançados a uma nova condição de alienação física, criada pela demanda por soldados baratos e fáceis de motivar nos Estados-nação em construção.

---

[268] Veja, para esta citação: HOCHEDLINGER, Michael. "The Habsburg Monarchy: From 'Military-Fiscal State' to 'Militarization'". *In*: STORRS, Christopher (Coord.). *The fiscal-military state in eighteenth-century Europe*: essays in honour of P.G.M. Dickson. Farnham: Ashgate, 2009, p. 90. Em diversas sociedades, os escravos ou servos libertos não eram inteiramente livres e viviam em condições de liberdade restrita, privados de alguns direitos.

[269] Veja-se a excelente análise sobre essa questão em Beattie (BEATTIE, Peter M. "Conscription versus penal servitude: army reform's influence on the Brazilian State's management of social control, 1870-1930". *Journal of Social History*, vol. 32, n. 4, pp. 847-878, 1999, p. 868) e Kraay (KRAAY, Hendrik. *Race, state, and armed forces in independence era Brazil*: Bahia, 1790s-1840s. Stanford: Stanford University Press, 2001, p. 75). Para uma discussão sobre a afirmação de que "a vida no Exército é semelhante à condição de escravo", ver Voelz (VOELZ, Peter M. *Slave and soldier*: the military impact of blacks in the colonial Americas. New York: Garland, 1993, p. 390). Sobre a profunda relação histórica entre o recrutamento militar e a prisão, ver Girard (GIRARD, Georges. *Racolage et milice* (1701-1715): le service militaire en France à la fin du règne de Louis XIV. Paris: Plon, 1921, p. 137). Sobre o vínculo entre a conquista da cidadania, a abolição da servidão e o encarceramento militar, ver Blessing (BLESSING, Werner K. "Disziplinierung und Qualifizierung. Zur kulturellen Bedeutung des Militärs im Bayern des 19. Jahrhunderts". *Geschichte und Gesellschaft*, vol. 17, n. 4, 1991, p. 469). Para uma importante discussão histórica, argumentando que a escravidão e a atividade militar estiveram sempre ligadas, ver Sellin (SELLIN, J. Thorsten. *Slavery and the penal system*. New York: Elsevier, 1976, p. 83).

[270] Ver discussão do caso brasileiro em Meznar (1992, p. 341); Carvalho (1996, p. 350). Beattie argumenta que o recrutamento no Exército durante e após a Guerra do Paraguai "preencheu uma importante lacuna na transição entre a escravidão e o surgimento da mão de obra livre e de um ideal mais inclusivo de cidadania" (Beattie, 2001, p. 269). Esse tinha sido o caso na Europa antes de 1789 (ver Planert 2007, pp. 406-7). Para uma análise dessa questão no caso servidão russa, ver Kolchin (1987, p. 75).

CAPÍTULO II - DEMOCRACIA E MILITARIZAÇÃO

Naturalmente, muitos dos novos cidadãos rebelaram-se imediatamente contra os pré-requisitos militares de sua cidadania, e as implicações da cidadania foram consideradas indesejáveis por uma ampla parcela da população.[271]

Neste sentido, o Exército desenvolveu-se após o período revolucionário como um sistema fundamental de integração dos indivíduos, sistema através do qual as normas de obrigação nacional foram incutidas nos cidadãos e que levou à promulgação de princípios de cidadania individual e de unidade e coesão nacional, de onde se esperava que a sociedade nacional emanaria. Contudo, o Exército também absorveu algumas das funções administrativas e disciplinadoras originalmente ligadas às instituições que controlavam a servidão, e as organizações militares assumiram responsabilidades pela socialização forçada e pela repressão de antigos servos. Em diversas situações, de fato, os exércitos foram empregados para garantir que as pessoas liberadas da servidão não pudessem exercer plenos direitos de cidadania. Quase sem exceção, a libertação da servidão através de pressões militares não permitiu a integração democrática - ou seja, o exercício de uma cidadania plena - dos antigos servos. Na maioria dos países, um século inteiro se passou entre a abolição formal da servidão ou da escravidão e a participação política plena de antigos servos ou escravos.[272] Na maioria das sociedades

---

[271] Em 1813, a primeira onda do serviço militar obrigatório na Prússia levou a quase 25% de deserção em algumas regiões. A França tinha uma taxa de deserção permanente de cerca de 10% entre 1803 e 1814 (HEWITSON, Mark. "'Princes' Wars, Wars of the People, or Total War? Mass Armies and the Question of a Military Revolution in Germany, 1792-1815". *War in History*, vol. 20, n. 4, 2013, p. 468). Sobre as opiniões contrárias ao serviço militar em distintos países, ver Frevert (FREVERT, Ute. *Die Kasernierte Nation*: Militärdienst und Zivilgesellschaft in Deutschland. Munich: Beck, 2001, p. 19).

[272] Na França, os últimos vestígios de servidão foram erradicados nos anos seguintes a 1789, mas o pleno direito ao voto dos servos libertos (homens) só teve início em 1870-75, mais de oitenta anos depois. Na Prússia, a servidão foi abolida em 1807. O direito parcial à participação política de servos libertos foi estabelecido nos sistemas constitucionais semirrepresentativos subsequentes na Prússia (1848-1850) e na Alemanha Imperial (1871). No entanto, o pleno direito ao voto só foi totalmente estabelecido em 1918, 111 anos após a abolição. Nos EUA, a escravidão foi abolida em 1865, mas o pleno direito ao voto de pessoas anteriormente escravizadas só foi garantido pela Lei

pós-abolição, o Exército, tendo desempenhado um papel fundamental na libertação dos servos, foi frequentemente utilizado como um instrumento para reprimir essas pessoas onde elas exigiam ampliação de direitos. O Exército foi geralmente convertido em parte de um aparato institucional no qual os servos eram novamente privados de liberdade, ou pelo menos impedidos de obter direitos políticos plenos.[273]

Nesse sentido, a construção da cidadania expressava uma dialética profunda e intrincada entre libertação e repressão. O acesso à cidadania esteve sempre ligado, pela organização que a concedia, a processos de arregimentação e seleção altamente coercitivos. Depois de 1789, o Exército continuou sendo uma fonte de libertação e uma fonte de encarceramento, e oscilou entre ambas as funções durante grande parte do século XIX e no período seguinte. Para muitas pessoas, o Exército foi tanto o caminho para a cidadania quanto a barreira que obstruiu o mesmo caminho.

Em todos os casos, a definição militar do cidadão no período revolucionário trouxe consequências dialéticas profundas para os sistemas políticos nacionais em formação. Por um lado, essa definição implicou uma extensão da soberania do Estado, aumentou sua força mobilizadora e permitiu que o Estado penetrasse na sociedade nacional em um grau sem precedentes. Ela também instituiu um princípio ampliado de legitimidade coletiva para os fundamentos jurídicos do Estado. Por outro lado, essa definição ressaltou os limites da soberania do Estado e introduziu um elemento popular imprevisível na

---

dos direitos civis de 1964 pela Lei dos direitos de voto de 1965, exatamente um século depois da abolição. No Brasil, a escravidão foi abolida em 1888. No entanto, antes da abolição, a *Lei Saraiva* (1881) introduziu critérios de alfabetização mais rigorosos para o exercício do direito ao voto, o que significava que poucos escravos emancipados podiam votar nas eleições. O poder das oligarquias locais sobreviveu por muito tempo após o colapso do Império, e a República conservou grande parte de suas estruturas de poder privatistas existentes (LEAL, Victor Nunes. *Coronelismo, enxada e voto*: o município e o regime representativo no Brasil. 7. ed. São Paulo: Companhia das Letras, 2012, p. 235). O sufrágio universal e igualitário só foi estabelecido em 1985, 97 anos após a abolição.

[273] Ver p. 166.

CAPÍTULO II - DEMOCRACIA E MILITARIZAÇÃO

forma de soberania. O Estado ingressou na etapa moderna com sua soberania essencial dividida, tendo que consolidar-se contra as pessoas de quem dependia para garantir sua soberania. A partir do período revolucionário, o Estado se viu obrigado a afirmar sua soberania em duas direções, e deparou-se com novas ameaças em cada uma delas. O Estado foi obrigado a mobilizar um número crescente de tropas para a guerra. Ao mesmo tempo, também foi ameaçado por estas tropas de diversas maneiras. O Estado surgiu, assim, com sua soberania fraturada, e sua capacidade para garantir a soberania pressupunha, geralmente, campanhas militares bem-sucedidas. Isso fez com que os Estados modernos, ligados às concepções legitimadoras do cidadão, fossem muitas vezes levados a arriscar-se na guerra para preservar o controle soberano sobre as suas populações.

Um quinto aspecto dialético mais geral da figura do cidadão moderno tornou-se visível no fato de que, como a legitimidade dos Estados pós-1789 originou-se de populações divididas, a construção da legitimidade de um Estado passou a estar vinculada às atividades de regulação de conflitos sociais internos. Nos países baseados na cidadania, os conflitos sociais estruturais passaram a ter maior relevância para a legitimação do sistema político, e a cidadania politizou os conflitos entre grupos sociais à medida que os diferentes atores competiam sobre a definição da legitimidade do Estado. Ou seja, a ideia de cidadania que sustentou o Estado era altamente volátil, e os termos fundamentais da legitimidade produzida pelos cidadãos estavam sujeitos a contestações violentas. Dentro da comunidade nacional de violência, subcategorias de subjetividade violenta também tomaram forma. Como resultado, a manutenção da soberania pelo Estado não raro exigia a promoção de um modelo de cidadania contraposto a modelos alternativos, potencialmente plausíveis, e o Estado foi obrigado a penetrar na sociedade para criar, às vezes por meios militares, as condições de cidadania que necessitava para a sua legitimidade. Desde o início, os Estados modernos foram obrigados a construir sua legitimidade atenuando os conflitos entre diferentes grupos, classes e setores da população, ou – quando necessário – suprimindo os conceitos de cidadania promovidos por alguns elementos da comunidade nacional.

Uma expressão dessa concepção violenta de cidadão é visível no fato de que, em muitos países, a relação entre legitimidade do Estado e cidadania resultou diretamente em guerra civil, suscitada pela estruturação da legitimidade governamental em torno das normas de cidadania. Nesses contextos, as normas de legitimação dos governos só foram estabelecidas por meio da supressão política de grupos que defendiam visões contrárias de cidadania. Conforme mencionado, a cidadania na Revolução Francesa foi primeiramente consolidada através da aniquilação dos opositores da Revolução. A Revolução Americana estabeleceu um conceito de cidadania que desencadeou uma profunda instabilidade, e, finalmente, uma guerra civil. As consequências normativas legitimadoras da cidadania americana só se aproximaram da realização devido a uma prolongada imposição, por parte dos militares, de um padrão uniforme de cidadania na sociedade. Em muitos países da América Latina, os ideais democráticos da cidadania produziram visões conflitantes sobre a legitimidade, e a maioria dos países passou por uma guerra civil curta ou intermitente durante sua etapa de fundação. Foram poucas as sociedades que não passaram por guerras civis no período em que a cidadania foi estabelecida como o princípio fundamental de integração.

Uma outra expressão da construção violenta do cidadão é perceptível no fato de que, após 1789, a posição institucional dos militares tornou-se uma questão de intensa controvérsia, refletindo diferentes concepções a respeito da soberania política. Normalmente, a proximidade entre o povo e Exército após o século XVIII resultou em distintas visões a respeito do papel dos militares pelos grupos políticos que reivindicavam direitos de cidadania, e diversos conceitos de cidadania foram formulados em pontos de vista conflitantes sobre como as unidades militares deveriam participar da vida política do país. A contestação sobre o papel dos militares acompanhou o surgimento da democracia moderna, e os militares foram transformados em um foco de antagonismo constitucional. Esse foi especialmente o caso dos países que haviam passado por mobilizações populares e pela fratura de sua soberania durante o Período Napoleônico, onde a mobilização popular abriu as portas à cidadania.

CAPÍTULO II - DEMOCRACIA E MILITARIZAÇÃO

Por um lado, era comum o argumento dos constitucionalistas europeus do início do século XIX de que a força militar deveria ser exercida pelo povo, dentro das restrições constitucionais.[274] Tais teóricos geralmente defendiam a criação de uma milícia civil, alegando que o país seria melhor defendido por exércitos voluntários, sujeitos às leis constitucionais.[275] Essa visão continuou a ser um aspecto importante da política liberal europeia durante o início do século XIX. A exigência − raramente concretizada − de que o Exército jurasse fidelidade aos princípios constitucionais era uma preocupação constante para muitos partidos que promoveram as primeiras experiências de governos representativos.[276] Depois de 1848, a visão sobre os militares característica do início do liberalismo tornou-se mais fraca. Contudo, o militarismo democrático não desapareceu, e muitos democratas apoiaram a criação de um Exército popular. O exemplo foi Comuna de Paris de 1871, em que tropas irregulares assumiram o controle político da cidade. Na Terceira República Francesa, o entusiasmo da esquerda democrática por um Exército formado por "milícias nacionais fortes" se manteve inabalável.[277] Esse ponto de vista ecoou em algumas seções do Partido Social-Democrata da Alemanha.[278]

---

[274] Veja-se, por exemplo, Rotteck (ROTTECK, Carl von. *Ueber stehende Heere und Nationalmiliz*. Freyburg: Herdersche Universitäts-Buchhandlung, 1816, pp. 134-135).

[275] HÖHN, Reinhard. *Verfassungskampf und Heereseid*: Der Kampf des Bürgertums um das Heer (1815-1850). Leipzig: Hirzel, 1938, p. 39; PRÖVE, Ralf. *Stadtgemeindlicher Republikanismus und die "Macht des Volkes"*. Civile Ordnungsformationen und kommunale Leitbilder politischer Partizipation in den deutschen Staaten vom Ende des 18. bis zur Mitte des 19. Jahrhunderts. Göttingen: Vandenhoeck & Ruprecht, 2000, p. 145.

[276] Por exemplo, os soldados alemães que lutaram pelo governo criado em Frankfurt, em 1848-49, deviam jurar sobre a Constituição (MÜLLER, Sabrina. *Soldaten in der deutschen Revolution von 1848/49*. Paderborn: Schöningh, 1999, p. 110). Para uma discussão sobre essa questão na Prússia, ver Buschmann (BUSCHMANN, Nikolaus. *Einkreisung und Waffenbruderschaft*: Die öffentliche Deutung von Krieg und Nation in Deutschland 1850-1871. Göttingen: Vandenhoeck und Ruprecht, 2003, p. 146). Ao contrário, o art. 64 da Constituição de 1871 impôs aos militares um juramento de lealdade pessoal ao Kaiser. Na sua abdicação em 1918, o *Kaiser* desobrigou todos os soldados desse juramento. Essa medida criou a base para um Exército republicano.

[277] JAURÈS, Jean. *L'Armée nouvelle*. In: _____. Oeuvres. vol. IV. BONNAFOUS, Max (Coord.). Paris: Rieder, 1932, p. 50.

[278] BEBEL, August. *Nicht stehendes Heer sondern Volkswehr*. Stuttgart: Dietz, 1898, p. 145.

Por outro lado, os grupos reacionários do século XIX estiveram fortemente ligados ao Exército. Em diversas sociedades, as facções políticas conservadoras agiram em relação estreita com o establishment militar para impor uma visão constitucional peculiar à sociedade. Em muitas nações, o establishment militar, cuja importância permaneceu atrelada à condição social, viu sua autoridade justificada pela ameaça de guerra civil, e se comprometeu expressamente com a proteção de grupos sociais reacionários.[279] Após 1815, os governos conservadores utilizaram os militares para reprimir os movimentos radicais de maneira recorrente. Essa forma de utilização dos militares se manifestou emblematicamente em Peterloo, Manchester. Mas, depois de 1815, o uso do Exército para reprimir o radicalismo foi endossado formalmente nos Estados alemães. Na Prússia, uma portaria de 1820 previa o destacamento de unidades militares para restaurar a ordem pública.[280] Em alguns Estados alemães, as revoltas constitucionais fracassadas de 1848-49, parcialmente apoiadas por milícias populares, foram derrotas pelas tropas prussianas. Após 1848, as primeiras associações conservadoras alemãs estiveram frequentemente vinculadas a organizações militares, operando de fato como uma contrarrevolução institucionalizada de forma permanente.[281] Na França, a repressão dos rebeldes armados por Cavaignac foi decisiva para a formação da Segunda República, a qual foi derrubada por um golpe Bonapartista. Nesse período, diferentes Exércitos nacionais uniram forças com a polícia regular para reprimir insurreições e o ativismo dos trabalhadores.[282] No final do século XIX, em síntese, a ligação entre o

---

[279] MESSERSCHMIDT, Manfred. "Preußens Militär in seinem gesellschaftlichen Umfeld". *Geschichte und Gesellschaft, Sonderheft*, vol. 6, 1980, p. 71.

[280] VOLLERT, Michael P. *Für Ruhe und Ordnung*: Einsätze des Militärs im Innern (1820-1918). Preußen-Westfalen-Rheinprovinz. Bonn: Dietz, 2014, p. 173.

[281] TROX, Eckhard. *Militärischer Konservatismus*: Kriegervereine und "Militärpartei" in Preußen zwischen 1815 und 1848/49. Stuttgart: Franz Steiner, 1990 pp. 157, 283; GRESLE, François. "La 'Société Militaire'. Son devenir à la lumière de la professionnalisation". *Revue française de sociologie*, vol. 44, pp. 777-798, 2003, p. 788.

[282] Sobre a Prússia, Reino Unido e França ver Lüdtke (LÜDTKE, Alf. *"Gemeinwohl", Polizei und "Festungspraxis"*: Staatliche Gewaltsamkeit und innere Verwaltung in Preußen, 1815-1850. Göttingen: Vandenhoeck & Ruprecht, 1982, pp. 324, 341, 345). Uma importante discussão explica que, após 1870, o uso do Exército contra protestos

CAPÍTULO II - DEMOCRACIA E MILITARIZAÇÃO

citoyen e o *soldat*, que havia inicialmente impulsionado a democracia, foi dissolvida em grande parte da Europa. O Exército se voltou contra seu papel original de promotor da cidadania, e agiu cada vez mais como a vanguarda do bloco social que obstruía a integração democrática e os direitos de cidadania. Nos Estados que mantiveram o serviço militar obrigatório, ele frequentemente funcionou como um sistema para iniciar homens jovens em princípios antidemocráticos.

Uma outra expressão da construção violenta do cidadão tornou-se observável à medida que as sociedades avançavam para uma integração democrática e para uma expansão institucional mais abrangentes. Conforme já se discutiu, após 1815, a maioria dos cidadãos foi excluída do exercício dos direitos que possibilitavam uma influência popular sobre os processos legislativos, e a maioria das trajetórias de democratização foi revertida ou retardada. Em muitos países, o Exército cumpriu um papel importante nesse processo. No entanto, à medida que os sistemas constitucionais se tornaram gradualmente mais democráticos na Europa, a contestação sobre a cidadania dividiu a sociedade em grupos opostos que passaram a disputar os direitos de influência legislativa. Na maioria das sociedades nacionais, a ascensão da democracia levou a uma fragmentação profundamente antagônica da cidadania, em que diferentes grupos internalizaram o princípio militarista básico de que a assunção de direitos de cidadania implicava a negação dos direitos dos grupos rivais. Os direitos de cidadania – ou seja, direitos de dar forma a leis reconhecidas como legítimas – tornaram-se objetos imediatos de contestação militar coletiva.

Esse padrão se expressou, particularmente, nos sistemas de representação política baseados em partidos que se desenvolveram nos Estados europeus durante o surgimento da democracia. Um ímpeto profundo de militarização se instaurou nos partidos políticos desde seu primeiro surgimento, durante a Revolução Francesa. É importante ressaltar que, antes da Revolução Francesa e do Período Napoleônico,

---

de trabalhadores foi mais comum na França democrática do que na Alemanha (JOHANSEN, Anja. *Soldiers as police*: the French and Prussian armies and the policy of popular protest, 1889-1914. Aldershot: Ashgate, 2005, pp. 89, 278).

os partidos eram geralmente considerados prejudiciais à organização política legítima. De fato, muitas das primeiras teorias constitucionais rejeitaram o majoritarismo baseado nos partidos, que foi ridicularizado como facciosismo.[283] Antes do período revolucionário, existiram distintos partidos políticos na Grã-Bretanha e na Suécia. Porém, a primeira classificação dos partidos como de direita e de esquerda, separados por divisões políticas consistentes, ocorreu na Revolução Francesa. Nesse contexto, os partidos políticos desenvolveram-se em condições próximas à guerra civil, e internalizaram algumas funções militares. Um objetivo central dos partidos políticos governantes era consolidar esses regimes criados em condições de antagonismo extremo, geralmente através do emprego da força militar contra seus adversários. Como resposta, os partidos políticos que se opunham aos partidos do governo iriam, inevitavelmente, militarizar-se, já que seu objetivo era derrubar os partidos ligados aos regimes militares existentes. As organizações militares com afinidades parciais com partidos também proliferaram nesse período. Em alguns países, a Revolução Francesa motivou a criação de unidades militares voluntárias, que combinaram características de associações militares e políticas.[284] Em diversos países, como mencionado, o Período Napoleônico assistiu ao crescimento de movimentos de partisans, de modo que os primeiros movimentos políticos nacionais se entrecruzaram com organizações militares. Em geral, os partidos políticos se consolidaram em ambientes em que a soberania do Estado havia sido fraturada por guerras ou revoluções, e diversos partidos surgiram lutando por uma parcela dessa soberania. Na verdade, o conceito básico de partido trazia originalmente implicações militares. No século XVIII, por exemplo, "partido" era entendido tanto como um termo político quanto como um termo militar. Em seu significado político, referia-se

---

[283] Isso está implícito em toda a teoria de Rousseau sobre o contrato social. O exemplo clássico é a afirmação de Madison no ensaio *Federalista 10*, de que um partido é um órgão que busca "sacrificar à suas preferências ou interesses tanto o bem público quanto os direitos de outros cidadãos" (MADISON, James; HAMILTON, Alexander; JAY John. *The federalist papers*. London: Penguin, 1987, p. 125).

[284] Sobre esse fenômeno na Grã-Bretanha após 1789, ver GEE, Austin. *The British volunteer movement 1794-1814*. Oxford: Clarendon, 2013, p. 21.

CAPÍTULO II - DEMOCRACIA E MILITARIZAÇÃO

a pequenas facções que perseguiam "objetivos egoístas" e que podiam "causar grandes danos" às cortes reais. Como "termo militar", referia-se a pequenas unidades militares separadas da parte principal de um Exército e lideradas por partisans.[285]

Os partidos políticos começaram a criar estruturas institucionais sólidas ao longo do século XIX, como parte de um processo mais amplo de construção dos primeiros sistemas políticos democráticos iniciais e de integração institucional. É importante ressaltar que os partidos políticos assumiram uma forma organizacional mais densa ao mesmo tempo que os indivíduos que compartilhavam condições econômicas similares começaram a entender a si mesmos como membros de uma classe social específica dentro das sociedades nacionais. Consequentemente, a construção de vínculos de classe muitas vezes contribuiu diretamente para a formação de partidos políticos, e os partidos políticos adquiriram importância central na articulação de interesses de classes sociais rivais.[286] Os primeiros partidos políticos foram concebidos para garantir e ampliar os direitos de cidadania de seus filiados, e sua principal função era assegurar que seus membros não fossem excluídos do exercício daqueles direitos. Assim, os partidos cresceram em torno das divergências a respeito da cidadania, e mobilizaram setores da população uns contra os outros. Com frequência os partidos políticos cumpriram um papel central no estímulo a uma forma nacional para as sociedades do século XIX, especialmente porque uniram movimentos sociopolíticos de diferentes regiões a instituições centralizadas.[287] Ao fazê-lo, porém, os partidos reproduziram certas funções do Exército, e levaram os indivíduos a se encontrar como cidadãos cumprindo papéis de combatentes em potencial. Em cada aspecto, o sistema político tornou-se uma esfera de conflito entre sujeitos coletivos rivais, que tendiam a convergir em torno de interesses de classe.

---

[285] JABLONSKI, Johann Theodor. *Lexicon der Künste und Wissenschaften*. Königsberg: Hartung, 1748, pp. 780-81.

[286] KOCKA, Jürgen. *Arbeitsverhältnisse und Arbeiterexistenzen*: Grundlagen der Klassenbildung im 19. Jahrhundert. Bonn: Dietz, 1990, p. 3.

[287] CARAMANI, Daniele. "The end of silent elections: the birth of electoral competition, 1832-1915". *Party Politics*, vol. 9, n. 4, 2003, p. 436.

Esta ligação entre partido político e classe social coincidiu historicamente com uma militarização mais ampla da sociedade europeia, e os primeiros partidos políticos muitas vezes se mobilizaram e compreenderam a si mesmos como parte de uma guerra de classes. Conforme mencionado, os partidos conservadores do século XIX mantiveram laços estreitos com a esfera militar. Os partidos radicais normalmente atribuíram a si mesmos um papel de protagonistas coletivos na guerra civil, e o vocabulário da guerra tornou-se vital para os partidos políticos da esquerda europeia. De fato, muitos teóricos de organizações políticas de esquerda observavam com atenção a política militar, e a sua concepção de sociedade estava impregnada de considerações militares. De forma ilustrativa, Marx e Engels viam o capitalismo como um sistema econômico nascido no final do feudalismo e no qual os agentes econômicos individuais (servos libertos) foram assimilados coercitivamente como "exércitos industriais". Eles desejavam substituir o capitalismo pelo socialismo, um sistema que, para eles, também estaria baseado em "exércitos industriais", mas servindo a compromissos coletivos definidos de maneira livre.[288] Eles retrataram o Partido Comunista como a vanguarda política nesta transição de um sistema econômico militarizado para outro. A contribuição de Engels para o desenvolvimento do marxismo político é especialmente importante nesse aspecto. Assim como Marx, Engels via o conflito de classes como um modelo de militarização social, em que as diferentes classes assumiam formas análogas a exércitos.[289] Além disso, afirmou que o serviço militar promovia a dignidade pessoal entre os soldados, o que significava, provavelmente, que a cidadania socialista florescesse em sociedades com características militares.[290] Ele descreveu o serviço militar obrigatório como uma "instituição democrática" peculiar, e compartilhou o ponto de vista republicano de que a "implementação efetiva do serviço militar" levaria a uma emancipação

---

[288] Marx e Engels, 1959[1848], p. 481.

[289] ENGELS, Friedrich. *Die Preußische Militärfrage und die Deutsche Arbeiterpartei*. Hamburg: Meißner, 1865, p. 24.

[290] ENGELS, Friedrich. *Die Preußische Militärfrage und die Deutsche Arbeiterpartei*. Hamburg: Meißner, 1865, p. 32.

CAPÍTULO II - DEMOCRACIA E MILITARIZAÇÃO

nacional completa.[291] Mais tarde, Karl Kautsky argumentou que a política socialista implicava o desencadeamento de "uma longa guerra civil".[292] Jean Jaurès formulou o ativismo socialista em termos militares, e enfatizou a conexão direta entre a militarização social e a democracia radical.[293] Na extrema esquerda, a união entre partidos políticos e unidades militares era ainda mais enfática. Para Lênin, a função básica de um partido político era agir como uma vanguarda na revolução mundial.[294]

Na maioria dos países, a ligação original entre o *soldat* e o *citoyen* provou ser um pressuposto frágil para a construção democrática, pois as normas primárias do sistema político foram concebidas em termos implacavelmente desagregadores. O sujeito democrático criado a partir dos processos de militarização social raramente proporcionou bases estáveis para uma integração normativa confiável. Na maioria dos casos, como examinaremos a seguir, a ascensão da cidadania criou premissas de legitimação para o sistema político que acabou fraturando os recursos institucionais do próprio sistema.

Conclusão

Antes do período revolucionário do final do século XVIII, os Estados desenvolveram-se concebendo as pessoas como atores individuais e as integraram dessa maneira na sociedade. Primeiramente, os Estados pré-revolucionários integraram os indivíduos como *sujeitos de direito* e, em certa medida, como *sujeitos tributários*, e garantiram sua soberania ao libertar tais sujeitos das malhas da autoridade privada ligada a domínios aristocráticos. A individualização dos atores sociais como sujeitos jurídicos

---

[291] ENGELS, Friedrich. *Die Preußische Militärfrage und die Deutsche Arbeiterpartei*. Hamburg: Meißner, 1865, pp. 7, 38.

[292] KAUTSKY, Karl. *Die soziale Revolution*. Berlin: Buchhandlung Vorwärts, 1907, p. 53.

[293] JAURÈS, Jean. *L'Armée nouvelle*. In: _____. *Oeuvres*. vol. IV. BONNAFOUS, Max (Coord.). Paris: Rieder, 1932, pp. 82, 137.

[294] RABINOWITCH, Alexander. *The Bolsheviks in power*: the first year of Soviet rule in Petrograd. Bloomington: Indiana University Press, 2007, p. 2.

foi um pré-requisito normativo fundamental para o surgimento do Estado moderno e para a construção do sistema jurídico moderno. O período revolucionário, porém, presenciou uma profunda transformação na unidade integradora dos Estados-nação: os indivíduos foram integrados ao sistema político como *sujeitos militares*, e a subjetividade militar foi a fonte essencial da legitimidade para os sistemas políticos em processo de democratização. O nascimento da cidadania militar se deveu, em grande medida, ao fato de que, antes de 1789, o sistema jurídico havia fomentado processos de inclusão que não tiveram consistência suficiente para integrar toda a sociedade. Antes de 1789, muitos governos tentaram consolidar suas instituições e, simultaneamente, libertar os indivíduos, mas esses processos tiveram um alcance limitado. A incapacidade dos Estados em formação para transformar os indivíduos em sujeitos jurídicos e tributários uniformes fez com que os sistemas tributário e militar funcionassem mal, e minou o poder soberano das instituições estatais. Foi nesse contexto de crise de integração que surgiu a figura constitucional do cidadão moderno, exercendo direitos de soberania política. O cidadão moderno tomou forma, primeiramente, não como a expressão de pessoas existentes de fato, mas como resultado de pressões de integração na sociedade. Isto levou a uma profunda fusão entre o indivíduo como foco de integração jurídica e o indivíduo como foco de integração militar, e a construção da legitimidade normativa do Direito tornou-se altamente dependente da capacidade dos governos de motivar a participação de seus cidadãos nas guerras. O cidadão assumiu duas faces – uma jurídica e outra militar – que não eram facilmente separáveis, e ambas as faces foram integradas, essencialmente, através dos mesmos processos.

    O vínculo revolucionário entre a cidadania e o serviço militar, no final do século XVIII, introduziu uma dinâmica complexa e dialética nas sociedades nacionais, a qual deu forma ao Estado moderno. Conforme discutido, a concepção revolucionária do cidadão expressou uma certa continuidade dos padrões de formação social e nacional que existiam antes do período revolucionário. No período revolucionário, as sociedades modernas se aproximaram de um grau elevado de integração jurídica e política, e as obrigações sociais passaram a ser definidas com base em princípios cada vez mais sólidos e reconhecidos publicamente. Isto debilitou os elementos privatistas dentro do Estado e promoveu a

CAPÍTULO II - DEMOCRACIA E MILITARIZAÇÃO

integração da sociedade a partir de instituições públicas e de uma ordem jurídica relativamente uniformes.

Porém, vista de uma perspectiva histórica mais longa, a concepção de cidadão que surgiu no período revolucionário do final do século XVIII teve várias consequências que redirecionaram significativamente os processos fundamentais de integração que estruturaram a sociedade moderna. Nesse sentido, a concepção de cidadão perdeu sua qualidade original como norma funcional para sustentar a integração social, e tendeu a corroer os pré-requisitos necessários para sua própria realização.

Em primeiro lugar, a concepção revolucionária do cidadão ligou os processos internos de integração social às pressões militares externas. Como o exercício dos direitos políticos pelos cidadãos estava ligado ao recrutamento militar, a guerra ou a ameaça de guerra normalmente levou à intensificação da integração dos cidadãos aos sistemas políticos nacionais, e vinculou os cidadãos ao Estado de maneira mais estreita. Em sua primeira definição, a democracia moderna foi caracterizada como um sistema de governo avesso à guerra. Os revolucionários franceses argumentavam que a democracia tornava a guerra algo improvável. O esboço do Abbé Grégoire para uma Declaração dos Direitos das Nações sugeriu que as Constituições republicanas incorporassem o compromisso da coexistência pacífica de seus países com os demais.[295] Kant argumentou, igualmente, que o constitucionalismo republicano erradicaria a guerra.[296] No entanto, a primeira etapa da cidadania democrática foi inseparável da guerra. Uma vez estabelecida, a cidadania

---

[295] GREWE, William (Coord.). *Fontes Historiae Iuris Gentium*. vol. II. Berlin: de Gruyter, 1988, pp. 660-661. A reciprocidade entre direitos nacionais e direitos internacionais também foi central no pensamento de Condorcet (CONDORCET, Marquis de. "La nation française à tous les peoples". vol. XII. *In*: _____. Oeuvres in 12 vols. Paris: Firmin Didot frères, 1847, p. 527).

[296] KANT, Immanuel. "Zum Ewigen Frieden". *In*: _____. *Werkausgabe*. WEISCHEDEL, W. (Coord.). vol. XI. Frankfurt am Main: Suhrkamp, 1977b. pp. 195-251. Kant também descreveu os militares voluntários na França revolucionária como *soldados da lei*, movidos a pegar em armas pensando simplesmente no "direito do povo ao qual pertenciam (KANT, Immanuel. "Der Streit der Fakultäten". *In*: _____. *Werkausgabe*. WEISCHEDEL, W. (Coord.). vol. XI. Frankfurt am Main: Suhrkamp, 1977c, p. 359).

abriu a sociedade aos impulsos militares. A partir do advento da democracia moderna, a organização básica da sociedade como um sistema de integração jurídica, iniciada no final do feudalismo, foi novamente posta em premissas definidas pela guerra, tal como na sociedade feudal. Os cidadãos foram integrados em sistemas jurídicos democráticos porque esses sistemas recompensavam a mobilização militar.

Em segundo lugar, a concepção revolucionária do cidadão fez com que o processo básico que sustentou a dissolução do feudalismo, a construção de cada indivíduo como pessoa jurídica, fosse parcialmente invertido. A militarização da cidadania fez com que os direitos jurídicos e as reivindicações de reconhecimento jurídico e legitimidade se vinculassem a sujeitos coletivos, geralmente relacionados com as classes em formação. Sociólogos importantes identificaram essa individualização prolongada como a principal característica da sociedade moderna.[297] Originalmente, no entanto, a individualização só caracterizou a sociedade moderna no nível da interação privada. No nível da produção de legitimidade, a sociedade moderna foi primeiramente definida pela ruptura com os padrões anteriores de individualização. Como analisado abaixo, a construção coletiva da subjetividade política aumentou a sensibilidade dos sistemas políticos nacionais aos conflitos externos, e isso fez com que grupos de cidadãos se mobilizassem internamente em torno de prerrogativas definidas a nível internacional.

Em terceiro lugar, a concepção revolucionária do cidadão introduziu um elemento frágil e preocupante na soberania do Estado. Após o período revolucionário, o poder do Estado para empreender a guerra dependia de sua capacidade de mobilizar a população como combatentes voluntários. Porém, a lealdade militar dos cidadãos revelou-se um recurso de legitimação frágil. Os Estados lutaram para institucionalizar mecanismos a partir das quais os cidadãos pudessem ser integrados como agentes que não comprometessem a soberania do Estado através do exercício de sua própria soberania. Na verdade, a

---

[297] DURKHEIM, Émile. *Leçons de sociologie*. Paris: PUF, 1950, p. 99; LUHMANN, Niklas. *Grundrechte als Institution*: Ein Beitrag zur politischen Soziologie. Berlin: Duncker und Humblot, 1965.

CAPÍTULO II - DEMOCRACIA E MILITARIZAÇÃO

afirmação da soberania pelo Estado geralmente desencadeou reivindicações antagônicas de soberania: *a soberania do Estado esteve sempre ligada a uma contra-soberania revolucionária*. Esse fato introduziu uma dialética da emancipação e da repressão no seio do Estado moderno. Os Estados tornaram-se dependentes de cidadãos violentos. Mas eles também foram obrigados a usar a violência para incitar e pacificar esses cidadãos. A soberania e a legitimidade dos Estados dependiam de sua capacidade para garantir que os cidadãos não tivessem poderes militares suficientes para desestabilizar o próprio Estado. A maioria dos Estados forjou a lealdade dos indivíduos de quem dependia para sua soberania empregando métodos de coerção e repressão extremos no seio da sociedade. A origem revolucionária do Estado moderno fez com que as funções normativas internas do Estado assumissem necessariamente um caráter militar.

Em cada um desses pontos, em quarto lugar, um resultado determinante do conceito moderno de cidadania é que ele criou um nexo forte e direto entre a disputa sobre a forma do Direito na sociedade nacional e a posição do Estado em relação aos conflitos internacionais. A partir do período revolucionário, o sujeito constitucional da democracia – o cidadão soberano – evoluiu como concepção teórica, o que fez a legitimidade do Estado depender da sua posição na arena internacional. Em primeiro lugar, a legitimidade do Estado se vinculou ao sucesso nas guerras. Em segundo lugar, a legitimidade do Estado se vinculou à mobilização de soldados para garantir tal sucesso. Essa mobilização dependia da criação de uma ameaça externa para o Estado e seus cidadãos que fosse suficientemente forte para justificar a morte em combate. A legitimidade do Estado foi construída em um ambiente onde tanto a soberania externa quanto a soberania interna do Estado foram colocadas sob pressão. Em terceiro lugar, a pacificação dos cidadãos nacionais foi muitas vezes buscada através da guerra entre Estados. O núcleo de integração da sociedade nacional foi determinado, em essência, pela articulação do cidadão nacional, e do sistema jurídico-político nacional, com processos de conflito interestatal, que repercutiram diretamente nas sociedades nacionais por meio de antagonismos entre grupos sociais. A maioria dos indivíduos adquiriu direitos de cidadania em momentos de aguda hostilidade interestatal, que se expressou de diferentes maneiras nas práticas de cidadania.

A figura do cidadão já tinha tomado forma, de uma maneira bastante incipiente, antes das revoluções que estabeleceram a forma política básica de legitimação da sociedade nacional moderna. Esta figura tinha servido, estruturalmente, para criar uma divisão constitucional entre a concepção de legitimidade para o Direito e o exercício da violência militar. No período revolucionário, os contornos jurídicos do cidadão, que haviam orientado a construção inicial da sociedade moderna, foram ampliados para incluir dimensões políticas específicas e explícitas. Assim, o foco de legitimação do Direito se vinculou ao cidadão como o ator político, portador, gradativamente, de direito ao voto e de outros direitos de participação eleitoral. Essa ampliação do conceito de cidadão definiu, em essência, o surgimento do sistema político nacional moderno. Uma primeira consequência do desenvolvimento do sistema político moderno foi que, tal como na sociedade feudal, o sistema jurídico se fundiu com o sistema militar. Isto fez com que os dois sistemas, que haviam sido separados durante a formação inicial da sociedade moderna, fossem novamente unidos de maneira integral.[298] Uma outra consequência desse fato foi a profunda relação que se estabeleceu entre o sistema jurídico e os conflitos externos, além da influência dos antagonismos externos na disputa militar sobre o Direito na sociedade nacional. Esse conjunto de relações criou o sistema político moderno.

---

[298] Para uma análise paralela da reconexão entre esfera civil e militar no núcleo da sociedade moderna, ver WALTER, Dierk. *Preußische Heeresreformen 1807-1870*: Militärische Innovationen und der Mythos der "Roonschen Reform". Paderborn: Schöningh, 2003, p. 319; SPREEN, Dierk. *Krieg und Gesellschaft*: Die Konstitutionsfunktion des Krieges für moderne Gesellschaften. Berlin: Duncker und Humblot, 2008, p. 125; RINK, Martin. "Preußisch-deutsche Konzeptionen zum 'Volkskrieg' im Zeitalter Napoleons". *In*: LUTZ, Karl-Heinz; RINK, Martin; SALISCH, Marcus von (Coords.). *Reform-Reorganisation-Transformation*: Zum Wandel in deutschen Streitkräften von der preußischen Heeresreform bis zur Transformation der Bundeswehr. Munich: Oldenbourg, 2010, p. 70; POßELT, Stephanie. *Die Grande Armée in Deutschland 1805 bis 1814*: Wahrnehmungen und Erfahrungen von Militärpersonen und Zivilbevölkerung. Frankfurt am Main: Lang, 2013, pp. 5-6.

CAPÍTULO II - DEMOCRACIA E MILITARIZAÇÃO

A figura do cidadão moderno foi construída através de forças de integração na sociedade, e refletiu padrões de integração institucional e jurídica nacional. Em aspectos fundamentais, porém, o cidadão moderno debilitou os pré-requisitos materiais – isto é, a existência de instituições estatais soberanas, populações integradas nacionalmente e ordens jurídicas unificadas – que a cidadania pressupunha para a sua própria realização. Como se analisará posteriormente, a figura do cidadão estabeleceu uma ruptura profunda entre as dimensões normativa e funcional da sociedade. Em sua formulação inicial, ela criou as condições em que a sua própria essência normativa, a democracia, tornou-se improvável.

Capítulo III
DEMOCRACIA E DIREITO GLOBAL

Conforme já mencionado, as revoluções do final do século XVIII não conduziram nenhum sistema político a uma cidadania democrática plena. Somente nas últimas décadas do século XIX é que constituições com fortes características democráticas se tornaram comuns nos sistemas políticos europeus. E foi somente por volta do final da Primeira Guerra Mundial, em 1918, que o princípio fundamental de legitimação da cidadania moderna – ou seja, que a participação política de massas nos procedimentos legislativos constitui a principal fonte de legitimidade governamental – tornou-se, em alguns lugares, uma realidade política comum. Antes de 1918, praticamente todos os Estados europeus haviam restringido a democracia, seja excluindo alguns grupos da participação eleitoral igualitária, geralmente membros da classe trabalhadora, seja assegurando que as legislaturas eleitas tivessem poderes limitados.[299] Por volta de 1918, uma série de países na Europa e na América

---

[299] Antes de 1918, toda a população masculina tinha direito ao voto na Alemanha, mas as eleições serviam para eleger legislaturas sem grandes poderes. No Reino Unido, apenas 60% dos homens, aproximadamente, tinha direito ao voto até 1918. A partir de 1912, o direito ao voto masculino foi estendido, mas ainda permaneceu incompleto. Os EUA tinham uma grande população de votantes homens, mas o direito ao voto só era universal para os homens brancos. Foi na Escandinávia onde a democracia mais se consolidou. Antes de 1918, a Finlândia, ainda não totalmente independente, e a Noruega já concediam pleno direito ao voto a homens e mulheres. A Suécia foi plenamente democratizada em 1919-21, e a Islândia em 1920.

Latina começaram, geralmente de forma temporária, a satisfazer certas definições mínimas de democracia (masculina): isto é, vincularam sua legitimidade ao pleno direito ao voto de suas populações masculinas, e institucionalizaram eleições competitivas para representação em órgãos legislativos autônomos. Em alguns países, por volta de 1918, também se aceitou que membros do sexo feminino das populações nacionais tivessem direitos políticos como qualquer cidadão.[300]

Os padrões de inclusão política das massas ocorridos por volta de 1918 tinham uma série de características que demonstravam o aspecto militar da cidadania moderna. Nesse período, de um modo geral, a relação profunda entre a face jurídica e a face militar do cidadão foi intensificada ainda mais. De fato, o potencial dialético intrínseco ao processo de formação sociopolítica iniciado por volta de 1789 adquiriu uma expressão particularmente intensa na época da Primeira Guerra Mundial.[301] Ficou claro, nessa época, que a articulação entre os direitos políticos e o engajamento militar produziu uma concepção de legitimidade que obstruiu a realização da democracia como uma realidade funcional-institucional. A forma subjetiva do cidadão democrático de massas foi um grande obstáculo à formação de um sistema de integração em que aquele sujeito pudesse se tornar real.

A intersecção entre as funções militares e as concepções de cidadania nas novas democracias formadas por volta de 1918 manifestou-se nos seguintes aspectos.

Em primeiro lugar, na maioria das democracias europeias criadas durante e após 1918, muitos indivíduos obtiveram sua cidadania

---

[300] As mulheres ganharam o direito o voto nos EUA em 1920. No Reino Unido, algumas mulheres foram autorizadas a votar em 1918. As mulheres adquiriram direito ao voto na Alemanha, Áustria e Polônia em 1918.

[301] Ingenlath considera o ano de 1914 como o "resultado de um processo que se iniciou em 1789 e durou cerca de 120 anos", e expressou uma profunda "aproximação entre o Estado e a sociedade" (INGENLATH, Markus. *Mentale Aufrüstung. Militarisierungstendenzen in Frankreich und Deutschland vor dem Ersten Weltkrieg*. Frankfurt: Campus, 1998, p. 16). Uma interpretação alternativa afirma que 1914 foi o "resultado de um processo em curso desde as guerras revolucionárias" (CRÉPIN, Annie. *Histoire de la conscription*. Paris: Gallimard, 2009, p. 335).

CAPÍTULO III - DEMOCRACIA E DIREITO GLOBAL

democrática plena como soldados, ou pelo menos em algum processo legal diretamente determinado pela guerra. A cidadania foi muitas vezes definida, nesse período, como um conjunto de direitos políticos a serem concedidos aos soldados, em parte como compensação pelas dificuldades sofridas durante o combate,[302] e o conceito de *soldat-citoyen* foi novamente colocado no centro de muitos sistemas políticos nacionais. Na Alemanha, por exemplo, a totalidade dos homens e mulheres exerceu seus direitos eleitorais democráticos pela primeira vez no início de 1919. No Reino Unido, as eleições do final de 1918 foram as primeiras em que o sufrágio universal masculino (e o sufrágio parcial feminino) foi estabelecido. Em ambos os países, a expansão dos direitos eleitorais esteve diretamente relacionada com a guerra. Na Suécia, que permaneceu neutra na guerra, mas implantou o serviço militar obrigatório generalizado a partir de 1901, a campanha pelo sufrágio universal, concluída entre 1919 e 1921, foi promovida inicialmente com o seguinte slogan: "Um homem, uma arma, um voto". Além do mais, os soldados obtiveram direitos de cidadania privilegiados em muitas sociedades por volta de 1918. Isto ocorreu no Reino Unido em 1918, quando os soldados foram autorizados a votar com uma idade inferior à dos demais cidadãos. Isso ocorreu na Rússia durante o período revolucionário, onde a mobilização militar e a cidadania política estavam "misturadas", e os soldados conquistaram uma grande influência política.[303] Em algumas sociedades, o serviço militar estendeu os direitos de cidadania a grupos anteriormente excluídos por motivos étnicos. Nos

---

[302] Sobre esta relação na Alemanha, ver LLANQUE, Marcus. *Demokratisches Denken im Krieg*: Die deutsche Debatte im Ersten Weltkrieg. Berlin: Akademie Verlag, 2000, p. 158.

[303] HAGEN, Mark von. *Soldiers in the proletarian revolution*: the red army and the Soviet Socialist State, 1917-1930. Ithaca: Cornell University Press, 1990, pp. 35, 329. A expansão da cidadania na Rússia revolucionária foi inseparável da mobilização militar (HOLQUIST, Peter. *Making war, forging revolution*: Russia's continuum of crisis, 1914-1922. Cambridge, MA: Harvard University Press, 2002, p. 45; RETISH, Aaron B. *Russia's peasants in revolution and Civil War*: citizenship, identity, and the creation of the Soviet State, 1914-1922. Cambridge, UK: Cambridge University Press, 2008, pp. 1-2; KOTSONIS, Yanni. *States of obligation*: taxes and citizenship in the Russian empire and early soviet republic. Toronto; Buffalo; London: University of Toronto Press, 2014, pp. 292, 301).

EUA, a integração das minorias étnicas continuou limitada após 1918. Na verdade, a Primeira Guerra Mundial aumentou a intensidade dos conflitos étnicos nos EUA. A frustração dos recrutas negros norte-americanos diante da demora em serem integrados à cidadania após 1918 criou um estímulo enorme para o ativismo, o qual moldou a política negra ao longo do século XX.[304] Porém, a Primeira Guerra Mundial nitidamente criou expectativas de integração entre os negros norte-americanos e, tal como na Europa, evocou a promessa de cidadania plena para pessoas anteriormente sujeitas a regimes de trabalho forçado.[305] Na Alemanha pós-1918, muitos cidadãos judeus acreditaram que o serviço militar levaria a uma inclusão mais ampla. Em alguns países, após 1918, a concessão de direitos políticos às mulheres passou a estar vinculada ao reconhecimento pelo seu serviço em atividades de guerra.[306] Em alguns países, as mulheres adquiriram direitos de cidadania mais extensivos porque sua posição nos mercados de trabalho nacionais havia mudado durante a guerra, e elas passaram a assumir novos papéis profissionais que as libertaram das tarefas domésticas. No Canadá, as mulheres foram progressivamente adquirindo direitos políticos durante a guerra. Foi dada prioridade para aquelas cuja contribuição para a guerra foi considerada maior.

Na Europa, o processo de formação da cidadania que teve início por volta de 1789 aproximou-se de sua conclusão para muitas pessoas (pelo menos para os homens) na Europa por volta de 1918. Para muitos homens e mulheres europeus, o término formal da servidão no período

---

[304] WILLIAMS, Chad L. *Torchbearers of democracy*: African American soldiers in the World War I era. Chapel Hill: University of North Carolina Press. 2010, pp. 245, 264, 287.

[305] Ver a discussão em: CHAMBERS II, John Whiteclay. *To raise an army*: the draft comes to modern America. London: Macmillan, 1987, p. 6; SLOTKIN, Richard. *Lost battalions*: The great war and the crisis of American nationality. New York: Henry Holt, 2005, pp. 153-155; CAPOZZOLA, Christopher. *Uncle Sam wants you*: World War I and the making of the modern American citizen. New York: Oxford University Press, 2010, p. 34.

[306] SCHAFFER, Ronald. *America in the Great War*: the rise of the war welfare state. New York: Oxford University Press, 1991, p. 94; ROSS, William G. *World War I and the American Constitution*. New York: Cambridge University Press, 2017, p. 149.

CAPÍTULO III - DEMOCRACIA E DIREITO GLOBAL

revolucionário posterior a 1789 produziu, até 1914, apenas uma transformação teórica e superficial de sua condição social. Para muitos europeus, como já mencionado, as condições de vida e de trabalho ao longo do século XIX continuaram parecidas com as da servidão. Para a maioria dos cidadãos europeus até 1914, os direitos políticos não estavam estabelecidos de forma robusta. Devido às restrições ao voto, os direitos políticos que existiam, formalmente, não eram capazes de modificar as relações de trabalho e emprego. Em grande parte da Europa, alguns aspectos do Direito feudal permaneceram em vigor após sua suspensão formal. As condições de trabalho no campo, em particular, perpetuaram os elementos de servidão.[307] Na maior parte da Europa, em consequência, foi só por volta de 1918 que a transição estrutural iniciada em 1789, e que transformou as condições de cidadania limitada e de trabalho forçado em uma integração jurídica e política plena, foi (temporariamente)

---

[307] Ver a discussão sobre contrato de trabalho na Alemanha do século XIX como uma "relação baseada, não no direito, mas na violência" em FÜHRER, Karl Christian. *Arbeitslosigkeit und die Enstehung der Arbitslosenversicherung in Deutschland 1902-1927*. Berlin: Colloquium, 1990, p. 41. Na Alemanha, até 1900, os trabalhadores rurais e os trabalhadores domésticos estavam submetidos ao controle direto dos senhores de terras, que mantinham sua autoridade para castigar fisicamente seus súditos (ver VORMBAUM, Thomas. *Politik und Gesinderecht im 19. Jahrhundert* (vornehmlich in Preußen 1810-1918). Berlin: Duncker und Humblot, 1980, p. 356). Logo após a abolição da servidão, aproximadamente um terço dos trabalhadores pobres trabalhava nessas condições, de modo que a abolição da lei feudal foi apenas parcial (PIERSON, Thomas. *Das Gesinde und die Herausbildung moderner Privatrechtsprinzipien*. Frankfurt am Main: Klostermann, 2016, p. 12). Na Grã-Bretanha, a Lei de Mestres e Servos (1867) comprova a proximidade entre o trabalho e a servidão nesse momento. Essa lei interpretou as relações contratuais no local de trabalho em termos parecidos com o da servidão e estabeleceu a prisão por quebra de contrato (ver STEINFELD, Robert J. *Coercion, contract and free labor in the nineteenth century*. Cambridge, UK: Cambridge University Press, 2001, p. 203). Steinfeld calcula que de 1847 a 1875 foram iniciados 10.000 processos criminais por ano contra trabalhadores britânicos por quebra de contrato de trabalho (STEINFELD, Robert J. "Changing Legal Conceptions of Free Labor". In: ENGERMAN, Stanley L. (Coord.). *Terms of labor*: slavery, serfdom and free labor. Stanford: Stanford University Press, 1999, p. 146). Na Rússia, os antigos servos não possuíam cidadania plena e continuaram sujeitos a tribunais separados até a reforma agrária de Stolypin, iniciada depois de 1905 (LEONARD, Carol S. *Agrarian reform in Russia*: the road from serfdom. New York: Cambridge University Press, 2011, p. 257). No Brasil, a abolição da escravidão foi precedida por leis que impunham a prisão por violação de certas obrigações contratuais (Conrad, 1972, p. 73).

concluída. De fato, em grande parte da Europa, os grandes latifúndios construídos originalmente a partir da mão de obra escrava foram (parcialmente) destruídos somente em 1918.[308]

A conclusão da transição da servidão para a cidadania, que ocorreu por volta de 1918, foi, tal como o início desse processo por volta de 1789, determinada pelo recrutamento militar. Com efeito, da mesma maneira que depois de 1789, para muitos europeus, a experiência de se tornar cidadão por volta de 1918 não foi substancialmente distinta da experiência de se tornar um soldado. Na maioria das situações, nitidamente, a trajetória militar para a cidadania criou cidadãos por acaso, e a cidadania foi conferida a muitas pessoas como um resultado imprevisto de seus deveres como soldados. Para muitas dessas pessoas, a cidadania democrática não foi uma demanda explícita. Em muitos casos, as condições por meio das quais a cidadania plena foi alcançada, através da devastação causada pela Primeira Guerra Mundial, deixaram os cidadãos pouco qualificados para exercer direitos vinculados à cidadania. Muitas das primeiras democracias de massas se caracterizaram pela ausência explícita de cidadãos democráticos em seu núcleo legitimador, e o fato de os cidadãos terem obtido direitos democráticos por meio da guerra fez com que poucos sistemas políticos tivessem nos compromissos democráticos uma base sólida.

Em segundo lugar, em muitos países europeus, a cidadania plena foi dada a soldados que ainda não estavam totalmente desmobilizados em 1918, de modo que os direitos de cidadania foram exercidos pela primeira vez por pessoas que ainda estavam mobilizadas para a guerra. Isso significou que, de diferentes maneiras, as práticas de guerra foram transportadas para os tempos de paz, e muitas democracias posteriores a 1918 tomaram forma, inicialmente, em condições nas quais grupos militares irregulares ou semiorganizados perpetuaram elementos da guerra.

Um exemplo importante dessa interpenetração entre guerra e paz é a Alemanha. Após 1918, a Alemanha foi por um tempo a maior

---

[308] HALPERIN, Sandra. *War and social change in modern Europe*: the great transformation revisited. Cambridge, UK: Cambridge University Press, 2004, p. 152.

CAPÍTULO III - DEMOCRACIA E DIREITO GLOBAL

democracia da Europa. A democratização da Alemanha em 1918-19 foi muito semelhante à fundação da Terceira República na França, em 1870-71. Em 1918-19, a transição para a democracia na Alemanha foi resultado da derrota militar e da abdicação do Imperador. E, além do mais, ocorreu em circunstâncias próximas à guerra civil em algumas regiões. No inverno de 1918-19, o Partido Social-Democrata, que havia sido colocado à frente de um governo interino, consolidou seu poder mobilizando unidades militares parcialmente dissolvidas contra seus opositores políticos da extrema esquerda. Tal interpenetração entre guerra e paz foi mais profunda nos Estados da Europa Central e do Leste Europeu, que nasceram de antigos Impérios multiétnicos. Nesses contextos, as fronteiras de novas comunidades etnopolíticas foram estabelecidas pela guerra, e novos países foram criados através da mobilização de tropas nacionalistas irregulares. A maioria das sociedades do Leste Europeu não foi pacificada até 1922-23, e o estabelecimento de novas instituições políticas coincidiu com um conflito civil ininterrupto.[309] Na Hungria, a guerra e o conflito civil impediram o estabelecimento de uma democracia plena após 1918, facilitando a formação de um governo autoritário, liderado por Horthy, com forte apoio militar. Na Polônia, a experiência democrática iniciada em 1918 começou no Exército. De fato, as origens do Estado polonês moderno são de natureza exclusivamente militar. Foi somente por causa da Primeira Guerra Mundial que a divisão da Polônia, que começou na década de 1770, foi concluída, e a guerra criou oportunidades inéditas para uma organização democrática nacional independente. O início da carreira política de Piłsudski, líder periódico de fato da Segunda República Polonesa de 1918, está estreitamente relacionado com organizações paramilitares. Depois de 1918, o Exército polonês, formado por unidades que haviam atuado em diferentes Forças Armadas imperiais na Primeira Guerra Mundial, passou a ser a principal instituição nacional.[310] A República

---

[309] GEWARTH, Robert. *The vanquished*: why the First World War failed to end, 1917-1923. London: Penguin, 2016, pp. 248-267.

[310] Sobre a formação de unidades polonesas no Exército austro-húngaro durante a Primeira Guerra Mundial, ver Conze (CONZE, Werner. *Polnische Nation und deutsche Politik im Ersten Weltkrieg*. Cologne: Böhlau, 1958, p. 39); SZLANTA, Piotr. "Der

Polonesa foi então consolidada em um clima de hostilidade multipolar, incluindo guerras com forças militares ucranianas e russas, confrontos com milícias alemãs e conflitos com diversas minorias. Nesse processo, a liderança militar em torno de Piłsudski foi central para o governo, mas, mesmo assim, ele teve que lutar para garantir o controle total sobre diferentes órgãos militares.[311] A fundação, em 1918, do Estado que acabou se tornando a Iugoslávia foi profundamente marcada pela violência de guerrilhas e pelo conflito entre soldados irregulares.[312] Até mesmo a Checoslováquia, cuja consolidação foi mais rápida que a de outros Estados novos da Europa Central, viveu uma violência paramilitar generalizada.[313] Em suma, muitos dos novos Estados nacionais criados após 1918 tiveram origem em organismos militares, processo em que exércitos regulares, exércitos irregulares e até mesmo exércitos privados interagiram estreitamente. Em alguns casos, a soberania política de novas nações teve origem em movimentos de partisans. Isso forneceu a matéria-prima a partir da qual os países do entreguerras foram criados. Como era de se esperar, a maioria das novas "democracias" da Europa Central começou sua vida como ditaduras ou logo desembocou em ditaduras.

Nessas condições, o exercício da cidadania nas primeiras democracias de massa conservou um perfil abertamente militar. Em muitos países pós-1918, as ações bélicas impregnaram a política de tempos de

---

Erste Weltkrieg von 1914 bis 1915 als identitätsstiftender Faktor für die moderne polnische Nation". *In*: GROẞ, Gerhard P. (Coord.). *Die vergessene Front*: Der Osten 1914/15. Ereignis, Wirkung, Nachwirkung. Paderborn: Schöningh, 2006, pp. 154-157.

[311] BÖHLER, Jochen. *Civil War in Central Europe, 1918-1921*: the reconstruction of Poland. Oxford: Oxford University Press, 2018, p. 176.

[312] GUMZ, Jonathan E. *The resurrection and collapse of empire in Habsburg Serbia, 1914-1918*. Cambridge, UK: Cambridge University Press, 2009, p. 194; NEWMAN, John Paul. *Yugoslavia in the shadow of war*: veterans and the limits of state-building, 1903-1945. Cambridge, UK: Cambridge University Press, 2015, p. 41.

[313] KU ERA, Rudolf. "Exploiting victory, sinking into defeat: uniformed violence in the creation of the new order in Czechoslovakia and Austria". *The Journal of Modern History*, vol. 88, 2016, p. 828.

CAPÍTULO III - DEMOCRACIA E DIREITO GLOBAL

paz. Em particular, muitos partidos políticos continham elementos que estavam intimamente ligados a unidades militares ou paramilitares, ou pelo menos a organizações que imprimiram uma disciplina de estilo militar ao comportamento político. Esse modelo político ganhou forma na Itália depois de 1918, onde o partido fascista nasceu de corpos paramilitares semi-desmobilizados e jovens voluntários recrutados para se juntar a eles. Na Alemanha do entreguerras, muitos partidos – de esquerda e de direita – utilizavam o simbolismo militar para conseguir apoio partidário.[314] Os grupos militarizados do período de Weimar não foram incorporados ao Exército regular de maneira generalizada, pois o serviço militar obrigatório havia sido abolido. Em 1930, a maioria dos partidos alemães possuía organizações com características militares, mesmo que parciais.[315] Como resultado, os partidos políticos foram muitas vezes levados a competir pela participação na tomada de decisões políticas não só através da disputa eleitoral normal, mas também nos conflitos violentos de rua. Em cada uma dessas formas, a primeira construção de democracias de massa após 1918 envolveu a integração dos cidadãos na forma militar, e os processos de mobilização social e formação político-partidária que caracterizaram este período não foram totalmente distinguíveis da arregimentação militar.

Importante, nesse aspecto, foi o fato de que a maioria dos Estados europeus não possuía a autoridade soberana necessária para regular os conflitos políticos entre as partes mobilizadas. Isso ficou claro na Europa Central, onde o controle estatal sobre as unidades militares era pouco consistente. Mesmo em sistemas políticos como o do Reino Unido, com sistemas institucionais razoavelmente sólidos, os políticos da elite reconheceram que a competição política tinha se tornado instável devido a criação de direitos democráticos de cidadania massivos, e os espaços de competição política pública eram monitorados e controlados

---

[314] VOIGT, Carsten. *Kampfbünde der Arbeiterbewegung*: Das Reichsbanner Schwarz--Rot-Gold und der Rote Frontkämpferbund in Sachsen 1924-1933. Cologne: Böhlau, 2009, p. 42.

[315] REICHARDT, Sven. *Fascistische Kampfbünde*: Gewalt und Gemeinschaft im italienischen Squadrismus und in der deutschen SA. Cologne: Böhlau, 2002, p. 383.

de perto.³¹⁶ Essa situação reproduziu, de forma acentuada, os padrões de construção partidária posteriores à Revolução Francesa, nos quais grupos de milícias e facções políticas interagiram de perto para desafiar a soberania das instituições estatais. Uma da característica dos sistemas políticos pós-1918 foi o aumento da importância da questão militar na organização política, e, ao mesmo tempo, a diminuição da capacidade dos Estados para administrar tal organização.

Em terceiro lugar, muitas democracias criadas depois de 1918 foram legitimadas por grupos de cidadãos que haviam adquirido uma forma nacional consistente somente na Primeira Guerra Mundial, e cuja filiação a instituições políticas com caráter especificamente nacional havia sido, em grande medida, produto da guerra. Em diversos casos, as populações nacionais assumiram identidades de cidadania pela primeira vez através da guerra, e a experiência de cidadania dessas populações foi muitas vezes incompatível com os papéis e as expectativas essenciais para uma democratização pacífica.

Por exemplo, em Estados europeus relativamente estáveis, era comum que apenas nos ambientes militares criados após 1914 os indivíduos considerassem plenamente a si mesmos como membros da mesma ordem sociogeográfica.³¹⁷ Tal mudança da autopercepção popular foi

---

[316] Para o Reino Unido, ver a análise da ansiedade crescente das elites com a politização social em LAWRENCE, Jon. "The transformation of British political life after the First World War". *Past & Present*, vol. 190, 2006, p. 213.

[317] Os resultados da integração na Primeira Guerra Mundial, que levaram à redução das divisões étnicas e de classe em diversas sociedades, estão amplamente documentados. Para o caso da Alemanha, ver KOCKA, Jürgen. *Klassengesellschaft im Krieg*: Deutsche Sozialgeschichte 1914-1918. Göttingen: Vandenhoeck & Ruprecht, 1973; LLANQUE, Marcus. *Demokratisches Denken im Krieg*: Die deutsche Debatte im Ersten Weltkrieg. Berlin: Akademie Verlag, 2000, p. 42; para o Reino Unido, LEED, Eric J. *No man's land*: combat and identity in World War I. New York: Cambridge University Press, 1979, p. 45; CANNADINE, David. *The decline and fall of the British aristocracy*. New Haven: Yale University Press, 1990, p. 455; GREGORY, Adrian. *The last Great War*: British society and the First World War. Cambridge, UK: Cambridge University Press, 2008, p. 205; para os EUA, CHAMBERS II, John Whiteclay. *To raise an army*: the draft comes to modern America. London: Macmillan, 1987, p. 6; SLOTKIN, Richard. *Lost Battalions*: The great war and the crisis of American nationality. New York: Henry Holt, 2005, pp. 153-55; CAPOZZOLA, Christopher. *Uncle Sam wants you*:

CAPÍTULO III - DEMOCRACIA E DIREITO GLOBAL

provocada por uma penetração mais uniforme das instituições estatais nas sociedades nacionais durante a guerra, e também, em alguma medida, pela tendência das organizações militares de trazer para perto de si pessoas de diferentes origens sociais e regionais. Essa pode ser uma afirmação exagerada, é claro. Na maioria das sociedades beligerantes, as divisões de classe se refletiram rigorosamente nas estruturas de comando militar e na experiência individual.[318] Além disso, o recrutamento militar foi caracterizado por variações regionais, e o serviço militar obrigatório só foi nacionalizado integralmente nas últimas fases da guerra.[319] Isso fez com que as hostilidades regionais entre grupos sociais continuassem a se propagar nos exércitos nacionais. Essa situação foi adequadamente registrada nos exércitos, como os da Grã-Bretanha e da Alemanha, que incorporaram muitos soldados de regiões com forte aversão ao grupo cultural dominante na sociedade nacional.[320] Em sua tendência fundamental, porém, a guerra contribuiu para o aumento da uniformidade nacional em diversas populações europeias. Em muitos casos, comunidades forjadas entre os soldados na linha de frente durante a guerra foram transferidas para a sociedade doméstica após 1918, proporcionando uma

---

World War I and the making of the modern American citizen. New York: Oxford University Press, 2010, p. 34. Sobre a redução concomitante das divisões de gênero e classe, ver ROBERTS, Robert. *The classic slum*: salford life in the first quarter of the century. London: Penguin, 1971, p. 203; GULLACE, Nicoletta R. *"The blood of our sons"*: men, women and the renegotiation of British citizenship during the Great War. Basingstoke: Macmillan, 2002, p. 3; RABINOWITCH, Alexander. *The Bolsheviks in power*: the first year of Soviet rule in Petrograd. Bloomington: Indiana University Press, 2007, p. 65.

[318] SHEFFIELD, G. D. *Leadership in the trenches*: officer-men relations, morale and discipline in the British Army in the era of the First World War. Basingstoke: Macmillan, 2000, p. 72; MARIOT, Nicolas. *Tous unis dans la tranchée? 1914–1918, les intellectuels recontrent le peuple*. Paris: Seuil, 2013, p. 377.

[319] No Reino Unido, forças mobilizadas entre 1914 e 1916 foram frequentemente recrutadas por localidades específicas, contendo uma "alta proporção de unidades diretamente ligadas a comunidades específicas", algo sem precedentes (SIMKINS, Peter. *Kitchener's army*: the raising of the new armies, 1914-16. Manchester: Manchester University Press, 1988, p. 186). Na França, o recrutamento foi maior nas áreas diretamente atingidas pela guerra.

[320] ZIEMANN, Benjamin. *Front und Heimat*: Ländliche Kriegserfahrungen im südlichen Bayern 1914-1923. Essen: Klartext, 1997, p. 273.

base para construções de cidadania e vínculos políticos. Acontecimentos dessa natureza foram registrados em Estados criados ainda antes da guerra, como na França, Grã-Bretanha, Alemanha e Rússia.[321]

Em Estados menos consolidados, as populações alcançaram sua identificação fundamental como nações na guerra. A fundação da cidadania nacional durante a guerra foi particularmente intensa nos sistemas políticos criados por meio da dissolução dos Impérios multinacionais. Em muitos desses ambientes, grupos populacionais nacionais não contavam, antes de 1918, com reconhecimento legal completo e um governo representativo.[322] Nesses casos, o primeiro caminho para a cidadania política surgiu nos exércitos agrupados em 1914. Em alguns casos, os cidadãos dos novos países lutaram em diferentes Exércitos Imperiais até 1918, e construíram vínculos nacionais por meio da divisão dos Exércitos Imperiais em grupos nacionais específicos nos últimos meses da guerra. Nesses casos, novos países surgiram a partir dos exércitos, e a soberania popular e a mobilização militar foram aspectos indivisíveis desse processo. Assim, o florescimento da cidadania nacional foi frequentemente estimulado pelas Forças Armadas, nas quais, tal como durante o regime de Napoleão, as diferenças clássicas entre soldados regulares, partisans e unidades paramilitares não existiam.[323] Em algumas partes do Leste Europeu, as populações viveram sob domínio militar direto de 1914 a 1917-18. Em alguns casos, o regime militar incluía o

---

[321] CABANES, Bruno. *La victoire endeuillée*: La sortie de guerre des soldats français. Paris: Seuil, 2004, p. 78; RETISH, Aaron B. *Russia's peasants in revolution and Civil War*: citizenship, identity, and the creation of the Soviet State, 1914-1922. Cambridge, UK: Cambridge University Press, 2008, p. 264.

[322] No Império Russo, as assembleias representativas que existiam em áreas majoritariamente russas antes de 1917 não foram criadas em todas as áreas colonizadas (ver WEEKS, Theodore R. *Nation and state in late Imperial Russia*: nationalism and russification on the western frontier 1863-1914. Dekalb: Northern Illinois University Press, 1996, p. 133).

[323] BÖHLER, Jochen. *Civil War in Central Europe, 1918-1921*: the reconstruction of Poland. Oxford: Oxford University Press, 2018, p. 176; BORODZIEJ, Włodzimierz; GÓRNY, Maciej. *Der vergessene Weltkrieg*: Nationen 1917-1923. Darmstadt: Wissenschaftliche Buchgesellschaft, 2018, p. 133.

CAPÍTULO III - DEMOCRACIA E DIREITO GLOBAL

trabalho forçado, parecido com a servidão.[324] A ascensão da cidadania nacional nessas áreas ocorreu em um ambiente jurídico totalmente excepcional, no qual unidades de partisans aceleraram processos de construção de sistemas políticos que tradicionalmente haviam levado um século ou mais para serem concluídos.[325] Como já esperado, muitos sistemas políticos nacionais surgiram em um ambiente marcado pela brutalidade social extrema.

Em quarto lugar, os novos sistemas políticos democráticos da Europa foram determinados profundamente pela experiência bolchevique na Rússia, iniciada em 1917, a qual foi concebida por seus iniciadores como o primeiro passo de uma revolução global.[326] Esse evento provocou uma intensificação febril da militarização da sociedade europeia provocada pela Primeira Guerra Mundial, e aumentou drasticamente as propensões já existentes para a construção de uma cidadania volátil. Carl Schmitt explicou, a respeito, que a formação dos primeiros sistemas políticos democráticos por volta de 1918 revelou o *sous l'oeiul des Russes*.[327] A forma soberana básica do Estado foi, em grande parte da Europa do entreguerras, definida por esse fato.

Por um lado, a coincidência entre a democratização em massa na Europa e a Revolução Russa fez com que a maioria dos sistemas políticos europeus pós-1918 fossem criados, pelo menos em parte, como

---

[324] WESTERHOFF, Christian. *Zwangsarbeit im Ersten Weltkrieg*: Deutsche Arbeitskräftepolitik im besetzten Polen und Litauen 1914-1918. Paderborn: Schöningh, 2012, p. 181.

[325] Ver a análise do impacto do direito militar na Rússia durante a Primeira Guerra Mundial em GRAF, Daniel W. "Military Rule behind the Russian Front, 1914-1917: The Political Ramifications". *Jahrbücher für Geschichte Osteuropas*, vol. 22, n. 3, 1974, p. 395. Ver uma análise semelhante sobre as fronteiras entre os Impérios Habsburgo e Russo em BORODZIEJ, Włodzimierz; GÓRNY, Maciej. *Der vergessene Weltkrieg*: Imperien 1912-1916. Darmstadt: Wissenschaftliche Buchgesellschaft, 2018a, pp. 210-211.

[326] RABINOWITCH, Alexander. *The Bolsheviks in power*: the first year of Soviet rule in Petrograd. Bloomington: Indiana University Press, 2007, p. 2.

[327] SCHMITT, Carl. *Der Begriff des Politischen*. Berlin: Duncker und Humblot, 1932, p. 79.

projetos defensivos. A democracia foi concebida como um sistema de desmilitarização social, destinado a integrar os cidadãos de forma não revolucionária.

Um objetivo essencial das primeiras democracias de massas foi evitar insurreições de inspiração bolchevique. É importante observar que uma das origens da Revolução na Rússia foi a mobilização do proletariado industrial, e o ativismo revolucionário foi frequentemente deflagrado em contextos criados pelas greves.[328] Os elevados níveis de descontentamento do proletariado industrial também se generalizaram na Europa Central e Ocidental durante e após 1918, à medida que as economias que saíam da guerra se deparavam com excedentes de mão de obra e um crescimento correspondente da agitação do proletariado industrial. Foram exemplos dessa militância as greves em grande escala na Espanha, o ressurgimento do sindicalismo e a fundação do Partido Comunista na França, e a agitação prolongada na Itália, o *biennio rosso*. Em algumas partes da Europa, incluindo a Alemanha e a Hungria, a indústria foi organizada temporariamente, em 1918-19, através de conselhos de soldados e trabalhadores, inspirados no modelo bolchevique. Em tais circunstâncias, a militância dos trabalhadores industriais assumiu contornos militares e as greves não foram estritamente independentes da ação militar. Em resposta a esse fato, os anos seguintes a 1918 assistiram a uma mudança conjunta em direção a um Estado de bem-estar social, e certas garantias de bem-estar foram institucionalizas em grande parte da Europa.[329] Os primeiros Estados de bem-estar na Europa foram concebidos principalmente atenuar qualquer entusiasmo pela

---

[328] KOENKER, Diane; ROSENBERG, William G. *Strikes and revolution in Russia, 1917*. Princeton: Princeton University Press, 1989, p. 23.

[329] Para compreender esse processo em diferentes configurações, ver PRELLER, Ludwig. *Sozialpolitik in der Weimarer Republik*. Kronberg: Athenäum, 1949, p. 85; REIDEGELD, Eckart. "Krieg und staatliche Sozialpolitik". *Leviathan*, vol. 17, n. 4, 1989, pp. 480, 524; WEBER, Petra. *Gescheiterte Sozialpartnerschaft – Gefährdete Republik?* Industrielle Beziehungen, Arbeitskämpfe und der Sozialstaat. Deutschland und Frankreich im Vergleich (1918-1933/39). Munich: Oldenbourg, 2010, p. 378. Sobre a relação entre as políticas públicas e o medo das "consequências radicalizantes do desemprego" após 1918, ver FÜHRER, Karl Christian. *Arbeitslosigkeit und die Enstehung der Arbitslosenversicherung in Deutschland 1902-1927*. Berlin: Colloquium, 1990, p. 154.

CAPÍTULO III - DEMOCRACIA E DIREITO GLOBAL

Revolução Russa, e seu objetivo era garantir que as diferenças materiais entre grupos sociais fossem controladas e supervisionadas pelo Estado. As políticas de bem-estar social cumpriram um papel fundamental para a consolidação da soberania das instituições estatais depois da guerra.

A criação dos primeiros Estados de bem-estar depois de 1918 não foi motivada apenas pela necessidade de apaziguar os conflitos entre os cidadãos. Na maioria das sociedades pós-1918, o crescimento das políticas de bem-estar estava ligado a indenizações para os veteranos de guerra e para os dependentes dos soldados que haviam caído em batalha. Conforme mencionado, os Exércitos já haviam assumido algumas funções de proteção social para os combatentes no século XVIII, garantindo que os soldados estivessem aptos a lutar e protegendo-os da pobreza em caso de ferimentos de guerra.[330] No século XIX, o crescimento da proteção social esteve associado, de maneira geral, à expansão do recrutamento militar, e esse crescimento ocorreu em Estados frequentemente caracterizados pelo fortalecimento da esfera militar.[331] O período anterior a 1914, em particular, registrou um crescimento

---

[330] Existem muitos argumentos que destacam a importância da assistência social aos veteranos nos processos de construção do Estado no início do período moderno. Ver, por exemplo, Becker (2016, p. 386).

[331] Essa não é uma regra universal, mas se aplica nitidamente a muitos países importantes, por exemplo, os EUA após 1865, a Alemanha depois de 1870, a Grã-Bretanha antes de 1914. Sobre essa questão, ver a análise sobre os EUA após 1865 em KATZ, Michael B. *In the shadow of the poorhouse*: a social history of welfare in America. New York: Basic Books, 1986, p. 207; SKOCPOL, Theda. *Protecting soldiers and mothers*: the political origins of social policy in the United States. Cambridge, MA: Harvard University Press, 1992, pp. 59, 65, 531; SKOCPOL, Theda. "America's first social security system: the expansion of benefits for Civil War veterans". *Political Science Quarterly*, vol. 108, n. 1, 1993, p. 115; ORLOFF, Ana Shola. *The politics of pensions*: a comparative analysis of Britain, Canada and the United States 1880-1940. Madison: University of Wisconsin Press, 1993, pp. 138, 151). Um autor afirma que, no início do século XX, "uma parte substancial do esforço de assistência social norte-americano foi dedicada aos veteranos de guerra – depois de 1918, quase 50% dos gastos primários não-militares foram para veteranos" (CAMPBELL, Alec. "The Invisible Welfare State: Establishing the Phenomenon of Twentieth Century Veteran's Benefits". *Journal of Political and Military Sociology*, vol. 32, n. 2, 2004, pp. 264-65, 253). Para uma outra análise a respeito do tema, ver JANOWITZ, Morris. *The last half century*: societal change and politics in America. Chicago; London: University of Chicago Press, 1978, pp. 12, 216.

substancial da proteção social em muitas sociedades europeias. As democracias criadas na esteira da Primeira Guerra Mundial normalmente criaram instituições de assistência social para prevenir dificuldades materiais extremas entre os ex-combatentes. De fato, as políticas de proteção social dessa época foram baseadas no pressuposto, para usar uma formulação contemporânea, de que "o serviço militar obrigatório generalizado e o dever de prover assistência generalizada são conceitos inseparáveis".[332] Na maioria das sociedades, foi somente através da guerra que o aparato institucional básico capaz de integrar as populações nas estruturas de assistência social pôde se desenvolver. Particularmente, a Primeira Guerra Mundial produziu, em geral, Estados com órgãos executivos mais fortes, armados com maiores poderes de arrecadação fiscal e coordenação social. Em geral, tais poderes tornaram-se a base para o desenvolvimento dos sistemas de bem-estar social nos períodos seguintes.[333] Chegou-se até a se afirmar que as "raízes das políticas sociais

---

[332] MARCHET, Gustav. *Versorgung der Kriegs-invaliden und ihrer Hinterbliebenen*. Warnsdorf: Strache, 1915, p. 27. Sobre a importância da assistência aos veteranos no início da República de Weimar, talvez o mais avançado grande sistema de bem-estar da Europa do entreguerras, ver SACHßE, Christoph; TENNSTEDT, Florian. *Geschichte der Armenfürsorge in Deutschland*, 2: Fürsorge und Wohlfahrtspflege 1871-1929. Stuttgart: Kohlhammer, 1988, pp. 88-92. Para uma análise comparativa da relação entre os sistemas de bem-estar e a assistência aos veteranos na Europa pós-1918, ver MEYER, Jean. *Le poids de l'état*. Paris: PUF, 1983; PIRONTI, Pierluigi. *Kriegsopfer und Staat*: Sozialpolitik für Invaliden, Witwen und Waisen des Ersten Weltkriegs in Deutschland und Italien (1914-1924). Cologne: Böhlau, 2015; COHEN, Deborah. *The war comes home*: disabled veterans in Britain and Germany, 1914-1939. Berkeley: University of California Press, 2000, p. 78.

[333] O argumento de que, nos EUA, os pré-requisitos institucionais do New Deal foram estabelecidos na Primeira Guerra Mundial está em EISNER, Marc Allen. *From warfare state to welfare state*: World War I, compensatory state building and the limits of modern order. University Park, PA: Pennsylvania State University Press, 2000, p. 19; SPARROW, James T. *Warfare state*: World War II, Americans and the age of big government. Oxford: Oxford University Press, 2011, pp. 25-26. Sobre a relação geral entre guerra e as políticas de bem-estar nos EUA, ver ADLER, Jessica L. *Burdens of war*: creating the United States veterans health system. Baltimore: Johns Hopkins University Press, 2017, p. 194. Sobre a França pós-1918, ver SMITH, Timothy B. *Creating the welfare state in France, 1880-1940*. Montreal: McGill-Queen's University Press, 2003, p. 75. Para uma análise geral, ver WILENSKY, Harold L. *The welfare state and equality*: structural and ideological roots of public expenditure. Berkeley: University of California Press, 1975, p. 72. A

CAPÍTULO III - DEMOCRACIA E DIREITO GLOBAL

modernas" estavam na "assistência para as vítimas de guerra na Primeira Guerra Mundial".[334]

No entanto, a forma inicial do Estado de bem-estar social, que se desenvolveu após 1918, foi visivelmente projetada para evitar a radicalização política, para pacificar a revolta dos trabalhadores e para fazer das instituições estatais as fiadoras da estabilidade social. Nessa época, o compromisso crescente com a proteção social fez com que a democracia fosse organizada como um sistema paliativo, atuando para desarmar conflitos entre grupos sociais e para mediar antagonismos entre diferentes classes de cidadãos.

Por outro lado, a coincidência entre a democratização em grande escala na Europa e a Revolução Russa significou que as posições em relação ao comunismo russo foram internalizadas profundamente na política interna de diferentes Estados. Também significou que a inquietação sobre a expansão geopolítica do poder russo condicionou as lealdades e motivações dos cidadãos em toda a Europa.

Um dos exemplos de como as preocupações com a revolução comunista influenciaram a democracia de massas após 1918 apareceu na exacerbação, em várias sociedades europeias, dos já altamente conflituosos padrões de interação política devido ao alinhamento de alguns grupos políticos ao bolchevismo.[335] A maioria dos sistemas políticos

---

afirmação a seguir é categórica sobre esse assunto: "A forte conexão histórica entre guerra e política de bem-estar é incontestável" (OBINGER, Herbert; SCHMITT, Carina. "Guns and Butter? Regime Competition and the Welfare State during the Cold War". *World Politics*, vol. 63, n. 2, 2011, p. 247).

[334] Pawlowsky e Wendelin, 2015, p. 18.

[335] Para uma excelente análise histórica, ver Wirsching (1999, p. 15). Ver a análise sobre a Alemanha de Weimar, que argumenta que o medo da insurreição bolchevique levou ao surgimento de "um consenso sobre defesa que perpassou todos os campos políticos" (BERGIEN, Rüdiger. *Die bellizistische Republik*: Wehrkonsens und, Wehrhaftmachung in Deutschland 1918-1933. München: Oldenbourg, 2012, p. 387). Ver o argumento, relacionado com o anterior, de que as prerrogativas militares permearam todas as "áreas da vida civil e da ordem" em GEYER, Michael. "Der zur Organisation erhobene Burgfrieden". In: MÜLLER, Klaus-Jürgen; OPITZ, Eckardt (Coords.). *Militär und Militarismus in der*

europeus do entreguerras, baseados em direitos de voto recém ampliados, foram definidos, estruturalmente, por meio de conflitos entre organizações coletivas ligadas a classes sociais. A relação profunda entre partido e classe, que havia se iniciado em meados do século XIX, foi bastante fortalecida nessa conjuntura. Naturalmente, essa polarização assumiu formas distintas em cada um dos países, e as divisões de classe se expressaram com diferentes graus de intensidade. Em alguns países, como a Suécia, foi possível estabelecer coalizões governamentais interclassistas. No entanto, a maioria dos novos eleitores foram divididos em organizações políticas que representavam interesses de classe profundamente antagônicos. Assim, foram necessários novos sistemas políticos democráticos para integrar o conjunto de grupos sociais altamente organizados e contraditórios, e os diferentes grupos de cidadania passaram a se enfrentar por meio de procedimentos democráticos como atores vinculados a prerrogativas de classe contrapostas. Durante a década de 1920, tais conflitos se manifestaram tendo como pano de fundo a Revolução Russa, e todos os envolvidos, explícita ou implicitamente, explicaram seus compromissos através de referências a posições ideológicas decorrentes da Revolução Russa. A Revolução Russa criou um ambiente de adversidade ideológica global, que intensificou os conflitos sociopolíticos existentes nas sociedades nacionais. Neste ambiente, os padrões domésticos de interação política tenderam a reproduzir características do conflito global, de modo que o exercício da cidadania assumiu, em geral, uma forma violenta: e isso provou ser a característica determinante da democracia do entreguerras.

Na Rússia, tanto a Revolução quanto suas repercussões foram resultado de formas profundamente militarizadas de cidadania política e de contestação. O bolchevismo se desenvolveu na Rússia como a expressão de uma sociedade que estava orientada para a guerra, e na qual as situações associadas à guerra eram parte das relações sociais

---

Weimarer Republik. Düsseldorf: Droste, 1978, p. 43. Para uma excelente análise comparativa entre Alemanha e França, ver WEBER, Petra. *Gescheiterte Sozialpartnerschaft – Gefährdete Republik? Industrielle Beziehungen, Arbeitskämpfe und der Sozialstaat. Deutschland und Frankreich im Vergleich (1918-1933/39)*. Munich: Oldenbourg, 2010, p. 378.

CAPÍTULO III - DEMOCRACIA E DIREITO GLOBAL

cotidianas.[336] Durante a Primeira Guerra Mundial, as instituições militares e civis já estavam intimamente ligadas na Rússia, e as organizações militares atuavam no fornecimento e arrecadação de bens, na fixação de preços e na assistência social da sociedade como um todo.[337] Esse histórico se refletiu no crescimento do bolchevismo. Os primeiros passos na direção da Revolução ocorreram no setor militar.[338] As primeiras tentativas de institucionalizar o domínio bolchevique foram experiências que ocorreram no comunismo de guerra, em que políticas econômicas para tempos de guerra orientaram o controle estatal sobre o comércio e a produção industrial para abastecer o Exército.[339] O próprio Partido Bolchevique possuía algumas características de uma unidade radical de partisans; foi concebido para mobilizar servos recém libertados e vinculou estrategicamente a cidadania ao serviço militar. Durante a guerra civil relacionada com a Revolução, o Exército Vermelho, fundado em 1918, cresceu rapidamente através do serviço militar obrigatório do proletariado, e tornou-se o centro cultural e organizacional do Estado

---

[336] Ver as análises de HOLQUIST, Peter. *Making war, forging revolution*: Russia's continuum of crisis, 1914-1922. Cambridge, MA: Harvard University Press, 2002, p. 142; LOHR, Eric. *Nationalizing the Russian empire*: the campaign against enemy aliens during World War I. Cambridge, MA: Harvard University Press, 2003; RABINOWITCH, Alexander. *The Bolsheviks in power*: the first year of Soviet rule in Petrograd. Bloomington: Indiana University Press, 2007, p. 355; KRUSE, Volker. "Mobilisierung und kriegsgesellschaftliches Dilemma. Beobachtungen zur kriegsgesellschaftlichen Moderne". *Zeitschrift für Soziologie*, vol. 38, n. 3, 2009, p. 206.

[337] SANBORN, Joshua A. "Unsettling the empire: violent migrations and social disaster in Russia during World War I". *The Journal of Modern History*, vol. 77, n. 2, 2005, p. 308.

[338] Sobre a centralidade da violência no início do sistema soviético, ver SANBORN, Joshua A. *Drafting the Russian nation*: military conscription, total war, 1905-1925. Dekalb: Northern Illinois University Press, 2003, p. 5. Sobre o início da política militar da Revolução Russa, ver a análise, em SANBORN, Joshua A. *Imperial apocalypse*: the great war and the destruction of the Russian empire. Oxford: Oxford University Press, 2014, pp. 196-197, sobre a Ordem n. 1 do Soviete de Petrogrado (março de 1917), que aboliu o comando czarista no Exército.

[339] SAKWA, Richard. *Soviet Communists in power*: a study of Moscow during the Civil War, 1918-21. Basingstoke: Macmillan, 1988, pp. 57, 216; SMELE, Jonathan D. *The "Russian" Civil Wars 1916-1926*: ten years that shook the world. London: Hurst, 2015, p. 183.

russo em formação.[340] Em áreas próximas ao front da guerra civil, a sociedade russa chegou a um estado de violência total, multipolar e muitas vezes difusa, no qual "a separação entre espaços civis e militares deixou de existir, tanto geográfica quanto mentalmente".[341] A guerra civil provocou perdas de vidas em um número muito maior na Rússia do que a Primeira Guerra Mundial. Além disso, a militarização da prática política no bolchevismo apoiou-se em uma análise a partir das classes sociais, que definiu os representantes da burguesia como objetos de um ódio de classe implacável. A Revolução Russa levou a uma militarização profunda tanto da cidadania política quanto das classes sociais.[342]

Algumas características dessa militarização se transferiram para outros países europeus depois de 1918. Nesse período, muitos partidos de esquerda radical internalizam as práticas e as atitudes típicas do bolchevismo. Na maior parte da Europa, como já se discutiu, os círculos políticos da esquerda só adquiriram direitos políticos plenos por volta de 1918. Em diversas situações, a esquerda conquistou seus direitos políticos em condições nas quais muitos grupos ligados à extrema direita ainda não haviam se dissolvido após a guerra. Assim, os partidos de esquerda atuaram em ambientes que os condicionavam a uma violência intensa, influenciada pelos exemplos recentes em Moscou e São Petersburgo. Tendo em vista a lembrança do recente massacre provocado pela guerra, de fato, muitos eleitores e militantes de esquerda, depois de 1918, expressaram sua hostilidade ao capitalismo na forma de uma ideologia de guerra civil, em que, não sem razão, viam o capitalismo como um modo de produção que ameaçava sua existência física.[343]

---

[340] FIGES, Orlando. "The Red Army and Mass Mobilization during the Russian Civil War 1918-1920". *Past & Present*, vol. 129, 1990, p. 169.

[341] PLAGGENBORG, Stefan. "Gewalt und Militanz in Sowjetrußland 1917-1930". *Jahrbücher für Geschichte Osteuropas*, vol. 44, n. 3, 1996, p. 417.

[342] BROVKIN, Vladimir N. *Behind the front lines of the civil war*: political parties and social movements in Russia, 1918-1922. Princeton: Princeton University Press, 1994, p. 189.

[343] Wirsching, 1999, p. 113; BERGIEN, Rüdiger. *Die bellizistische Republik*: Wehrkonsens und, Wehrhaftmachung in Deutschland 1918-1933. Münch: Oldenbourg, 2012, p. 389.

CAPÍTULO III - DEMOCRACIA E DIREITO GLOBAL

Desde o início, portanto, alguns partidos de esquerda assumiram uma propensão para a violência, mesmo contra os defensores moderados da democracia.[344] Naturalmente, esta propensão foi reproduzida, de maneira acentuada, pelos os adversários da esquerda radical. Em ambos os lados, os anos seguintes a 1918 assistiram à formação de sujeitos políticos coletivos profundamente hostis uns aos outros e ligados a polaridades ideológicas globais. Consequentemente, muitas democracias europeias nasceram, após 1918, em circunstâncias muitos próximas a uma guerra civil entre grupos de ideologias distintas.

Por esses motivos, depois de 1918, muitas sociedades europeias colapsaram em conflitos armados ou, pelo menos, parcialmente militarizados entre grupos divididos por suas posições em relação ao bolchevismo. Esse conflito ideológico normalmente ocorria, como mencionado, em sociedades onde as instituições formais eram fracas, e os governos não detinham o controle soberano sobre a esfera militar da sociedade. Foi nessa conjuntura, portanto, que os movimentos fascistas conseguiram se enraizar em algumas sociedades europeias. O fascismo nasceu como um modelo violento de cidadania, como uma resposta contrarrevolucionária ao bolchevismo, liderada por partidos militarizados com braços paramilitares. O fascismo ganhou força por meio de um processo de tradução da polarização ideológica externa para práticas de cidadania doméstica, e a violência política se instalou, dentro das sociedades nacionais, como parte de uma guerra ideológica global. O fascismo foi frequentemente promovido por unidades militares, cujas posturas haviam ganhado força, em diversas sociedades, por causa da existência de condições próximas à guerra civil. De fato, muitos membros de movimentos fascistas lutaram contra os bolcheviques nas guerras civis e nos conflitos fronteiriços que irromperam durante e depois de 1918. Uma vez criados, os partidos fascistas tiveram o apoio frequente de membros das elites tradicionais, especialmente militares de alta patente, que os utilizavam para combater os ideais bolcheviques. Não por acaso, uma

---

[344] Sobre a Alemanha, ver SCHUMANN, Dirk. *Politische Gewalt in der Weimarer Republik 1918-1933*: Kampf um die Straße und Furcht vor dem Bürgerkrieg. Essen: Klartext, 2001, pp. 11, 306.

vez no governo, os partidos fascistas criaram regimes muito semelhantes aos sistemas de comando militar, e impuseram condições de guerra às suas sociedades. Tanto o bolchevismo quanto o fascismo promoveram modelos de cidadania em que as técnicas militares de integração e arregimentação predominaram, e as estruturas socioeconômicas de controle utilizadas inicialmente na Primeira Guerra Mundial permaneceram vigentes.[345] Sob o fascismo, as instituições políticas foram empregadas, em essência, como instrumentos de repressão militar, recompensa e retaliação, e o governo foi concebido como a personificação da guerra civil contra todos os grupos acusados de simpatias bolcheviques. Depois de 1918, foi um fato comum que os Estados nacionais perdessem o controle soberano sobre unidades militares e partidos políticos. O fascismo se desenvolveu como uma forma de governo na qual o Estado reafirmou radicalmente sua soberania através da mobilização das forças militares existentes com o objetivo de consolidar um bloco antibolchevique.

Dois modelos rivais de construção estatal ficaram evidentes na Europa após 1918. Tais modelos eram profundamente antagônicos: *a democracia de bem-estar social ou o fascismo*. Esses dois modelos de Estado foram uma reação à conclusão do longo processo de formação da cidadania que se havia iniciado por volta de 1789. Ambos os modelos refletiram estratégias distintas de construção da soberania do Estado sobre sua população em ambientes altamente militarizados, frutos da Primeira Guerra Mundial e da ascensão do bolchevismo. De fato, ambos os modelos tomaram forma como respostas alternativas à característica sociológica essencial da democracia moderna: isto é, que a democracia geralmente tomou forma em sociedades nas quais o Estado lutou para exercer a soberania sobre seus próprios cidadãos, e os cidadãos tenderam a formar padrões coletivos de subjetividade política de acordo com

---

[345] Os dois pilares do fascismo europeu – as estruturas de comando centralizadas e autoritárias e o corporativismo econômico – apenas estenderam o sistema de controle social criado na Primeira Guerra Mundial para os tempos de paz. Para uma análise sociológica importante do comunismo e do fascismo como "economias de guerra", que perpetuaram a adversidade militar nas relações econômicas, ver KRUSE, Volker. "Mobilisierung und kriegsgesellschaftliches Dilemma. Beobachtungen zur kriegsgesellschaftlichen Moderne". *Zeitschrift für Soziologie*, vol. 38, n. 3, 2009, pp. 205-206.

CAPÍTULO III - DEMOCRACIA E DIREITO GLOBAL

linhas definidas por prerrogativas de classe. Nessa oposição absoluta, foi o fascismo que prevaleceu na Europa do entreguerras. O fascismo criou um tipo de regime em que os direitos de cidadania obtidos em 1918 por meio do Exército foram retirados com a ajuda do Exército, e o poder soberano do Estado foi reconstruído por meios militares. A maioria das populações europeias foi submetida a uma condição de servidão militar pelos governos fascistas. Na maioria das sociedades, os governos fascistas impuseram regimes de trabalho forçado parciais ou generalizados, de modo que a ameaça, palpável desde 1789, de que os servos libertados seriam reconvertidos em trabalhadores forçados se transformou em uma realidade brutal. Os governos fascistas foram uma expressão emblemática das contradições decorrentes das características militares da cidadania.

Em quinto lugar, os ordenamentos jurídicos das democracias pós-1918 foram frequentemente inspirados em legislações militares, que concediam prerrogativas de poder excepcionais aos líderes de governo. Em cada país beligerante entre 1914 e 1918, o governo foi conduzido por disposições especiais, geralmente baseadas em poderes de exceção, o que aumentou a autoridade do Poder Executivo, especialmente em assuntos essenciais para o abastecimento militar e para a produção industrial. Esse processo não foi homogêneo, pois alguns sistemas políticos mantiveram controles relativamente fortes sobre o Poder Executivo.[346] No entanto, a tendência de fortalecimento do Executivo foi generalizada. Após 1918, a maioria das Constituições reproduziu tais tendências, estabelecendo sistemas de governo com Executivos fortes. Além disso, várias Constituições criadas após 1918 continham disposições formais ou informais permitindo o uso da força militar para impor a ordem em situações em que país estivesse ameaçado por distúrbios. Normalmente, tais disposições indicavam que, em momentos

---

[346] Na França, os controles parlamentares rígidos sobre o Executivo permaneceram vigentes durante a Primeira Guerra Mundial (RENOUVIN, Pierre. *Les formes du gouvernment de guerre*. Paris: PUF, 1925, pp. 92-93; BOCK, Fabienne. *Un parlementarisme de guerre 1914-1919*. Paris: Belin, 2002, pp. 246-249.

de crise, a autoridade política suprema deveria ser retirada dos órgãos representativos, vinculados aos cidadãos por meio de canais controlados de comunicação eleitoral, e o poder de legislar deveria ser passado para figuras detentoras de legitimidade de caráter excepcional. Em disposições constitucionais deste tipo, a legitimidade fundamental do Estado foi construída em analogia com a legitimidade militar. Em muitos países, depois de 1918, tais disposições foram utilizadas com maior frequência do se havia previsto inicialmente. A classe de problemas políticos classificados como situações de emergência foi muitas vezes interpretada de forma ampla, para incluir problemas econômicos e problemas causados pela divergência entre partidos. Isso ficou evidente na Alemanha, onde as leis de emergência se utilizaram de maneira extensiva e desestabilizadora depois 1919. Também foi marcante na Áustria, onde as leis de origem militar formaram a base para a reforma constitucional autoritária no final da década de 1920. No contexto supostamente mais liberal do Reino Unido, a Lei de Poderes Emergenciais (1920) estabeleceu poderes governamentais excepcionais, e o vocabulário militar foi utilizado para justificar a instalação de um governo semiditatorial em 1931.[347] Durante a década de 1920, em grande parte da Europa, muitos problemas políticos cotidianos foram tratados no âmbito de leis de natureza militar, e a legitimidade do governo foi justificada por meio de categorias com forte inflexão militar: a democracia assumiu a forma de uma sociedade de guerra. Essas condições, por sua vez, deram legitimidade aos movimentos políticos que estavam dispostos a utilizar a violência para desestabilizar a arquitetura da democracia. As disposições de emergência das Constituições nacionais muitas vezes abriram uma porta pela qual lideranças militares ou partidos políticos apoiados por líderes militares se apossaram dos instrumentos de governo. Isto aconteceu na Alemanha e na Áustria no início da década de 1930.

Em cada um desses aspectos, na primeira criação da democracia de massas como um sistema comum de ordenamento político, o sujeito

---

[347] KENT, Susan Kingsley. *Aftershocks*: politics and trauma in Britain, 1918-1931. Basingstoke: Macmillan, 2009, p. 192.

CAPÍTULO III - DEMOCRACIA E DIREITO GLOBAL

fundamental do governo democrático – o cidadão político soberano – foi estruturado em termos que impediram a formação de sistemas políticos capazes de preservar sua legitimidade. O cidadão foi configurado de maneira violenta, associando a atuação política à solidariedade militar, e evidenciando uma forte propensão para assumir expressões coletivas desagregadoras, ligadas a oposições binárias globais. A maioria das primeiras democracias de massa caracterizou-se por elevados níveis de polarização social, e poucas democracias consolidaram modelos de cidadania capazes de atrair e integrar pessoas para além das fissuras resultantes da rivalidade social. Poucos Estados conseguiram estabelecer uma ordem soberana para integrar seus cidadãos, e tanto suas funções institucionais quanto suas funções normativas de integração convergiram para a crise. Em consequência, a democracia de massas, em sua origem, não assumiu a forma de um sistema de emancipação coletiva ou de autolegislação popular, tal como sugerem as explicações convencionais sobre a democratização. Ao contrário, a democracia surgiu inicialmente como um sistema de interação entre grupos de cidadãos organizados, que buscavam controlar as instituições políticas para monopolizar violentamente o poder e, dessa maneira, fazer a defesa estrutural de interesses sociais restritos. Nesses contextos, as regras democráticas foram incapazes de organizar hostilidades entre diferentes grupos políticos, e a democracia manteve – pelo menos potencialmente – sua característica original de guerra civil de fato. Na maioria dos casos, as democracias pós-1918 foram logo substituídas por ditaduras. Isso normalmente criou uma realidade social em que um ou mais grupos que haviam originalmente contestado a soberania do Estado adquiriram poder suficiente para assumir o controle total do aparelho estatal, empregando seus recursos para garantir que interesses opostos fossem excluídos do sistema de representação política. Isso ocorreu frequentemente com o auxílio das elites militares. Assim, os primeiros sistemas políticos democráticos de massa levaram as antinomias inerentes à cidadania política a seu nível mais agudo.

A democracia moderna, baseada na plena cidadania (masculina), foi trazida à tona após 1918 por forças políticas ligadas ao recrutamento militar. Os sistemas políticos democráticos criados depois de 1918 mergulharam rapidamente em crises devido à transposição dos princípios da guerra global para o conflito político interno. Em sua primeira encarnação, a democracia nacional foi, quase universalmente, uma experiência fracassada. A maioria dos sistemas políticos nacionais que passaram por transformações democráticas por volta de 1918 chegaram, na melhor das hipóteses, a uma condição de *democracias intermitentes*. Esse termo pode ser empregado para descrever a maioria das democracias criadas na Europa Central e no Leste Europeu por volta de 1918, nas quais períodos curtos de plena integração política provocaram uma reação brutal entre as elites, que utilizaram uma mistura de organização democrática e força militar para assumir o controle dos meios de coerção social de suas sociedades. A maioria dos poucos sistemas políticos que não sucumbiram ao autoritarismo completo nas décadas de 1920 e 1930 também lutaram para preservar uma condição de democracia plena. De fato, países como os EUA e o Reino Unido, que evitaram o autoritarismo extremo naquele período, institucionalizaram somente um sistema restrito de participação política ou uma *democracia parcial*: ou seja, enfraqueceram os procedimentos de representação democrática, e garantiram que a cidadania democrática plena permanecesse um privilégio de grupos sociais escolhidos. Em praticamente todos os Estados legitimados por conceitos de cidadania nacional, portanto, a formação de instituições democráticas foi interrompida, de alguma maneira, antes de uma integração e uma legitimação democráticas abrangentes, e o conflito civil ou a exclusão civil continuaram a ser características centrais desses sistemas políticos. Em todas as sociedades nacionais, a cidadania democrática raramente foi mais do que um fundamento incompleto e instável para o Direito. Muito poucas sociedades nacionais foram capazes de extrair uma forma de integração generalizada da concepção do cidadão político soberano. Embora normalmente considerado como um sistema político baseado na liberdade coletiva e na autodeterminação, a democracia nacional quase que invariavelmente se desenvolveu como um sistema de repressão seletiva.

O que isso significa, em essência, é que, em sua primeira expressão integral, a cidadania democrática não funcionou como uma forma política que facilitou a construção positiva do Direito, ou que traduziu as relações sociais em um sistema inclusivo de integração. Conforme discutido, a estrutura básica da sociedade moderna foi

CAPÍTULO III - DEMOCRACIA E DIREITO GLOBAL

determinada pela sobreposição de processos de integração normativa e de integração institucional. Desde o início, porém, esses processos foram minados pelas concepções normativas de legitimidade sobre as quais se assentavam. A concepção do cidadão político acabou por introduzir um paradoxo patológico preocupante em tais processos de integração. O cidadão moderno criou sistemas políticos nos quais os dois processos centrais de integração – a integração institucional e a integração normativa – foram entrelaçados através de uma ênfase militar compartilhada. Isso significou que o sujeito normativo básico da democracia, o cidadão soberano, explicitou um princípio de legitimidade que fraturou a estrutura institucional pressuposta pela cidadania, e que impediu a integração da sociedade nacional. *Quanto mais as relações sociais eram traduzidas em normas construídas e autorizadas pelos cidadãos, mais os processos de integração promovidos e pressupostos pela cidadania se aproximavam de uma situação de crise.*

No centro dessa patologia estava o fato de que a concepção moderna do cidadão vinculou a legitimação do Direito à mobilização dos militares. Isso gerou uma contradição profunda entre o sujeito normativo e a realidade funcional de integração da democracia no centro nevrálgico da maioria dos sistemas políticos modernos. Esse fato significou que a cidadania internalizou os conflitos existentes na arena internacional nas práticas políticas nacionais, e muitas vezes reconstruiu esses conflitos como elementos das relações sociais. Esse fato também fez com que o cidadão tendesse a assumir a forma de um sujeito coletivo, articulando as prerrogativas coletivas nas sociedades nacionais de uma forma que elas refletissem os conflitos militares e ideológicos externos. No nível mais fundamental, esse fato fez com que a produção do Direito, que deu forma à estrutura de integração da sociedade como um todo, fosse resultado de disputas entre grupos de cidadãos mobilizados, muitas vezes armados, que eram profundamente sensíveis às adversidades internacionais. Em cada um desses aspectos, o desenvolvimento e a eventual crise da democracia de massas após 1918 deram forma a uma antinomia profunda na democracia moderna: a democracia foi invariavelmente desestabilizada por sua própria definição normativa básica, e o esforço para consolidar a norma do cidadão soberano como a premissa da democracia conflitou sistematicamente com a dimensão funcional da democracia, como um sistema de integração institucional efetivo. Isso foi causado pelo fato de que, depois de 1789 e mais intensamente depois de 1918, a democracia foi orientada pela fusão de dois sistemas-chave de integração da sociedade moderna – o sistema jurídico e o sistema militar. A democracia revelou-se incapaz de se desenvolver sobre essa base. A profunda antinomia constitucional da democracia moderna se refletiu, paradigmaticamente, nas formas de autoritarismo extremo surgidas nas décadas de 1920 e de 1930, em que os militares foram utilizados para restabelecer a soberania do Estado na sociedade. Em tais regimes, os militares restabeleceram a servidão ou condições de dominação privada próximas à servidão em grande parte da Europa, e houve uma reversão da dinâmica de integração fundamental que sustentava a sociedade nacional. Nesse processo, os sistemas políticos legitimados pela cidadania perderam sua característica de centros de integração pública e as sociedades que elas governavam perderam seu caráter fundamental de nações.

A militarização da cidadania após 1945

Nas décadas seguintes a 1945, a substância normativa da democracia nacional tornou-se gradualmente uma realidade. Durante esse período, os sistemas políticos de um número cada vez maior de sociedades passaram a girar em torno da cidadania nacional como norma legitimadora. Da década de 1940 à década de 1960, como já mencionado, a democracia foi pouco mais do que um experimento parcial e localizado, que se concentrou principalmente no norte da Europa. Mesmo nos países do norte da Europa posteriores a 1945, a democracia não se estabeleceu da noite para o dia, e seu período de consolidação durou até os anos 60. Porém, passado um período mais longo, a democracia transformou-se em uma forma política global. De meados dos anos 60 até meados dos anos 70, foi estabelecido um consenso internacional de que os países não democráticos careciam de legitimidade. Essa ideia se explicitou Pacto Internacional dos Direitos Civis e Políticos adotado pela Organização das Nações Unidas (ONU) em 1966, que estabeleceu uma premissa em favor de um Direito Global

CAPÍTULO III - DEMOCRACIA E DIREITO GLOBAL

para a democracia. A mesma ideia também foi expressa nos Acordos de Helsinque de 1975. Para responder a essa situação, sistemas políticos como o dos EUA, que já tinham um caráter parcialmente democrático antes de 1945, aproximaram-se da democratização completa nos anos 60, garantindo o direito à participação eleitoral de todos os cidadãos. Nas décadas de 1970 e 1980, as bases da democracia foram estabelecidas em muitos sistemas políticos autoritários no sul da Europa, na América Latina e, mais tarde, no Leste Europeu. No final da década de 1990, muitos países africanos iniciaram transições democráticas, e um certo grau de democracia já se havia estendido para a maioria dos sistemas políticos do mundo. Depois de 1945, portanto, os sistemas políticos, em sua maioria, transformaram-se em *sistemas políticos em democratização*: ou seja, a maioria dos sistemas políticos adquiriu uma forma na qual – no mínimo – algumas características democráticas tornaram-se a norma, e o compromisso com a democracia já não pôde ser facilmente eliminado das manifestações formais de legitimidade governamental. Nesse sentido, um fato fundamental foi que, ao contrário de 1918, a ampliação da cidadania nesse período levou à formação gradativa de sistemas políticos nacionais como sistemas razoavelmente estáveis de integração jurídica e institucional, nos quais um grande número de cidadãos pôde exercer funções eleitorais sem induzir um colapso sistêmico.

A globalização progressiva da democracia após 1945 aparece, à primeira vista, como um processo que contradiz a principal afirmação da análise anterior – ou seja, de que as crises potenciais da democracia de massas estão relacionadas com a internalização dos conflitos internacionais na figura normativa do cidadão nacional. Após 1945, o ambiente político global caracterizou-se por uma rivalidade ideológica permanentemente intensa, e as hostilidades globais tiveram um impacto universal sobre a construção da sociedade e sobre a formação dos sistemas políticos nacionais. Essa hostilidade se manifestou, mais obviamente, com o início da Guerra Fria entre os EUA e a União Soviética, no final dos anos 40. Esse conflito teve como pano de fundo a ameaça de uma guerra nuclear global e foi acompanhado, frequentemente, por uma maior influência das pressões militares globais na formulação das políticas dos países. Lasswell, um importante analista, afirmou, antes de 1945, que um sistema de Estado militarizado estava prestes a se tornar comum.[348] O mesmo teórico observou, sete anos depois, que a política estava presa em um "mundo bipolar", no qual "os países, em todas as esferas da atividade humana, são afetados pelos cálculos de força entre os Estados Unidos e a Rússia".[349] Além disso, fora da Europa e dos EUA, as guerras depois de 1945 não foram normalmente muito *frias*. Os conflitos interestatais prosseguiram em muitas regiões do planeta, e foram geralmente intensificados pela posição dos Estados beligerantes no sistema de alianças internacionais criado pela Guerra Fria. As décadas seguintes a 1945 presenciaram um número elevado de golpes militares, e os Exércitos assumiram, com frequência, um papel de liderança nos processos de formação do Estado, especialmente nos processos de descolonização. Mesmo na Europa, a construção de sistemas políticos democráticos após 1945 continuou parcialmente associada à mobilização militar. Tanto a Constituição de 1958 na França quanto a de 1976 em Portugal foram criadas a partir conflitos militares decorrentes dos processos de descolonização. A Constituição da Quinta República na França foi criada para consolidar o Poder Executivo em meio à instabilidade provocada pela Guerra da Argélia, e a Constituição portuguesa teve suas origens na insurgência militar. A França passou por duas grandes guerras nos anos seguintes a 1945. O Reino Unido impôs o serviço militar obrigatório em tempos de paz pela primeira vez depois de 1945. Por isso, de modo bastante contundente, alguns sociólogos e historiadores descreveram a militarização universal como uma das características distintivas das sociedades pós-1945.[350]

Esse contexto fez com que a estreita relação histórica entre cidadania e militarismo se mantivesse em muitas sociedades depois de 1945.

---

[348] LASSWELL, Harold D. "The Garrison State". *American Journal of Sociology*, vol. 46, n. 4, 1941, p. 461.

[349] LASSWELL, Harold D. "The prospects of cooperation in a bipolar world". *University of Chicago Law Review*, vol. 15, 1948, p. 877.

[350] ENLOE, Cynthia H. *The morning after*: sexual politics at the end of the cold war. Berkeley: University of California Press, 1993, p. 5; SAULL, Richard. *Rethinking theory and history in the Cold War*: the state, military power and social revolution. London: Cass, 2001, p. 70.

CAPÍTULO III - DEMOCRACIA E DIREITO GLOBAL

Diversas sociedades passaram por padrões de integração institucional que refletiram fortemente essa relação.

Esse vínculo permanente entre cidadania e militarismo manifestou-se, em primeiro lugar, no fato de que muitos Estados democráticos passaram por uma expansão da cidadania que foi orientada pela guerra. Assim como em contextos pós-bélicos anteriores, um dos legados da Segunda Guerra Mundial foi o fortalecimento dos direitos de cidadania em muitos contextos. Tal como em 1918, a ampliação da integração jurídico-política dos cidadãos foi promovida, após 1945, como recompensa pelo trabalho militar.

Em uma série de sistemas políticos em democratização, esse fortalecimento dos direitos ocorreu através da ampliação dos direitos políticos fundamentais. Em diversos países que haviam lutado ao lado dos Aliados, os direitos políticos foram ampliados imediatamente após a guerra. No Reino Unido, o direito ao voto desigual herdado do período anterior foi abolido na legislação de 1948, que passou a vigorar em 1950. Em França, as mulheres conquistaram o direito ao voto em 1944-45. Porém, a ampliação de direitos foi mais visível no campo dos direitos sociais. Isto ficou evidente no desenho inicial do Estado de bem-estar social no Reino Unido após 1945, que pretendia estender os laços de solidariedade dos tempos de guerra em um sistema permanente de integração. Tendências semelhantes surgiram no Canadá, onde a expansão dos direitos sociais cresceu a partir das obrigações militares.[351] A República Federal da Alemanha (RFA) estabeleceu medidas importantes de proteção social, particularmente a *Bundesversorgungsgesetz* (1950), direcionadas a pessoas afetadas negativamente pelo serviço militar ou pelo encarceramento militar. Na União Soviética, os argumentos a favor dos direitos sociais também foram justificados a partir do sacrifício pessoal que o serviço militar implicava.[352]

---

[351] COWEN, Deborah. "Welfare Warriors: Towards a Genealogy of the Soldier Citizen in Canada". *Antipode*, vol. 374, 2005, p. 660.

[352] DALE, Robert. *Demobilized veterans in late Stalinist Leningrad*: soldiers to civilians. London: Bloomsbury, 2015, p. 163.

Os EUA são um exemplo de ampliação dos direitos de cidadania após 1945. Depois de 1945, o governo de Truman foi moldado por uma nova concepção de cidadania nacional, concebida para aproximar os cidadãos do governo nacional através de um conjunto mais denso de direitos. Como discutido abaixo, esta nova concepção de cidadania visava, principalmente, estender os direitos políticos aos grupos minoritários. De maneira distinta, porém, Truman promoveu a ampliação da cidadania dando ênfase aos direitos sociais. Em seu famoso discurso aos representantes do Movimento dos Direitos Civis em 1947, Truman comprometeu-se a garantir direitos políticos e sociais para todos os cidadãos – o direito a um "lar decente", à "educação", a uma "assistência médica adequada", a "um emprego digno" e a "uma participação igualitária na tomada de decisões coletivas através do voto".[353] Com base em princípios anteriores do New Deal, essas políticas fizeram com que a linguagem dos direitos sociais penetrasse nas agências governamentais, tornando-se "parte do discurso federal-estatal".[354] De modo geral, embora seja difícil falar de um sistema de proteção social generalizado, o período em questão foi marcado por uma configuração mais ampla da cidadania, em que os direitos políticos e sociais lideraram a integração das sociedades nacionais.

Era evidente a inspiração militar das políticas de Truman. Em primeiro lugar, as agências centrais com capacidade para aplicar as políticas de direitos civis e sociais nos EUA só haviam sido criadas na Segunda Guerra Mundial, de modo que a infraestrutura fundamental da cidadania foi produto da guerra.[355] Além disso, Truman foi um defensor desse arranjo, e introduziu uma série de medidas para aprimorar a segurança nacional.[356] Nesse período, os direitos sociais foram concedidos

---

[353] MCCOY, Donald R.; RUETTEN, Richard T. *Quest and response*: minority rights and the Truman administration. Lawrence: University Press of Kansas, 1973, pp. 74-75.

[354] TANI, Karen M. *States of dependency*: welfare, rights, and American governance, 1935-1972. New York: Cambridge University Press, 2016, p. 81.

[355] REED, Merl E. *Seedtime for the modern civil rights movement*: the president's committee on fair employment practice 1941-1946. Baton Rouge: Louisiana State University Press, 1991, p. 345.

[356] Ver p. 199.

CAPÍTULO III - DEMOCRACIA E DIREITO GLOBAL

preferencialmente aos soldados e combatentes, que obtiveram privilégios oriundos das políticas de proteção social, introduzidas para facilitar a integração de ex-militares. Por exemplo, no fim da guerra foi implementado o GI Bill of Rights (Ato de Reajustamento Militar de 1944), que abriu oportunidades profissionais aos militares e reconheceu o serviço militar como uma forma diferenciada de cidadania.[357] A necessidade de prestar assistência aos veteranos também passou a ter maior impacto social nessa época.[358] Nos anos 70, estima-se que aproximadamente 15% dos norte-americanos eram veteranos de guerra, e, por essa razão, eram potencialmente aptos a usufruir desses direitos de proteção social.[359] Nesse sentido, o modelo do Estado norte-americano pós-1945 correspondeu, em parte, ao modelo clássico da democracia militarizada. Como em conjunturas anteriores, o adensamento dos direitos de cidadania serviu tanto para integrar comunidades mobilizadas pela guerra em um corpo estendido de direitos quanto para consolidar os fundamentos do governo na sociedade, em um ambiente ainda amplamente marcado pelo conflito.

Essa relação persistente entre cidadania e militarismo após 1945 se manifestou, em segundo lugar, nos impactos de longo alcance para a cidadania de grupos marginalizados em países que estavam no centro dos conflitos da Guerra Fria. As pressões militares globais com frequência promoveram a inclusão democrática plena nesses países.

Nos EUA, por exemplo, a ampla redefinição da cidadania nacional que caracterizou o período do pós-guerra fez com que os direitos de cidadania das minorias étnicas historicamente marginalizadas, especialmente os cidadãos negros dos estados do Sul, fossem fortalecidos.[360] Foi somente

---

[357] METTLER, Suzanne. "The creation of the G.I. Bill of Rights of 1944: melding social and participatory citizenship ideas". *The Journal of Policy History*, vol. 17, n. 4, 2005, p. 361.

[358] SEGAL, David R. *Recruiting for Uncle Sam*: citizenship and military manpower policy. Kansas: University of Kansas Press, 1989, p. 87.

[359] LEVITAN, Sar A.; CLEARY, Karen A. *Old wars remain unfinished*: the veteran benefits system. Baltimore: The Johns Hopkins University Press, 1973, p. 4.

[360] Ver PARKER, Christopher S. *Fighting for democracy*: black veterans and the stru-

nessa época que a Lei Federal de Direitos Civis tomou forma como um corpo de normas constitucionais com efeito vinculante para todos os cidadãos nos EUA.[361] De fato, só depois 1945 o Bill of Rights foi aplicado, de maneira relativamente uniforme, em diferentes estados.[362] Esses processos se traduziram em peças legislativas importantes, especialmente no Lei dos Direitos Civis (1964) e na Lei do Direitos de Voto (1965), que estenderam os direitos de participação eleitoral a todos os cidadãos. Esses processos também se traduziram em uma série de decisões jurídicas emblemáticas que promoveram os direitos das minorias.[363]

Tal expansão dos direitos constitucionais nos EUA também tinha um forte componente militar. De fato, a ampliação da cidadania foi em parte estimulada por membros do Exército. Em primeiro lugar, as experiências no Exército durante a guerra, incluindo a discriminação formal e explícita, levaram ao aumento dos protestos entre os soldados negros, o que abriu o caminho para o ativismo em defesa dos direitos civis.[364] Em segundo lugar, o Exército exerceu um papel de liderança na redução da segregação étnica, na atribuição de funções sociais através de procedimentos etnicamente neutros[365], e até mesmo na fomento de posturas

---

ggle against white supremacy in the postwar south. Princeton: Princeton University Press, 2009, p. 12.

[361] LOVELL, George I. *This is not civil rights*: discovering rights talk in 1939 America. Chicago; London: Chicago University Press, 2012, p. 43.

[362] Veja o contraste entre as posições relativas à incorporação do Bill of Rights entre o caso Adamson v. Califórnia, 332 U.S. 46 (1947) e o caso Duncan v. Louisiana, 391 U.S. 145 (1968). Yarbrough argumenta, com relação à implementação dos direitos constitucionais a nível estadual, que nos anos 60 houve uma "explosão da incorporação" (YARBROUGH, Tinsley E. "Justice Black, The Fourteenth Amendment, and Incorporation". *University of Miami Law Review*, vol. 30, n. 2, 1976, p. 258).

[363] Ver, a título de exemplo, o caso Shelley v. Kraemer, 334 U.S. 1 (1948); o caso Brown v. Board of Education of Topeka, 347 U.S. 483 (1954).

[364] SITKOFF, Harvard. "Racial militancy and interracial violence in the Second World War". *The Journal of American History*. vol. 58, n. 3, 1971, p. 661.

[365] SHERRY, Michael S. *In the shadow of war*: the United States since the 1930s. New Haven: Yale University Press, 1995, p. 145; MOSKOS, Charles C.; BUTLER, John Sibley. *All that we can be*: black leadership and racial integration in the army. New York: Basic Books, 1996, p. 2.

CAPÍTULO III - DEMOCRACIA E DIREITO GLOBAL

militantes entre minorias desfavorecidas.[366] A dessegregação sistemática depois de 1945 começou na esfera militar, com a Ordem Executiva 9981 (1948). Em certo sentido, em terceiro lugar, a garantia dos direitos civis dos cidadãos negros foi semelhante a um processo de administração territorial, no qual unidades militares foram implantadas para impor termos uniformes de cidadania em toda a sociedade americana.[367]

Além disso, as políticas de direitos civis nos EUA foram fortemente determinadas por conflitos globais no contexto da Guerra Fria. Tais políticas constituíram uma reação às tentativas da União Soviética de minar a legitimidade dos EUA, tanto globalmente quanto – em particular – na descolonização das sociedades na África, chamando a atenção para as condições de apartheid no sul dos EUA.[368] As políticas de direitos civis de Truman foram influenciadas pela visão de que a discriminação

---

[366] MOSKOS, Charles C. "Racial integration in the Armed Forces". *American Journal of Sociology*, vol. 72, n. 2, 1966, p. 146.

[367] Eisenhower usou justificativas militares para suas ações em Little Rock em 1957, insistindo que "a força que enviamos é forte o bastante para não ser desafiada" (SHERRY, Michael S. *In the shadow of war*: the United States since the 1930s. New Haven: Yale University Press, 1995, p. 211).

[368] Para análises mais exaustivas, ver BERMAN, William C. *The politics of civil rights in the Truman administration*. Columbus: Ohio State University Press, 1970, p. 77; MCCOY, Donald R.; RUETTEN, Richard T. *Quest and response*: minority rights and the Truman administration. Lawrence: University Press of Kansas, 1973, p. 66; LAUREN, Paul Gordon. "First principles of racial equality: history and the politics and diplomacy of human rights provisions in the United Nations Charter". *Human Rights Quarterly*, vol. 5, n. 1, pp. 1-26, 1983; LOCKWOOD, Bert B. "The United Nations Charter and United States Civil Rights Litigation: 1946-1955". *Iowa Law Review*, vol. 69, pp. 901-956, 1984; LAYTON, Azza S. *International politics and civil rights policies in the United States, 1941-1960*. Cambridge, UK: Cambridge University Press, 2000; SKRENTNY, John D. *The minority rights revolution*. Cambridge, MA: Harvard University Press, 2002; ROSENBERG, Jonathan. *How far the promised land?* World affairs and the American civil rights movement from the First World War to Vietnam. Princeton: Princeton University Press, 2006, p. 175); BORSTELMANN, Thomas. *The cold war and the color line*: American race relations in the global arena. Cambridge, MA: Harvard University Press, 2009; WESTAD, Odd Arne. *The global Cold War*: third world interventions and the making of our times. Cambridge, UK: Cambridge University Press, 2007, p. 134; JENSEN, Steven L. B. *The making of international human rights*: the 1960s, decolonization and the reconstruction of global values. New York: Cambridge University Press, 2016.

racial nos EUA afetava negativamente os interesses internacionais dos EUA, de modo que as políticas de direitos civis e as questões relativas à segurança nacional estavam intimamente ligadas.[369] Até mesmo as sentenças judiciais que ampliaram os direitos civis estavam explicitamente influenciadas pela conjuntura militar global. Os principais juízes dessa época deixavam claro que suas decisões contra a discriminação racial faziam parte de uma estratégia para defender a supremacia moral dos EUA na Guerra Fria.[370] Por exemplo, o Presidente do Supremo Tribunal, Earl Warren, justificou sua jurisprudência em matéria de direitos civis da seguinte forma: "Nosso sistema americano, assim como todos os demais, está colocado à prova tanto dentro do país quanto no exterior [...] quanto mais mantivermos o espírito de nossa Constituição com sua Carta de Direitos, mais faremos, a longo prazo, para torná-la segura e objeto de elogios do que o número de bombas de hidrogênio que estocamos".[371] A título indicativo, o reconhecimento judicial dos direitos humanos na política nacional foi fortemente promovido pelo Poder Executivo, que, sob Truman, contribuiu como amicus curiae endossando a legislação internacional dos direitos humanos em casos relativos à igualdade racial.[372]

---

[369] ROSENBERG, Jonathan. *How far the promised land?* World affairs and the American civil rights movement from the First World War to Vietnam. Princeton: Princeton University Press, 2006, p. 183; BERG, Manfred. "Black civil rights and liberal anticommunism: the NAACP in the early cold war". *The Journal of American History*, vol. 94, n. 1, 2007, p. 81.

[370] O Departamento de Justiça participou como amicus curiae no caso Brown v. Board of Education of Topeka, 347 U.S. 483 (1954). O Departamento afirmou que o caso *Brown* possuía um significado particular devido ao contexto internacional, no qual os Estados Unidos estavam "tentando provar aos povos do mundo, de todas as nacionalidades, raças e cores, que uma democracia livre é a forma de governo mais civilizada e mais segura já concebida pelo homem" (DUDZIAK, Mary L. "Desegregation as a Cold War Imperative". *Stanford Law Review*, vol. 41, n. 1, 1988, p 65).

[371] Apud DUDZIAK, Mary L. "Brown as a Cold War case". *The Journal of American History*, vol. 91, n. 1, pp. 32-42, 2004, p. 37.

[372] Ver ELLIFF, John T. *The United States Department of Justice and individual rights 1937-1962*. New York: Garland, 1987, p. 254; DUDZIAK, Mary L. *Cold war civil rights*: race and the image of American democracy. Princeton: Princeton University Press, 2000, pp. 90-91, 102; CLEVELAND, Sarah H. "Our International Constitution". *Yale Journal of International Law*, vol. 31, pp. 1-125, 2006.

CAPÍTULO III - DEMOCRACIA E DIREITO GLOBAL

Essa relação persistente entre cidadania e militarismo após 1945 manifestou-se, em terceiro lugar, no fato de que, em muitos países, o papel das organizações militares nacionais foi influenciado pela polarização global entre a União Soviética e os EUA. A Guerra Fria fez com que a maioria dos Estados fosse obrigada a assumir uma posição estratégica dentro da divisão mundial do poder militar e econômico. Na maioria dos sistemas políticos, o panorama militar mundial foi um aspecto importante para a formulação das políticas domésticas e para a construção institucional, e as práticas de cidadania nacional refletiram as posições dos agrupamentos militares globais.

Após 1945, os Estados mais afetados pela Guerra Fria assistiram a uma grande interação entre as elites militares e os titulares de cargos públicos, os gastos militares aumentaram e os militares muitas vezes entraram a fundo na política civil. Isso ficou mais evidente nos EUA e na União Soviética, onde os políticos com formação militar adquiriram enorme influência e o investimento nas Forças Armadas atingiu níveis sem precedentes. Nos EUA, a arquitetura do governo foi alterada pela Lei de Segurança Nacional (1947), que aprofundou a ligação do aparato militar com os órgãos governamentais.[373] A partir de 1945, diversas regras restritivas tradicionais sobre política de gastos dos EUA foram suspensas por causa das exigências orçamentárias decorrentes da polarização global.[374] Com efeito, pela primeira vez na história norte-americana, não ocorreu uma desmobilização militar completa após 1945, e sensação de uma ameaça de guerra adquiriu uma força capaz de influenciar a construção do Estado dentro da sociedade nacional.[375]

---

[373] LEFFLER, Melvyn. *A preponderance of power*: national security, the Truman administration and the Cold War. Stanford: Stanford University Press, 1992, p. 176; HOGAN, Michael J. *A cross of iron*: Harry S. Truman and the origins of the national security state, 1945-1954. New York: Cambridge University Press, 1998, p. 66.

[374] Diversas análises importantes argumentaram que a expansão dos gastos públicos não deveria ser exagerada, e que o impacto fiscal da Guerra Fria sempre foi contrabalançado por uma cultura antiestatista (FRIEDBERG, Aaron L. *In the shadow of the garrison state*: America's anti-statism and its Cold War grand strategy. Princeton: Princeton University Press, 2000, p. 81).

[375] FRIEDBERG, Aaron L. *In the shadow of the garrison state*: America's anti-statism and its Cold War grand strategy. Princeton: Princeton University Press, 2000, p. 40;

Depois de 1945, a União Soviética apresentou níveis extremamente elevados de gastos em defesa, chegando perto de 13% do PIB em 1960. Os militares formaram o segundo pilar do Estado na União Soviética, embora mantivessem nitidamente uma posição subordinada em relação à liderança do Partido Comunista.

Em Estados mais periféricos no contexto da Guerra Fria, o papel político dos militares adquiriu uma importância maior do que em períodos históricos anteriores. Na América Latina, por exemplo, a participação dos militares na política tornou-se generalizada. Essa tendência se acentuou especialmente após Revolução Cubana de 1959, e foi influenciada de maneira significativa pelas tensões globais. No caso da Revolução Cubana, um fato importante foi a utilização de milícias, por Fidel Castro, para transformar o regime, mobilizando setores da população através de uma politização intensa e da dissolução as fronteiras entre funções militares e civis.[376] Esse ressurgimento do partisan foi replicado em outros países como, por exemplo, na Colômbia e em alguns países da América Central.[377] Isso despertou o temor de uma mobilização guerrilheira em toda a América Latina, o que, por sua vez, levou a um padrão distinto de política de segurança nacional, na qual os Exércitos direcionaram suas prerrogativas de segurança para o interior dos países e as unidades militares foram utilizadas principalmente como bastiões contra grupos revolucionários dentro das sociedades nacionais.[378] Esses países registraram um crescimento vertiginoso da violência utilizada pelos órgãos estatais. Mesmo depois desse período,

---

THORPE, Rebecca U. *The American warfare state*: the domestic politics of military spending. Chicago: Chicago University Press, 2014, p. 15.

[376] STEPAN, Alfred. *The military in politics*: changing patterns in Brazil. Princeton: Princeton University Press, 1971, p. 155; ENLOE, Cynthia H. *Ethnic soldiers*: state security in divided societies. Athens: The University of Georgia Press, 1980a, p. 160.

[377] GOODWIN, Jeff. *No other way out*: states and revolutionary movements, 1945-1991. Cambridge, UK: Cambridge University Press, 2001, p. 162.

[378] MORLEY, Morris H. *Imperial state and revolution*: the United States and Cuba, 1952-1986. Cambridge, UK: Cambridge University Press, 1987, p. 133; SKIDMORE, Thomas E. *The politics of military rule in Brazil 1964-85*. Oxford: Oxford University Press, 1988, p. 4.

CAPÍTULO III - DEMOCRACIA E DIREITO GLOBAL

o aparato militar de muitos Estados latino-americanos seguiu estreitamente vinculado a grupos econômicos poderosos que contavam com o apoio das políticas de segurança dos EUA. No Brasil em 1964, no Chile em 1973, e na Argentina em 1976, por exemplo, foram instaurados regimes militares cujo principal objetivo principal foi garantir a expansão dos grupos econômicos associados aos EUA em todo o continente.[379] Nesses contextos, os opositores dos governos de esquerda democraticamente eleitos utilizaram um vocabulário formulado a partir da polarização ideológica mundial, e os conflitos domésticos refletiram diretamente antagonismos político-econômicos mais amplos. Isso ficou evidente nas mobilizações das forças reacionárias contra o Presidente Goulart no Brasil por volta de 1964, onde os grupos paramilitares que derrubaram o governo construíram sua legitimidade diretamente a partir do cenário da Guerra Fria.[380]

Em muitos casos, o envolvimento militar na política civil da América Latina pós-1945 ocorreu em contextos sociais semelhantes aos que caracterizaram a Europa pós-1918. Na maioria dos casos, os regimes militares foram instaurados à medida que as sociedades nacionais viviam uma polarização de grupos de cidadania profundamente hostis uns aos outros e fortemente mobilizados, que tentavam monopolizar os instrumentos de governo. Esses grupos estavam normalmente ligados a blocos econômicos antagônicos e articulavam seus posicionamentos a partir das diferenças ideológicas mundiais, definidas nas circunstâncias da Guerra Fria. Essa polarização foi particularmente desestabilizadora no contexto latino-americano, onde, historicamente, a guerra interestatal havia tido um papel menor na construção de instituições e na integração social interna. Conforme discutido, o conflito externo havia moldado a integração social e institucional em algumas sociedades da latino-americanas na década de 1860, durante a Guerra do Paraguai. Em geral, porém, os Estados latino-americanos não estavam baseados

---

[379] WESTAD, Odd Arne. *The global Cold War*: third world interventions and the making of our times. Cambridge, UK: Cambridge University Press, 2007, p. 151.

[380] BANDEIRA, Luiz Alberto de Vianna Moniz. *O governo João Goulart*: as lutas sociais no Brasil (1961-1964). 8. ed. São Paulo: Unesp, 2010, p. 353.

em normas de cidadania firmemente enraizadas e não possuíam vínculos institucionais sólidos com seus cidadãos. Alguns dos principais motivos para isso é que eles não haviam sido originalmente criados através de guerras em grande escala, suas capacidades militares e fiscais eram baixas, seus Exércitos não estavam totalmente nacionalizados e não impuseram uma forma sólida de integração à sociedade nacional.[381] Estados frágeis, cidadania frágil, estrutura institucional frágil e baixa capacidade de mobilização militar nacional foram características comuns às sociedades latino-americanas: o que evidencia, por si só, a conexão, observada em outras partes do globo, entre integração jurídica, cidadania compartilhada, obrigações tributárias sólidas e engajamento militar na formação da sociedades modernas. Como consequência, os governos latino-americanos estiveram historicamente menos ligados a conflitos externos do que os países europeus. Embora as sociedades latino-americanas tenham assistido à conflitos internos frequentes entre milícias e facções militares, os governos ficaram relativamente isolados das pressões externas.[382] No entanto, a Guerra Fria criou uma constelação geopolítica peculiar na América Latina, na qual planos militares externos e interesses econômicos levaram a uma maior intervenção dos Exércitos nacionais na política civil, e as Forças Armadas assumiram novos papéis de direção na definição dos contornos da cidadania.[383]

---

[381] CENTENO, Miguel Angel. *Blood and debt*: war and the nation state in Latin America. University Park, PA: Pennsylvania State University Press, 2002 , p. 37; HOLDEN, Robert H. *Armies without nations*: public violence and state formation in Central America, 1821-1960. New York: Oxford University Press, 2004, p. 107. No Brasil, por exemplo, no final do século XIX, o Exército era a única instituição genuinamente nacional, e em 1930 era um bastião fundamental do governo. Contudo, suas competências eram limitadas, assim como sua inserção na sociedade nacional (ver MCCANN, Frank D. *Soldiers of the Pátria*: a history of the Brazilian army, 1889-1937. Stanford: Stanford University Press, 2004, pp. 10, 176).

[382] CENTENO, Miguel Angel. *Blood and debt*: war and the nation state in Latin America. University Park, PA: Pennsylvania State University Press, 2002, p. 16; SOIFER, Hillel David. *State building in Latin America*. New York: Cambridge University Press, 2015, p. 205.

[383] Para uma análise de como o Exército Brasileiro assumiu um lugar de *direção* política antes de 1964, ver STEPAN, Alfred. *The military in politics*: changing patterns in Brazil. Princeton: Princeton University Press, 1971, p. 134.

CAPÍTULO III - DEMOCRACIA E DIREITO GLOBAL

Essa relação constante entre cidadania e militarismo depois de 1945 se expressou, em quarto lugar, nos processos de descolonização que ocorreram em diversas partes do globo. Nem toda a descolonização passou por guerra aberta ou revolução. Em muitos casos, as sociedades colonizadas conquistaram sua independência em acordos com os poderes metropolitanos. Geralmente, porém, mesmo os processos mais pacíficos de descolonização carregavam elementos militares e revolucionários. Algum grau de mobilização contra o poder colonial ou contra atores próximos aos interesses coloniais foi um aspecto essencial da formação da cidadania em nações novas. Em sociedades que passaram pelo processo de descolonização, o Exército geralmente precedeu à formação do Estado, e cumpriu um papel central na construção da nação. Nesses casos, os fundamentos de integração das novas nações foram criadas por elites militares e dentro de instituições militares.[384] Em geral, isso ocorreu em Estados governados por partidos únicos, normalmente vinculados a grupos étnicos dominantes, e nos quais havia uma relação estreita entre unidades militares e facções políticas. Em muitas dessas circunstâncias, os militares favoreceram os interesses de grupos específicos, e não consolidaram uma estrutura estatal capaz de abranger as diversas comunidades da sociedade.[385] Isso levou frequentemente a uma polarização incontrolável e a uma disputa pelo controle militar entre facções de distintas origens étnicas. Os processos militares de integração e formação da cidadania frequentemente resultaram em golpes militares ou guerras civis, em que as premissas da cidadania continuaram objeto de uma disputa extremamente violenta.

Em geral, a trajetória inicial da construção institucional pós-1945 foi definida pela recorrência de uma marcada interseção entre a esfera política internacional e os processos de integração doméstica. A militarização

---

[384] Para uma discussão sobre esse processo em Ruanda, ver ADEJUMOBI, Said. "Citizenship, rights, and the problem of conflicts and civil wars in Africa". *Human Rights Quarterly*, vol. 23, pp. 148-170, 2001, p. 162. Para uma análise geral, ver JANOWITZ, Morris. *The military in the political development of new nations*: an essay in comparative analysis. Chicago; London: University of Chicago Press, 1964, p. 53.

[385] ENLOE, Cynthia H. *Police, military and ethnicity*: foundations of state power. New Brunswick: Transaction, 1980b, p. 23.

da cidadania tornou-se, em muitos aspectos, um fenômeno global, e sociedades que antes haviam sido pouco suscetíveis a tais tendências reproduziram as divisões políticas mundiais dentro das instituições políticas domésticas. Visivelmente, o surgimento dos diversos novos Estados após 1945 significou a globalização da intensificação violenta da cidadania como guerra civil interna, traço comum da Europa pós-1789. As décadas após 1945 assistiram a muito mais revoluções do que as décadas seguintes a 1789.[386]

Cidadania desmilitarizada: a integração institucional

Nos anos que se seguiram a 1945, porém, os conflitos globais não foram imediatamente reproduzidos nos sistemas políticos nacionais. Nesse período, os padrões domésticos de cidadania começaram a se desenvolver em uma articulação menos direta com os posicionamentos militares globais, e se concentraram menos na mobilização social interna. De fato, após 1945, ocorreu um processo lento em muitos sistemas políticos democráticos que pode ser caracterizado como uma *desmilitarização* da cidadania. Tal processo provou ser a premissa fundamental para uma democratização eficaz. Durante esse processo, os sistemas políticos encontraram projetos constitucionais que lhes permitiram separar as relações jurídicas fundamentais das relações militares, e as obrigações jurídicas tornaram-se menos dependentes de processos de integração determinados pela guerra. Depois de 1918, a linha constitucional que uniu a cidadania democrática e a integração social à guerra havia rompido implacavelmente o tecido das novas instituições democráticas. Depois de 1945, ao contrário, a unidade constitucional básica do cidadão democrático foi progressivamente construída em termos que, apesar de ainda condicionados por conflitos globais, vincularam o Direito a modalidades de construção de normas menos influenciadas

---

[386] Ver GURR, Ted R. "War, Revolution, and the Growth of the Coercive State". *Comparative Political Studies*, vol. 21, n. 1, 1988, p. 53; GOODWIN, Jeff. *No other way out*: states and revolutionary movements, 1945-1991. Cambridge, UK: Cambridge University Press, 2001, p. 3.

CAPÍTULO III - DEMOCRACIA E DIREITO GLOBAL

por práticas militares. Tal desmilitarização da cidadania teve como resultado que as modalidades de integração institucional e integração jurídica necessárias para a consolidação das democracias puderam ser conduzidas de uma forma que não foram desestabilizadas por antagonismos externos. Isso permitiu, em princípio, consolidar a inclusão dos cidadãos nacionais sem desencadear conflitos incontroláveis, do tipo que historicamente havia criado condições propícias para a guerra civil ou ditadura.

A reorientação gradual da cidadania ficou evidente nesse momento, em primeiro lugar, nos processos institucionais de integração que mantêm as sociedades nacionais unidas. A desmilitarização relativa dos aspectos essenciais da cidadania após 1945 pode ser observada em certas características dos sistemas políticos criados nesse momento, nos quais as relações institucionais entre governo e sociedade foram situadas sobre novas premissas. Nesse processo, os Estados elaboraram novas técnicas para a integração dos cidadãos nas instituições políticas, e aprenderam a exercer o poder soberano na sociedade sem fragmentá-la em grupos violentamente opostos. A maioria dessas características institucionais estava relacionada com processos de individualização jurídico-política, nos quais a tendência dos indivíduos para se relacionar com o governo através de representações altamente mobilizadas foi reduzida.

Em primeiro lugar, a desmilitarização parcial da cidadania após 1945 pode ser observada em mudanças no status e na função dos partidos políticos em muitos sistemas políticos em processo de democratização. A mudança de lugar dos partidos políticos depois de 1945 fica clara em algumas características óbvias. Em comparação com o período anterior a 1945, os partidos políticos dos países em democratização após 1945 geralmente tinham laços mais tênues com os militares, menos probabilidade de utilizar a força militar para garantir seus direitos políticos e menor probabilidade de criar grupos paramilitares. Além do mais, a relação dos partidos políticos nacionais com os antagonismos mundiais ficou mais fraca, pelo menos no sentido de que, na democratização desses países, menos partidos estavam abertamente dispostos a mobilizar contingentes militares para impor interesses políticos ou econômicos definidos globalmente. Tal pacificação dos partidos políticos é sempre uma conquista frágil. Essa condição ainda está institucionalizada de maneira frágil em alguns países, especialmente na África. Como resultado dessa tendência, porém, foi possível a um número crescente de países pressupor que os diferentes grupos sociais reconheceriam o sistema político como um conjunto de instituições dotadas de alguma identidade constitucional permanente. Assim, também aumentou a disposição dos partidos para aceitar a presença de partidos de oposição e de interpretar a relação entre governo e oposição como algo diferente de um conflito de soma zero pelo monopólio completo dos órgãos estatais. No contexto europeu, esse avanço estava ligado ao fato de que, nas décadas seguintes a 1945, os partidos políticos da extrema-esquerda gradualmente se afastaram de Moscou e, ao fazê-lo, abandonaram as ideias que os concebiam como atores de uma guerra civil mundial. Em alguns países latino-americanos, onde tal pacificação ocorreu mais tarde, a separação entre as agendas partidárias e os antagonismos mundiais cumpriu um papel importante na desmilitarização das disputas políticas internas. Na Colômbia, por exemplo, um pré-requisito para a interrupção gradual do conflito civil que começou nos anos 90 foi que, durante os anos 80, os partidos da extrema esquerda flexibilizaram seus compromissos marxistas e começaram a aceitar formulações não relacionadas com a ideologia da guerra civil mundial.[387]

A transformação dos posicionamentos dos partidos políticos também é visível em aspectos menos óbvios. Na maioria das democracias consolidadas após 1945, os partidos políticos tornaram-se nitidamente distintos das unidades militares e também de outras associações organizadas na sociedade. Por exemplo, as organizações com funções religiosas (igrejas) ou econômicas (sindicatos) estão geralmente menos ligadas aos partidos políticos do que antes de 1945. Essa afirmação exige algumas considerações. Muitos Estados europeus pós-1945

---

[387] Ver a excelente análise de González-Jácome (GONZÁLEZ-JÁCOME, Jorge. "The Emergence of Revolutionary and Democratic Human Rights Activism in Colombia Between 1974 and 1980". Human Rights Quarterly, vol. 40, n. 1, pp. 91-118, 2018), explicando o ambiente conflituoso em que isso ocorreu.

CAPÍTULO III - DEMOCRACIA E DIREITO GLOBAL

presenciaram o surgimento de partidos cristãos transconfessionais, de modo que os principais partidos democráticos recrutaram comunidades religiosas para seu apoio. Normalmente, porém, tais partidos estavam menos ligados às instituições eclesiásticas do que os partidos religiosos do entreguerras, e o conteúdo religioso de seus programas serviu, não como meio para implementar estratégias institucionais de organizações religiosas, mas como uma declaração ampla de valores religiosos. Após 1945, além do mais, os partidos socialistas e os sindicatos frequentemente perseguiram objetivos convergentes. No entanto, a relação entre sindicatos e partidos de esquerda foi modificada diversas vezes depois de 1945.

Em muitas sociedades anteriores a 1945, os sindicatos e os partidos estiveram integralmente ligados, como órgãos conjuntos de mobilização de classes.[388] Esse fato levou frequentemente os governos a adotarem medidas repressivas contra os sindicatos. Após 1945, partidos e sindicatos normalmente se concentraram em funções distintas e na união de interesses em diferentes esferas sociais. Existem exceções a essa tendência. Uma exceção importante é o Reino Unido dos anos 70.[389] Os movimentos estudantis e sindicais também formaram frentes amplas em alguns países no final da década de 1960. No entanto, a frequência das greves com objetivos políticos mais amplos diminuiu na maioria dos países após 1945.[390] Streeck e Hassell explicam, de forma clara, que a maioria dos sindicatos já não acreditada que seu objetivo era "derrubar o governo do país por meio de uma greve política" depois

---

[388] Sobre as mudanças dessa relação, ver EBBINGHAUS, Bernhard: "The Siamese Twins: Citizenship Rights, Cleavage Formation, and Party-Union Relations in Western Europe". *International Review of Social History*, vol. 40, n. 3, pp. 51-89, 1995; BARTOLINI, Stefano. *The political mobilization of the European left 1860-1980*: the class cleavage. Cambridge, UK: Cambridge University Press, 2000, pp. 245-46.

[389] Para uma tipologia das relações entre Estados e sindicatos na Europa, ver KITSCHELT, Herbert. *The transformation of European social democracy*. New York: Cambridge University Press, 1994, p. 225.

[390] Ver LIPSET, Seymour Martin. "The changing class structure and contemporary European politics". *Daedalus*, vol. 93, n. 1, 1964 p. 282; ROSS, George. *Workers and Communists in France*: from popular front to eurocommunism. Berkeley: University of California Press, 1982, p. 314.

de 1945.[391] Depois de 1945, além disso, a democratização dos sistemas políticos garantiu o direito de livre negociação coletiva para os sindicatos. Isso criou, em essência, um sistema de representação democrática na economia, o que fez com que os conflitos trabalhistas envolvendo sindicatos pudessem ser, em geral, resolvidos fora das instituições políticas centrais.[392] Com base nessa mudança, muitos sindicatos redefiniram suas funções primárias e se concentraram na regulação dos mercados de trabalho, no estabelecimento de condições para as negociações trabalhistas e na resolução de conflitos sociais a nível local. Nesse sentido, os sindicatos assumiram funções políticas limitadas, e trabalharam com os governos nacionais para consolidar as esferas de negociação trabalhista fora do Estado. De diversas formas, os sindicatos promoveram a individualização dos direitos de cidadania e criaram os pré-requisitos para o exercício da autonomia individual nas práticas econômicas. Eles protegeram os indivíduos do poder coletivo dos empregadores, mas também libertaram cidadãos de "esferas de solidariedade" tradicionais, tais como as organizações familiares, religiosas e político-partidárias, que historicamente haviam assumido papéis políticos amplos.[393] Em consequência, situações em que partidos socialistas e sindicatos se mobilizaram para ações políticas e econômicas paralelas tornaram-se pouco frequentes. A título indicativo, nos anos após 1945, a filiação em partidos de esquerda diminuiu e a filiação sindical aumentou em grande parte da Europa. Isso sugere que a filiação sindical foi em parte desvinculada das funções políticas, e os sindicatos passaram a ser utilizados para apresentar demandas econômicas de uma forma mais especializada.[394] Ao mesmo tempo,

---

[391] STREECK, Wolfgang; HASSEL, Anke. "Trade unions as political actors". In: ADDISON, John T.; SCHNABEL, Claus (Coords.). International handbook of trade unions. Cheltenham: Elgar, 2003, p. 335.

[392] CLEGG, Hugh Armstrong. Trade unionism and collective bargaining: a theory based on comparisons of six countries. Oxford: Blackwell, 1976, p. 97.

[393] STREECK, Wolfgang; HASSEL, Anke. "Trade unions as political actors". In: ADDISON, John T.; SCHNABEL, Claus (Coords.). International handbook of trade unions. Cheltenham: Elgar, 2003, p. 354.

[394] BARTOLINI, Stefano. The political mobilization of the European left 1860-1980: the class cleavage. Cambridge, UK: Cambridge University Press, 2000, pp. 279-280.

CAPÍTULO III - DEMOCRACIA E DIREITO GLOBAL

os partidos políticos tenderam a perder o seu caráter de organizações específicas de classe. Por exemplo, a maioria dos partidos sociais-democratas, mesmo aqueles com uma longa trajetória de militarismo, foram progressivamente se redefinindo como como partidos policlassistas.[395]

Em geral, após 1945, os partidos políticos tenderam a assumir uma posição diferenciada na democratização dos sistemas políticos. Eles se mostraram menos inclinados a articular visões políticas abrangentes, e a magnitude com que mobilizavam blocos sociais inteiros diminuiu. Em alguns casos, essa transformação ocorreu através de processos sociais relativamente contingentes, nos quais a eficácia das organizações políticas aumentou à medida que elas se distanciaram de associações paralelas. Isso se observou na ascensão dos partidos democratas-cristãos na Europa pós-1945, nos quais os partidos que apoiavam os valores cristãos expandiram seu alcance eleitoral reduzindo seu vínculo direto a determinados grupos religiosos. Em alguns casos, essa transformação ocorreu através de projetos mais estratégicos, nos casos em que governos e suas Constituições separaram concretamente os partidos políticos tanto do Exército quanto de organizações de caráter econômicas, particularmente dos sindicatos.[396] Geralmente, no porém, a filiação a um partido político passou a ser menos caracterizada como um posicionamento totalizante, em que a filiação implicava um compromisso religioso ou restrições a outras filiações fora do partido em questão. Em vez disso, a filiação partidária foi cada vez mais ocupando seu espaço ao lado de outras relações, de forma que os membros do partido puderam assumir múltiplas filiações coletivas, em diferentes segmentos funcionais da sociedade.[397] A redução do caráter conflituoso da formação dos partidos

---

[395] Para uma discussão sobre a Alemanha, ver MOOSER, Josef. "Auflösung der proletarischen Milieus: Klassenbindung und Individualisierung in der Arbeiterschaft vom Kaiserreich bis in die Bundesrepublik Deutschland". *Soziale Welt*, vol. 34, n. 3, 1983, p. 305.

[396] Isso ocorreu no lado ocidental da Alemanha após 1945 e na Argentina depois de 1983.

[397] Os principais sociólogos das décadas seguintes a 1945 observaram que, enquanto a filiação partidária diminuiu entre a classe trabalhadora europeia, a participação em outras associações cresceu consideravelmente. Isso reflete a transformação dos cidadãos

esteve intimamente ligada à individualização da filiação partidária, e ambos os processos dependeram do posicionamento dos partidos políticos como organizações funcionalmente diferenciadas.

Em segundo lugar, a desmilitarização parcial da cidadania após 1945 pode ser vista nas alterações da importância política atribuída à classe social.

A democracia começou a se tornar uma realidade cotidiana, após 1945, principalmente porque os Estados em vias de democratização reduziram a intensidade dos conflitos entre membros de diferentes classes sociais. Ao proceder dessa maneira, os países em processo de democratização encontraram meios de diminuir a articulação entre cidadania nacional e conflito internacional, e atenuaram o reflexo das hostilidades globais nos padrões de cidadania nacional e de conformação dos sujeitos. Esse processo pode ser atribuído – basicamente – ao fato de que, em quase todas os sistemas políticos que assumiram uma orientação democrática após 1945, a cidadania foi ampliada para incorporar uma forte ênfase na proteção social. Nesse período, a democracia geralmente tomou forma como democracia de bem-estar social.

O componente de bem-estar social da cidadania nacional foi estabelecido de maneira muito diferente depois de 1945, razão pela qual generalizações relativas à construção do Estado de bem-estar social devem ser evitadas.[398] Em apenas alguns Estados, particularmente no Reino Unido e na Escandinávia, foi imediatamente consagrado o direito universal à proteção social. Argumenta-se, às vezes, que só tais Estados podem ser verdadeiramente classificados como Estados de bem-

---

da classe trabalhadora em "indivíduos segmentados e associado a diversos papéis" (Ver LIPSET, Seymour Martin. "The changing class structure and contemporary European politics". *Daedalus*, vol. 93, n. 1, 1964 p. 281). Um estudo recente e fundamental explica que, após 1945, os papéis políticos se dividiram cada vez mais entre um "número diversificado de associações voluntárias", refletindo "novas modalidades de participação política" (BARTOLINI, Stefano. *The political mobilization of the European left 1860-1980*: the class cleavage. Cambridge, UK: Cambridge University Press, 2000, pp. 275-276).

[398] Para as principais diferenças, ver a tipologia clássica de ESPING-ANDERS, Gøsta. *The three worlds of welfare capitalism*. Cambridge, UK: Polity, 1990, pp. 1-2.

CAPÍTULO III - DEMOCRACIA E DIREITO GLOBAL

-estar social.[399] Em outros Estados, o direito à proteção foi estabelecido de uma maneira mais gradual e desigual. Apesar de grandes diferenças, no entanto, uma ampla reorientação na formação do Estado, no sentido do reconhecimento dos direitos sociais, ocorreu após 1945. A criação de instituições estatais para facilitar a assistência social e para fortalecer as garantias de renda tornou-se um objetivo político comum. Mesmo em países que não dispunham da infraestrutura necessária para a criação de um sistema de bem-estar social completo, a expansão da cobertura de proteção social foi a regra. Alguns países da América Latina viram um crescimento da cobertura de proteção social.[400] Essa tendência também se refletiu em Estados pós-coloniais recentemente fundados, com estrutura frágil e acesso limitado a recursos.[401] A Constituição indiana de 1950 sinalizou um compromisso com os direitos sociais, e foi respaldada por outras legislações de bem-estar social, particularmente a Lei de Seguridade Social dos Trabalhadores (1948). Embora não tenha passado pela formação completa de um Estado de bem-estar social, os EUA foram uma variante particular da revolução do Estado de bem-estar

---

[399] BRIGGS, Asa. "The welfare state in historical perspective". *European Journal of Sociology*, vol. 2, n. 2, 1961, p. 228.

[400] Antes de 1945, algumas sociedades, sobretudo o Chile e o Brasil, viram a integração histórica dos sindicatos do Estado para criar regimes de bem-estar social autoritários e paternalistas (COLLIER, Ruth Berins; COLLIER, David. *Shaping the political arena*: critical junctures, the labor movement, and regime dynamics in Latin America. Princeton: Princeton University Press, 1991, pp. 185-195). Após 1945, os Estados de bem-estar social não eram necessariamente expressões da democracia. O Brasil pós-1964 aumentou a abrangência da proteção social (ver MALLOY, James M. *The politics of social security in Brazil*. Pittsburgh: University of Pittsburgh Press, 1979, p. 134; HAGGARD, Stephan; KAUFMAN, Robert R. *Development, democracy and welfare states*: Latin America, East Asia and Eastern Europe. Princeton: Princeton University Press, 2008, p. 102). A Argentina manteve um nível relativamente elevado de cobertura da proteção social, apesar das repetidas intervenções militares. Mesmo o Chile autoritário não assistiu a uma diminuição constante dos gastos de proteção social. Sobre esses pontos, ver SEGURA-UBIERGO, Alex. *The political economy of the welfare state in Latin America*. Cambridge, UK: Cambridge University Press, 2007, pp. 30, 183.

[401] LINDERT, Peter H. *Growing public*: social spending and economic growth since the eighteenth century. vol I: the story. New York: Cambridge University Press: 2004, p. 218.

social mundial que ocorreu após 1945.[402] Nos EUA, as décadas seguintes a 1945 assistiram a uma expansão considerável das transferências sociais nos EUA, que começaram no governo Truman e se ampliaram nos anos 60, de forma que os gastos sociais alcançaram mais de 10% do Produto Nacional Bruto em 1965.[403] De 1960 a 1980, a proporção de americanos vivendo na pobreza diminuiu 60%.[404] Os historiadores dos regimes de bem-estar social norte-americano explicaram que a proteção social aumentou "drasticamente" e que passou por uma "ampliação impressionante" após 1960.[405] Em geral, o período de 1945-1980 foi marcado pelo crescimento acelerado dos gastos sociais em quase todos os tipos de sistemas políticos.

De maneira geral, após 1789, os Estados empregaram sua força de integração na sociedade referindo-se ao cidadão, essencialmente, como um soldado. A partir de 1789, os Estados passaram a integrar os cidadãos em suas instituições, sobretudo a partir de sua característica como soldados. Conforme discutido, outros vínculos entre governos e cidadãos, como as relações na esfera tributária, foram determinados por pressões militares. Naturalmente, os Estados interagiram com os seus cidadãos de outras formas, sobretudo através da gestão nacional da educação escolar. Mesmo assim, no final do século XIX, os militares eram, na maioria dos sistemas políticos, o canal mais abrangente de articulação entre o governo e a sociedade. Esse nexo entre Estado e soldado foi drasticamente intensificado, de maneira controversa, depois de 1918. Nesse período, o alistamento militar tornou-se fundamental para o Estado, e os cidadãos assumiram papéis políticos por causa dos

---

[402] BALDWIN, Peter. *The narcissism of small differences*: how America and Europe are alike. New York: Oxford University Press, 2009, p. 213.

[403] PATTERSON, James T. *America's struggle against poverty 1900-1985*. Cambridge, MA: Harvard University Press, 1986, p. 164.

[404] Sobre esses argumentos, ver KATZ, Michael B. *In the shadow of the poorhouse*: a social history of welfare in America. New York: Basic Books, 1986, pp. 255, 278.

[405] GRØNBJERG, Kirsten A. *Mass society and the extension of welfare*, 1960-1970. Chicago: Chicago University Press, 1977, p. 152; PATTERSON, James T. *America's struggle against poverty 1900-1985*. Cambridge, MA: Harvard University Press, 1986, p. 157.

CAPÍTULO III - DEMOCRACIA E DIREITO GLOBAL

conflitos militares. No entanto, muitos Estados lutaram para afirmar o monopólio do poder sobre as organizações militarizadas em que os cidadãos participavam. Conforme examinado, muitos Estados restabeleceram esse vínculo de forma brutal, integrando suas populações através de atos de violência militar. Depois de 1945, ao contrário, os Estados se desenvolveram, principalmente, como o instrumento de instituições responsáveis pela proteção social. É importante indicar que foi somente a partir de 1945 que o orçamento da proteção social começou a superar os gastos militares como principal despesa do governo, e, consequentemente, a interação entre os cidadãos e os órgãos governamentais passou a estar mais relacionada com a proteção social do que com o serviço militar. Antes de 1914, em diversos países europeus, os orçamentos de defesa representavam muito mais de um quarto de todas as despesas públicas.[406] Depois de 1945, alguns países continuaram gastando mais com a defesa do que com a proteção social. Porém, com algumas exceções, tais países eram governados por regimes militares. Nos sistemas políticos em processo de democratização, havia uma tendência maior para o aumento dos gastos de proteção social do que para o crescimento dos orçamentos militares.[407] Mesmo naqueles com orçamentos de defesa elevados, a exemplo do Reino Unido, o investimento militar foi rapidamente eclipsado pelas despesas sociais.[408] Inclusive nos EUA, que assistiram a um aumento a longo prazo nas despesas com a defesa em relação aos níveis anteriores a 1945, o investimento militar diminuiu como proporção do gasto público total depois da década de 1950. Em alguns Estados de bem-estar social, tal interação entre cidadãos e governo se concentraram na arrecadação e alocação de recursos sob a forma de transferências sociais. Contudo, via de regra, essa interação teve

---

[406] ELORANTA, Jari. "From the Great Illusion to the Great War: Military Spending Behaviour of the Great Powers, 1870-1913". *European Review of Economic History*, vol. 11, 2007, p. 260.

[407] KENNEDY, Gavin. *The military in the third world*. London: Duckworth, 1974, p. 162.

[408] Em 1950, os gastos de defesa britânicos equivaliam a menos de 50% dos gastos sociais (GOULD, Frank; ROWETH, Barbara. "Public spending and social policy: the United Kingdom 1950-1977". *Journal of Social Policy*, vol. 9, n. 3, 1980, p. 349).

como foco a ampliação das oportunidades de longo prazo, especialmente através do acesso à educação. Embora todas as transferências sociais tenham aumentado consideravelmente após 1945, o crescimento mais generalizado ocorreu na oferta educativa. A educação tornou-se uma função universal dos Estados, e mesmo aqueles com infraestruturas precarizadas promoveram a escolarização em massa. No período 1950-1970, a taxa média de matrículas escolares aumentou de 60% para 84% em âmbito global. Particularmente importante nessa estatística é o fato de a matrícula média ter aumentado de 27% para 54% na África, demonstrando a universalidade dessa característica política.[409]

Em conjunto, as medidas descritas acima significaram que, após 1945, a relação fundamental entre os cidadãos e o Estado mudou. Desse ponto em diante, os cidadãos passaram a pagar impostos aos governos, em primeiro lugar, para o financiamento da proteção social, e não mais para guerra. Eles também passaram a ver os atores de seus governos como prestadores de serviços sociais, e não como administradores militares. A partir deste ponto, os cidadãos passaram, cada vez mais, a se envolver com as instituições estatais na condição contribuintes e beneficiários de recursos, serviços e conhecimento, e não mais como soldados ou como contribuintes para orçamentos militares. A maior parte do contato entre o cidadão e o Estado passou a estar vinculado a demandas de proteção social e melhores oportunidades individuais, e não ao recrutamento militar. Esse crescimento do Estado alocador de recursos redirecionou drasticamente as linhas de obrigação que ligavam o cidadão ao Estado, e as negociações entre as duas partes passaram a ser realizadas sobre novas premissas.

É particularmente importante, a esse respeito, o fato de que a reorientação da integração institucional das funções militares para a proteção social depois de 1945 significou um aumento cada vez maior da capacidade dos Estados para integrar seus cidadãos de forma relativamente

---

[409] RAMIREZ, Francisco O.; VENTRESCA, Marc J. "Building the Institution of Mass Education: Isomorphism in the Modern World". *In*: FULLER, Bruce; RUBINSON, Richard (Coords.). *The political construction of education*: the state, school expansion and economic change. New York: Praeger, 1989, p. 55.

CAPÍTULO III - DEMOCRACIA E DIREITO GLOBAL

pacífica. A integração ao Estado tendeu a ocorrer sem a expressões instáveis da divisão de classes. As instituições estatais começaram a integrar suas populações através de procedimentos menos propensos a causar reações dramáticas na sociedade ou a dividir a sociedade em grupos abertamente hostis uns aos outros. A redução da importância do elemento militar da integração institucional coincidiu e se relacionou com diminuição da importância da classe social nos processos de integração nacional. A separação entre o cidadão e o soldado que ocorreu através do crescimento dos Estados de bem-estar social também implicou uma separação do cidadão de determinados ambientes de classe.

Obviamente, o crescimento do Estado de bem-estar social não significou o desaparecimento dos conflitos de classe nas relações entre governo e sociedade. Há evidências claras que indicam que os Estados de bem-estar social institucionalizaram, em uma série de novas formas, a formação de sujeitos coletivos baseados em classes sociais.[410] Em primeiro lugar, por exemplo, afirma-se muitas vezes que os Estados de bem-estar social mais fortes se desenvolveram em países com histórico de mobilizações sindicais bem-sucedidas. Em consequência, assume-se frequentemente que as políticas de bem-estar social internalizam de forma direta os interesses de classe, e que os Estados de bem-estar social mais fortes demonstram a capacidade das organizações políticas para consolidar os interesses da classe trabalhadora dentro do Estado.[411] Tal argumento é questionável, pois muitos Estados de bem-estar

---

[410] Para uma análise excepcional dos distintos padrões de cidadania em diferentes regimes de bem-estar social, ver JANOSKI, Thomas. *Citizenship and civil society*: a framework of rights and obligations in liberal, traditional, and social democratic regimes. Cambridge, UK: Cambridge University Press, 1998, pp. 136-138.

[411] Ver RIMLINGER, Gaston. *Welfare policy and industrialization in Europe, America and Russia*. New York: Wiley, 1971, p. 8; KORPI, Walter. *The democratic class struggle*. London: Routledge, 1983, p. 25; SWANK, Duane. "Between incrementalism and revolution: group protest and the growth of the welfare state". *American Behavioral Scientist*, vol. 26, pp. 291-310, 1983; HICKS, Alexander; SWANK, Duane. "On the Political Economy of Welfare Expansion. A Comparative Analysis of 18 Advanced Democracies, 1960-71". *Comparative Political Studies*, vol. 17, n. 1, 1984, p. 105; THERBON, Göran. "Classes and states: welfare state developments 1881-1981". *Studies in Political Economy*, vol. 14, n. 1, 1984, p. 25; HUBER, Evelyne; RAGIN, Charles; STEPHENS, John D. "Social Democracy, Christian Democracy, Constitutional Structure, and the Welfare

social foram concebidos sem que os movimentos sindicais nacionais tivessem uma participação importante nesse processo. A origem do Estado de bem-estar social britânico pode ser detectada, em parte, no Relatório Beveridge, que foi apresentado e endossado (seletivamente) por um governo predominantemente conservador em 1942. De fato, a Grã-Bretanha criou um Estado de bem-estar social forte após 1945, apesar do fato de que, historicamente, o movimento sindical só havia participado de forma breve ou marginal no governo. O sistema de bem-estar social na França do pós-guerra foi planejado pelos gaullistas exilados em Londres.[412] Contudo, parece haver certa correlação entre a força do movimento sindical organizado e a solidez do sistema de proteção social. O caráter restrito do Estado de bem-estar dos EUA, por exemplo, é frequentemente justificado pela limitada tradição do movimento sindical no país.[413] Em segundo lugar, os Estados de bem-estar social criados depois de 1945 tenderam a estabelecer sistemas semiformais de mediação para organizar o diálogo com as associações profissionais da sociedade e para negociar a repartição dos recursos nacionais. Uma série de pesquisadores argumentou que isso produziu uma divisão da sociedade em órgãos de negociação coletiva ligados a diferentes setores e classes, a partir dos quais grupos de interesse organizados estabeleceram posições de influência em torno

---

State". *American Journal of Sociology*, vol. 99, n. 3, 1993, p. 729; HICKS, Alexander. *Social democracy and welfare capitalism*: a century of income security politics. Ithaca: Cornell University Press, 1999, p. 19; HUBER, Evelyne; STEPHENS, John D. *Development and crisis of the welfare state*: politics and policies in global markets. Chicago; London: Chicago University Press, 2001, p. 17. SILVER, Beverly J. *Forces of labor*: workers' movements and globalization since 1870. New York: Cambridge University Press, 2003, p. 17.

[412] DUTTON, Paul V. *Origins of the French welfare state*: the struggle for social reform in France, 1914-1947. Cambridge, UK: Cambridge University Press, 2002, pp. 202-203. Esses fatos colocam em xeque a afirmação frequente de que "a organização política da classe trabalhadora foi o pilar fundamental da maioria dos Estados de bem-estar" (GINGRICH, Jane; HÄUSERMANN, Silja. "The decline of the working-class vote, the reconfiguration of the welfare support coalition and the consequences for the welfare state". *European Journal of Social Policy*, vol. 25, n. 1, 2015, p. 56).

[413] PIVEN, Francis Fox; CLOWARD, Richard. *Regulating the poor*: the functions of public welfare. Revised edition. New York: Vintage, 1993, p. 427.

CAPÍTULO III - DEMOCRACIA E DIREITO GLOBAL

do governo.[414] Em diversos países, isso levou à criação de sistemas de proteção social neocorporativistas, nos quais os grupos de interesse se articularam profundamente com o Estado. De fato, alguns Estado de bem-estar social têm um caráter claramente corporativo e protegem seletivamente determinadas profissões e grupos de interesse.[415] Em terceiro lugar, os partidos governantes nos Estados de bem-estar social continuam suscetíveis à influência de grupos militantes com demandas econômicas específicas.[416] Nesses aspectos, os Estados de bem-estar podem ser vistos como sistemas de conflitos de classes equilibrados, que promoveram ativamente a reunião de atores conflituosos em torno do Estado. É importante ressaltar, em quarto lugar, que mobilização política relacionada à proteção social frequentemente se intensificou nos anos 80, quando muitos regimes que priorizavam os gastos sociais sofreram uma regressão política e as estruturas de proteção individual foram precarizadas.

Não obstante essas limitações, a expansão do processo de formação de Estados nacionais a partir do modelo de bem-estar social reduziu a intensidade da organização política relacionada às classes sociais de várias maneiras. Por um lado, os Estados que priorizaram a proteção social adquiriram maior capacidade para mediar conflitos entre classes

---

[414] OFFE, Claus. *Strukturprobleme des kapitalistischen Staates*. Frankfurt am Main: Suhrkamp, 1972, p. 25; HABERMAS, Jürgen. *Strukturwandel der Öffentlichkeit*: Untersuchungen zu einer Kategorie der bürgerlichen Gesellschaft, new edition. Frankfurt am Main: Suhrkamp, 1990, p. 336.

[415] MESA-LAGO, Carmelo. *Social security in Latin America*: pressure groups, stratification and inequality. Pittsburgh: University of Pittsburgh Press, 1978, p. 3; ESPING-ANDERS, Gøsta. *The three worlds of welfare capitalism*. Cambridge, UK: Polity, 1990, p. 2; JANOSKI, Thomas. *Citizenship and civil society*: a framework of rights and obligations in liberal, traditional, and social democratic regimes. Cambridge, UK: Cambridge University Press, 1998, pp. 109-110; KORPI, Walter; PALME, Joakim. "New politics and class politics in the context of austerity and globalization: welfare state regress in 18 countries, 1975-95". *American Political Science Review*, vol. 97, n. 3, 2003, p. 432.

[416] PIVEN, Francis Fox; CLOWARD, Richard. *Regulating the poor*: the functions of public welfare. Revised edition. New York: Vintage, 1993, p. 220; SWANK, Duane. "Between incrementalism and revolution: group protest and the growth of the welfare state". *American Behavioral Scientist*, vol. 26, 1983, pp. 296, 305; Zarate, 2014, p. 1947.

sociais por meio de técnicas administrativas e do manejo do orçamento, e, assim, reduziram a mobilização aberta em torno de interesses de classe. Mesmo os teóricos que insistem nas origens de classe dos Estados de bem-estar social afirmam que eles criaram uma estrutura procedimental, na qual as organizações representantes interesses de classe puderam ser incorporadas de forma relativamente pacifica em um sistema institucionalmente robusto de negociação político-econômica.[417] Mais importante ainda, os Estados que promoveram uma cobertura relativamente uniforme de proteção social tenderam a enfraquecer a ligação dos indivíduos com grupos definidos pela classe social. Como se discutirá em seguida, embora se baseassem parcialmente em acordos entre distintos grupos da sociedade, os Estados de bem-estar social criaram uma série de mecanismos para incorporar as pessoas diretamente dentro do Estado e para construir o cidadão individual como a principal unidade de integração. Independentemente de suas origens, ademais, o efeito social fundamental dos Estados de bem-estar foi que as instituições políticas passaram a se orientar cada vez mais para as pessoas de forma direta e individual, e a vincular os indivíduos diretamente aos órgãos públicos: a unidade fundamental do Estado de bem-estar tornou-se o indivíduo, fora das estruturas de antagonismo coletivo. Ao procederem dessa maneira, os Estados de bem-estar social começaram a afastar os atores sociais de comunidades potencialmente violentas, e reduziram as propensões ao conflito, tanto na sociedade como dentro do próprio Estado.

Ao se analisar os Estados de bem-estar social pós-1945 como sistemas que promoveram padrões pacíficos de cidadania, são necessárias algumas precisões.

Tal como outros tipos de sistema político, os Estados de bem-estar social criados após 1945 foram produtos da guerra, e refletiram as concepções sobre a relação entre sistema político e cidadão moldadas pela guerra. A Segunda Guerra Mundial criou um amplo consenso

---

[417] KORPI, Walter. *The democratic class struggle*. London: Routledge, 1983, p. 21; EDLUND, Jonas; LINDH, Arvid. "The Democratic Class Struggle Revisited: The Welfare State, Social Cohesion and Political Conflict". *Acta Sociologica*, vol. 58, n. 4, 2015, p. 312.

CAPÍTULO III - DEMOCRACIA E DIREITO GLOBAL

social que endossou a integração material da população, consenso este que foi a base da construção do Estado de bem-estar social.[418] De fato, em muitos países depois de 1945, a formação do Estado de bem-estar social foi novamente guiada pela assistência aos veteranos de guerra.[419] Tal como ocorrido com os direitos eleitorais, a oferta de assistência social pode ser vista como um dos lados de um contrato constitucional oferecido pelos governos aos soldados que aceitaram o recrutamento no Exército. Ambos os elementos da estrutura constitucional fundamental dos Estados democráticos modernos – o sufrágio universal e os sistemas de proteção social – têm sua origem nos acordos implícitos com os militares e nos atos de reconhecimento público aos combatentes. Após 1945, além do mais, os Estados de bem-estar social se apoiaram nas estruturas institucionais resultantes da guerra. Tal como na Primeira Guerra Mundial, os padrões de formação institucional impulsionados durante a Segunda Guerra Mundial criaram uma forma distinta de Estado, na qual empresas e sindicatos foram mobilizados para sustentar a produção para a guerra e os poderes de coordenação, cada vez maiores, foram transferidos para o Poder Executivo. Isso novamente facilitou a construção de Estados com uma estrutura administrativa forte, com capacidade de intervir na sociedade, de ampliar a arrecadação fiscal, aumentar os gastos públicos e redistribuir com autonomia os recursos na sociedade como um todo.[420] Nesse sentido, a forma básica do Estado de bem-estar social pós-1945 veio à tona, em parte, através da construção institucional de tempos de guerra.

---

[418] SEGAL, David R. *Recruiting for Uncle Sam*: citizenship and military manpower policy. Kansas: University of Kansas Press, 1989, p. 7; KLAUSEN, Jytte. *War and welfare*: Europe and the United States, 1945 to the present. Basingstoke: Macmillan, 1998, p. 128.

[419] Depois de 1945, estima-se que os países beligerantes gastaram entre 10 e 35% do total dos gastos sociais com pessoas afetadas pela guerra (OBINGER, Herbert; SCHMITT, Carina. "The impact of the Second World War on postwar social spending". *European Journal of Political Research*, vol. 57, 2018, p. 497).

[420] Ver a análise sobre esse tema em KLAUSEN, Jytte. *War and welfare*: Europe and the United States, 1945 to the present. Basingstoke: Macmillan, 1998, p. 2; EDGERTON, David. *Warfare state*: Britain 1920-1970. New York: Oxford University Press, 2006, p. 145.

É também importante destacar que o surgimento dos Estados de bem-estar social após 1945 pode ser visto como o resultado de expectativas normativas que ganharam relevância através da guerra, e que, devido à guerra, alcançaram influência transnacional. Na maioria dos países, os primeiros planos para a criação de Estados de Bem-estar social foram elaborados durante a Segunda Guerra Mundial, e tais planos tiveram muitas vezes um impacto transnacional de longo alcance. Conforme mencionado, o Estado de bem-estar social britânico foi parcialmente baseado no Report Beveridge, publicado em 1942. Este relatório rapidamente ganhou força normativa para além das fronteiras nacionais, e influenciou propostas e políticas relacionadas ao desenho do Estado de bem-estar em muitos outros países, antes e depois de 1945.[421] A divulgação da Carta do Atlântico (1941) também influenciou profundamente as sociedades nacionais, tornando-se um ponto central de referência para a criação de diversos sistemas de bem-estar social.[422] A Carta do Atlântico expressou um forte compromisso transnacional com "melhoria dos direitos trabalhistas, com o desenvolvimento econômico e com a proteção social". Na verdade, a Carta do Atlântico e o Relatório Beveridge estavam intimamente ligados. O Relatório Beveridge declarou que sua intenção era pôr em prática as disposições relativas à

---

[421] Sobre a recepção do Relatório Beveridge na Suécia, ver HECLO, Hugh. *Modern social politics in Britain and Sweden*: from relief to income maintenance. New Haven: Yale University Press, 1974, p. 229; na França, ver KERSCHEN, Nicole. "L'Influence du rapport Beveridge sur le plan français de sécurité sociale de 1945". *Revue française de science politique*, vol. 45, n. 4, pp. 570-595, 1995; DUTTON, Paul V. *Origins of the French welfare state*: the struggle for social reform in France, 1914-1947. Cambridge, UK: Cambridge University Press, 2002, pp. 202-208; na Alemanha, ver ABELSHAUSER, Werner. "Erhard oder Bismarck? Die Richtungsentscheidung der deutschen Sozialpolitik am Beispiel der Reform der Sozialversicherung in den Fünfziger Jahren". *Geschichte und Gesellschaft*, vol. 22, n. 3, 1996, p. 377; no Japão, ver ESTÉVEZ-ABE, Margarita. *Welfare and capitalism in postwar Japan*. Cambridge, UK: Cambridge University Press, 2008, p. 138); na Checoslováquia, ver INGLOT, Tomasz. *Welfare states in East Central Europe, 1919-2004*. Cambridge, UK: Cambridge University Press, 2008, p. 75; no Canadá, ver COWEN, Deborah. *Military workfare*: the soldier and social citizenship in Canada. Toronto; Buffalo; London: Toronto University Press, 2008, p. 50.

[422] SPARROW, James T. *Warfare state*: World War II, Americans and the age of big government. Oxford: Oxford University Press, 2011, p. 44.

CAPÍTULO III - DEMOCRACIA E DIREITO GLOBAL

proteção social universal previstas na Carta do Atlântico.[423] Da mesma forma, os objetivos estabelecidos pela Organização Internacional do Trabalho no Congresso da Filadélfia, em 1944, estabeleceram premissas transnacionais para o desenvolvimento do Estado social.

Os Estados de bem-estar social são frequentemente interpretados como conquistas unicamente nacionais, fruto de reservas de solidariedade resultantes de vínculos e alianças nacionais sólidas.[424] Um eminente intelectual declarou que o "Estado de bem-estar social é nacionalista" e um mecanismo para "defender a comunidade nacional" por meio da promoção da independência econômica.[425] Também se observa com frequência que, após 1945, os sistemas de proteção social galvanizaram as sociedades nacionais para uma forma coletiva integrada, fazendo da ordem territorial das nações modernas o resultado, de fato, de processos de construção do Estado de bem-estar.[426] Na verdade, porém, parte da origem dos sistemas de bem-estar posteriores a 1945 está baseada em normas inter ou transnacionais. Obviamente, as normas internacionais que exibiam pressupostos a favor da proteção social foram guiadas por princípios estabelecidos anteriormente em diferentes sistemas políticos nacionais. O New Deal nos EUA havia demonstrado um compromisso geral com a proteção dos direitos sociais. Os direitos sociais haviam sido elevados ao nível constitucional na Constituição de Weimar (1919) e enunciados como normas de Direito Público no Relatório Nehru

---

[423] BEVERIDGE, William. "Social security: some trans-atlantic comparisons". *Journal of the Royal Statistical Society*, vol. 106, n. 4, 1943, p. 305.

[424] Para outras versões desse argumento, ver SEYMOUR, Michel. "Présentation". *In*: SEYMOUR, Michel (Coord.). *Nationalité, Citoyenneté et solidarité*. Montréal: Liber, 1999, p. 230; DUTTON, Paul V. *Origins of the French welfare state*: the struggle for social reform in France, 1914-1947. Cambridge, UK: Cambridge University Press, 2002, p. 210; MCEWEN, Nicola. "State welfare nationalism: the territorial impact of welfare state development in Scotland". *Regional & Federal Studies*, vol. 12, n. 1, 2002, p. 66; COWEN, Deborah. *Military workfare*: the soldier and social citizenship in Canada. Toronto; Buffalo; London: Toronto University Press, 2008, p. 8.

[425] MYRDAL, Gunnar. *Beyond the welfare state*: economic planning in the welfare states and its international implications. London: Duckworth, 1960, pp. 117-118.

[426] KEATING, Michael. *State and regional nationalism*: territorial politics and the European state. New York: Harvester, 1988, p. 126.

(1928), antecipando uma Constituição para a Índia independente. No entanto, somente em algumas poucas sociedades nacionais anteriores a 1945 existiu solidariedade social interna suficiente para unir diferentes grupos sociais em uma comunidade compartilhada, estável e transversal, mesmo que parcialmente. No período posterior a 1945, por outro lado, o Estado de bem-estar social se tornou um fenômeno de alcance mundial. Tal fenômeno estava profundamente ligado às normas globais estabelecidas no curso da Segunda Guerra Mundial. Depois de 1945, um certo padrão de Estado de bem-estar social tornou-se parte de uma cultura política internacional, que a maioria dos Estados, de várias maneiras, tendeu a reproduzir.[427] Skocpol e Amenta descrevem esse fato como um exemplo de "modelagem cultural internacional".[428] Stichweh argumentou que os Estados reconheceram "o princípio da inclusão", relacionado com a oferta de proteção social, como um elemento fundamental do processo em que, após 1945, os Estados foram integrados na "sociedade mundial".[429]

Do mesmo modo, é importante destacar que o surgimento do Estado de bem-estar social foi profundamente marcado pela Guerra Fria, e o compromisso crescente com a proteção social foi, em parte, resultado do fato de que os sistemas políticos em processos de democratização

---

[427] Para pontos de vista próximos a esse argumento, ver COLLIER, David; MESSNICK, Richard E. "Prerequisites versus Diffusion: Testing Alternative Explanations of Social Security". *The American Political Science Review*, vol. 69, n. 4, 1975, p. 1305); THOMAS, George M.; MEYER, Jon W. "The expansion of the state". *Annual Review of Sociology*, vol. 10, 1984, p. 476; BALDWIN, Peter. *The politics of social solidarity*: class bases of the European welfare state 1875-1975. Cambridge, UK; New York: Cambridge University Press, 1990, p. 108; ABBOTT, Andrew; DEVINEY, Stanley. "The welfare state as transnational event: evidence from sequences of policy adoption". *Social Science History*, vol. 16, n. 2, 1992, p. 266. Ver as discussões sobre a divulgação internacional do plano Beveridge na nota 52. Perrin mostra como a seguridade social se desenvolveu em diferentes sociedades a partir de uma combinação de elementos nacionais e internacionais (PERRIN, Guy. "Reflections on fifty years of social security". *International Labour Review*, vol. 99, n. 3, pp. 249-292, 1969).

[428] SKOCPOL, Theda; AMENTA, Edwin. "States and social policies". *Annual Review of Sociology*, vol. 12, 1986, p. 144.

[429] STICHWEH, Rudolf. *Die Weltgesellschaft*: Soziologische Analysen. Frankfurt am Main: Suhrkamp, 2000, p. 59.

CAPÍTULO III - DEMOCRACIA E DIREITO GLOBAL

foram expostos a conflitos globais. Em algumas explicações sobre e sociedade pós-1945, a Guerra Fria é vista como um fator que inibiu o crescimento dos Estados bem-estar social nacionais.[430] No entanto, em aspectos fundamentais, a expansão do sistema de proteção social nos sistemas políticos em processo de democratização após 1945 foi inseparável da Guerra Fria. Um dos principais objetivos do Estado de bem-estar social em muitas sociedades foi o de diminuir o apelo ideológico de alternativas radicais ao capitalismo.[431] Governos de ambos os lados da divisão ideológica mundial da Guerra Fria mostraram um compromisso elevado com os gastos de proteção social, e Estados com inclinações ideológicas opostas impulsionaram o investimento na proteção social por razões de competição ideológica e legitimação doméstica.

Em geral, os Estados de bem-estar social pós-1945 se originaram – em grande medida – na guerra. O bem-estar social tornou-se parte de um projeto político transnacional em um ambiente mundial criado pela guerra. Apesar de suas origens militares, no entanto, um resultado tangível da disseminação global do modelo de Estado de bem-estar

---

[430] RUSSETT, Bruce M. *What price vigilance?* The burdens of national defense. New Haven: Yale University Press, 1970, p. 170; WILENSKY, Harold L. *The welfare state and equality*: structural and ideological roots of public expenditure. Berkeley: University of California Press, 1975, p. 71; KATZ, Michael B. *In the shadow of the poorhouse*: a social history of welfare in America. New York: Basic Books, 1986, p. 266.

[431] A Guerra Fria é normalmente vista como um período marcado pelo conflito entre o investimento em defesa e o investimento em proteção social. Ver, porém, o argumento de Peterson sobre a criação do Estado de bem-estar como parte de uma "estratégia anticomunista" (PETERSON, Klaus. "The early Cold War and the Western Welfare state.' *Journal of International and Comparative Social Policy*, vol. 29, n. 3, 2013, p. 233). Ver, também, o argumento de que a competição entre Oriente e Ocidente desencadeou investimentos sociais de ambos os lados em OBINGER, Herbert; SCHMITT, Carina. "Guns and Butter? Regime Competition and the Welfare State during the Cold War". *World Politics*, vol. 63, n. 22011, p. 265. Isso também está implícito em RITTER, Gerhard A. *Der Sozialstaat*: Entstehung und Entwicklung im internationalen Vergleich. 2. ed. Munich: Oldenbourg, 1991, p. 201. Veja o argumento em Domke, Eichenberg e Kelleher, de que o investimento militar e o aumento da oferta de proteção social são frequentemente compatíveis (DOMKE, William K.; EICHENBERG, Richard C.; KELLEHER, Catherine M. "The Illusion of Choice: Defense and Welfare in Advanced Industrial Democracies". *The American Political Science Review*, vol. 77, n. 1, 1983, p. 33).

após 1945 foi que os Estados diminuíram rapidamente a militarização dos conflitos entre grupos de cidadãos nas sociedades nacionais em que exerciam a soberania.[432] Além disso, esse modelo tendeu a criar condições sociais em que as pressões ideológicas globais tinham menos possibilidades de desencadear antagonismos incontroláveis na arena política doméstica. Embora trazidos à tona por meio da hostilidade interestatal, os sistemas de Estado de bem-estar social criados depois de 1945 tenderam a promover o equilíbrio entre grupos sociais internos, a isolar a cidadania nacional em relação aos conflitos globais e – em cada um desses aspectos – a consolidar a posição do Estado como um todo dentro das sociedades nacionais.

O impacto pacificador dos Estados de bem-estar social está ligado, fundamentalmente, ao fato de que, nos sistemas políticos que se democratizaram depois de 1945, a proteção social se vinculou a uma concepção essencialmente individualista dos direitos sociais. A título indicativo, Beveridge definiu inicialmente a seguridade social como "segurança para o indivíduo, organizada ou assistida pelo Estado".[433] No cerne do Estado de bem-estar social estava o pressuposto, implícito ou explícito, de que as pessoas possuíam certos direitos de proteção fora dos grupos coletivos que se mobilizam por direitos, e que aqueles direitos colocavam o indivíduo em uma relação direta com o Estado. Tal princípio foi, naturalmente, expressado de maneiras muito diversas, e só foi plenamente articulado em Estados de bem-estar com cobertura universal de proteção social. No entanto, essa concepção do indivíduo como o elo fundamental entre o Estado e a sociedade ressaltou ainda mais revolução global do Estado de bem-estar. Este aspecto do Estado de bem-estar social fragilizou o papel da construção coletiva de sujeitos como um

---

[432] Antes de 1933, conflitos de classes extramamente agudos haviam desestabilizado governos alemães. Sobre a rápida "neutralização dos conflitos sociais" e a "propagação do consenso" na RFA após 1949, ver HOCKERTS, Hans Günter. "Integration der Gesellschaft – Gründungskrise und Sozialpolitik in der frühen Bundesrepublik". In: FUNKE, Manfred (Coord.). *Entscheidung für den Westen*: Vom Besatzungsstatut zur Souveränität der Bundesrepublik 1949-1955. Bonn: Bouvier, 1988, p. 55.

[433] BEVERIDGE, William. "Social security: some trans-atlantic comparisons". *Journal of the Royal Statistical Society*, vol. 106, n. 4, pp. 305-332, 1943, p. 306.

CAPÍTULO III - DEMOCRACIA E DIREITO GLOBAL

caminho para o acesso a direitos relacionados à cidadania, e desempenhou um papel vital na pacificação dos padrões nacionais de cidadania.

Existem – obviamente – muitos argumentos que contradizem essa relação entre o Estado de bem-estar e a individualização subjetiva. Muitas vezes se afirma criticamente que os sistemas de proteção social garantem direitos de natureza coletiva, ultrapassando, e até mesmo minando potencialmente, os princípios individuais de direito e liberdade consagrados nos direitos individuais e monetários clássicos.[434] Também é evidente que os arranjos proteção social têm origem em padrões de acomodação de interesses entre os grupos sociais de cada nação. Elas expressam concepções equilibradas do interesse social, e constroem expectativas de que a resolução de problemas de escassez e segurança é uma responsabilidade pública. Em cada caso, os Estados de bem-estar social podem ser abertamente considerados, em algumas de suas características, como entidades baseadas no enfraquecimento do individualismo.

No entanto, os sistemas de bem-estar social pós-1945 apresentaram características individualistas fortes, e garantiram a proteção social de uma forma pouco relacionada com os padrões coletivos de formação do sujeito. Os Estados de bem-estar social mais avançados criados

---

[434] Esse ponto de vista é tanto defendido quanto criticado, em diferentes pontos do espectro político. Veja, por exemplo, HAYEK, F. A. *The constitution of liberty*. London: Routledge, 1960, p. 273; EWALD, François. *L'état providence*. Paris: Grasset, 1986, p. 367; KOSOTIETI, Pekka. "From collectivity to individualism in the welfare state?" *Acta Sociologica*, vol. 30, n. 3-4, 1987, pp. 286-287. Para um rechaço a tais críticas, ver ROTHSTEIN, Bo. *Just institutions matter*: the moral and political logic of the universal welfare state. Cambridge, UK: Cambridge University Press, 1998, p. 30. Uma relação mais positiva entre proteção social e individualismo é apresentada em Beck (BECK, Ulrich. *Risikogesellschaft*: auf dem Wege in eine andere Moderne. Frankfurt am Main: Suhrkamp, 1986, p. 133). A minha análise sobre a individualização tem alguns paralelos com a teoria de Beck. Ao contrário de Beck, porém, meu argumento enfatiza o aspecto jurídico-subjetivo da individualização, relaciona a individualização com a forma jurídica global e observa a individualização como expressão de forças estruturais profundas. Para uma análise que, como a minha, defende enfaticamente que o Estado de bem-estar social é "essencialmente uma fonte do individualismo moderno", ver Leisering (LEISERING, Lutz. "Individualisierung und 'sekundäre Institutionen' – Der Sozialstaat als Voraussetzung des modernen Individuums". *In*: BECK, Ulrich; SOPP, Peter (Coords.). *Individualisierung und Integration*: Neue Konfliktlinien und neuer Integrationsmodus? Opladen: Leske and Budrich, 1997, p. 147).

depois de 1945 distribuíram recursos sociais a pessoas como atores individuais, em uma forma legalmente distinta das organizações estruturadas coletivamente às quais essas pessoas haviam estado historicamente ligadas. Através de um espectro amplo de variações, o surgimento do Estado de bem-estar social fez com que a alocação de bens materiais passasse a se vincular à definição do cidadão individual, com direitos comuns compartilhados, como o principal portador de direitos na sociedade.[435]

Como já assinalado, alguns sistemas políticos do período entre-guerras já haviam criado sistemas públicos de proteção social abrangentes. Nos anos de 1913 a 1929, por exemplo, a Alemanha assistiu a um aumento de 500% nos gastos públicos de proteção social.[436] A Constituição de Weimar de 1919 determinou a criação de um Estado de bem-estar que oferecesse proteção contra a perda da renda causada por doença ou desemprego (art. 161), e projetou a proteção social como o eixo integrador do novo sistema político democrático. Em 1927, a Alemanha possuía uma legislação que garantia um seguro-desemprego completo. Alguns países da Escandinávia criaram sistemas de proteção social abrangentes antes de 1945. A Polônia registrou o crescimento de um sistema de proteção social durante o governo de Piłsudski. Os EUA criaram um Estado de bem-estar social rudimentar através do New Deal de Roosevelt, embora ele não abrangesse a assistência médica ou uma renda mínima.[437] A Grã-Bretanha também registrou a uma enorme centralização da proteção social nas décadas de 1920 e 1930, de modo

---

[435] Sobre esse ponto de vista, ver RIMLINGER, Gaston. *Welfare policy and industrialization in Europe, America and Russia*. New York: Wiley, 1971, p. 152; KAIM-CHAUDLE, Peter. "Moving on From Beveridge". *In*: ZACHER, Hans F. (Coord.). *Bedingungen für die Entstehung und Entwicklung von Sozialversicherung*. Berlin: Duncker und Humblot, 1979, p. 22; CHRISTIANSEN, Niels Finn; PETERSEN, Klaus. "The Dynamics of Social Solidarity: the Danish Welfare State, 1900-2000". *Scandinavian Journal of History*, vol. 26, n. 3, pp. 177-196, 2001, p. 182.

[436] SACHßE, Christoph; TENNSTEDT, Florian. *Geschichte der Armenfürsorge in Deutschland, 2*: Fürsorge und Wohlfahrtspflege 1871-1929. Stuttgart: Kohlhammer, 1988, p. 211.

[437] PATTERSON, James T. *America's struggle against poverty 1900-1985*. Cambridge, MA: Harvard University Press, 1986, pp. 75-76.

CAPÍTULO III - DEMOCRACIA E DIREITO GLOBAL

que, antes de 1945, o governo britânico era um dos mais gastavam em transferências sociais.[438] Em tais países, porém, a cobertura da proteção social era normalmente limitada em termos de volume. E também era desigual e estava sujeita a grandes variações regionais, além de ser prestada por um amplo leque de associações – públicas, privadas, filantrópicas, algumas locais, outras nacionais, e ainda associações criadas a partir de organizações religiosas. Em alguns países, as garantias de proteção social estavam normalmente vinculadas à afiliação militar, e as organizações que prestavam assistência social tinham como foco, em geral, pessoas que haviam sofrido danos físicos ou perdas financeiras durante a Primeira Guerra Mundial.[439] Mas tais sistemas não foram muito eficazes em criar fidelidades políticas, e muitos dos grupos assistidos pela proteção social não foram integrados de forma consistente aos sistemas políticos nacionais. O enfoque seletivo em grupos de veteranos de guerra nos primeiros sistemas políticos de bem-estar social provocou, frequentemente, o isolamento de tais grupos, que em seguida emergiam dentro do país como grupos opositores ressentidos.[440] Mesmo nos sistemas de bem-estar social mais avançados do entreguerras, a proteção social era uma forma de integração institucional precária. O bem-estar, nesse período, permaneceu profundamente ligado à mobilização organizada das classes, intensificou os padrões coletivos de conflito, e a garantia de direitos sociais implicou, em grande medida, a filiação a organizações político-econômicas. Em consequência, as políticas de bem-estar tornaram-se o principal foco da disputa política, e as divergências entre grupos muitas vezes se intensificou devido à controvérsia sobre as responsabilidades

---

[438] BOYER, George R. *The winding road to the welfare state*. economic insecurity and social welfare policy in Britain. Princeton: Princeton University Press, 2019, p. 307.

[439] Na Alemanha, os primeiros programas de proteção social criados depois de 1918 destinavam-se a proteger ex-militares feridos – um grupo definido como os "novos pobres". A legislação seguinte (1923) ampliou a proteção social a aposentados de baixos rendimentos baixos prejudicados pelas consequências da guerra (HONG, Young-Sun. *Welfare, modernity, and the Weimar state, 1919-1933*. Princeton: Princeton University Press, 1998, pp. 92, 109).

[440] Ver a brilhante pesquisa histórico-antropológica sobre essa questão em KIENITZ, Sabine. *Beschädigte Helden*: Kriegsinvalidität und Körperbilder 1914-1923. Paderborn: Schöningh, 2008, p. 306.

materiais do governo. Na Alemanha, por exemplo, o estabelecimento de um governo reacionário após 1930 se refletiu, em primeiro lugar, em cortes profundos nos gastos públicos, impostos nas administrações de Brüning e Papen, de 1930 a 1932. A oferta de proteção foi, então, reduzida radicalmente depois de 1933, sob um regime que substituiu a proteção social pelo trabalho forçado.

A arquitetura do Estado de bem-estar social após 1945, pelo contrário, tendeu a isolar o cidadão individual como a unidade beneficiária da assistência social. Progressivamente, algumas garantias de proteção social foram, em princípio, estendidas a todos os cidadãos. Essa ênfase individualista dos sistemas de proteção social depois de 1945 deu às pessoas maior autonomia em relação aos grupos sociais que tradicionalmente organizavam as estruturas de proteção social. Por exemplo, os cidadãos passaram a ter acesso a direitos sem depender de sindicatos, partidos, igrejas, grêmios, associações religiosas ou organizações militares.[441] Em muitos casos, o contato direto do Estado com o cidadão na prestação da proteção social levou a um enfraquecimento parcial dos laços que ligavam os cidadãos aos grupos sociais, na mesma proporção que as obrigações ligadas a tais grupos perderam força.

Como exemplo, a construção do Estado de bem-estar social, significou, via de regra, enfraquecimento das formas tradicionais de dependência coletiva que envolviam o indivíduo. Destaca-se, com frequência, que os sistemas de bem-estar social mais fortes promoveram uma série de liberdades individuais e que, com o tempo, criaram estruturas normativas que modificaram os papéis de gênero tradicionais, separando as pessoas das obrigações familiares coercitivas.[442] Em alguns países, os primeiros Estados de bem-estar viram a idealização e

---

[441] Um importante estudioso percebeu como os Estados de bem-estar libertaram as pessoas de obrigações coletivas diretas em relação a famílias e associações informais e promoveram o individualismo em um "grau extremo" (TRÄGÅRDH, Lars. "Swedish model or Swedish culture". *Critical Review*, vol. 4, n. 4, 1990, p. 579).

[442] LUNDBERG, Urban; ÅMARK, Klas. "Social rights and social security: the Swedish welfare state, 1900-2000". *Scandinavian Journal of History*, vol. 26, n. 3, 2001, p. 170.

CAPÍTULO III - DEMOCRACIA E DIREITO GLOBAL

as primeiras iniciativas de legislações para melhorar a situação financeira e reduzir a dependência material das mulheres.[443] Na maioria dos Estados de bem-estar social, foram implementadas legislações que enfraqueceram, paulatinamente, o poder das solidariedades familiares e religiosas, levando finalmente à liberalização das leis relativas ao divórcio, à reprodução e à orientação sexual. Nesses casos, a relação direta entre os cidadãos e o Estado cortou gradualmente os laços criados por associações mais tradicionais, e fez com que grupos cuja autoridade não tinham origem no Estado perdessem poder. Mais importante, porém, foi que a construção dos Estados de bem-estar fez com que o acesso à proteção social já não fosse mais totalmente determinado por origens de classe ou pelo pertencimento a organizações de classe.[444] Conforme mencionado, a filiação sindical não diminuiu devido ao crescimento dos Estados do bem-estar social. Ao contrário, os primeiros Estados de bem-estar social geralmente apresentaram, e pressupuseram, níveis elevados de sindicalização, e o poder de negociação dos sindicatos geralmente aumentou no período. No entanto, a atividade sindical passou a estar cada vez mais centrada na regulação do mercado de trabalho e na determinação coletiva das condições de trabalho, o que geralmente serviu para proteger a condição dos trabalhadores individuais na economia.[445] A formação de sujeitos a partir das classes sociais perdeu sua importância como condição estrutural para o acesso a bens materiais, e alguns direitos materiais foram desvinculados da mobilização coletiva.

---

[443] No Reino Unido, o relatório da Royal Commission sobre Casamentos e Divórcios (1956), anteriormente muito restritivo, levou a uma legislação dessa natureza.

[444] Nos primeiros Estados de bem-estar que representavam valores cristãos, o bem-estar estava completamente separado da classe. Sobre a RFA, ver HILPERT, Dagmar. *Wohlfahrtsstaat der Mittelschichten? Sozialpolitik und gesellschaftlicher Wandel in der Bundesrepublik Deutschland (1949-1975)*. Göttingen: Vandenhoeck und Ruprecht, 2012, pp. 71, 82. Em sistemas mais sociais-democráticos, como o do Reino Unido e os dos países escandinavos, a prestação de proteção social foi respaldada pela suposição de que "todos os cidadãos possuem o mesmo status e o mesmo direito a qualquer benefício" (ver ESPING-ANDERS, Gøsta. *Politics against markets*: the social democratic road to power. Princeton: Princeton University Press, 1985, pp. 176-177).

[445] Ver p. 199.

O que ocorreu através desses processos, na verdade, foi que os Estados desenvolveram alguns mecanismos para que os interesses coletivos materiais pudessem, em certa medida, ser transformados em interesses articulados em um nível individual. Historicamente, as pessoas unidas por vínculos de classe tendiam a se mobilizar coletivamente contra o Estado para garantir direitos materiais de proteção ao seu emprego e à sua renda. Após 1945, o Estado começou a conceber os direitos sociais como normas gerais, e o próprio Estado tornou-se o principal protetor de tais direitos para os indivíduos.[446] Como resultado, os atores assumiram uma relação mais direta com o Estado no âmbito econômico, através da institucionalização dos direitos individuais e dos direitos sociais, e transferiram parte de sua iniciativa ao Estado. É claro que esse não foi um fenômeno homogêneo, sendo menos acentuado onde os Estados de bem-estar deram uma cobertura desigual às diversas classes.[447] Através da expansão do Estado social, no entanto, os vínculos relacionados à proteção individual foram cada vez mais realizados através de canais individuais entre os cidadãos e o governo. Nesse sentido, é importante ressaltar que os indivíduos se vincularam ao Estado como uma organização coletiva ocupando uma posição definida pela individualidade jurídica. A partir do momento que a proteção social foi estabelecida como um direito, uma grande parte da responsabilidade pela prestação da proteção social foi transferida para ocupantes de cargos públicos, e os cidadãos organizaram suas relações com determinados membros do serviço público, que se expandiu para responder àquela responsabilidade. Isso fez com que, inevitavelmente, muitas das disputas usualmente ligadas à segurança material fossem absorvidas pelos tribunais judiciais e administrativos.[448]

---

[446] Para um argumento paralelo, ver STICHWEH, Rudolf. *Die Weltgesellschaft*: Soziologische Analysen. Frankfurt am Main: Suhrkamp, 2000, p. 68.

[447] SWANK, Duane. "Between incrementalism and revolution: group protest and the growth of the welfare state". *American Behavioral Scientist*, vol. 26, pp. 291-310, 1983, p. 295.

[448] VOLKMANN, Heinrich. "Modernisiering des Arbeitskampfes? Zum Formwandel von Streik und Aussperrung in Deutschland 1864-1975". *In*: KAELBLE, Hartmut (Coord.). *Probleme der Modernisierung in Deutschland*: Sozialhistorische Studien zum 19. und 20. Jahrhundert. Wiesbaden: Westdeutscher Verlag, 1978, p. 168.

CAPÍTULO III - DEMOCRACIA E DIREITO GLOBAL

Por trás desses processos é possível observar uma transformação de importância vital para a sociedade moderna. Como, após 1945, os países começaram a estruturar as suas relações com os cidadãos através de um sistema individualista de proteção, os Estados desenvolveram mecanismos por meio das quais os cidadãos puderam recorrer ao Estado para uma ampla gama de serviços, o que fez aumentar drasticamente a frequência das relações diretas entre os cidadãos e os órgãos governamentais. Através desses mecanismos, os Estados consolidaram sua posição como o principal grupo de afiliação, ou como a principal organização coletiva, da sociedade, e muitos intercâmbios foram redirecionados de outras organizações coletivas para o Estado. Em consequência, o Estado de bem-estar social surgiu como uma forma política por meio da qual o Estado expandiu a fundo seu poder de integração na sociedade. Ao contrário de exercícios de construção estatal anteriores, os Estados de bem-estar social fortaleceram sua soberania social sobre uma arquitetura que, simultaneamente, promoveu articulações individualizadas com os membros da sociedade e relegou a um papel secundário a mobilização baseada em classes sociais. A transformação dos cidadãos em portadores de direitos individuais garantidos fez com que os Estados pudessem, simultaneamente, incorporar os cidadãos em suas próprias funções e também diminuir o potencial de desestabilização causado por conflitos entre cidadãos. Tal individualização proporcionou uma base sobre a qual os Estados puderam alcançar um nível elevado de integração social sem desestabilizações extremas. Dessa forma, pela primeira vez, os Estados adquiriram a capacidade de exercer sua soberania por meio de procedimentos estáveis de integração em suas sociedades. A tradução dos custos sociais da guerra em custos fiscais, a qual havia sido a base do Estado soberano moderno, passou por um aprofundamento significativo durante esse processo. De fato, os Estados de bem-estar social podem ser vistos como uma reiteração daquele acordo original de construção do Estado. O preço da pacificação definitiva da sociedade foi a tradução das despesas fiscais necessárias para a guerra em despesas fiscais necessárias para a proteção social, o que levou os Estados a interagirem com os cidadãos, principalmente, através de acordos de proteção social, e não por meio de exércitos. Isso proporcionou o fundamento para a consolidação do Estado como uma instituição com capacidade soberana de integração na sociedade.

Conforme já se explicou, houve grandes variações de país a país na construção do Estado de bem-estar social. Contudo, o viés individualista nos Estados de bem-estar tornou-se quase universal pelo fato de os Estados de bem-estar terem introduzido políticas destinadas a expandir a igualdade de acesso à educação e a criar oportunidades educativas para os cidadãos. Mesmo os Estados que não criaram sistemas de bem-estar social abrangentes, tal como os EUA, ampliaram substancialmente o seu papel na oferta educativa. As décadas 1950-1970 assistiram a uma "expansão universal da educação", em tal medida que, independentemente da posição ideológica, os Estados como um todo ampliaram o acesso às escolas e a outras instituições pedagógicas.[449] Nesse sentido, a orientação mundial a favor do bem-estar social após 1945 tendeu a promover melhores oportunidades profissionais para os indivíduos e, como resultado, proporcionou uma mobilidade laboral crescente, especialmente para as pessoas com maior acesso a recursos educativos.

A ampliação dos direitos à educação também teve um impacto nítido nos padrões de organização política e mobilização na sociedade. Nas décadas seguintes a 1945, o aumento das oportunidades educativas foi considerado por muitos com um fator responsável pelo aumento da atividade política entre os beneficiários dos direitos à educação.[450] No entanto, tais oportunidades alteraram a forma habitual da atuação política, auxiliando novamente a separar os agentes individuais das organizações coletivas de classe. Por definição, a ampliação do acesso à educação implicou, pelo menos, que, no nível cotidiano, os atores individuais foram distanciados das estruturas organizacionais familiares. O aumento das possibilidades educativas permitiu aos cidadãos estruturar, por si próprios, trajetórias de vida política que já não eram mais

---

[449] MEYER, John W.; RAMIREZ, Francisco O.; RUBINSON, Richard; BOLI-BENNETT, John. "The world educational revolution". *Sociology of Education*, vol. 50, n. 4, 1977, p. 251.

[450] LIPSET, Seymour Martin. *Political man*. London: Heinemann, 1960, p. 112; MEYER, John W.; RUBINSON, Richard. "Education and political development". *Review of Research in Education*, vol. 3, 1975, p. 157; ALMOND, Gabriel A.; VERBA Sidney. *The civic culture*: political attitudes and democracy in five nations. Newbury Park: Sage, 1989, p. 176.

CAPÍTULO III - DEMOCRACIA E DIREITO GLOBAL

totalmente definidas por associações de classe. Além disso, tal ampliação levou normalmente à construção de novos padrões de motivação política, uma vez que a elevação dos níveis de educação se relacionou estreitamente com a proliferação de novas identidades políticas entre os estudantes. Isso se refletiu no surgimento de expressões de ação política radical alternativas e mais individualistas nos anos 60.[451] A título indicativo, alguns sociólogos identificaram um declínio do comportamento eleitoral determinado pela classe social como sendo um resultado fundamental desses processos, pelo menos em alguns países.[452]

Por esses motivos, os sistemas políticos orientados para o bem-estar social criados depois de 1945 assistiram a um arrefecimento parcial das disputas interclassistas pelos recursos materiais da sociedade, fato que, historicamente, já havia demonstrado seu potencial desestabilizador para os governos nacionais. A ascensão do Estado de bem-estar

---

[451] Para uma análise brilhante do impacto das oportunidades educacionais na transformação dos posicionamentos políticos da esquerda na Grã-Bretanha, ver ROSE, Jonathan. *The intellectual life of the British working classes*. New Haven: Yale University Press, 2001, p. 144.

[452] Para análise desses processos nos EUA, ver WRIGHT, Gavin. *Sharing the prize*: the economics of the civil rights revolution in the American South. Cambridge, MA: Harvard University Press, 2013, pp. 126-135, 151. Sobre o Reino Unido, ver KELLEY, Joanathan; MCALLISTER, Ian; MUGHAN, Anthony. "The decline of class revisited: class and party in England, 1964-1979". *The American Political Science Review*, vol. 79, n. 3, 1985, p. 726. Sobre este processo, ver MEYER, John W. "The effects of education as an institution". *American Journal of Sociology*, vol. 83, n. 1, 1977, p. 70; KITSCHELT, Herbert. *The transformation of European social democracy*. New York: Cambridge University Press, 1994, p. 30; CLARK, Nichols Terry; LIPSET, Seymour Marin. "Are Social Classes Dying?". *International Sociology*, vol. 6, n. 4, 1991, p. 403. Para uma análise fundamentada sobre vinte países, e cuja conclusão é que, no período 1945-1990, houve, em diversos casos, "quedas substanciais nos níveis de votação por identificação de classe", ver NIEUWBEERTA, Paul. "The democratic class struggle in postwar societies: class voting in twenty countries, 1945-1990". *Acta Sociologica*, vol. 39, 1996, p. 370. Alguns sociólogos rejeitaram ou ponderaram esses argumentos (KORPI, Walter. *The democratic class struggle*. London: Routledge, 1983; BROOKS, Clem; MANZA, Jeff. "Class politics and political change in the United States, 1952-1992". *Social Forces*, vol. 76, n. 2, 1997, p. 397; WEAKLIEM, David L.; HEATH, Anthony F. "The Secret Life of Class Voting: Britain, France, and the United States". *In*: EVANS, Geoffrey (Coord.). *The end of class politics*? Class voting in twenty postwar societes. Oxford: Oxford University Press, 1999, p. 132.

social teve um impacto profundo nos padrões de construção do sujeito político na sociedade. Fundamentalmente, o Estado de bem-estar social concretizou um nexo profundo e direto entre o indivíduo e o Estado. Como já se afirmou, esse processou variou de sociedade para sociedade, motivo pelo qual esse vínculo não pode ser considerado uma característica social absolutamente generalizada. No entanto, os indivíduos tornaram-se mais diretamente dependentes dos órgãos estatais, e foram profundamente incorporados em comunidades políticas centradas nos Estados. Através desses processos, a adesão ao Estado tornou-se a filiação fundamental na sociedade, e tornou-se a via fundamental para acessar direitos e a principal garantia de integração efetiva. Como resultado, os cidadãos foram parcialmente liberados de suas outras filiações, e tornou-se menos provável que dependessem de organizações estruturadas em outras esferas da vida. O novo elo entre o país e o cidadão diminuiu a força de outras associações, especialmente aquelas fundadas em interesses de classe, e reduziu a necessidade de os cidadãos construírem sujeitos coletivos na sociedade. A integração direta dos cidadãos ao Estado foi um processo profundamente individualizador, em que os grandes coletivos organizados tiveram seu prestígio reduzido.

Visto dessa forma, o Estado de bem-estar social surgiu depois de 1945 como uma continuação dos padrões de construção do Estado existentes no século XVIII, quando o Estado assumiu, pela primeira vez, os contornos de um sistema de integração institucional definido pela individualização dos atores sociais e pela redução da força das associações intermediárias. A distribuição de bens materiais a indivíduos depois de 1945 rearticulou a mesma lógica da relação individual e direta entre o sistema político e o cidadão que havia caracterizado o Estado moderno inicialmente. Acima de tudo, o Estado de bem-estar social rearticulou a relação entre soberania estatal e individualização jurídica que havia surgido no século XVIII, e construiu uma ordem institucional na qual os Estados foram capazes de integrar os indivíduos à sociedade e de preservar a sua estrutura soberana fundamental. Para tal, o Estado de bem-estar social suprimiu, em parte, uma característica estrutural profunda da sociedade pós-1789: a convergência profunda entre a construção dos sujeitos políticos e as classes sociais. Ao fazê-lo, o Estado de bem-estar social também reverteu parcialmente uma outra

CAPÍTULO III - DEMOCRACIA E DIREITO GLOBAL

característica estrutural da sociedade pós-1789: a perda de soberania das instituições estatais em relação às organizações mobilizadas coletivamente. No centro dessas conquistas estava o fato de que, pela primeira vez, os cidadão interagiam com seus Estados como beneficiários individuais de direitos e oportunidades de bem-estar social, e não mais como membros de comunidades militares.

Essa análise não contém nenhuma afirmação de que as diferenças de classe desapareceram em Estados de bem-estar social criados depois de 1945. Aliás, esta análise está de acordo com a afirmação de que os Estados de bem-estar social mais débeis tenderam a suscitar tensões entre classes.[453] Ainda, esta análise sustenta que a construção dos Estados de bem-estar promoveu padrões mais individualistas de interação entre cidadãos e órgãos governamentais, fragmentando parcialmente a ação individual de organizações setoriais e classistas. Acima de tudo, os Estados puderam criar relações com os cidadãos sem a mediação de organizações coletivas. Foi central, nesse processo, a reorientação básica da afirmação da soberania governamental, que passou a priorizar os processos de integração institucional nas pessoas como portadoras de direitos individuais. Como resultado, a disputa entre as classes por sua segurança material perdeu parte da capacidade de desestabilizar as instituições estatais.

Em terceiro lugar, a desmilitarização da cidadania após 1945 pode ser vista como o resultado de mudanças na importância política atribuída à etnia.

Os sistemas políticos em processo de democratização após 1945 foram, pelo menos inicialmente, menos eficazes na redução dos conflitos políticos causados por questões étnicas do que no caso dos conflitos de classes. De fato, os conflitos étnicos violentos surgiram como um fenômeno característico da política no final do século XX. Em geral, esses conflitos foram causados, em primeiro lugar, pela herança dos Impérios Europeus nas antigas colônias, e, em segundo lugar, pelos processos de criação das nações que se seguiram à descolonização na África

---

[453] PIVEN, Francis Fox; CLOWARD, Richard. *Regulating the poor*: the functions of public welfare. Revised edition. New York: Vintage, 1993, p. 449.

e na Ásia, e, posteriormente, pela criação dos Estados pós-soviéticos.[454] Em muitos desses contextos, a organização política da democracia, focada nas instituições centrais do Estado, levou a um acirramento das reivindicações étnicas. Porém, o conflito entre grupos dominantes e minorias étnicas também persistiu em outros cenários. Tal conflito restringiu a democratização nos EUA até 1964/65. Em diferentes lugares, o vínculo entre expectativas de cidadania e origem étnica imprimiu, em distintos graus, estruturas de mobilização profundamente antagônicas nos sistemas políticos em processo de democratização. Em muitos contextos, a etnia substituiu a origem de classe como o principal determinante das práticas de cidadania.

Apesar desse fato, a democratização dos sistemas políticos após 1945 também criou formas de promover a integração nacional sem uma politização aguda das diferenças étnicas. As democracias que tiveram que enfrentar conflitos entre grupos étnicos buscaram, muitas vezes, superar esses conflitos designando grupos étnicos como sujeitos coletivos com direitos particulares. Em algumas sociedades marcadas pelo antagonismo étnico, os processos constituintes estabeleceram sistemas políticos democráticos em que grupos étnicos não dominantes obtiveram direitos e representações próprios.[455] Alguns países que buscaram superar conflitos interétnicos profundos adotaram legislações ou constituições que concederam direitos coletivos a grupos étnicos ou indígenas, reforçando, muitas vezes, a identidade e a autonomia constitucional de tais grupos.[456] De forma geral, porém, em sociedades com

---

[454] A União Soviética não era um império clássico, pois promoveu a igualdade entre regiões e repúblicas e não institucionalizou a primazia da identidade russa. No entanto, historiadores hostis à União Soviética e historiadores relativamente simpáticos a ela têm notado sua semelhança com a forma de um império e a semelhança da estrutura da nação pós-soviética com a estrutura da nações pós-coloniais (ver NORTHROP, Douglas. *Veiled empire*: gender and power in Stalinist Central Asia. Ithaca: Cornell University Press, 2004, p. 22; MARKOWITZ, Lawrence P. *State erosion*: unlootable resources and unruly elites in Central Asia. Ithaca: Cornell University Press, 2013, p. 30; NEWTON, Scott. *Law and the making of the soviet world*. Abingdon: Routledge, 2015, p. 217).

[455] África do Sul, Bolívia e Colômbia.

[456] Ver LIJPHART, Arend. "Consociational democracy". *World Politics*, vol. 21, n. 2, 1969, pp. 207-225; ANDEWEG, Rudy B. "Consociational Democracy". *Annual*

CAPÍTULO III - DEMOCRACIA E DIREITO GLOBAL

estruturas étnicas complexas, o conflito interétnico foi amenizado e a integração de diferentes grupos foi promovida através de um processo de assimilação normativa, no qual o vínculo a direitos e filiações coletivas perdeu força. Na maioria desses casos, os direitos atribuídos a grupos étnicos particulares foram criados como parte de uma gama mais ampla de direitos, acordados com todos os cidadãos na condição de atores individuais. Na maioria dos sistemas políticos em processo de democratização, os direitos atribuídos aos coletivos identificados por suas origens étnicas foram definidos em termos que não fortaleciam a singularidade da identidade étnica, mas que, no máximo, reconheciam a identidade étnica como fundamento para um acesso mais fácil aos direitos que eram acessíveis a todos os indivíduos. Nessas circunstâncias, o exercício dos direitos permitiu aos coletivos étnicos apegar-se aos laços de solidariedade tradicionais do grupo, mas também aceitar a integração em um sistema mais geral de expectativas normativas. Nos EUA, como discutido, os direitos das minorias étnicas foram consolidados nas décadas de 1950 e 1960 em conjunto com outros direitos, e os direitos políticos das minorias foram acompanhados pela ampliação dos direitos individuais de forma mais ampla.[457] Recentemente, exemplos importantes desse fenômeno surgiram em sociedades da América Latina com populações multiétnicas. Na Colômbia, criaram-se certas proteções específicas para grupos étnicos. Mas, de acordo com o Direito Constitucional colombiano, os interesses dos grupos etnicamente não majoritários são mais fortemente protegidos por direitos de natureza mais universal. A Suprema Corte estabeleceu o princípio de que todos os colombianos têm direito ao gozo de um "mínimo universal" de direitos básicos, que pode ser aplicado para proteger os direitos dos grupos minoritários.[458] Na Bolívia, analogamente, os direitos dos grupos étnicos foram garantidos como parte de um sistema universal de

---

Review of Political Science, vol. 3, pp. 509-536, 2000; LERNER, Hanna. *Making constitutions in deeply divided societies*. New York: Cambridge University Press, 2011.

[457] EPP, Charles R. *The rights revolution*: lawyers, activists, and supreme courts in comparative perspective. Chicago: University of Chicago Press, 1998, pp. 27-30.

[458] Ver discussão no Tribunal Constitucional T-485/11.

direitos.[459] Assim, a redução do conflito entre grupos étnicos tem sido promovida através da generalização de direitos individualizados, e, por esse meio, a própria etnia, como característica coletiva-subjetiva, tem perdido primazia estruturalmente. O estabelecimento de um corpus sólido de direitos subjetivos individuais foi normalmente um pré-requisito para o arrefecimento dos conflitos sociais em sociedades etnicamente divididas. Na maioria dos casos, esse processo diferenciou a cidadania de outros elos de solidariedade estruturalmente enraizados.

E um nível mais geral, uma quarta característica marcante da desmilitarização da cidadania após 1945 é que a própria ação política se tornou, em parte, um modo de interação menos desestabilizador na sociedade como um todo. Particularmente, a ação política foi cada vez mais padronizada em termos propícios para a formação de sujeitos individuais na sociedade, e o engajamento político tendeu a se desligar de objetivos cuja realização pressupunha, necessariamente, a mobilização de atores coletivos.

Conforme discutido, o período após 1945 foi marcado pela separação gradual entre a ação política e os espaços e as motivações construídos pelas classes, de modo que os atores individuais puderam formular posicionamentos políticos em termos menos dependentes das prerrogativas de classe. Cada vez mais, a ação política passou a se vincular a questões que não eram necessariamente tratadas através de atuações partidárias. A participação política assumiu, a partir de então, uma forma menos estruturada em geral, expressando-se em grupos de membros mais provisórios, articulados em torno de interesses particulares e pouco inclinados a adquirir uma forma organizacional duradoura. Evidências desses processos podem ser encontradas, por exemplo, no fato de que, nas décadas após 1945, movimentos de protesto, grupos políticos informais e movimentos libertários radicais, com posições ideológicas relativamente ecléticas, adquiriram importância. O cenário da política de oposição foi caracterizando-se, paulatinamente, pelo enfraquecimento político das organizações de classe e pela emergência

---

[459] Tribunal Constitucional Plurinacional da Bolívia, Decisão 1422/2012.

CAPÍTULO III - DEMOCRACIA E DIREITO GLOBAL

de movimentos interclassistas e de grupos destinados a reforçar novas identidades políticas, ligados – por exemplo – a reivindicações sexuais, médicas, étnicas ou educativas. De modo geral, isso fez com que os interesses apresentados politicamente se tornassem menos suscetíveis a produzir conflitos generalizados ou a sobrecarregar as capacidades de integração da sociedade.

Finalmente, em quinto lugar, a desmilitarização da cidadania depois de 1945 pode ser vista no fato de que o conflito social passou a ser cada vez mais articulado através de canais institucionais múltiplos. Depois de 1945, os países em processo de democratização tenderam a criar novos canais de comunicação com os seus cidadãos. Em particular, muitos Estados reforçaram muito suas instituições judiciais, de modo que as autoridades judiciais passaram a estar ao lado dos órgãos legislativos como canais fundamentais de interação entre o sistema político e a sociedade. Isso ocorreu de forma mais marcante em sistemas políticos que se converteram ao autoritarismo nas décadas de 1920 e 1930. Por exemplo, os sistemas políticos que passaram por reformas democratizantes após 1945, como a Itália, o Japão e a RFA, criaram Poderes Judiciários fortes, com garantias poderosas para os direitos individuais, tanto no Direito Público quanto no Direito Privado. Porém, isso também ocorreu em Estados que preservaram algumas estruturas democráticas durante a década de 1930. Nos Estados Unidos, como discutido, a disposição dos tribunais para aplicar os direitos civis federais em casos constitucionais expandiu-se exponencialmente após 1945. Além do mais, nos Estados Unidos, o fortalecimento do judiciário se refletiu na esfera do Direito Administrativo. Por exemplo, a Lei de Processo Administrativo (1946) ampliou o âmbito de fiscalização do judiciário em questões administrativas. Esta Lei é descrita por um analista como uma "legislação para a burocracia".[460] No Reino Unido, de forma semelhante, a responsabilidade pública no âmbito do Direito Administrativo foi fortalecida com a expansão do controle judicial como um poder da common law.[461]

---

[460] CANE, Peter. *Controlling administrative power*: a historical comparison. Cambridge, UK: Cambridge University Press, 2016, p. 90.

[461] Ver o importante caso Ridge v Baldwin [1964] AC 40.

Finalmente, o Direito Administrativo assumiu uma importância constitucional particular no Reino Unido, pois foi no Direito Administrativo que, pela primeira vez, um princípio consistente de Direito Público de cidadania foi elaborado. O endurecimento das normas constitucionais no Reino Unido desde os anos 60 foi, sobretudo, resultado de litígios relativos a atos administrativos.[462]

Essa mudança na importância do Judiciário fez com que os conflitos entre os cidadãos e o Estado passassem a contar com uma ampla gama de canais de resolução. À medida que o Poder Judiciário aumentava seu poder, mais conflitos puderam ser vinculados a reivindicações de direitos, e tratados de forma relativamente individualizada. Quanto maiores as possibilidades para soluções individuais, menores as possibilidades de as queixas de atores atomizados desencadearem uma mobilização política em larga escala em torno de reivindicações coletivas ou de interesses sociais abrangentes. Em muitos sistemas políticos, isso fez com que a busca de interesses comuns fosse cada vez mais realizada através de ações legais: isto é, através de ações coletivas ou de litígios estratégicos.[463] Um dos resultados desse processo foi que os conflitos em torno de interesses coletivos nas sociedades nacionais não mais convergiram de maneira desestabilizadora em uma única instituição, e os conflitos sociais puderam ser direcionados para diferentes pontos da estrutura do Estado. Outro resultado foi a capacidade que as sociedades adquiriram

---

[462] O conceito de direitos constitucionais no Direito Público britânico surgiu no Direito Administrativo. Ver o caso Morris v Beardmore - [1980] 2 All ER 753; Bugdaycay v. Secretary of State for the Home Department and Related Appeals [1987] 1 All ER 940.

[463] O litígio de interesse público estabeleceu um novo padrão de ação política nos EUA, onde a litigância estava fortemente ligado à construção dos direitos étnicos e de saúde. De acordo com um importante ponto de vista, a ações legais individualizadas assumiram um papel fundamental na "generalização dos direitos" em relação à assistência médica e assistência social nos EUA (STARR, Paul. *The social transformation of American medicine*: the rise of a sovereign profession and the making of a vast industry. New York: Basic Books, 1982, p. 388). O foco da ação política em torno de ações judiciais de interesse público atingiu um auge nas décadas de 1980 e 1990 na Índia, onde tais litígios levaram à construção de direitos de proteção social e direitos judicializáveis no âmbito da educação (RUPARELIA, Sanjay. "India's new rights agenda: genesis, promises, risks". *Pacific Affairs*, vol. 86, n. 3, 2013, p. 574).

CAPÍTULO III - DEMOCRACIA E DIREITO GLOBAL

para sustentar padrões múltiplos de formação de sujeitos políticos, centrados em reivindicações étnicas, ambientais ou relacionadas com a sexualidade, em torno das quais os novos grupos políticos tomaram forma, lutando por direitos particulares. Isso novamente imprimiu uma forma política individualizada e policêntrica na sociedade, tendendo a marginalizar a ação política dos interesses gerais da classe.

No cerne do aumento da estabilidade democrática que ocorreu ao longo da segunda metade do século XX, podemos identificar três formas de revisão dos mecanismos institucionais através das quais os Estados interagiram com seus cidadãos e os integraram. Cada uma dessas mudanças esteve ligada a um padrão mais amplo de individualização legal. Em primeiro lugar, a maioria dos países em processo de democratização encontrou formas de diminuir as propensões para a mobilização política coletiva relacionada a garantias materiais. A capacidade dos cidadãos individuais para obter bens materiais necessários à sua sobrevivência foi parcialmente separada dos sujeitos coletivos, especialmente dos sujeitos que coordenavam interesses de classe. Em segundo lugar, os países em democratização geralmente estimularam a multiplicação das oportunidades de integração individual, de tal forma que os papéis políticos clássicos passaram a figurar apenas como uma das fontes de integração entre diversas outras. Em terceiro lugar, tais países tenderam a promover a individualização da filiação a organizações, de modo que a filiação em muitas associações sociais, com prioridades variadas e níveis de formalidade variados, tornou-se a norma. Nesse, o surgimento de democracias relativamente estáveis após 1945 pressupôs um grau elevado individualização do sujeito. A consequência política central desse processo foi que a integração dos membros da sociedade, tanto politicamente quanto de maneira mais ampla, ocorreu sem o aprofundamento da articulação de seus antagonismos estruturais fundamentais. Nesses processos, nem a classe e nem a etnia, os obstáculos tradicionais à integração democrática, desapareceram. No entanto, a configuração de formas de ação política mais individualizadas, muitas vezes multifocais, permitiu às sociedades preservar um certo grau de coesão, sem a necessidade de ocultar essas fontes de conflito.

Uma consequência central dessa transformação foi que, através de uma concepção cada vez mais individualizada, o cidadão foi desacoplado das suas ligações com os antagonismos internacionais, ligações estas que eram produtos por excelência da democracia moderna. Como discutido, o período após 1945 não passou por nenhuma diminuição significativa da intensidade do conflito global. Porém, os países em processo de democratização após 1945 conseguiram, até certo ponto, isolar os processos domésticos de integração institucional de padrões de mobilização capazes de fazer as guerras e as hostilidades internacionais reverberarem na cidadania nacional. Ainda mais importante foi que as novas democracias conseguiram desarticular gradualmente as identidades de classe internas dos antagonismos ideológicos globais, de modo que os antagonismos globais não foram meramente reproduzidos em disputas sociais internas entre grupos rivais de cidadãos.

Por um lado, essa desarticulação ficou visível nas práticas de organização política entre grupos institucionalizados de oposição. Por exemplo, uma característica marcante da política europeia pós-1945 é que os partidos políticos de esquerda desenvolveram programas políticos cada vez mais individualizados. Como resultado, os partidos de esquerda recusaram-se, progressivamente, a aderir à ortodoxia ideológica da União Soviética, e atuaram com plataformas políticas distanciadas das dicotomias globais.[464] Isto fez com que até mesmo os conflitos internos que causavam divisões violentas passassem a ser tratados sem referência a polaridades ideológicas globais. Por outro lado, essa desarticulação se refletiu na proliferação de grupos políticos informais. Inclusive nos contextos em que as relações políticas nacionais eram fortemente determinadas por pressões externas, a influência dos conflitos globais na política nacional não ocorreu como um processo em que as divergências globais se reproduziam diretamente nas sociedades nacionais. De fato, mesmo nos contextos internos definidos por ebulição política extrema causada por conflitos internacionais, a ação política tendeu a mostrar um desalinhamento entre o conflito global e nacional.

---

[464] Ver WEILER, Peter. *British labour and the Cold War*. Stanford: Stanford University Press, 1988, p. 279; BROGI, Alessandro. *Confronting America*: the Cold War between the United States and the Communists in France and Italy. Chapel Hill: University of North Carolina Press, 2011, p. 356.

CAPÍTULO III - DEMOCRACIA E DIREITO GLOBAL

Um exemplo ilustrativo dessa situação foi a Guerra do Vietnã nos EUA, na qual as relações políticas internas foram gravemente afetadas pelo conflito internacional, de tal forma que a sociedade norte-americana, nessa época, chegou a uma condição próxima à guerra civil cultural. Em um determinado nível, isso provocou uma resposta social particular ao conflito externo, e levou a uma profunda polarização dos grupos políticos internos. Nesse contexto, porém, é impressionante que, apesar da politização da sociedade norte-americana ter sido, nesse momento, determinada por conflitos externos, os conflitos sociopolíticos internos não se expressaram em lutas binárias entre polos opostos. Ao contrário, a exposição da sociedade norte-americana ao conflito externo desencadeou uma proliferação de movimentos políticos, frequentemente com perspectivas altamente individualistas. A mobilização provocada pela guerra se expressou, em geral, em demandas por direitos setoriais diversos, ligadas a uma pluralidade de identidades e objetivos da oposição, que deram origem a comunidades políticas de caráter estético, geracional, étnico ou moral informalmente organizadas.[465] Mesmo em condições de militarização social nítidas, a forma da cidadania política não reproduziu diretamente as disputas militares globais, e, no geral, não gravitou em torno de meros sujeitos coletivos. Como resultado, o exercício da cidadania tornou-se menos propenso a desestabilizar as instituições políticas.

Foi a partir da desmilitarização da cidadania e da ruptura entre a política internacional e nacional que, após 1945, as sociedades nacionais adquiriram uma forma institucional integrada característica. As sociedades democráticas nacionais foram criadas originalmente pela guerra, na medida em que a guerra construiu o padrão fundamental da cidadania nacional e o pressuposto essencial para a integração nacional. A expressão coletiva de tal cidadania, no entanto, geralmente impediu o surgimento de sociedades nacionalizadas e democráticas genuínas. O aprofundamento

---

[465] Suri explicou como os grupos de oposição nos EUA nos anos 60 "não estavam unidos por relações classe, etnia ou origem nacional" (SURI, Jeremi. *Power and protest*: global revolution and the rise of Détente. Cambridge, MA: Harvard University Press, 2005, p. 93).

da individualização da cidadania após 1945 proporcionou às sociedades nacionais bases de integração que suavizaram o impacto direto dos conflitos globais e permitiram aos Estados integrar de forma mais estável os conflitos sociais e os participantes de tais conflitos.

Cidadania desmilitarizada: a integração normativa

Conforme discutido, a desmilitarização da cidadania após 1945 não ocorreu devido a uma redução da relevância política da guerra, e a guerra continuou a afetar os Estados de diversas maneiras. Além do mais, os Estados de bem-estar social nacionais não refletiram um modelo uniforme de construção do Estado. Consequentemente, para explicar a estabilização gradual dos sistemas políticos em processo de democratização após 1945, é necessária uma abordagem multifocal. Em alguns países em processo de democratização, o fortalecimento da democracia se relacionou com a convergência desses países em comunidades externas de prescrição de normas, como sistemas de direitos humanos ou organizações internacionais cujo foco principal era o econômico, a exemplo da UE. Nesses contextos, a integração econômica muitas vezes dependeu da implementação de certos procedimentos democráticos. Além disso, depois de 1945, as sociedades nacionais geralmente atingiram um nível mais alto de unidade estrutural, e os Estados garantiram o monopólio de poder de forma mais completa e se inseriram mais profundamente na sociedade. Isso foi, em parte, um produto da guerra, pois muitos Estados aprofundaram sua inserção administrativa na sociedade nacional através da mobilização para a guerra, em diferentes conjunturas. Isso fez com que os Estados passassem a ser menos frequentemente ameaçados pela rivalidade extrema entre grupos sociais, conseguindo, assim, cada vez mais, proteger as instituições democráticas contra a monopolização por parte de minorias.[466] Esse processo ganhou com o crescimento dos Estados de bem-estar social.

---

[466] Sobre o nexo causal entre a democratização em seu estágio inicial, a fragilidade do Estado e a instabilidade política, ver MANSFIELD, Edward D.; SNYDER, Jack. "Democratization and war". *Foreign Affairs*, vol. 74, n. 3, 1995, p. 88.

CAPÍTULO III - DEMOCRACIA E DIREITO GLOBAL

Os elevados níveis de violência que continuaram existindo em algumas sociedades foram causados pelo fato de que, entre os diversos Estados que surgiram após 1945, muitos deles não possuíam instituições suficientemente robustas para exercer um monopólio estável do poder.[467]

Ao mesmo tempo, as razões para a estabilização crescente da democracia após 1945 podem ser encontradas na ordem normativa básica da democracia, pois o foco de legitimação fundamental do sistema político democrático foi transformado nessa época. Como já discutido, foi apenas em 1945 que a proteção social substituiu a guerra como o principal canal de *interação institucional* entre Estados e cidadãos, de modo que os cidadãos passaram a assumir papéis perante seus governos de uma forma funcionalmente dissociada da guerra. Somente a partir de então tornou-se possível aos Estados integrar populações soberanas de forma estável e, ao mesmo tempo, preservar sua própria soberania ao fazê-lo. Ao mesmo tempo, o canal típico de *integração normativa* entre Estado e cidadão foi reformulado, e os Estados construíram a legitimidade do Direito sobre novas premissas constitucionais, que também foram desvinculadas das funções militares. Conforme já explicado, a evolução dos sistemas políticos democráticos nas sociedades nacionais foi geralmente interrompida, de início, pelo fato de que a fonte central da legitimidade constitucional – o cidadão – foi definida em termos influenciados pela política internacional. A figura do cidadão nacional moderno primeiro tomou forma como uma concepção situada, simultaneamente, no âmbito doméstico e no âmbito internacional. Depois de 1945, porém, a figura do cidadão assumiu

---

[467] Evidências para essa teoria são encontradas na brilhante análise de Holden (HOLDEN, Robert H. *Armies without nations*: public violence and state formation in Central America, 1821-1960. New York: Oxford University Press, 2004, pp. 117-118). Holden argumenta que muitos Estados pós-1945 se fortaleceram porque assumiram o controle dos grupos violentos da sociedade. Isso fez com eles pudessem enfraquecer os grupos tradicionalmente capazes de abalar a autoridade do Estado. No entanto, o controle dos Estados continuou limitado e eles seguiram dependentes do exercício da repressão violenta. Esta teoria também é sustentada pelo argumento de Goodwin, de que os Estados pós-1945 caracterizados por níveis elevados de violência eram "regimes autoritários fracos" (GOODWIN, Jeff. *No other way out*: states and revolutionary movements, 1945-1991. Cambridge, UK: Cambridge University Press, 2001, p. 180).

novos contornos normativos. Em suas implicações domésticas, conforme já discutido, o cidadão começou a aparecer como um titular individual de múltiplos direitos, cuja integração dentro do sistema político democrático não pressupunha uma mobilização social abrangente ou intensamente conflituosa. Ao mesmo tempo, o cidadão foi transformado em suas articulações externas, ao começar a assimilar aspectos do Direito Internacional. Depois de 1945, o cidadão foi afetado por uma reorientação dos padrões de legitimação e de construção de normas na arena internacional, na qual as normas de cidadania assumiram grande relevância. Depois de 1945, um novo vocabulário internacional de cidadania foi difundido na esfera mundial, fato que coincidiu com a reorientação da cidadania nos processos de integração doméstica. Esse novo vocabulário separou a produção e a legitimação do Direito das ideias de subjetividade política vinculadas à guerra, e criou uma base normativa para o Direito que impulsionou fortemente os processos sociais internos de integração democrática.

A reorientação nos padrões globais de produção de normas após 1945 se expressou, principalmente, na importância crescente dos direitos humanos como normas globais. O período que teve início em 1945 assistiu à promulgação de uma série de declarações e convenções de direitos humanos, tanto em nível global como em nível regional, que impactaram de forma distinta nas diferentes sociedades nacionais. Neste corpus emergente da legislação dos direitos humanos, destaca-se o fato de que os direitos humanos foram concebidos, em essência, como direitos pertencentes a determinados indivíduos, de modo que cada sujeito humano apareceu, ainda que abstratamente, como detentor de direitos estabelecidos no Direito Internacional. Sem dúvida, o sistema de Direito Internacional surgido nesse período sancionou direitos que deveriam ser exercidos coletivamente, tais como os direitos trabalhistas e os direitos de participação política. Dado o histórico de violência étnica em larga escala na Europa antes de 1945, o Direito Internacional deu particular atenção aos direitos de proteção aos grupos étnicos. Em princípio, no entanto, cada conjunto de direitos criados no Direito Internacional após 1945 foi estabelecido de uma forma que reconheceu nos sujeitos individuais os principais destinatários dos direitos. Isso

CAPÍTULO III - DEMOCRACIA E DIREITO GLOBAL

significou que, mesmo dentro de sistemas políticos soberanos, os sujeitos individuais poderiam, ao menos teoricamente, reivindicar tais direitos. É importante ressaltar que o corpus de direitos humanos que surgiu depois de 1945 só passou a ser aplicável a casos individuais muito mais tarde. Tais direitos, em geral, só se tornaram judicializáveis após a criação de sistemas regionais de direitos humanos em algumas partes do mundo. A Corte Europeia de Direitos Humanos começou a decidir casos para proteger indivíduos na década de 1960; a Corte Interamericana de Direitos Humanos começou a ouvir casos litigiosos na década de 1980; o Sistema Africano de Proteção aos Direitos Humanos adquiriu uma maior força judicial após o ano 2000. Contudo, mesmo antes de tais direitos adquirirem tutela judicial internacional, as garantias dos direitos individuais tornaram-se um elemento central das constituições nacionais. Na maioria dos países em processo de democratização após 1945, as Constituições foram escritas ou adaptadas de forma a darem reconhecimento à legislação internacional dos direitos humanos. Mesmo em sistemas políticos como o dos EUA, em que a jurisprudência nacional manteve uma hostilidade aparente ao Direito Internacional, os juízes nacionais encontraram formas de alinhar o Direito Constitucional nacional à legislação internacional dos direitos humanos. As grandes mudanças no Direito Constitucional americano nas décadas seguintes a 1945 acompanharam de perto os avanços do Direito Internacional.[468] De distintas maneiras, os direitos humanos individuais tornaram-se mais proeminentes na jurisprudência nacional

---

[468] Ver p. 140. A Lei dos Direitos Civis e a Lei dos Direitos de Voto foram aprovadas nos EUA em um momento logo após o Presidente Johnson ter declarado seu compromisso com a promoção global dos direitos humanos na Assembleia Geral da ONU. A Lei dos Direitos de Voto foi aprovada no mesmo ano em que a Convenção sobre a Eliminação de Todas as Formas de Discriminação Racial foi adotada na ONU. Estes acontecimentos históricos estão ligados de maneira indissociável. Em 1964, a Suprema Corte Americana declarou o compromisso com a "realização de uma representação justa e efetiva para todos os cidadãos" (caso Reynolds vs. Sims, 377 U.S. 533 (1964)). Esse caso não estava centrado na questão das políticas antiminorias. Deixou claro, porém, a insistência da Corte em seu papel político de promover a igualdade de acesso aos direitos eleitorais. Também vinculou, implicitamente, o Direito Constitucional nacional às normas estabelecidas na arena global em meados dos anos 60, especialmente ao Pacto Internacional dos Direitos Civis e Políticos.

e na legislação nacional. O constitucionalismo baseado em direitos tornou-se o modelo dominante para ordenar e legitimar as reivindicações dos cidadãos em seus países.

Esta nova ênfase individualista no Direito Internacional tem origens muitos nítidas na Segunda Guerra Mundial. A elaboração da Carta da ONU, que deu início ao compromisso global com a legislação dos direitos humanos, foi planejada durante a guerra, em um período em que as fronteiras da soberania do Estado eram mundialmente precárias. Além disso, as normas de direitos humanos adquiriram sua forma jurídica em um ambiente global marcado por experiências jurídicas de tempos de guerra. A guerra demonstrou nitidamente a vulnerabilidade dos refugiados e grupos minoritários em Estados potencialmente hostis. Isso evidentemente deu forma à ênfase individual da legislação internacional dos direitos humanos. As normas internacionais promulgadas depois de 1945 também refletiram o fato de que, na Segunda Guerra Mundial, muitos combates foram liderados por indivíduos com posições indeterminadas no âmbito do Direito Militar. Esse foi particularmente o caso no Leste Europeu e no Sul da Europa, por exemplo, na Rússia, Polônia, Grécia e Iugoslávia, onde a resistência à ocupação alemã foi organizada por partisans. As Convenções de Genebra de 1949 reconheceram grupos armados informais como atores com direitos assegurados. A individualização do Direito Internacional foi profundamente influenciada pelas mudanças na personalidade jurídica forjadas durante a guerra.

Apesar das suas origens militares, a legislação dos direitos humanos teve um impacto pacificador profundo na democracia nacional. Isso ocorreu de forma diversa, com grandes variações de país a país. Entretanto, é difícil encontrar países em processo de democratização no final do século XX que não tenham sido fortemente marcados pela legislação internacional dos direitos humanos. É possível identificar uma série de caminhos pelos quais a formalização dos direitos individuais na arena internacional estimulou padrões de construção de sujeitos que vieram para definir, e ajudar a consolidar, países em processos de democratização. Em cada um dos diferentes casos, esse processo estava ligado ao fato de que o aspecto individualista da legislação de direitos

CAPÍTULO III - DEMOCRACIA E DIREITO GLOBAL

humanos permitiu aos Estados criar legitimidade para suas funções sem uma mobilização coletiva intensa dos cidadãos. De fato, a legislação dos direitos humanos criou um conceito de cidadão para impulsionar a integração normativa que se refletiu naturalmente nos processos de integração institucional. Historicamente, a concepção nacional do cidadão havia prejudicado a integração interna ao anexar a cidadania aos conflitos globais. Depois de 1945, esse processo foi revertido. Estabeleceu-se uma concepção do cidadão na sociedade global que promoveu a integração nacional, enfraquecendo a ligação entre a cidadania nacional e os conflitos globais.

Em primeiro lugar, a construção de direitos individuais no âmbito internacional fez com que a essência da subjetividade jurídico-política fosse parcialmente estabelecida fora da sociedade nacional, e os direitos humanos internacionais passassem a predefinir as formas da ação política em nível nacional. A mobilização política nas sociedades nacionais é agora frequentemente empreendida em nome de subjetividades cuja origem normativa encontra-se fora dos padrões nacionais de associação, e os resultados de tal mobilização são, em parte, determinados por organismos externos de estabelecimento de normas. Por exemplo, nos anos 70, os regimes autoritários na América Latina foram criticados no âmbito internacional por suas violações aos direitos humanos. Assim, os protestos internos contra esses regimes foram frequentemente organizados por organizações de direitos humanos ligadas a organismos internacionais, e tinham como foco a violação aos direitos humanos. Da mesma maneira, a partir dos anos 70, os regimes autoritários do Leste Europeu foram frequentemente criticados devido à sua frágil proteção aos direitos humanos, e a mobilização dentro dessas sociedades estava fortemente relacionada à essas críticas.[469] Como resultado, em ambos os contextos, as normas de direitos humanos proporcionaram um enquadramento reconhecido para a deslegitimação dos governos nacionais, e facilitaram os caminhos para a democratização desses países. Tornou-se possível

---

[469] THOMAS, Daniel C. *The Helsinki effect*: international norms, human rights, and the demise of communism. Princeton: Princeton University Press, 2001, pp. 160-194.

para os países dessas regiões supervisionar as transições democráticas nas quais o reconhecimento da legislação dos direitos humanos era o foco determinante da consolidação constitucional, de tal forma que, ao reconhecerem os direitos humanos, os Estados foram capazes de expressar sua legitimidade democrática sem um compromisso profundo com os grupos organizados de suas sociedades. Os principais exemplos desse processo são as transições na Argentina e no Chile, onde o reconhecimento da legislação internacional dos direitos humanos foi um passo fundamental nos processos de transição democrática em 1983 e 1988-90, respectivamente. A transição no Brasil, em 1985, também envolveu o reconhecimento das leis internacionais dos direitos humanos antes da aprovação da Constituição de 1988. De fato, este fenômeno já havia ocorrido na transição do que se tornou a RFA após 1945, onde uma concepção individualizada do cidadão detentor de direitos, tomada do Direito Internacional, foi projetada como fonte de legitimidade antes da criação da nova democracia. Nesses casos, a legislação dos direitos humanos proporcionou um modelo para a construção de sujeitos políticos que permitiu legitimar os sistemas políticos democráticos mediante premissas individualizadas, em processos que dispensaram a necessidade de uma mobilização generalizada dos cidadãos. Como resultado, a legislação dos direitos humanos criou uma concepção de cidadão que permitiu aos governos explicarem e demonstrarem sua legitimidade sem se exporem a conflitos sérios, simplificando suas funções de integração.

Em segundo lugar, a construção dos direitos individuais no âmbito internacional transformou os sistemas políticos nacionais porque deu um impulso consistente ao modelo individualista de governo democrático. Em particular, deu projeção a uma *metaconstituição* global para impulsionar a democracia de bem-estar social como uma ordem institucional dominante.

Conforme discutido, os Estados de bem-estar social foram construídos, em parte, mediante expectativas normativas globais, fortemente apoiadas pela legislação de direitos humanos. A reformulação do vínculo Estado-cidadão nas democracias de bem-estar social foi normalmente apoiada pelo entendimento dos próprios cidadãos sobre sua condição de

CAPÍTULO III - DEMOCRACIA E DIREITO GLOBAL

detentores de direitos sociais definidos transnacionalmente.[470] Além disso, as democracias de bem-estar estar foram auxiliadas pelo fato de os partidos de esquerda terem assumido posicionamentos mais individualistas com respeito aos direitos de proteção social. Na maioria dos sistemas políticos democráticos, esses partidos aprenderam a negociar, cada vez mais, sobre bases predefinidas pelos direitos humanos internacionais. Isso começou depois de 1945, quando os partidos sociais-democratas da Europa fizeram uma campanha pelos direitos sociais sobre os pilares dos direitos humanos. Por fim, os partidos comunistas europeus seguiram um caminho semelhante na década de 1970. A integração dos partidos comunistas nos países europeus aumentou depois que a Ata Final dos Acordos de Helsinque foi aprovada em 1975, os quais desacreditaram a União Soviética internacionalmente.[471] A integração dos partidos de esquerda nos sistemas políticos democráticos tornou-se ainda mais acentuada após a onda de democratização da América Latina na década de 1980. No ano 2000, muitos partidos de esquerda na América Latina se definiam, de maneira ampla, como partidos sociais-democratas, com grande ênfase na garantia dos direitos humanos. Como tais, eles provaram ser muito eficazes na criação de sistemas de proteção social para os cidadãos de seus países.[472] Assim, a legislação mundial dos direitos humanos proporcionou um enquadramento constitucional de vários níveis para os Estados de bem-estar social. Isso permitiu que os países concentrassem suas funções de integração na prestação de assistência social, e não na gestão de conflitos entre grupos sociais.

---

[470] Ver análise dessa interseção nos EUA em ABRAMOVITZ, Mimi. "The US welfare State: a battleground for human rights". In: HERTEL, Shareen; LIBAL, Kathryn (Coord.). *Human rights in the United States*: beyond exceptionalism. New York: Cambridge University Press, 2011, p. 61.

[471] Ver LOMELLINI, Valentine. *Les liaisons dangereuses*: French socialists, communists and the human rights issues in the Soviet Bloc. Brussels: Lang, 2012, pp. 97-98.

[472] Entre 2000 e 2010, a Argentina, o Chile, o Uruguai e o Brasil avançaram em direção a um Estado de bem-estar universalista (PRIBBLE, Jennifer. *Welfare and party politics in Latin America*. New York: Cambridge University Press, 2013, p. 1-2; HUNTER, Wendy. "Making citizens: Brazilian social policy from Getúlio to Lula". *Journal of Politics in Latin America*, vol. 6, n. 3, pp. 15-37, 2014, pp. 28-29). Sobre o queda da desigualdade nesse momento, ver HUBER, Evelyne; STEPHENS, John D. *Democracy and the left*: social policy and inequality in Latin America. Chicago; London: Chicago University Press, 2012, p. 9.

Em terceiro lugar, a construção de direitos individuais no âmbito internacional moldou os sistemas políticos porque alguns elementos do Direito Internacional influenciaram os padrões de construção do sujeito nas sociedades nacionais. Desde 1945, o âmbito internacional tem sido ocupado por declarações e convenções normativas que oferecem proteção aos direitos de determinados sujeitos e grupos de sujeitos.[473] A importância dos direitos individuais em nível internacional tendeu a promover, dentro das sociedades nacionais, linhas de formação de sujeitos políticos com uma forte ênfase individual, consolidada em torno de grupos de direitos individuais, tais como direitos étnicos e relacionados ao gênero, direitos à saúde, à educação, direitos religiosos e econômicos. Nesse sentido, é difícil observar um processo simples e direto de transposição global, através do qual normas internacionais entraram na sociedade nacional e estabeleceram premissas para a ação política em nível nacional. No entanto, é visível que as décadas depois de 1945 assistiram ao surgimento de uma cultura política transnacional que permeou o espectro político como um todo, e que foi moldado por princípios individualistas de cidadania e marcado por uma profunda intersecção entre cidadania nacional e princípios constitucionais globais.

Por um lado, essa tendência pode ser observada no fato de que os sujeitos políticos nas sociedades nacionais foram se constituindo, cada vez mais, em torno de reivindicações de direitos de natureza parcial ou funcionalmente seletiva, para a realização dos quais a mobilização de toda a sociedade não era um pré-requisito. Em contextos recentes, os atores sociais têm sido capazes de reivindicar direitos particulares e até mesmo de moldar a forma jurídica da sociedade sem uma ação política manifesta, mas simplesmente através de ações legais que se remetem a padrões normativos internacionais. Em diversos países, os direitos básicos têm sido criados e fortalecidos por meio de ações judiciais, e os

---

[473] Isso começou com a proteção das minorias nos instrumentos da ONU depois de 1945 e com o reconhecimento dos direitos à educação na Declaração Universal dos Direitos Humanos. A proteção de direitos específicos aumentou durante as décadas de 1960 e 1970, especialmente na Convenção Internacional sobre a Eliminação de Todas as Formas de Discriminação Racial (1965), nos dois Pactos de 1966 e na Convenção sobre a Eliminação de Todas as Formas de Discriminação Contra a Mulher (1979).

CAPÍTULO III - DEMOCRACIA E DIREITO GLOBAL

litigantes têm frequentemente conseguido encontrar apoio para suas reivindicações na legislação internacional dos direitos humanos. Isso é visível em vários casos, da consolidação dos direitos relativos à preferência sexual no Reino Unido[474] aos direitos à educação na Colômbia,[475] passando pelos direitos sociais na Alemanha.[476] O fato de que os direitos podem ser construídos através de ações legais únicas reforça, inevitavelmente, as tendências para a individualização da ação política. Em muitos casos, os direitos garantidos através de ações legais individuais relacionam-se especificamente com os interesses de grupos relativamente distintos dentro da sociedade. As ações legais baseadas nos direitos humanos internacionais tornaram-se, gradualmente, uma estratégia vital para muitos grupos com interesses particulares – por exemplo – sexuais, étnicos ou ambientais.[477]

Por outro lado, essa tendência pode ser observada nos padrões de subjetividade política radical que caracterizaram a sociedade mundial no longo período que se seguiu a 1945. Por exemplo, em alguns países, os anos 60 testemunharam manifestações de ativismo social próximas à guerra civil, incubadas por conflitos internacionais. No entanto, uma característica do ambiente político deste período foi que as identidades e motivações políticas estavam parcialmente separadas das organizações políticas convencionais, e os envolvidos em conflitos tendiam a organizar a ação política através de movimentos com uma configuração mais flexível. Além disso, no final dos anos 60, a atuação política da oposição assumiu uma forma visivelmente semelhante em diferentes contextos nacionais, de modo que o radicalismo político passou a ter uma clara

---

[474] Veja a famosa decisão da Corte Europeia de Direitos Humanos de ampliar os direitos sexuais no Reino Unido no caso Smith and Grady v UK (1999) 29 EHRR 493.

[475] A Suprema Corte colombiana criou um direito constitucional à educação. Esse direito foi implantado na decisão T-406/92 e consolidado na T-329/93.

[476] BVerfG, 05.11.2019 - 1 BvL 7/16.

[477] A consideração pela lei internacional de direitos humanos tem apoiado reivindicações de liberdade nas decisões sexuais em locais improváveis. Ver o caso Lawrence v. Texas, 539 U.S. 558 (2003).

dimensão transnacional, o que o afastou ainda mais dos padrões habituais de solidariedade política.[478] Sanders afirma que o caráter transnacional do ativismo político nos anos 60 é o "paradigma crucial" a partir do qual esse período deve ser examinado.[479] Em ambos os casos, a cidadania tendeu a se manifestar de forma individualista, e as coletividades tradicionais perderam parte de sua força para impulsionar as motivações e os compromissos políticos.

Essa ligação transnacional foi, em parte, determinada pela centralidade das universidades no mundo político dos anos 60. Naquele período, os estudantes despontaram como atores políticos fundamentais e se situaram no epicentro de processos de integração transnacional de longo alcance, considerando-se, inclusive, como membros de uma nova classe política transnacional. Nesse sentido, a mobilização política nos anos 60 foi profundamente determinada por processos anteriores de dissolução das classes e de individualização política. Entretanto, essa articulação transnacional também foi impulsionada pelo fato de que os locais de atuação política em diferentes sociedades estavam cada vez mais interligados por parâmetros normativos universais, com um enfoque particular nos direitos humanos.[480] Nessa época, como discutido, o vocabulário dos direitos humanos já havia se estabelecido como parte de um horizonte jurídico global, que estava centralizado na ONU, mas que também penetrou difusamente em diferentes sociedades nacionais. Em muitos países, os ativistas da década de 1960 fizeram campanha aberta a partir das plataformas de direitos humanos, e as normas de direitos humanos abrangeu diferentes

---

[478] WALLERSTEIN, Immanuel; ZUKIN, Sharon. "*1968, Revolution in the World-System*: Theses and Queries". *Theory and Society*, vol. 18, n. 4, 1989, p. 431; DELLA PORTA, Donatella. "'1968': Zwischennationale Diffusion und Transnationale Strukturen. Eine Forschungsagenda". *Geschichte und Gesellschaft Sonderheft*, vol. 17, 1998, p. 132.

[479] SANDERS, Sara Katherine. "The Mexican Student Movement of 1968". *In*: MOR, Jessica Stiles (Coord.). *Human rights and transnational solidarity in Cold War Latin America*. Madison: University of Wisconsin Press, 2013, p. 76.

[480] As minhas reflexões sobre esses pontos são influenciadas por conversas com Hauke Brunkhorst e pelas suas publicações.

CAPÍTULO III - DEMOCRACIA E DIREITO GLOBAL

espaços políticos nacionais. Os protestos antissoviéticos na Checoslováquia se expressaram, em parte, como protestos contra as violações dos direitos humanos. Os protestos afroamericanos contra os Jogos Olímpicos no México foram moldados por iniciativas de direitos humanos. Embora com um alcance limitado, o ano de 1968 foi o Ano Internacional dos Direitos Humanos. Ainda mais importante, nesse momento, foi o fato de os agentes políticos se identificaram com comunidades transnacionais que reivindicavam direitos, de modo que os atores políticos articularam solidariedades normativas que os situaram fora das estruturas organizacionais herdadas. O movimento dos Direitos Civis nos EUA das décadas de 1950 e 1960 estava relacionado de forma explícita com os protestos contra a discriminação nos países em processo descolonização, os quais também foram moldados pelas pressões globais para a proteção dos direitos humanos. De maneira menos óbvia, a mobilização pelos direitos de gênero após 1968 teve uma base transnacional própria, e grupos mobilizados em diferentes sociedades foram interligados por declarações de solidariedade internacional. Os direitos reprodutivos, um objeto central das mobilizações de gênero, foram formalmente reconhecidos pela primeira vez na Conferência de Teerã sobre os Direitos Humanos de 1968. Posteriormente, as mobilizações pelos direitos indígenas assumiram uma dimensão transnacional explícita, e foram acompanhadas por processos de codificação jurídica em nível internacional.

Sob esses aspectos, a própria atividade política foi com frequência dissociada das expressões clássicas da solidariedade nacional e da soberania popular, e os atores políticos explicaram cada vez mais sua cidadania como expressão de uma filiação eletiva e individual a diferentes comunidades transnacionais. Um resultado importante disso foi que os períodos de protestos políticos depois de 1945 tenderam a conectar grupos transnacionais independentes, favorecendo uma maior individualização e uma maior desagregação das identidades de classe. O legado da radicalização política no final dos anos 60 foi o aumento da institucionalização das reivindicações por direitos específicos, o que, por sua vez, estabeleceu proteções jurídicas mais fortes para as liberdades individuais. Um outro resultado desse processo foi que a ação política radical se traduziu, paulatinamente, em ação legal, e, nos anos após 1968, a ação política vinculou-se a causas específicas e à ampliação de direitos específicos. Devido à sua promoção de direitos individuais, de fato, o ativismo dos anos 60 criou um cenário no qual os setores liberais da elite muitas vezes se comprometeram com o ativismo interno-institucional e com estratégias para a ampliação dos direitos humanos.[481] As consequências de 1968 se expressaram frequentemente, em nível nacional, no aumento da mobilização do Direito e no crescimento dos processos e da advocacia de interesse público.[482] No Leste Europeu, muitos ativistas de 1968 logo reapareceram como membros de grupos de direitos humanos. As repercussões de 1968 tornaram-se visíveis, transnacionalmente, no surgimento de organizações não governamentais, órgãos ambientais e grupos de direitos humanos, cujas origens estão relacionadas com os padrões domésticos de mobilização.[483] O breve momento de radicalização de 1968 foi seguido por um período no qual muitos beneficiários dos direitos à educação se orientaram politicamente para a transformação institucional, dentro e fora de seus sistemas políticos nacionais. As mudanças da prática jurídica e dos padrões de processos judiciais estão entre os resultados mais

---

[481] Sobre a ligação entre ativismo pelos direitos humanos, as oportunidades educativas e abertura transnacional, ver TSUTSUI, Kiyoteru; WOTIPKA, Christine Min. "Global civil society and the international human rights movement: citizen participation in human rights international nongovernmental organizations". *Social Forces*, vol. 83, n. 2, 2004, p. 596. Esse estudo mostra a relação causal entre o aumento do ativismo pelos direitos humanos nas décadas de 1970 e 1980 e o ativismo pelos direitos civis no final da década de 1960 (602).

[482] Conforme mencionado, o movimento de direitos civis nos EUA foi acompanhado por ações legais de interesse público. Essa relação se difundiu ainda mais nos EUA e em todo o mundo depois de 1968. Nos anos 80, os defensores públicos de diversos países utilizaram amplamente o Direito Internacional (ver, THORNHILL, Chris. *The sociology of law and the global transformation of democracy*. Cambridge, UK; New York: Cambridge University Press, 2018, pp. 466-486).

[483] DELLA PORTA, Donatella. "'1968': Zwischennationale Diffusion und Transnationale Strukturen. Eine Forschungsagenda". *Geschichte und Gesellschaft Sonderheft*, vol. 17, 1998, pp. 144, 148; CMIEL, Kenneth. "The Emergence of Human Rights Politics in the United States". *The Journal of American History*, vol. 86, n. 3, 1999, p. 1233; CUMMINGS, Scott L.; TRUBECK, Louise G. "Globalizing Public Interest Law". *UCLA Journal of International Law and Foreign Affairs*, vol. 13, 2008, p. 13.

CAPÍTULO III - DEMOCRACIA E DIREITO GLOBAL

importantes dos anos 60, e estas mudanças foram fortemente orientadas pela importância crescente da legislação dos direitos humanos.

Em geral, o período seguinte a 1968 assistiu ao refinamento das reivindicações radicais pela soberania popular em um processo no qual a estrutura de integração das democracias nacionais se diversificou, e os padrões individualistas de proteção criados após 1945 foram estendidos a novos grupos e vínculos sociais. A padronização da cidadania a partir de estruturas transnacionais de direitos permitiu que as pessoas mobilizadas politicamente não precisassem se vincular necessariamente às formas convencionais de associação. Isso, por sua vez, tornou-os capazes de promover compromissos transnacionais em processos complexos e multifocais de inclusão em diferentes contextos nacionais. Apesar do ímpeto revolucionário por trás desse período de ativismo político, foi possível criar uma forma normativa para a cidadania que claramente consolidou os processos de integração nos sistemas políticos nacionais. O período que culminou em 1968 apareceu, como os anos por volta de 1945, como parte de um longo momento constitucional global, no qual a articulação entre a ação nacional e as normas transnacionais levou à incorporação de novos grupos dentro dos sistemas democráticos, ao aumento da abrangência dos sistemas jurídicos nacionais e ao fortalecimento da proteção dos direitos individuais. A partir desse momento, as expressões transformadoras da subjetividade política foram definidas a partir de uma forma normativa global, e a democracia das sociedades nacionais passou a se vincular intensamente às disposições transnacionais. Depois desse momento, de fato, os processos de democratização passaram a depender, quase invariavelmente, de uma convergência transnacional.

Nesse sentido, desde 1945, os princípios definidos no âmbito internacional criaram novos modelos de formação de sujeitos políticos, que agora são fundamentais para democracias mais estáveis. Em tais democracias, o cidadão passou a ter um vínculo normativo importante com cidadãos de outros países, que se expressou fortemente através da legislação dos direitos humanos. Nessas democracias, além disso, o cidadão é definido como uma pessoa detentora de uma pluralidade de direitos individuais, que são essencialmente atribuídos ao cidadão, de forma simples, como um sujeito humano individual. Isso fez com que os governos passassem a explicar sua legitimidade como resultado das interações com sujeitos individuais detentores de direitos. Isto também significou que o vínculo entre cidadão e governo se tornou cada vez mais individualizado, e as instituições passaram a basear sua legitimidade em construções normativas de cidadania que não implicavam uma manifestação preocupante dos conflitos sociais. Assim, as instituições estatais adquiriram a capacidade de desempenhar funções de integração de forma relativamente pacífica.

Nada do que foi dito acima implica que os direitos individuais não tenham origem em estratégias políticas globais. Nos EUA, conforme já mencionado, a importância crescente da legislação dos direitos civis foi impulsionada pela propaganda antiamericana na União Soviética. Na Europa, a ascensão da legislação dos direitos humanos, e mais obviamente, a ratificação da Convenção Europeia dos Direitos Humanos (CEDH), pode ser facilmente explicada como uma mudança ideológica. A CEDH foi concebida para difundir princípios de legitimação para as novas democracias da Europa Ocidental e para distinguir os países europeus aliados de Washington dos aliadas de Moscou.[484] No entanto, quaisquer que tenham sido as intenções que a levaram à sua criação, o corpus global da legislação dos direitos humanos que surgiu depois de 1945 levou a uma reorientação das fontes de integração normativa dentro das sociedades nacionais. O fato de o cidadão unitário ter se definido de forma globalmente individualizada alterou o alinhamento tradicional entre as políticas nacionais e domésticas. O surgimento da legislação internacional dos direitos humanos significou que os direitos reivindicados pelos cidadãos passaram a existir sob condições legais globais prévias, antes que qualquer demanda específica por tais direitos fosse manifestada. Isto permitiu que tais direitos pudessem ser reivindicados por sujeitos sem qualquer filiação a formas organizacionais estruturadas, e a mobilização de sujeitos coletivos deixou de ser essencial para a elaboração de leis baseadas em tais direitos. Historicamente, o cidadão nacional havia ligado o sistema político

---

[484] DURANTI, Marco. *The conservative human rights revolution*: European identity, transnational politics and the origins of the European convention. New York: Oxford University Press, 2017, pp. 149, 233.

CAPÍTULO III - DEMOCRACIA E DIREITO GLOBAL

nacional ao âmbito internacional ao promover padrões de integração que vinculavam de maneira intensa os movimentos políticos nacionais aos conflitos globais. Isso ecoou profundamente nos procedimentos políticos nacionais, dividindo as sociedades em coletividades intensamente opostas entre si. Depois de 1945, porém, o âmbito internacional foi cada vez mais ocupado por uma nova ordem normativa – a legislação dos direitos humanos – e a articulação entre o direito nacional e internacional foi matizada por uma forma alternativa de cidadania: pela construção do cidadão como um único titular de direitos específicos. A interseção dos processos de legitimação entre a esfera política nacional e internacional passou da cidadania militar para a cidadania como um requisito de titularidade de direitos individuais, e a norma de cidadania que penetrou na sociedade nacional a partir do âmbito global teve como foco o cidadão como titular individual de direitos, e não o cidadão mobilizado. Através desta mudança, a legitimidade do Direito pôde ser garantida por meio da referência a uma definição formal do cidadão, e isto significou que a integração institucional dentro dos sistemas políticos nacionais passou a ser conduzida de uma maneira simplificada.

Conclusão: Democracia e a hiperdiferenciação do Direito

A democracia moderna se desenvolveu sobre três premissas conjuntas, que, por razões sociológicas integradas, atuaram como seus fundamentos centrais. Ela pressupôs, como tendência, sistemas de bem-estar social fortes. Isso, por sua vez, implicou uma forte proteção dos direitos individuais. A democracia normalmente surgiu em sociedades que, apesar de diversas, foram moldadas pela interpenetração entre o Direito Constitucional nacional e a legislação internacional dos direitos humanos. Este modelo constitucional tripartite é somente um tipo ideal. A relação entre os três elementos da construção do sistema político é particular a cada Estados democrático. Porém, poucos países assumiram um estatuto democrático sem certa consolidação de cada uma destas premissas. Essas premissas tiveram como resultados característicos, em primeiro lugar, terem agido para redefinir a articulação entre a cidadania nacional e o âmbito interestatal, e, em segundo lugar, terem promovido padrões individualizados de formação de sujeitos políticos. Em ambos os aspectos, isso significou que os dois processos de integração que fundamentam as sociedades nacionais – a integração institucional e a integração normativa – foram dissociados das estruturas e das pressões militares. Sobre essas bases, a democracia começou a tomar forma como um sistema de integração razoavelmente abrangente, e começou a consolidar os processos de formação jurídica e institucional que remontam às origens da sociedade europeia moderna. De fato, o modelo global de democracia de bem-estar social baseada em direitos pode ser interpretado como um tipo de regime político, no qual, finalmente, as contradições sociopolíticas básicas decorrentes do fim do feudalismo foram amenizadas. Este modelo criou sistemas políticos nacionais capazes de consolidar tanto um regime administrativo quanto uma ordem jurídica normativa para os indivíduos cidadãos sem a necessidade de uma militarização intensa da cidadania. Mesmo nos períodos em que as experiências de cidadania se radicalizaram, os cidadãos tenderam a expressar suas reivindicações por solidariedade de uma maneira pluralista, não ligadas à simples ideia do povo soberano, e os cidadãos radicalizados puderam facilmente ser reintegrados através da consolidação de direitos particulares. Nesse processo, de maneira inédita, grupos populacionais liberados do trabalho forçado em diferentes conjunturas desde 1789 foram integrados nas instituições políticas por mecanismos nos quais não era necessário o uso direto da violência. A separação da guerra e do Direito na origem do Estado soberano moderno, que havia bloqueada pelas concepções revolucionárias de cidadania, aproximou-se temporariamente de sua realização.

Nesses aspectos, o sistema político democrático não precisa ser visto como o resultado de escolhas normativas por parte dos cidadãos concretos. Ao contrário, pode ser visto como o resultado de um processo de evolução normativa e institucional que foi capaz de captar e equilibrar, em um *sistema protetor de integração jurídica individualizada*, os diversos processos sociais iniciados no século XVIII. Para alcançar esse equilíbrio, os sistemas políticos democráticos modernos construíram legitimidade para o Direito a partir de uma forma de subjetividade jurídica muito diferente daquela que sustentou a democracia na era revolucionária do final do século XVIII. Na verdade, os sistemas políticos

CAPÍTULO III - DEMOCRACIA E DIREITO GLOBAL

democráticos adquiriram contornos que tinham pouco em comum com os projetos constitucionais democráticos originais. Como regra geral, os sistemas políticos democráticos foram definidos pelo fato de que a *integração jurídica individual substituiu a construção de normas coletivas como o pré-requisito fundamental da democracia*. A democracia foi consolidada à medida que a principal fonte constitucional de legitimidade democrática – o cidadão – foi adquirindo uma forma normativa transnacional, o que significou que os processos de integração que sustentam a democracia puderam ser promovidos tendo como referência sujeitos sociopolíticos individualizados. A formação da democracia nacional havia sido historicamente abalada pelo fato de que a concepção do cidadão nacional permitiu que os conflitos internacionais reverberassem na política interna. No entanto, a ascensão do sistema global de direitos humanos criou um vocabulário normativo no qual a definição internacional de cidadão teve o efeito contrário, controlando a reprodução dos conflitos internacionais nos sistemas políticos nacionais e estabilizando as instituições políticas nacionais contra mobilizações políticas incontroláveis. Isto dependeu da elaboração de um modelo global de subjetividade jurídica individual, abstraído das condições de fato do conflito social coletivo. Sobre esta base, as funções clássicas das instituições democráticas, especialmente as legislaturas, poderiam ser desempenhadas sem grande instabilidade. Ambos os elementos nesse processo de individualização – o Estado social e a lei de direitos humanos – significaram um aumento exponencial do poder soberano das instituições estatais. Paradoxalmente, a determinação da soberania nacional pela legislação internacional dos direitos humanos criou uma condição na qual, finalmente, os cidadãos nacionais puderam exercer a soberania popular e os Estados nacionais puderam preservar a soberania institucional em suas interações com os cidadãos.

A concepção de cidadão surgiu por volta de 1789 como uma figura constitucional que articulou processos de integração profundos na sociedade. No entanto, esta concepção, em sua forma inicial, em geral obstruiu os processos de integração articulados por ela. Depois de 1945, uma nova concepção de cidadão veio à tona. A concepção de cidadão foi baseada na prestação de proteção social e direitos humanos individuais, que serviram como princípios para apoiar a integração institucional e a integração normativa, respectivamente. Essa concepção protegeu a sociedade das antinomias inerentes à concepção anterior. Tal como a primeira figura do cidadão, esta concepção não descrevia uma pessoa real ou um conjunto de pessoas existentes. Conforme discutido, os elementos centrais desta concepção foram criados durante a Segunda Guerra Mundial, através da ascensão contingente e transnacional de um consenso sobre o bem-estar social e sobre os direitos humanos. O aspecto do bem-estar social desse consenso foi reflexo do aumento da capacidade fiscal dos governos, da ampliação de sua infraestrutura e de sua maior de inserção nas sociedades nacionais durante a Segunda Guerra Mundial.[485] O componente dos direitos humanos desse consenso foi resultado da experiência generalizada de vulnerabilidade individual durante a guerra e de um esforço amplo para proteger as pessoas da militarização da sociedade. Em ambos os aspectos, esta concepção internalizou processos de construção institucional e formação de normas. Em especial, esta concepção tomou forma como uma norma adaptativa – ou como uma *norma funcional* – que facilitou os processos básicos de integração dos quais depende uma sociedade democrática. Isso foi conseguido separando a base normativa de integração democrática dos verdadeiros sujeitos políticos. Até à Segunda Guerra Mundial, a formação democrática havia sido determinada pela norma subjetiva da democracia. A partir desse ponto, a formação democrática focalizou-se cada vez mais na dimensão de integração da democracia, e a dimensão subjetivo--normativa original da democracia perdeu importância relativa.

    O crescimento da democracia mostrou que a integração política nacional pressupõe um processo de integração jurídica global, que condiciona as concepções de soberania nacional e cidadania nacional. Como discutido, o sistema político nacional evoluiu originalmente através do entrelaçamento entre o sistema jurídico e o sistema militar. Depois de 1945, porém, o sistema político nacional foi parcialmente reintegrado no sistema jurídico, uma vez que o sistema jurídico foi consolidado a nível global. O surgimento de um sistema de normas jurídicas na sociedade global, capaz de predefinir em parte a legitimidade

---

[485] Ver KLAUSEN, Jytte. *War and welfare*: Europe and the United States, 1945 to the present. Basingstoke: Macmillan, 1998, p. 165.

CAPÍTULO III - DEMOCRACIA E DIREITO GLOBAL

dos processos políticos nacionais e de separar o sistema político nacional de seu vínculo com formas de ação militarizadas, tornou-se a base para a produção de legitimidade democrática na sociedade nacional. Há muitas definições de Direito Global. Algumas dessas definições veem o Direito Global como um conjunto de normas jurídicas internacionalmente vinculantes aplicadas a todas as pessoas[486]; outras observam o Direito Global como a massa de normas jurídicas plurais que existem em diferentes esferas da sociedade global.[487] Na esfera do Direito Constitucional, porém, é possível definir uma série de processos globalmente convergentes que criaram a base legal para uma ordem constitucional-democrática sustentável. Em seu conjunto, tais processos formam o Direito Constitucional Global. De fato, é possível propor um marco jurídico global amplo para explicar as trajetórias que dão origem à democracia constitucional, identificar seus principais desafios e determinar os pré-requisitos constitucionais para sua sobrevivência.

Na maioria das sociedades, a democracia constitucional foi originalmente criada por exércitos, refletindo uma profunda fusão entre os papéis dos soldados e os papéis dos eleitores, os quais foram amalgamados para produzir a forma moderna do cidadão. A figura moderna do cidadão soberano expressou uma profunda conexão entre o sistema jurídico e o sistema militar. A democracia só se tornou estável quando esses papéis e esses sistemas foram constitucionalmente separados. Isso ocorreu através da criação dos Estados de bem-estar social, para sustentar as funções de integração institucional do Estado, e através da ascensão global da legislação dos direitos humanos, para sustentar as funções de integração normativa do Estado. Isto não significa que todas os sistemas políticos em processo de democratização se aferraram igualmente a um sistema constitucional global. No entanto, com diferenças em cada um de seus componentes, esse sistema foi um modelo

---

[486] PETERS, Anne. *Jenseits der Menschenrechte*: Die Rechtsstellung des Individuums im Völkerrecht. Tübingen: Mohr, 2014, p. 469.

[487] TEUBNER, Gunther. "Global Bukowina: Legal Pluralism in the World Society". *In*: TEUBNER, Gunther (Coord). *Global law without a state*. Dartmouth: Aldershot, 1997, pp. 3-28.

político global para a democratização dos Estados. A partir desses dois fundamentos, os Estados modernos aprenderam a estabelecer articulações com seus cidadãos através de uma gramática de individualização jurídico-subjetiva. Assim, os países democráticos foram capazes de garantir que os sujeitos coletivos, incorporados através da concessão de direitos políticos em massa, fossem integrados de uma forma que reduzisse sua propensão para a mobilização generalizada. Como resultado, eles puderam se relacionar com seus cidadãos sem perder a sua soberania.

A partir desta análise, é possível extrair um modelo geral de Direito Constitucional Global capaz de sustentar a democracia. É razoável propor que a democracia nacional tenha maior probabilidade de sobreviver se, de maneira geral, for inserida em um sistema constitucional global. Este entendimento de uma constituição global não implica necessariamente a existência de uma ordem constitucional supranacional totalmente vinculante, à qual as constituições nacionais estarão totalmente subordinadas. De fato, essa noção de uma Constituição Global não implica que o reconhecimento de princípios globais, tais como direitos sociais ou leis internacionais de direitos humanos, precise ser expressamente protegido nas disposições formais do Direito Constitucional nacional. Muitas políticas construíram padrões de cidadania definidos pelo bem-estar social e pelos direitos humanos sem explicitar isso nos textos literais de suas constituições. Porém, implica que os processos fundamentais de formação do sujeito nas sociedades nacionais sejam profundamente definidos por modelos normativos transnacionais. Tanto os processos normativos quanto os processos funcionais de integração exigidos pela democracia nacional são reforçados quando baseados em normas constitucionais globais. A incorporação dos países democrática na ordem constitucional global tem a função legitimadora particular de distinguir cidadãos de soldados, de separar o sistema jurídico do sistema militar e de permitir que as instituições estatais legitimem suas leis para os cidadãos sem crises de integração. Essencialmente, este modelo constitucional global remonta às antinomias profundas da estrutura da sociedade moderna, e tem suas origens longínquas no surgimento original da ordem jurídica moderna no final do feudalismo. Este modelo constitucional global baseia-se, não numa condição real de cidadania, mas na construção de uma figura de cidadão capaz de equilibrar a profunda trajetória de integração da sociedade rumo à formação do Estado soberano e de sua trajetória rumo à individualização jurídica.

Capítulo IV

O POPULISMO COMO DEMOCRACIA MAL COMPREENDIDA

Populismo e democracia

Conforme afirmado nos capítulos anteriores, o Estado democrático moderno atual está atravessando uma crise em muitas partes do globo. Em muitos casos, tal crise se reflete no crescimento de movimentos populistas ou de partidos que obtém apoio ao denunciar a forma que a democracia assumiu em seus sistemas políticos. A ascensão do populismo interrompeu a virada global em direção à democracia constitucional que se iniciou nos anos 80, ou, pelo menos, tornou esse processo mais complexo. A disseminação do populismo significa que as distinções que antes separavam os Estados democráticos dos Estados autoritários se tornaram nebulosas, e muitos países possuem agora tanto elementos democráticos quanto autoritários. Como será discutido abaixo, o populismo não está categoricamente fora da família dos movimentos políticos democráticos. Ainda assim, pela maioria das medidas que implementa, o governo populista leva à deterioração democrática e promove tendências autoritárias nos Estados democráticos.

Como um fenômeno global da maior importância, a proliferação recente do populismo tem atraído muita atenção a nível analítico. Tem havido muitos esforços teóricos tanto para explicá-lo quanto para fortalecer a democracia contra as ameaças que ele representa. Cada vez mais, duas linhas de análise têm se destacado nas pesquisas atuais sobre populismo. Essas linhas de análise abordam tanto as causas do populismo quanto a relação entre populismo e declínio democrático. Apesar das diferenças de ênfase e método, tais análises contêm uma série de observações semelhantes e chegam a conclusões convergentes. Ambas as linhas de análise indicam que a democracia liberal depende de procedimentos seletivos para determinar quais interesses sociais devem ser representados na legislação, o que significa que alguns grupos sociais são menos plenamente integrados ao sistema político do que outros. Ambas as linhas de análise supõem que, por causa disso, o populismo ganha apoio em circunstâncias nas quais as instituições democráticas têm dificuldade em capturar e articular todos os interesses da sociedade, e esses interesses encontram novas formas de expressão no populismo. Consequentemente, ambas as linhas de análise indicam que o populismo é parte da vida democrática. Ambas as linhas de análise observam o populismo como um efeito colateral genérico da democracia, e compartilham a perspectiva de que os sistemas políticos democráticos estão sempre suscetíveis a gerar movimentos populistas.

Por um lado, há um conjunto de pesquisas com uma ênfase político-científica ou sociológica que explica o populismo a partir de uma perspectiva comportamental ou motivacional. Na ciência política, há muito tempo tem sido frequente observar o populismo como um tipo de movimento que depende de determinados políticos, os quais atraem para si, sobretudo, os grupos sociais com vínculos mais frágeis com a democracia.[488] As pesquisas contemporâneas ampliam essas análises, atribuindo o sucesso atual dos movimentos populistas ao impacto pessoal de certos políticos, sugerindo que alguns grupos sociais são mais propensos a responder positivamente aos políticos populistas do que outros, e tais grupos são frequentemente caracterizados por um compromisso limitado

---

[488] Ver expressões desta visão em: IGNAZI, Piero. *Extreme right parties in Western Europe*. Oxford; New York: Oxford University Press, 2002, p. 34; MUDDE, Cas. *The ideology of the extreme right*. Manchester: Manchester University Press, 2002, p. 15; DE LANGE, Sarah L. "A New Winning Formula? The Programmatic Appeal of the Far Right". *Party Politics*, vol. 13, n. 4, 2007, p. 430.

CAPÍTULO IV - O POPULISMO COMO DEMOCRACIA MAL COMPREENDIDA

com os valores democráticos.[489] Tais pesquisas normalmente explicam que o populismo encontra apoio entre grupos sociais cujas motivações são determinadas por experiências sociais específicas, tais como o acesso limitado à educação.[490] As motivações de tais grupos são frequentemente interpretadas como respostas desproporcionais a questões específicas, tais como a imigração.[491] Os políticos populistas são, deste modo, apresentados como figuras que podem interessar a grupos que estão marginalmente posicionados em relação à política tradicional, e cujo engajamento no debate político é muito seletivo. Em cada um de seus aspectos, tais pesquisas indicam que o populismo prospera em contextos em que alguns eleitores não estão totalmente adaptados aos papéis democráticos, e que seu sucesso se deve ao fato de mobilizar grupos e setores cujos interesses desafiam o equilíbrio democrático da sociedade como um todo. Ao mesmo tempo, alguns observadores argumentam que a expansão do espectro de temas abertamente politizados no contexto da política populista não é, por si só, prejudicial à democracia. Cada vez mais, alguns cientistas políticos estão inclinados a defender a perspectiva de que o populismo pode enriquecer a democracia e que isso pode implicar um "impulso em direção à democratização da democracia".[492]

Por outro lado, tem surgido um conjunto mais normativo de pesquisas que aborda o populismo como reflexo dos profundos problemas de legitimação da democracia contemporânea. Atravessando as fronteiras entre análise jurídica e teoria política, estas pesquisas têm

---

[489] NORRIS, Pippa; INGLEHART, Ronald. *Cultural backlash*: Trump, Brexit and authoritarian populism. New York: Cambridge University Press, 2019, pp. 65, 247.

[490] Ver p. 272, nota 469.

[491] MUDDE, Cas. *The ideology of the extreme right*. Manchester: Manchester University Press, 2002, p. 173; MUIS, Jasper; IMMERZEEL, Tim. "Causes and consequences of the rise of populist radical right parties and movements in Europe". *Current Sociology Review*, vol. 65, n. 6, 2017, p. 912; SHEHAJ, Albana Adrian J Shin; INGLEHART, Ronald. "Immigration and right-wing populism: an origin story". *Party Politics*. Online First, 2019, p. 2.

[492] KALTWASSER, Cristóbal Rovira; HAUWAERT, Steven M. Van. "The populist citizen: empirical evidence from Europe and Latin America". *European Political Science Review*, vol. 12, n. 1, 2020, p. 15.

se preocupado, cada vez mais, com os aspectos constitucionais do populismo, que é, no caso de tais estudos, examinado como um fenômeno especificamente constitucional.[493] Alguns observadores desse campo são francamente hostis ao populismo.[494] De modo geral, no entanto, o populismo é descrito, nessas pesquisas, como um tipo de política que é naturalmente parasitária em relação ao governo constitucional.[495] A persistente ameaça do populismo nos sistemas políticos democráticos é atribuída ao fato de que o governo democrático liberal está excessivamente organizado em torno de padrões formais de representação processual e equilíbrio constitucional.[496] Os modelos constitucionais comuns de representação tendem, assim, a afastar as funções governamentais do próprio povo e a atenuar as expressões da ação popular sobre o governo. Como resultado, a democracia constitucional inevitavelmente cria espaços nos quais o populismo pode se enraizar: o populismo surge como um reflexo de uma baixa legitimação da democracia pelo povo (*demos*). Nessa perspectiva, a organização constitucional da democracia estimula o populismo, e

---

[493] CORRIAS, Luigi. "Populism in a Constitutional Key: Constituent Power, Popular Sovereignty and Constitutional Identity". *European Constitutional Law Review*, vol. 12, n. 1, 2016, p. 8; BLOKKER, Paul. "Populist constitutionalism". In: TORRE, Carlos de la (Coord.). *Routledge handbook of global populism*. Abingdon: Routledge, 2018, pp. 113-127.

[494] LANDAU, David. "Populist Constitutions". *University of Chicago Law Review*, vol. 85, n. 2016, pp. 521-543, 2018.

[495] FOURNIER, Théo. *From rhetoric to action – a constitutional analysis of populism*. Firenze: European University Institute, 2018, p. 1. Disponível em: http://cadmus.eui.eu/bitstream/handle/1814/51725/LAW_2018_08.pdf?sequence=1&isAllowed=y.

[496] Ver expressões dessa reivindicação em: ARDITI, Benjamin: "Populism as an Internal Periphery". *In*: PANIZZA, Francisco (Coord.). *Populism and the mirror of democracy*. London: Verso, 2005, p. 93; PANIZZA, Francisco. "Introduction: Populism and the Mirror of Democracy". *In*: PANIZZA, Francisco (Coord.). *Populism and the mirror of democracy*. London: Verso, 2005, p. 29; CANNON, Barry. *Hugo Chávez and the Bolivarian revolution*: populism and democracy in the globalized age. Manchester; New York: Manchester University Press; 2009, p. 77; MÜLLER, Jan-Werner. *What is populism*? London: Penguin, 2017, p. 101; ISSACHAROFF, Samuel. "Populism versus Democratic Governance". *In*: GRABER, Mark A.; LEVINSON, Sanford; TUSHNET, Mark (Coords.). *Constitutional Democracy in Crisis*? New York: Oxford University Press, 2018, p. 453.

CAPÍTULO IV - O POPULISMO COMO DEMOCRACIA MAL COMPREENDIDA

o populismo revela, de maneira crítica, o formalismo excessivo dos padrões liberal-democráticos de representação.[497] Em alguns casos, os teóricos do campo político e constitucional afirmam que uma democracia de alta qualidade depende da presença de alguns elementos populistas no sistema de representação eleitoral, uma vez que eles fornecem um lembrete corretivo de sua origem na vontade do povo.[498] Tais abordagens se baseiam em interpretações convencionais da teoria constitucional, que se opõem às ordens constitucionais que possuem fortes contrapesos antimajoritários.[499] Algumas explicações enfatizam o aspecto "emancipatório" do antiformalismo populista.[500] Uma alegação recorrente na análise constitucionalista do populismo é que a constitucionalização excessiva do governo é uma causa primordial do populismo.[501]

Essas duas linhas de engajamento com o populismo se justapõem a afirmações apresentadas nos capítulos anteriores deste livro. Notavelmente, ambas as linhas supõem que a democracia invariavelmente contém certos potenciais dialéticos, os quais formam um importante

---

[497] Para uma pesquisa sobre essa questão, ver LANDAU, David. "Populist Constitutions". *University of Chicago Law Review*, vol. 85, n. 2016, pp. 521-543, 2018. Ver também: CORRIAS, Luigi. "Populism in a Constitutional Key: Constituent Power, Popular Sovereignty and Constitutional Identity". *European Constitutional Law Review*, vol. 12, n. 1, pp. 6-26, 2016; BLOKKER, Paul. "Populist constitutionalism". In: TORRE, Carlos de la (Coord.). *Routledge handbook of global populism*. Abingdon: Routledge, 2018, pp. 113-127; ZACCARIA, Giuseppe. "The People and Populism". *Ratio Juris*, vol. 31, n. 1, pp. 33-48, 2018.

[498] LACLAU, Ernesto. *Politics and ideology in Marxist theory*: capitalism, fascism, populism. London: NLB, 1977, pp. 196-197; TÄNNSJÖ, Torbjörn. *Populist democracy*: a defence. London: Routledge, 1992, p. 61; CANOVAN, Margaret. "Trust the People! Populism and the Two Faces of Democracy". *Political Studies*, vol. XVII, 1999, p. 14; MÖLLER, Kolja. "Invocatio Populi. Autoritärer und demokratischer Populismus". *Leviathan Sonderband*, vol. 34, 2017, p. 247.

[499] Ver TUSHNET, Mark. *Taking the constitution away from the Courts*. Princeton: Princeton University Press, 1999.

[500] BUGARIC, Bojan. "Could Populism Be Good for Constitutional Democracy?". *Annual Review of Law and Social Science*, vol. 15, 2019, p. 42.

[501] Esta é a sugestão implícita em BLOKKER, Paul. "Varieties of populist constitutionalism: the transnational dimension". *German Law Journal*, vol. 20, 2019, p. 338.

pano de fundo para explicar o populismo. Ambas as linhas tocam em modos pelos quais os sistemas políticos democráticos geram expectativas de inclusão entre os cidadãos, que podem facilmente expandir as capacidades de integração das instituições representativas. Ao mesmo tempo, as explicações existentes sobre o populismo refletem uma certa hesitação e contêm claras deficiências em pontos-chave da análise, de modo que alguns fatores no ressurgimento do populismo nos últimos anos não foram totalmente considerados. Em um nível específico, as pesquisas existentes ainda não oferecem uma explicação clara das razões pelas quais o populismo tornou-se um fenômeno global, afetando, ao mesmo tempo, uma série de países com tradições muito diferentes e situados em diferentes regiões. Em relação a isso, as pesquisas existentes não têm apresentado uma explicação das razões pelas quais o populismo tende a assumir uma hostilidade tão grande aos princípios jurídicos globais e aos arranjos de governança global, e porque seu surgimento parece estar ligado aos padrões globais de construção normativa. Em um nível mais geral, além disso, o conjunto de pesquisas existente não explica quais são as características exatas da democracia que induzem ao populismo. Conforme discutido, análises críticas sobre o populismo chamam atenção ao fato de que o populismo ganha repercussão em situações nas quais grupos sociais frequentemente marginalizados são incapazes de apresentar seus interesses na arena política ou em que a ordem constitucional é percebida como um obstáculo à representação de questões que preocupam grupos sociais integrados de maneira frágil. Contudo, tais análises contribuem pouco para isolar as causas específicas do populismo no âmbito da democracia, e não identificam as conjunturas mais amplas nas quais os aspectos mais dialéticos da democracia tornam-se desestabilizadores. Na verdade, ao descrever o populismo como um fenômeno de crescimento parasitário no interior da democracia constitucional, as análises existentes carecem de critérios para mostrar por que a democracia nem sempre tem um tom populista, para determinar por que o populismo geralmente leva à deterioração democrática, ou mesmo para explicar por que o populismo é uma forma que está aquém do ideal de democracia. Ainda mais importante, é uma característica destas diferentes abordagens – ainda que vejam o populismo como uma

CAPÍTULO IV - O POPULISMO COMO DEMOCRACIA MAL COMPREENDIDA

consequência da democracia – não submeter a democracia em si à crítica interna e não subordinar as propensões da democracia a estimular o populismo a uma análise crítica específica. Conforme mencionado, diversos expoentes importantes das abordagens do populismo, tanto em sua vertente político-científica quanto na constitucionalista, tendem a sublinhar os efeitos benéficos dos impulsos populistas nos sistemas políticos democráticos.

Este capítulo propõe um exame do populismo que seja mais robusto, tanto em termos explicativos quanto normativos, do que aqueles oferecidos em outras linhas de análise. Procura-se explicar por que o populismo se tornou uma característica tão marcante da sociedade contemporânea, e esclarecer as razões globais específicas da propagação do populismo. Ao mesmo tempo, pretende reconstruir, em termos específicos, as características dialéticas no interior dos sistemas políticos democráticos, que recorrentemente dão origem a políticas populistas. Para alcançar esses fins, este capítulo se apoia na segunda linha de análise delineada acima. Aceita-se o ponto de vista de que o populismo despontou como um fenômeno constitucional específico, causado em parte por concepções constitucionais, e que a pesquisa constitucional tem uma qualificação especial para explicá-lo. Entretanto, argumenta-se que os teóricos que analisam o populismo como uma forma constitucional têm tido dificuldades para fornecer uma explicação plena do mesmo, porque muitas vezes têm escamoteado os modos pelos quais as normas constitucionais promovem a democracia. Este capítulo propõe uma análise diversa do populismo, argumentando que o populismo prospera em virtude de fragilidades constitucionais nos termos em que a democracia é geralmente compreendida. A este respeito, são propostos argumentos próximos da excelente análise de Nadia Urbinati, a qual explica como o populismo reflete uma má interpretação da natureza essencialmente representativa da democracia.[502] Não obstante, as afirmações desenvolvidas neste capítulo vão além desta posição, argumentando que o vocabulário constitucional fundamental no qual a

---

[502] URBINATI, Nadia. *Me the people*: how populism transforms democracy. Cambridge, MA: Harvard University Press, 2019, p. 71.

democracia é interpretada contém antinomias que conduzem ao populismo e com frequência o legitimam.

Como foi discutido, na maioria das definições, a democracia é vista como uma ordem política que depende do exercício da soberania por sujeitos políticos concretos: *os cidadãos*. Conforme examinado, esta concepção formou o primeiro princípio de legitimação no pensamento democrático clássico. Esta concepção hoje forma o primeiro princípio de legitimação do constitucionalismo democrático, o qual se estabeleceu como o principal arcabouço conceitual para a promoção e organização da democracia. Evidentemente, o constitucionalismo é uma teoria da democracia ordenada procedimentalmente. Em suas diferentes formas, o constitucionalismo estabelece princípios organizacionais para assegurar que um sistema político seja fortalecido contra expressões passageiras do interesse popular, além de ser claramente distinto das teorias sobre a democracia pura. Além disso, a consequência mais essencial da teoria constitucional é que, ao adotar uma constituição, os membros de um povo se tornam diferentes de suas identidades orgânicas ou pré-constitucionais. Como resultado, a cidadania é separada da simples personalidade, e vinculada a uma série de obrigações morais e jurídicas. Em aspectos decisivos, porém, o constitucionalismo propõe uma explicação da legitimidade governamental que é redutível aos argumentos normativos sobre as origens subjetivas do poder político, e, portanto, baseia a legitimidade política em uma concepção do cidadão como sujeito político soberano. Diferentes posições do pensamento constitucional podem ser vistas como desenhos de engenharia governamental para que o cidadão permaneça o sustentáculo subjetivo do Estado, e para que o Estado como um todo contenha uma perspectiva profunda da vida política proposta originalmente pelos cidadãos.

Na origem, em primeiro lugar, o constitucionalismo se desenvolveu como uma teoria do poder constituinte, que argumenta que uma ordem política adquire legitimidade se sua existência for desejada pelos cidadãos a ela sujeitos, de tal forma que os atos constituintes primordiais dos cidadãos se situam antes e na origem do sistema político. Com base nesse princípio, o sistema político demonstra sua legitimidade ao legislar de acordo com a vontade coletiva declarada originalmente pelo poder

CAPÍTULO IV - O POPULISMO COMO DEMOCRACIA MAL COMPREENDIDA

constituinte. Tal visão é expressa nas teorias clássicas da legitimidade constitucional.[503] No debate contemporâneo, essa visão é expressa em teorias de soberania constitucional mais convencionais sobre a vontade.[504] No entanto, de uma forma diferente, essa ideia sustenta uma série de perspectivas constitucionais atuais, que insistem que o Direito Constitucional deve ser interpretado de maneira a dar voz às experiências de transformação e às expectativas coletivas dos cidadãos.[505] Mesmo as reflexões mais criteriosas sobre esta questão interpretam o Direito Constitucional como autorizado por um "sujeito constitucional" com uma "identidade em constante desenvolvimento".[506] A ideia de um sujeito constitucional originário subsidia até mesmo teorias que argumentam que a democracia constitucional pode ser separada de atos especificamente nacionais de soberania popular.[507] Ao longo deste espectro de opiniões, compartilha-se a visão de que o cidadão soberano constitui o sujeito fundamental do Estado constitucional legítimo, e de que a força legitimadora do cidadão enquanto sujeito soberano nunca se extingue

---

[503] O principal constitucionalista da França revolucionária, Emmanuel-Joseph Sieyès, definiu a nação (Povo) como "a origem de tudo [...] a própria Lei" (SIEYÈS, Emmanuel-Joseph. *Qu'est-ce que le Tiers-Etat?* 2. ed. Paris: [s. n.], 1789, p. 79). Essa ideia foi mais tarde replicada na distinção clássica de Carl Schmitt entre poder constituinte como decisão e poder constituído como norma (SCHMITT, Carl. *Verfassungslehre*. Berlin: Duncker und Humblot, 1928, p. 76).

[504] BÖCKENFÖRDE, Ernst-Wolfgang. *Staat, Verfassung, Demokratie*: Studien zur Verfassungstheorie und zum Verfassungsstaat. Frankfurt am Main: Suhrkamp, 1991, pp. 294-295; GRIMM, Dieter. *Die Zukunft der Verfassung II*: Auswirkungen von Europäisierung und Globalisierung. Frankfurt am Main: Suhrkamp, 2012, p. 223.

[505] Consulte a expressão principal deste ponto de vista em ACKERMAN, Bruce. *We the people*: foundations. Cambridge, MA: Harvard University Press, 1991, pp. 19-21. Em alguns aspectos, esta visão foi antecipada por John Marshall, que argumentou que "uma disposição é feita em uma Constituição com o propósito de sobreviver a épocas futuras e, consequentemente, ser capaz de adaptar-se às várias crises dos assuntos humanos": McCulloch v. Maryland, 117 U.S. 316 (1819).

[506] ROSENFELD, Michel. "The identity of the constitutional subject". *Cardozo Law Review*, vol. 16, n. 3-4, 1995, p. 1069.

[507] HABERMAS, Jürgen. "Zur Prinzipienkonkurrenz von Bürgergleichheit und Staatengleichheit im supranationalen Gemeinwesen: Eine Notiz aus Anlass der Frage nach der Legitimität der ungleichen Repräsentation der Bürger im Europäischen Parlament". *Der Staat*, vol. 53, n. 2, pp. 167-192, 2014.

plenamente da constituição. Na maioria dos casos, a força legitimadora imputada ao cidadão é associada ao cidadão de um lugar específico, com direitos legalmente garantidos pelo vínculo nacional. Além disso, em segundo lugar, o constitucionalismo pressupõe que, em um sistema político legítimo, os cidadãos devem estar organicamente implicados no governo, e que o exercício do poder governamental depende da existência de uma profunda linha de comunicação entre os cidadãos soberanos e o governo.[508] Em cada aspecto, o constitucionalismo indica que a vontade compartilhada dos cidadãos deve permanecer o parâmetro normativo pelo qual a legitimidade dos atos governamentais é determinada, de modo que uma concepção de cidadão soberano deve estar implicada em todos os atos governamentais, e agir como sua medida. No cerne do pensamento constitucional, encontra-se a afirmação legitimadora, primeiramente, de que o cidadão é originalmente externo aos procedimentos utilizados na legislação e representação democráticas, de tal forma que o cidadão mantém um papel subjetivo submerso, porém primordial, no interior do sistema político. Neste cerne do constitucionalismo, em segundo lugar, encontra-se também a afirmação de que os cidadãos devem estar constantemente presentes enquanto provedores das normas no âmbito do sistema político. Sob cada aspecto, o constitucionalismo é um tipo particular de teoria democrática, projetada para conceber papéis no interior do sistema político em que o vínculo subjetivo original entre o cidadão e o sistema político possa ser rearticulado.

Nas sociedades contemporâneas, o constitucionalismo confere, de muitos modos, uma articulação mais elevada às antinomias profundas da democracia. Como uma gramática para organizar a democracia, o pensamento constitucional declara incessantemente que a fonte da legitimidade governamental reside em atos originais de formação da vontade popular. Tal afirmação não pode ser facilmente erradicada do constitucionalismo moderno. Nos últimos anos, na verdade, esta asserção tem recebido uma ênfase crescente. Muitos constitucionalistas mais

---

[508] Ver BÖCKENFÖRDE, Ernst-Wolfgang. *Staat, Verfassung, Demokratie*: Studien zur Verfassungstheorie und zum Verfassungsstaat. Frankfurt am Main: Suhrkamp, 1991, p. 299.

CAPÍTULO IV - O POPULISMO COMO DEMOCRACIA MAL COMPREENDIDA

recentes acentuaram os elementos popular-subjetivos do constitucionalismo, afirmando que o exercício do poder deve estar mais fortemente ligado aos atos de formação da vontade soberana.[509] Ao fazer esta afirmação, no entanto, o constitucionalismo fornece um quadro sobre a legitimidade democrática no qual as tensões entre os princípios subjetivos e os processos de integração que são subjacentes à democracia se expressam de forma clara e visível. De fato, ao promover esta explicação de legitimidade política, o constitucionalismo nega especificamente suas próprias funções e invoca concepções de legitimidade que contradizem o papel real das normas constitucionais de conferir legitimidade ao sistema político.

As análises histórico-sociológicas apresentadas nos capítulos anteriores apresentam uma teoria constitucional alternativa, a qual explica que os sujeitos constitucionais básicos da democracia – cidadãos soberanos, instituições soberanas – tornaram-se em realidade a partir de premissas que não estavam previstas nas concepções clássicas destes sujeitos. De fato, os sujeitos democráticos tornaram-se reais através de processos de integração que só poderiam ocorrer quando os modelos clássicos de subjetividade democrática tivessem sido abandonados. Como resultado, a democracia em sua forma duradoura não foi criada por cidadãos soberanos. No nível mais básico, a democracia é um sistema de integração que, quando bem-sucedido, concebe normas de legitimação que facilitam o estabelecimento das condições de integração, nas quais estas normas ganham forma real. Como tal, porém, a democracia é marcada por um conflito incessante entre os sujeitos normativos em referência aos quais ela constrói legitimidade e os pré-requisitos sociais necessários para dar voz a esses sujeitos. Na maioria das sociedades, esta dialética

---

[509] Ver exemplos em: TUSHNET, Mark. *Taking the constitution away from the Courts*. Princeton: Princeton University Press, 1999; BELLAMY, Richard. *Political constitutionalism*: a republican defence of the constitutionality of democracy. New York: Cambridge University Press, 2007, p. 154; WEBBER, Grégoire. *The negotiable constitution*: on the limitation of rights. Cambridge, UK: Cambridge University Press, 2009, p. 27; LOUGHLIN, Martin. "The concept of constituent power". *European Journal of Political Theory*, vol. 13, n. 2, 218-237, 2014; ACKERMAN, Bruce. *Revolutionary constitutionalism*: charismatic leadership and the rule of law. Cambridge, MA: Harvard University Press, 2019, p. 400.

profunda da democracia se refletiu no fato de que o cidadão apareceu na Constituição, pela primeira vez, através de forças integradoras ligadas à mobilização militar, e que foi fortemente determinado pela figura do soldado. Em parte, por causa disso, as explicações clássicas da cidadania democrática não respaldaram efetivamente os processos de integração em torno dos quais ela se cristalizou, e a criação de democracias organizadas em torno de cidadãos reais corroeu os fundamentos de integração da própria democracia. Somente depois de 1945 surge uma forma sustentável de cidadania soberana, relacionada a processos de integração baseados na proteção da individualização subjetiva e na elaboração de normas constitucionais globais. A concepção de cidadão se desenvolveu neste momento como uma forma constitucional normativa, a partir da qual as sociedades gradualmente elaboraram um vocabulário para separar a cidadania de seu vínculo original a padrões militares de atuação, e segundo a qual as instituições estatais estabilizaram sua própria soberania política na sociedade. Assumir que o cidadão da democracia moderna é uma pessoa real, para quem podem ser feitos verdadeiros apelos, sempre significa simplificar profundamente a natureza complexa da democracia. A concepção de cidadão que surgiu depois de 1945 permitiu que a democracia viesse a existir porque, muito especificamente, abstraía os processos de integração institucional e normativa dos cidadãos reais.

 O argumento básico deste capítulo, consequentemente, é que há sempre uma desconexão entre a concepção subjetiva da democracia e a realidade integradora na qual as práticas democráticas adquirem efeito. Em muitos aspectos, esta desconexão é intensificada por explicações constitucionais literais da democracia. A democracia se desenvolveu, segundo as ordens constitucionais contemporâneas, como um padrão de construção do Estado por meio de uma integração complexa. Como um sistema de integração, a democracia constitucional depende de múltiplos conjuntos de direitos individuais, e normalmente é sustentada por uma conexão profunda com a ordem jurídica global. Como tal, ela é baseada em um padrão altamente abstrato e multifocal de subjetividade jurídica. Ao mesmo tempo, a democracia é interpretada e definida por perspectivas constitucionalistas que situam a dimensão subjetivista da democracia no centro da autocompreensão legitimadora dos cidadãos. Ao fazê-lo, tais perspectivas esquecem as experiências constitucionais

CAPÍTULO IV - O POPULISMO COMO DEMOCRACIA MAL COMPREENDIDA

profundas que moldaram a sociedade moderna, e buscam modos simplificados de ações legitimadoras para explicar o governo democrático. Para propor tais explicações de democracia, o constitucionalismo é forçado, na prática, a evitar a reflexão sobre sua própria construção conceitual, a simplificar e negar sua própria forma global, a mobilizar concepções fictícias de cidadania e a projetar princípios de legitimação governamental que corroem seus próprios fundamentos. Nestes aspectos, o constitucionalismo se apresenta como a manifestação circular da consciência profundamente perturbada da democracia. Ele promove processos de integração em nível institucional, vinculando esses processos a princípios altamente individualizados e a normas concebidas globalmente. No entanto, ele reivindica sustentar a legitimidade governamental por meio da referência a sujeitos constitucionais soberanos que não existem, e cujo conteúdo normativo prejudica os processos de integração institucional que o próprio constitucionalismo estimula. Isso significa que a democracia se baseia no paradoxo básico de que o vocabulário constitucional que é usado para descrevê-la não reconhece os processos pelos quais a democracia passa a existir, e que oferece um fundamento que sabota as próprias bases de sua sustentação. Sob certas condições, por consequência, há um risco elevado de que a desconexão de legitimação que o constitucionalismo representa se torne manifesta e que a concepção subjetiva literal da democracia seja adotada pelos cidadãos para minar os pré-requisitos de integração da democracia. O vocabulário constitucional da democracia sempre contém o potencial de, em nome da legitimidade, encorajar os cidadãos a assumirem papéis de legitimação que não produzem legitimidade.

    É no contexto dessas tensões profundas que podemos propor uma explicação do populismo. O populismo tende a aparecer em ambientes nos quais essas tensões se tornam tangíveis, e tende a prosperar onde os paradoxos básicos da legitimidade democrática são publicamente visíveis. Em tais condições, o populismo ganha força ao oferecer papéis constitucionais simplificados às pessoas na sociedade, e permite que essas pessoas se imaginem nas posições de legitimação que lhes foram originalmente atribuídas no âmbito da concepção de uma constituição democrática. Diante disso, o populismo pode ser entendido como uma reação constitucional causada pelas antinomias constitucionais da democracia.

Se o populismo for entendido dessa forma, torna-se possível compreender as condições em que o populismo normalmente surge na sociedade contemporânea e delinear um modelo causal relativamente estável para explicá-lo. O populismo geralmente adquire influência em condições nas quais a desconexão paradoxal entre a realidade funcional-integradora da democracia e sua descrição normativo-subjetiva original torna-se perceptível. Normalmente, o populismo se torna realidade em circunstâncias nas quais os atores políticos podem usar o vocabulário subjetivo primordial do constitucionalismo para desafiar, de maneira plausível, a forma subjetiva global-constitucional em torno da qual os sistemas de integração democrática foram realmente consolidados. A desconexão entre o aspecto normativo e o institucional da democracia provavelmente torna-se mais perceptível em situações em que – por qualquer razão – os processos de integração que alicerçam a democracia tornam-se instáveis. Isso ocorre muitas vezes em condições nas quais grandes setores da sociedade experimentam fragilidade ou volatilidade nos processos de integração institucional. Isso também ocorre, frequentemente, em locais nos quais normas globais que respaldam os processos de integração perdem força de legitimação e onde, por causa disso, a capacidade dessas normas para sustentar os processos de integração se torna reduzida. Tais circunstâncias trazem à tona a legitimidade paradoxal da democracia. Os movimentos populistas exploram esse paradoxo para motivar os agentes políticos a adotarem explicações muito redutoras de sua subjetividade democrática.

Se o populismo for entendido dessa maneira, também se torna possível compreender por que o populismo leva à deterioração democrática. Conforme discutido, a ascensão da democracia do século XVIII em diante foi marcada pelo grande paradoxo de que as concepções de cidadania utilizadas para legitimar a democracia se opunham à realização da cidadania como um conjunto objetivo de práticas. Em muitos casos, estes sujeitos realmente reverteram os processos sociológicos que pressupunham como sua própria realidade. Como será examinado posteriormente, esta antinomia da democracia ressurge agora no populismo, cuja afirmação vigorosa dos papéis de cidadania soberana costuma impedir as trajetórias sociais básicas que são necessárias para o exercício da cidadania

CAPÍTULO IV - O POPULISMO COMO DEMOCRACIA MAL COMPREENDIDA

por povos soberanos. Ao conferir uma articulação simplificada à subjetividade democrática, o populismo frequentemente destrói as bases da democracia. O populismo sempre enfatiza a dependência profunda da democracia em relação às normas globais, o que reflete a incapacidade paradoxal dos sujeitos constitucionais nacionais de criar democracia.

Este capítulo argumenta que o populismo é criado por antinomias profundas da democracia constitucional, que estão fortemente ligadas a conjunturas globais. Sustenta-se, portanto, que o populismo só pode ser plenamente compreendido e evitado se sua relação conceitual profunda com a democracia for esclarecida, e se os estudiosos da democracia refletirem sobre os modos pelos quais suas descrições da ação constitucional e da legitimidade criam um terreno que legitima intrinsecamente os movimentos populistas.

Populismo como crise de integração

As origens do populismo nas antinomias constitucionais da democracia tornam-se evidentes na postura normativa endossada pelos movimentos populistas. As perspectivas populistas são definidas pelo fato de projetarem os sujeitos legitimadores da democracia em termos simples e literais. Elas adquirem força ao medir os sistemas democráticos existentes segundo padrões derivados das expectativas constitucionais clássicas.[510]

Em primeiro lugar, as perspectivas populistas promovem uma versão de democracia que vincula a legitimidade do governo ao exercício imediato da vontade popular. Na visão populista, a democracia necessita da expressão de uma vontade popular que seja independente ou, de algum modo, radicalmente anterior às instituições nas quais o povo recebe uma forma representativa. Para a perspectiva populista,

---

[510] Ver PINELLI, Cesare. "The populist challenge to constitutional democracy". *European Constitutional Law Review*, vol. 7, n. 1, 2011, p. 15; MÖLLER, Kolja. "Invocatio Populi. Autoritärer und demokratischer Populismus". *Leviathan Sonderband*, vol. 34, 2017, p. 247; ZACCARIA, Giuseppe. "The People and Populism". *Ratio Juris*, vol. 31, n. 1, 2018, p. 44.

consequentemente, um sistema político só pode reivindicar sua legitimidade se os membros do povo se imaginarem como atores envolvidos no exercício contínuo do *poder constituinte soberano*.[511] Com base nisso, as instituições constituídas da democracia liberal, as quais possuem uma natureza primeiramente procedimental, o que limita a tradução direta da vontade popular em um mandato governamental, são descartadas como antidemocráticas. Esta erosão da distinção clássica entre poder constituinte e poder constituído foi promovida inicialmente por alguns movimentos populistas progressistas na América Latina, exemplificados pelos processos constituintes na Colômbia e na Venezuela, os quais tentaram incorporar o povo como um poder constituinte vivo no Estado. A Constituição colombiana de 1991 foi criada em parte porque os movimentos de protesto, ligados principalmente às universidades, insistiram na convocação de uma Assembleia Constituinte para criar uma nova ordem política. A Constituição venezuelana de 1999 contém artigos, especialmente os arts. 6, 62, 70 e 184, que visam criar espaços nos quais o povo possa agir como um poder constituinte permanente. O enfraquecimento desta distinção é hoje amplamente replicado entre os grupos políticos populistas. Tal ênfase no exercício do poder constituinte pelo povo significa que o governo populista geralmente assume uma tônica plebiscitária. Além disso, ao proclamar que extraem sua legitimidade diretamente do povo, os políticos populistas são facilmente capazes de assumir posições autoritárias ou, pelo menos, pouco equilibradas no governo, e eles geralmente criam sistemas de governo com um Poder Executivo forte.

Em segundo lugar, as perspectivas populistas tendem a considerar a legitimidade do governo em termos identitários. Ao pressupor que o povo existe como um corpo de sujeitos fora do sistema político, tais perspectivas imaginam que as pessoas que exercem a soberania são reunidas como mais do que um grupo de indivíduos, e que alguma substância política conecta os diferentes atores que formam o poder constituinte. Neste contexto, a perspectiva populista geralmente propõe

---

[511] Ver BLOKKER, Paul. "Varieties of populist constitutionalism: the transnational dimension". *German Law Journal*, vol. 20, 2019, pp. 333-334.

CAPÍTULO IV - O POPULISMO COMO DEMOCRACIA MAL COMPREENDIDA

a existência do povo como um sujeito coletivo, cuja vontade é orientada por interesses convergentes e por prerrogativas comuns. Muito claramente, o populismo convida os membros individuais da sociedade a se unirem em torno de novas coletividades políticas, definidas, não por uma representação equilibrada, mas por seu compromisso com o compartilhamento da ação soberana. O foco no exercício da soberania tem permitido, frequentemente, aos partidos populistas incitar determinados grupos sociais dos sistemas nacionais de inclusão, e a mobilizá-los de maneira enfaticamente solidária, muitas vezes acentuando a oposição a outros grupos políticos. É por esta razão que o populismo frequentemente concebe a vontade do povo em termos nacionalistas, em oposição aos grupos de minorias, e como um rechaço vingativo da proteção às minorias baseada em direitos individuais. Conforme mencionado, a tendência nacionalista não é universal entre os populistas, e não há uma convergência necessária entre populismo e nacionalismo.[512] Em alguns casos, governos que podem ser caracterizados como populistas são apoiados por comunidades de minorias, e projetaram uma concepção de povo soberano que abrange grupos étnicos múltiplos. Um exemplo importante disso é encontrado na história recente da Bolívia, com Evo Morales. Na maioria dos casos, porém, o apoio populista é sustentado pela capacidade dos partidos políticos de projetar identidades nacionais ligadas a sentimentos antiminorias. Isto fica claro na retórica discriminatória usada contra migrantes e minorias no Brasil, nos EUA, na Polônia, no Reino Unido e na Hungria. Isto é especialmente claro no viés antimuçulmano do nacionalismo hinduísta de Narendra Modi, na Índia, manifestado na proteção reduzida dos direitos religiosos das minorias.[513]

Em terceiro lugar, as perspectivas populistas normalmente se opõem ao poder dos tribunais e veem a restrição judicial de atos legislativos populares como uma função institucional particularmente ilegítima.

---

[512] Ver BRUBAKER, Rogers. "Populism and Nationalism". *Nations and Nationalism*, vol. 26, n. 1, pp. 44-66, 2020.

[513] KIM, Heewon. "Understanding Modi and Minorities: The BJP-led Government in India and Religious Minorities". *India Review*, vol. 14, n. 6, 2017, pp. 360-363.

Esta postura antijudicial está intimamente ligada, em termos retóricos, aos aspectos antiprocessuais e antielitistas do populismo. No entanto, também é causada pelo fato de que as perspectivas populistas expressam uma rejeição profunda dos componentes mais estritamente constitucionalizados do sistema político, que são vistos como barreiras estáticas em relação à manifestação dinâmica da vontade popular – o poder constituinte. Esta postura manifestou-se precocemente na experiência populista conduzida por Chávez na Venezuela, a qual envolveu um ataque direto à autonomia dos tribunais.[514] Esta postura também se manifestou nas primeiras experiências populistas na Itália.[515] Esta postura é reproduzida atualmente em todo o espectro de governos populistas, em cada um dos quais o capital político foi obtido a partir de políticas e posturas antijudiciais. Muitos governos populistas têm assistido à imposição de duras restrições à autonomia judicial. Isto vai desde a reestruturação judicial estratégica na Polônia e na Hungria, até a perseguição de juízes na Bolívia, passando por nomeações judiciais escolhidas a dedo nos EUA, Polônia e Brasil.[516] Tais medidas são respaldadas pela antipatia populista geral em face da legislação global de direitos humanos. Ao proteger os indivíduos da formação de vontade da maioria e ao estabelecer certos limites prévios ao exercício da vontade popular, a legislação de direitos

---

[514] BREWER-CARÍAS, Allan R. "Judicial review in Venezuela". *Duquesne Law Review*, vol. 45, n. 3, 2007, p. 440.

[515] DALLARA, Cristina. "Powerful Resistance against a Long-Running Personal Crusade: The Impact of Silvio Berlusconi on the Italian judicial system". *Modern Italy*, vol. 920, n. 1, 2015, p. 59.

[516] Após 2010, estabeleceu-se na Hungria uma legislação para facilitar a nomeação de juízes politicamente condescendentes. Sobre a reforma judicial na Polônia, ver GRZESZCZAK, Robert; KAROLEWSKI, Ireneusz Pawel. "The rule of law crisis in Poland: a new chapter". *VerfBlog*, 08 ago 2018. Disponível em: https://verfassungsblog.de/the-rule-of-law-crisis-in-poland-a-new-chapter/. DOI: https://doi.org/10.17176/20180809-090230-0. Sobre as nomeações judiciais suspeitas na Polônia, ver SADURSKI, Wojciech. "Polish Constitutional Tribunal under PiS: from an activist court, to a paralysed tribunal, to a governmental enabler". *Hague Journal on the Rule of Law*, vol. 11, 2019, p. 67-71, e no Brasil, ver BENVINDO, Juliano Zaiden. "The rule of law in Brazil: a conceptual challenge". *I-CONnect: Blog of the International Journal of Constitutional Law*, 2 mai. 2018. Disponível em: http://www.iconnectblog.com/2018/05/the-rule-of-law-in-brazil-a-conceptual-challenge. Acesso em: 3 de maio de 2020.

CAPÍTULO IV - O POPULISMO COMO DEMOCRACIA MAL COMPREENDIDA

humanos aparece, na mentalidade populista, como um conjunto de normas jurídicas que tem pouca justificativa em um sistema político democrático.

Em quarto lugar, em virtude de seu culto à soberania, as perspectivas populistas geralmente relativizam a importância constitucional do Direito Internacional. Os movimentos populistas geralmente salientam a importância de um exercício robusto da soberania nacional na arena internacional, opondo-se ao condicionamento das instituições soberanas pelas normas internacionais. Isto pode ser visto na rejeição de tratados vinculantes e das regras de organizações internacionais por parte do governo Trump, na hostilidade aos tratados internacionais no Reino Unido pós-Brexit, na oposição às diretrizes da União Europeia na Polônia e na Hungria, e na saída da Venezuela da jurisdição da Corte Interamericana de Direitos Humanos. Além disso, tais movimentos denunciam as normas internacionais por enfraquecerem a força constituinte da vontade popular nas instituições domésticas. Essa postura está ligada ao fato de que as normas internacionais são frequentemente aplicadas, no âmbito doméstico, por órgãos judiciais. Na maioria das constituições democráticas, normas internacionais são usadas para conferir força supraconstitucional a certas normas e garantias legais para pessoas individuais, submetendo a proteção de tais normas à autoridade de instituições judiciais de alto nível. Em alguns casos, como foi discutido, as convenções internacionais estabelecem normas constitucionais diretamente nas sociedades nacionais. A crença populista de que o povo deve agir como poder constituinte entra necessariamente em conflito com a pretensão constitucional, contida no Direito Internacional, de que certas normas são concebidas fora do espectro de formação da vontade popular. Em muitos casos, a hostilidade ao Direito Internacional coincide com a hostilidade às instituições judiciais. Isto tem sido muito claro na história britânica recente, onde políticos populistas e seus veículos midiáticos têm sido capazes de mobilizar os eleitores contra as convenções de direitos humanos e contra os juízes superiores.

Em cada aspecto, as perspectivas populistas são definidas por conceberem a produção de legitimidade de um governo como a atividade de um sujeito, formulado como povo soberano ou como cidadão soberano, que possui decisivamente uma qualidade coletiva. Esse sujeito é autorizado a revogar as proteções constitucionais que são previstas tendo em vista pessoas abstratamente individualizadas. Além disso, as perspectivas populistas consideram este sujeito como um sujeito que possui uma tônica categoricamente política, ou pré-jurídica, o que significa que ele pode legitimamente rejeitar princípios jurídico-formais ou constitucionais que impeçam a sua expressão material plena e imediata. Sob todos os aspectos, não é fácil separar a legitimidade desta subjetividade da imaginação constitucional da democracia. De fato, esse sujeito reproduz elementos centrais do vocabulário do constitucionalismo clássico, que propõe o povo como um grupo de sujeitos que se posiciona previamente — e confere autoridade — à ordem constitucional sob a qual eles vivem.[517]

Conforme mencionado, o populismo comumente se consolida em situações em que a tensão latente entre a democracia enquanto norma subjetiva e a democracia enquanto realidade integradora se tornou, principalmente por razões bastante contingentes, aguda. Ou seja, os movimentos populistas geralmente conquistam influência persuadindo as pessoas a adotarem uma forma constitucional simplificada, em contextos em que o equilíbrio funcional entre a formação de sujeitos transnacionais e a integração individual doméstica tornou-se frágil, de tal forma que tanto as fontes subjetivas quanto as fontes funcionais de legitimidade se mostram precárias. Em tais configurações, a política populista obtém ganhos à medida que os sujeitos da democracia (os cidadãos) encontram razões específicas para se enxergarem como atores políticos fora dos parâmetros funcionais nos quais a cidadania democrática é exercida. Nessas circunstâncias, o sucesso do populismo depende de sua capacidade para persuadir as populações a se voltarem, literalmente, para concepções políticas sobre si mesmos que lhes são oferecidas pelas perspectivas constitucionais clássicas.

Por um lado, o padrão literal da concepção de sujeito soberano promovida pelo populismo torna-se, muitas vezes, plausível em

---

[517] Ver p. 260, nota 457.

CAPÍTULO IV - O POPULISMO COMO DEMOCRACIA MAL COMPREENDIDA

circunstâncias nas quais os fundamentos institucionais de integração democrática, ligados ao bem-estar, a oportunidades educacionais, e à proteção da individualização social, tornaram-se instáveis. Em muitas sociedades, esse tem sido um fenômeno comum nas últimas décadas. Isso se deve, em parte, ao fato de que muitas transições democráticas ocorridas nas décadas de 1980 e 1990 não foram estruturadas por regimes adequados de bem-estar social. Em muitos casos, isso se deve também a mudanças nos regimes nacionais de bem-estar e no financiamento educacional que ocorreram depois de 2008.

Para ilustrar isso, os movimentos populistas frequentemente atraem os cidadãos, lançando campanhas com foco nos sistemas nacionais de bem-estar social e concebendo os sujeitos políticos em torno de experiências frágeis de bem-estar social ou de integração educacional. Tais movimentos angariam apoio entre pessoas que são, ou que podem vir a perceber-se como, marginalizadas dos regimes de bem-estar, cujas possibilidades educacionais parecem estar abaixo do ideal, e para as quais o caminho de integração através da escolha individual, geralmente ampliado pela educação, foi parcialmente obstruído.[518] Até recentemente, os movimentos populistas eram, em geral, hostis aos Estados de bem-estar social. Posturas contrárias ao bem-estar social ainda são proeminentes entre os populistas. Os movimentos populistas frequentemente apelam para a lealdade dos cidadãos, convencendo-os de que eles são vítimas dos sistemas de bem-estar social, seja porque os regimes de bem-estar se baseiam em

---

[518] Sobre o impacto do acesso limitado à educação como uma fonte de apoio eleitoral aos partidos populistas, ver SWANK, Duane; BETZ, Hans-Georg. "Globalization, the welfare state and right-wing populism in Western Europe". *Socio-Economic Review*, vol. 1, 2003, p. 255; ELCHARDUS, Mark; SPRUYT, Bram. "Populism, Persistent Republicanism and Declinism: An Empirical Analysis of Populism as a Thin Ideology". *Government and Opposition*, vol. 51, n. 1, 2016, p. 115; SPRUYT, Bram; KEPPENS, Gil; DROOGENBROECK, Filip Van. "Who Supports Populism and What Attracts People to It?". *Political Research Quarterly*, vol. 69, n. 2, 2016, p. 338; ANDUIZA, Eva; GUINJOAN, Marc; RICO, Guillem. "Populism, Participation, and Political Equality". *European Political Science Review*, vol. 11, n. 1, 2019, p. 109. A conexão entre a exclusão educacional e o voto populista é muito menos acentuada na América Latina do que na Europa.

transferências monetárias injustas, seja porque parecem privilegiar determinados grupos sociais, muitas vezes migrantes.[519] No entanto, o populismo a favor da proteção social surgiu recentemente como um fenômeno particular em muitos países, mesmo entre os partidos políticos reconhecidamente à direita do espectro político. Esse populismo tende a atrair os eleitores prometendo políticas de bem-estar social excludentes: por exemplo, apoia-se regimes de bem-estar social fortes, mas prioritariamente para membros de grupos nacionais específicos.[520] As perspectivas populistas no Reino Unido se afastaram, recentemente, da oposição tradicional ao bem-estar social, e estão cada vez mais vinculadas à proteção hipotética dos regimes de bem-estar social. O populismo polonês combina um forte componente de bem-estar social com hostilidade aos imigrantes. Os governos populistas da Itália apresentaram novos pacotes de proteção social, recorrendo à legislação executiva para isso.[521] Na Índia, defesas seletivas do bem-estar social são usadas como uma fonte de apoio eleitoral para políticas populistas. Quer sejam hostis ou favoráveis aos Estados de bem-estar, no entanto, os movimentos populistas identificam o bem-estar social como um eixo privilegiado da construção de sujeitos populistas. Ao destacar este eixo, os populistas são capazes de identificar esferas da sociedade nas quais os pré-requisitos para a formação de uma cidadania democrática estejam fragilmente consolidados, e de promover novos padrões de atuação política para corresponder às experiências de baixa integração e de proteção reduzida da individualização. Em casos desse tipo, a força legitimadora do populismo consiste em mobilizar padrões coletivos de construção subjetiva, em ambientes em que o individualismo mediado pelo Estado é relativamente fraco.

Por outro lado, o padrão simplificado de construção subjetiva promovido pelo populismo geralmente exerce influência em contextos

---

[519] Ver p. 283.

[520] SCHUMACHER, Gijs; KERSBERGEN, Kees van. "Do mainstream parties adapt to the welfare chauvinism of populist parties?". *Party Politics*, vol. 22, n. 3, 2014, p. 309.

[521] Decreto-Lei n. 4, 28 de janeiro de 2019.

CAPÍTULO IV - O POPULISMO COMO DEMOCRACIA MAL COMPREENDIDA

nos quais os fundamentos normativos da integração estão desestabilizados. Os movimentos populistas adquirem influência, frequentemente, em condições em que os cidadãos são, ou podem vir a identificar-se como, alienados das normas globais, e nas quais as normas globais parecem enfraquecer as bases da cidadania doméstica. Nos últimos anos, houve uma série de acontecimentos em âmbito global, os quais incluem recessões causadas pelos regimes financeiros globais e crises nos sistemas comerciais internacionais, que afetam negativamente as experiências de estabilidade pessoal nas sociedades nacionais. Nesses contextos, como foi discutido, os movimentos populistas ganham força através de campanhas contra as normas internacionais e desqualificando os padrões globais de subjetividade política. Em muitos desses casos, os movimentos populistas projetam um espaço imaginário no qual as pessoas se percebem como novos sujeitos políticos, capazes de se distanciar das normas globais e de reivindicar controle sobre os processos globais.

Como exemplo, em primeiro lugar, os movimentos populistas frequentemente afastam os cidadãos das normas globais, através de uma retórica anti-imigração. Embora esse não seja necessariamente o caso, os populistas afirmam abertamente que a imigração reflete uma condição na qual os cidadãos soberanos perdem o controle de suas sociedades nacionais. Esta visão é manifestada frequentemente pela administração de Trump e apareceu de forma proeminente nos debates do Reino Unido sobre o Brexit.

Em segundo lugar, os movimentos populistas afastam os cidadãos das normas globais, ao promoverem a ideia de que tais normas prejudicam os sistemas nacionais de proteção social. Esta ideia aparece muitas vezes de modo trivial, à medida que os órgãos midiáticos promovem a crença de que as comunidades de imigrantes exaurem os recursos de proteção social das instituições nacionais. No entanto, generalizou-se a convicção de que a promoção de normas vinculantes pela esfera global leva à redução da segurança material dos agentes no âmbito das sociedades nacionais. Esta visão, é claro, não é exclusiva dos defensores de direita do populismo. Em perspectivas populistas de todos os espectros, grupos populacionais nacionais, cujos direitos de proteção social são pouco seguros, são encorajados a acreditar que sua situação precária é causada pelo fato de viverem em sistemas políticos integrados a sistemas normativos internacionais. Em muitas perspectivas populistas, fomenta-se a convicção de que a retomada da soberania nacional pelo povo estimulará um aumento da solidariedade social interna, traduzida em um fortalecimento da oferta de proteção social. Isso ficou claro no decorrer do referendo sobre o Brexit no Reino Unido. No extremo oposto do espectro, isso se manifesta na Bolívia e na Venezuela, onde a solidariedade doméstica é, ou foi, projetada em termos intrinsecamente antiglobalistas. As constituições, tanto da Venezuela como da Bolívia, contêm cláusulas para restringir os regimes de investimento estrangeiro e as atividades extrativistas.[522] Tais reivindicações adquiriram particular importância em sistemas políticos nos quais as políticas de gastos domésticos foram afetadas adversamente pela crise financeira global, cujas consequências se mantêm palpáveis desde 2008. Sob condições nas quais muitos governos nacionais reagiram à retração econômica global impondo cortes profundos nos sistemas de previdência social domésticos, os movimentos populistas têm emitido uma mensagem antiglobalista centrada na instabilidade dos regimes de bem-estar social.

Em terceiro lugar, talvez o exemplo mais comum, os movimentos populistas afastam os cidadãos das normas globais, recorrendo a argumentos ligados a questões de segurança nacional. Na maioria dos sistemas políticos contemporâneos com ênfase populista, as ameaças à segurança internacional, muitas vezes ligadas ao terrorismo global, são utilizadas para fornecer uma justificativa para limitar a jurisdição dos tribunais internacionais e para solidificar os ordenamentos jurídicos nacionais em bases separadas dos pré-requisitos legais internacionais. O Presidente Trump tentou, evidentemente, restringir os poderes do Tribunal Penal Internacional repetidas vezes, com base nos argumentos de que as investigações do efetivo militar norte-americano e de aliados enfraquecem os interesses de segurança nacional. No Reino Unido, as decisões judiciais em casos de direitos humanos têm provocado protestos da mídia, e as organizações conservadoras da mídia têm repetidamente denunciado a Corte Europeia de Direitos Humanos como uma ameaça

---

[522] Ver especialmente o art. 320(1) da Constituição boliviana de 2009.

CAPÍTULO IV - O POPULISMO COMO DEMOCRACIA MAL COMPREENDIDA

à segurança nacional. Um jornal descreveu o Reino Unido como "Uma nação ameaçada pela Legislação dos Direitos Humanos".[523] Na Hungria, os tribunais têm sido pressionados em casos envolvendo terrorismo contra cidadãos estrangeiros. Nesses casos, os governos nacionais têm frequentemente alcançado legitimidade, ao alegar proteger as populações nacionais de ameaças de violência, muitas vezes de cunho transnacional, às quais são — supostamente — expostas pelas normas globais.

Em cada aspecto, os movimentos populistas tendem a consolidar sua influência nas sociedades contemporâneas, separando a subjetividade política das normas globais. Dessa forma, o populismo expressa a alegação de que os fenômenos na arena transnacional representam um risco às formas elementares de cidadania, e utiliza essa alegação para afastar as pessoas de todas as normas de procedência internacional. A efetividade dessa mensagem geralmente depende de uma condição social na qual os cidadãos possam ser convencidos de que a subjetividade democrática existe fora da constituição integradora profunda da sociedade. Normalmente, isso ocorre onde as normas internacionais perdem a força de enquadramento da formação subjetiva no nível social interno, e, em particular, onde uma integração normativa frágil coincide com uma integração institucional desgastada. Isso ocorre, por sua vez, porque a integração frágil torna visível o paradoxo constitucional de que a democracia é legitimada sobre bases não endossadas pelos sujeitos democráticos reais. O populismo consegue apoio ao mobilizar novos coletivos sociais para ocupar os espaços normativos deixados em branco por este paradoxo.

Os paradoxos do populismo

O populismo pode ser visto, em essência, como um movimento político que adquire relevância à medida que os vínculos frágeis entre os processos de integração institucional e os processos de integração normativa que sustentam a democracia são dissolvidos. O populismo

---

[523] Isto foi publicado no *Daily Mail* (agosto de 2015).

é criado pela democracia, não por causa do formalismo constitucional excessivo, mas por causa do alinhamento frágil entre a norma e a realidade do governo democrático. O populismo cresce em espaços onde essa fragilidade torna-se manifesta, ou é induzida a parecer evidente. Conforme mencionado, o surgimento de tais espaços é bem recebido por alguns constitucionalistas democráticos, que percebem o populismo como uma correção interna ao constitucionalismo. É vital na observação deste fenômeno, porém, verificar que, ao se apoiar sobre o paradoxo constitucional da democracia, o populismo não cria verdadeiros sujeitos democráticos e não desperta uma ação democrática verdadeira. Ao contrário, o governo populista expressa as antinomias profundas da democracia de forma ainda mais enfática, pelo fato de que, ao reivindicar obter legitimidade de sujeitos puros da democracia, ele geralmente destrói as condições de integração nas quais a democracia se assenta. Ao reagir contra a forma constitucional global, o populismo destrói a forma constitucional enquanto tal. Os governos populistas geralmente atribuem imediatamente a legitimidade governamental aos sujeitos clássicos da democracia constitucional, aos *cidadãos-soberanos*, aos *povos soberanos* e às *instituições soberanas*. Ao fazer isso, porém, o populismo cria ambientes políticos nos quais esses conceitos não encontram aderência na sociedade, e, quase invariavelmente, desmantela os pré-requisitos materiais para a expressão real e para a consolidação desses sujeitos. Ao separar a soberania das normas transnacionais, os governos populistas destroem as estruturas reais de integração e solidariedade pelas quais a soberania se torna possível. De fato, no cerne do populismo está a negação, pelo menos parcial, dos processos sociológicos que tornaram a democracia viável. Em aspectos decisivos, um governo populista nos permite ver claramente como, despojados de sua forma complexa e mediada transnacionalmente, os princípios clássicos da subjetividade democrática não fornecem uma *norma funcional* para a sociedade e não sustentam um governo democrático: o vocabulário constitucional básico da democracia subverte os pré-requisitos sociológicos para sua realização.

CAPÍTULO IV - O POPULISMO COMO DEMOCRACIA MAL COMPREENDIDA

Populismo e crise de integração 1: cidadania fraca

Conforme mencionado, o populismo emerge comumente em contextos nos quais as normas globais parecem enfraquecer as reservas nacionais de soberania. Nesses contextos, os governos e movimentos populistas geralmente reivindicam legitimidade, através da argumentação de que os cidadãos nacionais devem recuperar a influência política, e de que o governo deve ser enfaticamente organizado em torno dos compromissos coletivos dos cidadãos.

Em seu impacto social, contudo, o populismo quase sempre debilita os pré-requisitos básicos da vida política fundada na soberania nacional e na cidadania nacional. Com efeito, nos lugares onde se consolida como governo, o populismo geralmente impede a institucionalização daqueles sujeitos aos quais, pejorativamente, vincula sua legitimidade. Cada exemplo de governo populista atual cria uma realidade social na qual a simplificação da ação política na forma de sujeitos soberanos tem um impacto corrosivo para a democracia: isso acontece porque esses governos fraturam as estruturas de integração nas quais os poderes dos cidadãos soberanos podem ser exercidos, e destroem os fundamentos institucionais pelos quais os governos estruturam suas relações com os cidadãos. No governo populista, a reafirmação do cidadão como fonte subjetiva da legitimidade democrática geralmente leva à neutralização política do próprio sujeito.

Para ilustrar isso, em primeiro lugar, há uma característica quase uniforme dos regimes populistas que, apesar de alegarem reorientar o governo em torno de manifestações imediatas da cidadania nacional, reduzem a capacidade dos cidadãos de influenciar a forma de governo e o conteúdo da legislação. Tal enfraquecimento da cidadania efetiva é visível, mais obviamente, no fato, discutido acima, de que os movimentos populistas criam governos que transferem poder para as instituições executivas, de modo que a autoridade governamental passa a se relacionar com os sujeitos constitucionais reais (cidadãos) de maneira frágil. Embora essa tendência varie de país para país, ela é um resultado comum da política institucional do populismo. Causalmente, isso é determinado, em grande parte, pelo pouco respeito à legislação de direitos humanos demonstrado por políticos e partidos populistas. A hostilidade à legislação de direitos humanos se reflete, frequentemente, em abordagens negligentes aos procedimentos governamentais e no afrouxamento das limitações ao processo legislativo. Isto cria uma margem mais ampla para a legislação executiva e reduz o exercício efetivo dos direitos de cidadania política.

Um exemplo desse favorecimento do Executivo é evidente nos EUA, onde a confiança da presidência Trump na legislação introduzida através de decretos executivos é bastante pesquisada. O uso de decretos executivos é amplamente difundido na Índia, sob o governo de Modi.[524] Nos períodos de governo populista ou semipopulista na Itália, a legislação executiva foi utilizada frequentemente. Um exemplo muito contundente desse fenômeno é encontrado no Brasil, onde o Presidente Bolsonaro se apoia amplamente na legislação executiva, muitas vezes tentando usar de medidas provisórias para alterar disposições legais já existentes.[525] Em outros países da América Latina, os mandatos populistas resultaram na transferência de autoridade dos atores legislativos para os executivos, e a capacidade dos políticos de implementar leis através do uso do Poder Executivo aumentou exponencialmente. Evidentemente, a experiência populista iniciada por Chávez, na Venezuela, continha a ambiguidade de ter estabelecido mecanismos para uma maior participação popular, mas de ter criado também um sistema executivo no qual o presidente pudesse legislar, com uma responsabilização limitada, com alto nível de autonomia.[526]

Um exemplo muito esclarecedor desse fenômeno é visível no Reino Unido. Ali, foi realizado um referendo em 2016 para determinar

---

[524] RUPARELIA, Sanjay. "Minimum government, maximum governance: the restructuring of power in Modi's India". *South Asia: Journal of South Asian Studies*, vol. 38, n. 4, 2015 pp. 267-268.

[525] Ver CERDEIRA, Pablo de Camargo, *et al* (Coord.). *Congresso em números*: a produção legislativa do Brasil de 1988 a 2017. Rio de Janeiro: Escola de Direito do Rio de Janeiro da Fundação Getúlio Vargas, 2018, p. 2021.

[526] GARCIA-SIERRA, Mario J. "The 'Enabling Law': The Demise of the Separation of Powers in Hugo Chavez's Venezuela". *University of Miami Inter-American Law Review*, vol. 32, n. 2, 2001, p. 285.

CAPÍTULO IV - O POPULISMO COMO DEMOCRACIA MAL COMPREENDIDA

se o Reino Unido deveria ou não deixar a União Europeia. Esse referendo foi organizado porque se afirmava amplamente que o poder soberano do governo parlamentar do Reino Unido havia sido limitado, porque o Reino Unido havia sido integrado em um sistema normativo internacional, baseado principalmente na legislação europeia, mas incluindo também a legislação de direitos humanos aplicada pela Corte Europeia de Direitos Humanos. A retomada da plena soberania parlamentar através da saída deste sistema normativo transnacional foi apresentada, por seus defensores populistas, como uma oportunidade para o Reino Unido, como nação, e para seus cidadãos, como pessoas individuais, de readquirir a soberania democrática original que havia sido perdida através da aprovação da *Lei sobre as Comunidades Europeias* (1972). De fato, Boris Johnson, que mais tarde se tornou Primeiro-Ministro do Reino Unido, deixou clara esta posição. Johnson declarou que a democracia britânica havia sido estabelecida através de processos históricos que precederam o desenvolvimento da UE, e que foi sacrificada através da incorporação do Reino Unido enquanto nação soberana no ordenamento jurídico europeu. Ele afirmou que a democracia é a "coisa mais preciosa" oferecida pela Grã-Bretanha ao mundo, sugerindo que este dom da democracia precisava ser resgatado.[527] Nessa retórica, a soberania nacional do Estado britânico e a soberania popular dos cidadãos britânicos estavam intimamente associadas. A chave para a reafirmação de ambas foi ligada à plena retomada dos poderes soberanos pelo Parlamento britânico em Westminster.

Apesar das intenções mencionadas, a escolha de um mecanismo plebiscitário para desvincular o Parlamento britânico de sua posição no sistema jurídico europeu produziu uma decisão que não poderia ser facilmente incorporada aos procedimentos parlamentares normalmente necessários para expressar os compromissos dos cidadãos soberanos no Reino Unido. O referendo criou uma concepção dupla de soberania, na qual uma definição plebiscitária de soberania popular foi posta lado a

---

[527] "A elite europeia esqueceu que a democracia é a coisa que a Grã-Bretanha mais preza": https://www.telegraph.co.uk/news/2016/06/24/the-european-elite--forgot-that-democracy-is-the-one-thing-britai. Acesso em: 07 de abril de 2020.

lado e rivalizou com a definição convencional da soberania como atribuição do Parlamento. O resultado desta concepção dupla de soberania foi, em primeiro lugar, que a soberania do Parlamento foi corroída, e perdeu seu status original de instituição na qual os cidadãos poderiam ser integrados politicamente. De fato, após o referendo, as campanhas políticas frequentemente assumiram uma tônica pela qual grupos de cidadãos foram abertamente mobilizados contra o próprio Parlamento, o repositório tradicional da soberania. O resultado disso, em segundo lugar, foi que, como o Parlamento renunciou a grande parte de seu poder soberano, o espaço da autoridade decisória foi transferido principalmente para o Executivo: isto é, para os titulares de cargos no Conselho Governamental.[528] Em ambos os aspectos, a concepção da soberania como uma propriedade dos cidadãos foi enfraquecida, e a extensão real em que os cidadãos foram capazes de exercer a soberania foi reduzida drasticamente.

Nesses casos, a hostilidade à restrição da soberania nacional e da cidadania nacional por normas internacionais ajudou a criar medidas governamentais que reduziram o papel dos cidadãos no governo. Em todo caso, o princípio de que o povo soberano poderia ser reconduzido a um papel constitucional clássico provou ser ilusório. A tentativa de superar a contradição entre a norma subjetiva e a forma integrada da democracia, por meio da simples reafirmação da soberania nacional, limitou substancialmente a agência política e os direitos políticos dos cidadãos nacionais.

Populismo e crise de integração 2: soberania esgotada

A maioria dos governos baseados em concepções populistas de legitimidade enfatizam a necessidade de construir e consolidar instituições

---

[528] Sobre o uso de legislação executiva para implementar o Brexit, ver SINCLAIR, Alexandra; TOMLINSON, Joe. "Deleting the Administrative State?". *UK Constitutional Law Blog*, 7 fev. 2019, Disponível em: https://ukconstitutionallaw.org/2019/02/07/alexandra-sinclair-and-joe-tomlinson-deleting-the-administrative-state/.

CAPÍTULO IV - O POPULISMO COMO DEMOCRACIA MAL COMPREENDIDA

soberanas fortes, que são vistas por eles como ameaçadas pelas normas globais. Entretanto, de diferentes maneiras, os movimentos populistas prejudicam a força soberana das instituições que eles pretendem fortalecer.

Um fenômeno notável nos governos populistas, por exemplo, é que as instituições públicas se tornam porosas à influência privada de atores da elite. Isso pode ser observado em muitos contextos, e há muitas razões para que isso ocorra. Primeiramente, o enfraquecimento de procedimentos legais robustos que acompanha o populismo geralmente significa, necessariamente, que as instituições públicas ficam expostas à influência de atores cujo acesso ao sistema político não está sujeito a um controle constitucional pleno.[529] Além disso, o caráter plebiscitário do populismo muitas vezes significa que os grupos populistas dependem de fontes improvisadas de apoio para mobilização, quando estão em campanha eleitoral. Assim, uma vez instalados no cargo, eles mantêm obrigações com os atores que contribuíram para sua ascensão ao poder. Por ambas as razões, os movimentos populistas, frequentemente, dependem de apoio informal. Isso, por sua vez, tem muitas vezes como consequência o fato de pessoas com autoridade informal obterem posições de influência política como recompensa por seu apoio. Esse fenômeno tende a se destacar em contextos geograficamente distantes dos centros políticos, onde os atores privados normalmente formam pontos de articulação entre as instituições políticas regionais e nacionais. Em tais situações, os governos nacionais frequentemente cedem a soberania a atores externos ao Estado. Esse fato é especialmente visível no Brasil, onde a dependência do governo em relação às elites regionais tem cimentado estruturas privadas de poder na sociedade, de tal forma que estruturas oligárquicas pré-nacionais estão em processo de reconstrução.[530]

---

[529] Sobre este processo na Venezuela ver MAYA, Margarita López. "Venezuela: the political crisis of post-Chavismo". *Social Justice*, vol. 40, n. 4, pp. 68-87, 2014, p. 73. Sobre o vínculo geral entre populismo e clientelismo ver PAPPAS, Takis. "Populists in Power". *Journal of Democracy*, vol. 30, n. 2, 2019, p. 73-74).

[530] O debate sobre o ressurgimento do poder oligárquico no Brasil é anterior ao atual governo, e muitas vezes se argumenta que estações de rádio e televisão são propriedade de atores que reproduzem padrões antigos de dominação oligárquica e controle

Em um nível mais fundamental, a tendência dos governos populistas para enfraquecer as instituições soberanas do Estado é causada pelo fato de que elas corroem as premissas básicas sobre as quais os Estados modernos são construídos. Em aspectos cruciais, os movimentos populistas infligem danos profundos às bases integradoras fundamentais do Estado moderno.

Em primeiro lugar, a tendência dos governos populistas de diminuir a soberania das instituições estatais está ligada ao fato de que elas dissolvem as linhas individualizadas de interação que sustentam os Estados soberanos e asseguram a primazia integradora das instituições estatais nas sociedades contemporâneas. Conforme analisado anteriormente, a maioria dos Estados democráticos conquistou uma forma soberana ao converter, na medida do possível, as articulações entre governo e sociedade em pontos de contato individualizados, de modo que as pessoas foram integradas ao sistema político na qualidade de agentes singulares. Em geral, os Estados democráticos modernos estabeleceram sua força de integração por meio de um processo no qual os padrões coletivos de congregação de interesses se enfraqueceram, diante da consolidação de múltiplos laços individuais entre os cidadãos e as instituições públicas.

Este pré-requisito básico da democracia moderna costuma ser abalado por governos populistas. Isso pode ser observado na hostilidade à legislação de direitos humanos que se verifica entre os governos

---

eleitoral (MARTINS, Paulo Emílio Matos; MOURA, Leandro Souza; IMASATO, Takeyoshi. "Coronelismo: um referente anacrônico no espaço organizacional brasileiro contemporâneo?". *Organizações & sociedade*, vol. 18, n. 58, 2011, p. 393). Observa-se também que a antiga classe oligárquica representa seus interesses comerciais de forma coordenada no Congresso Nacional (BRUNO, Regina. "Bancada ruralista, conservadorismo e representação de interesses no Brasil contemporâneo". *In*: MALUF, Renato S.; FLEXOR, Georges (Coords.). *Questões agrárias, agrícolas e rurais*: conjunturas e políticas públicas. Rio de Janeiro: E-Papers, 2017. pp. 155-168). As políticas públicas para minorias e ambientais implementadas pelo atual governo estão intimamente ligadas a tais interesses. O Brasil tem visto uma distribuição cada vez mais desigual dos recursos do governo nacional para os estados, em que os Estados que apoiaram Bolsonaro, e os líderes da elite nestes Estados, têm sido recompensados pela lealdade política. Para processos similares na Venezuela, ver ALBERTUS, Michael. "The role of subnational politicians in distributive politics: political bias in Venezuela's land reform under Chávez". *Comparative Political Studies*, vol. 48, n. 13, 2015, p. 1705.

CAPÍTULO IV - O POPULISMO COMO DEMOCRACIA MAL COMPREENDIDA

populistas, o que enfraquece a proteção individual e tende a impor um quadro jurídico desigual à sociedade. Isto também pode ser observado nas políticas de bem-estar social adotadas pelos partidos populistas. Conforme discutido, os governos populistas crescentemente adotam uma política antiglobalista seletiva, que denuncia o esgotamento dos arranjos de bem-estar social como resultado de forças oriundas da esfera internacional. Apesar disso, porém, poucos movimentos populistas estão preparados para reconstruir os sistemas nacionais de bem-estar social, supostamente danificados pelas forças globais. Onde os governos populistas apoiam a prestação de assistência social, geralmente o fazem por motivos muito seletivos, de modo que a proteção social fica vinculada a privilégios coletivos de grupo. Isso pode ser visto na Polônia, onde partes fundamentais da legislação de bem-estar social beneficiam, especificamente, grupos com fortes vínculos familiares.[531] Na maioria dos casos, porém, os governos populistas organizam a economia pública interna de forma a reduzir os compromissos com o bem-estar social. Apesar de serem abertamente antiglobalistas, eles geralmente enfraquecem os regimes de bem-estar, aumentando a abertura da economia nacional aos fluxos globais de capital. Esta postura em relação ao bem-estar social é claramente exemplificada pelos Estados Unidos. Na Índia, isso se manifesta parcialmente e de modo ambíguo. O partido de Modi tem uma base forte em grupos que historicamente expressaram uma forte oposição ideológica ao assistencialismo.[532] Sob o governo de Modi, alguns programas de proteção social bastante divulgados foram implementados visando grupos eleitorais específicos, e a oferta de assistência social aparece como uma peça central da legitimidade governamental.[533] No entanto, o investimento em assistência social foi cortado

---

[531] Ver *Act on State Assistance in Childcare*, *Official Journal* n. 2016 item 195 (com Emendas).

[532] CHHIBBER, Pradeep K.; VERMA, Rahul. *Ideology and identity*: the changing party systems of India. New York: Oxford University Press, 2018, p. 41.

[533] AIYAR, Yamini. "Modi Consolidates Power: Leveraging Welfare Politics". *Journal of Democracy*, vol. 30, n. 4, 2019, p. 83.

em áreas fundamentais.[534] Além disso, a introdução de benefícios sociais personalizados foi acompanhada por propostas legislativas destinadas a limitar a proteção trabalhista, em especial no Projeto de Lei do Código do Trabalho sobre Relações Industriais (2015). Esta postura em relação ao bem-estar também se manifesta na Hungria.[535] O exemplo mais importante disso é o Brasil. No Brasil, a ascensão do populismo tem sido acompanhada por ataques perversos às normas de bem-estar social e às disposições legais de proteção do trabalho, com o objetivo atrair investimentos das elites monetárias globais. As restrições aos gastos sociais e à proteção trabalhista foram implementadas pelo Presidente Temer, antes da ascensão de Bolsonaro, e foram reforçadas posteriormente. Como exemplo disso, muitos partidos populistas ganharam apoio ao desacreditarem as políticas de bem-estar social introduzidas pelos governos anteriores, debelando novos sujeitos políticos em torno de tais controvérsias. A Índia, antes de Modi, presenciou ampla implementação de uma agenda de direitos humanos, originada por ações progressistas da Suprema Corte.[536] Antes de 2015, o Brasil testemunhou um ativismo de direitos humanos sem precedentes e uma proteção trabalhista amparada por direitos. O Presidente Obama implementou uma expansão da assistência à saúde nos Estados Unidos.

Ao enfraquecer a articulação individual entre Estado e sociedade, os governos populistas forçam grupos da sociedade a formarem novas coletividades, muitas vezes mobilizadas umas contra as outras. É típico do populismo prejudicar as tendências de participação universal na sociedade, a qual depende do Estado, e fragmentar a sociedade em uma forma segmentada. Isso pode ser percebido, como fenômeno geral, no fato de que os movimentos populistas provocam deliberadamente uma

---

[534] RUPARELIA, Sanjay. "Minimum government, maximum governance: the restructuring of power in Modi's India". *South Asia: Journal of South Asian Studies*, vol. 38, n. 4, 2015, p. 772.

[535] VIDRA, Zsuzsanna. "Hungary's Punitive Turn". *Communist and Post-Communist Studies*, vol. 51, n. 1, 2018, p. 74.

[536] RUPARELIA, Sanjay. "India's new rights agenda: genesis, promises, risks". *Pacific Affairs*, vol. 86, n. 3, 2013, p. 573.

CAPÍTULO IV - O POPULISMO COMO DEMOCRACIA MAL COMPREENDIDA

polarização estratégica entre seus apoiadores e outros grupos. Em casos brandos, conforme discutido, isto se expressa no fato de que os movimentos populistas almejam benefícios materiais específicos para seus aliados, frequentemente associados à reconstrução ou ao realinhamento dos sistemas de bem-estar social. Em casos moderados, isso se manifesta no fato de que o populismo imprime identidades antagônicas a grupos sociais diferentes, muitas vezes sustentadas frouxamente por distinções de classe ou étnicas, de modo que a sociedade torna-se repartida em torno de grupos com vínculos repolitizados.[537] Exemplos disso são encontrados no Reino Unido, nos EUA e no Brasil, onde o envolvimento com causas populistas, em parte ligado à classe ou ao grau de escolaridade, tornou-se uma afiliação explícita, capaz de suscitar antipatias poderosas nas relações entre grupos políticos. O que ocorre em tais processos é que os Estados vinculam sua soberania a grupos parciais na sociedade, e o Estado se ampara em solidariedades específicas para consolidar a sua força integradora. Em casos extremos, as relações de classe ou étnicas são politizadas de forma imprevisível, e o Estado torna-se um agente nos conflitos intergrupais. Isto, por sua vez, cria o risco de que as instituições estatais recorram a meios excepcionais para afirmar sua soberania. Isso é evidente no Brasil, onde grupos étnicos foram expostos a uma violência coordenada, e onde os regimes jurídicos normais foram suspensos em áreas com uma presença marcante de populações de minorias. Isto é evidente na Índia, onde o status de uma região, a Caxemira, foi afetado por cláusulas constitucionais de exceção. Como foi discutido anteriormente, o uso de legislação de emergência é um sintoma comum de integração fraca.[538] Em qualquer aspecto, o enfraquecimento das articulações individuais entre o Estado e os cidadãos normalmente diminui a força de integração do próprio Estado.

Paralelamente, em segundo lugar, a tendência dos governos populistas de diminuir a soberania das instituições estatais está ligada ao

---

[537] KALTWASSER, Cristóbal Rovira; HAUWAERT, Steven M. Van. "The populist citizen: empirical evidence from Europe and Latin America". *European Political Science Review*, vol. 12, n. 1, 2020, p. 4.

[538] Ver pp. 178-179.

fato de tais governos frequentemente restabelecerem o vocabulário militar na política nacional, fazendo-o, geralmente, como parte de sua reafirmação estratégica da soberania nacional. Os movimentos populistas normalmente conquistam poder de mobilização conectando os conflitos políticos domésticos a conflitos globais, e muitas vezes produzem legitimidade através da referência a antagonismos que vão além da sociedade nacional. Em alguns casos, por exemplo, na Polônia e no Brasil, partidos e políticos populistas resgataram o vocabulário da polarização global que definiu o período da Guerra Fria, sugerindo que sua legitimidade se deve a sua capacidade de controlar, respectivamente, uma persistente ameaça russa ou uma persistente ameaça comunista. No Brasil, Bolsonaro tem frequentemente se apresentado como um dos principais adversários do comunismo global. Em exemplos mais absurdos, ilustrados pelo Partido Conservador Britânico, a ordem política supranacional da União Europeia tem sido comparada a uma força estrangeira hostil, que ameaça a segurança territorial da nação. Além disso, a projeção de uma ameaça russa à segurança nacional tem sido usada pelo primeiro-ministro britânico para desmoralizar seus rivais políticos. A nível mais geral, conforme mencionado, a maioria dos partidos populistas atribui importância simbólica à segurança das fronteiras, o que cria, muitas vezes, um ambiente no qual concepções militares penetram o vocabulário político. Em muitos casos, tal uso do imaginário militar está conectado, no pensamento populista, à hostilidade à legislação de direitos humanos. Conforme mencionado, os governos populistas diminuem seu comprometimento com os acordos de direitos humanos porque a legislação de direitos humanos pode ser apresentada como um conjunto normativo que prejudica a capacidade das instituições estatais nacionais de defender a si mesmas e às suas populações de ameaças militares.

A promoção populista da soberania nacional por meio da referência a conflitos externos tem implicações de longo prazo para a política interna, e costuma configurar os sistemas políticos democráticos para girar em torno de manifestações intensas de conflitos entre grupos. A um certo nível, primeiramente, o fato de os partidos populistas associarem o vocabulário político doméstico às polaridades globais (percebidas ou projetadas), significa que, em suas posições domésticas, eles reforçam

CAPÍTULO IV - O POPULISMO COMO DEMOCRACIA MAL COMPREENDIDA

os comportamentos de exclusão entre grupos políticos opostos, e cimentam as clivagens domésticas em torno das linhas de divisão globais. Ademais, em segundo lugar, o uso de tal retórica política significa que alguns partidos populistas promovem a remilitarização dos sistemas políticos nacionais de maneira mais concreta e institucionalizada. Em casos mais extremos de populismo, os militares adquirem um papel ativo no governo, ou este sustenta seu poder através de ameaças de uso da força militar contra os opositores. O exemplo mais óbvio disso é a Venezuela. Mas isso também pode ser visto no Brasil, onde os militares ocupam importantes cargos governamentais e o governo atribui parte de sua legitimidade a uma concepção de política nacional francamente voltada à exceção.[539] Em casos mais leves, o governo populista desencadeia processos menos visíveis de mobilização, e a ênfase populista na soberania nacional engendra novos modelos de ativismo militar. Isto é exemplificado pela Polônia, onde a previsão de uma ameaça da Rússia estimulou novas formas de recrutamento de milícias.

O ressurgimento da retórica militar nos países populistas impede a consolidação das instituições soberanas que o populismo alega intensificar. A remilitarização da vida política – mesmo onde isso é conduzido apenas em nível retórico – geralmente enfraquece a força integradora das instituições nacionais na sociedade como um todo. Tal remilitarização tem o resultado óbvio de os padrões gerais de cidadania tornarem-se menos consolidados, em que diferentes grupos de cidadãos são diferenciados em campos hostis uns aos outros. Isso também tem como resultado frequente a reversão, parcial, dos sistemas políticos para padrões de construção institucional utilizados em períodos de conflito externo, reduzindo a força restritiva das instituições judiciais e consolidando o poder nos órgãos executivos. O aspecto militar do populismo proporciona uma forte legitimação para os governos liderados pelo Executivo, nos quais os órgãos executivos são capazes de obter apoio seletivo de eleitorados altamente mobilizados. A intensificação da autoridade política exercida pelas instituições executivas tem como

---

[539] GOLDSTEIN, Ariel Alejandro. "The New Far Right in Brazil and the Construction of a Right-Wing Order". *Latin American Perspectives*, vol. 46, n. 4, 2019, p. 251.

resultado, normalmente, a queda dos níveis de conformidade jurídica e política na sociedade, uma vez que executivos independentes geralmente demonstram uma capacidade reduzida de exercer a soberania em toda a sociedade de maneira efetiva. Isso se mostra de forma muito nítida no processo de colapso do regime na Venezuela. Em outros casos, como no Brasil, por exemplo, a soberania formal das instituições estatais também foi reduzida. A militarização do governo no Brasil tem sido acompanhada por um processo no qual o controle governamental da violência na sociedade foi visivelmente enfraquecido. A força militar desenvolve-se em muitas frentes, incluindo milícias privadas, que desempenham funções de proteção e segurança em partes de algumas cidades. De fato, os órgãos governamentais às vezes recorrem às milícias para angariar apoio político nas áreas que elas controlam, e as milícias esperam uma recompensa patrimonial em retorno. Nesses casos, o foco da força soberana na sociedade é compartilhado entre uma série de atores. Sob cada aspecto, a relação das práticas políticas nacionais com as fissuras ideológicas globais tende, não a fortalecer, mas a deteriorar tanto a integridade real da sociedade nacional quanto a soberania fática das instituições públicas.

Populismo e crise de integração 3: integração nacional fraca

Os governos populistas costumam promover uma retórica de unidade nacional, e revitalizam a identidade nacional como fonte de legitimidade constitucional. Entretanto, tais governos geralmente debilitam a estrutura de integração da sociedade nacional e, em casos extremos, comprometem as dimensões territoriais básicas da própria nação.

O enfraquecimento da integração nacional sob os regimes populistas é visível nos principais processos descritos anteriormente. Por exemplo, o enfraquecimento da integração nacional sob o populismo é visível no poder crescente das elites privadas, o que significa que a uniformidade na aplicação da lei em toda a sociedade é prejudicada e que as pessoas na sociedade estão sujeitas a regimes jurídicos/políticos variáveis. O enfraquecimento da integração nacional sob o populismo

CAPÍTULO IV - O POPULISMO COMO DEMOCRACIA MAL COMPREENDIDA

também é visível no fato de os políticos populistas normalmente implementarem uma legislação que reduz a proteção jurídica dos grupos populacionais não majoritários. Este não é necessariamente o caso, e alguns governos populistas na América Latina desviam, especificamente, deste padrão. Normalmente, porém, os governos populistas tendem a enfraquecer a proteção jurídica para as minorias, consolidando diversas ordens jurídicas na sociedade. Isso pode ser visto na Índia e no Brasil, onde os patamares de proteção legal das minorias foram diminuídos. Em casos extremos, o afrouxamento da uniformidade jurídica significa que pessoas fortemente ligadas aos pilares centrais do movimento populista podem assumir posições jurídicas privilegiadas. Tal processo pode ser visto na concessão de favores sob a administração Trump e, de forma mais alarmante, na reaparição das oligarquias regionais no Brasil. Onde esses fenômenos tornam-se aparentes, o núcleo essencial de estruturação da nação, que depende da tradução das relações pessoais de poder em ordenamentos jurídicos relativamente consistentes, é comprometido.

Além disso, observa-se em alguns países populistas que a característica mobilizadora do governo submete o núcleo duro do território nacional a pressões. Isso é visível, de forma branda, nos Estados Unidos, onde variações no apoio ao governo entre os estados se refletem em variações na distribuição de recursos federais, o que significa que algumas partes do território nacional assumem uma posição privilegiada. Isso é visto no Brasil, particularmente no fato de que algumas regiões recebem bonificações por apoio político ao governo.[540] Também é visível no Reino Unido, onde o foco na nacionalidade, e a ênfase correlata na legitimidade plebiscitária, como fundamentos para o governo corroeram os padrões de integração que mantinham o conjunto territorial da sociedade nacional unido. De fato, a ascensão do nacionalismo populista no Reino Unido foi marcada pelo surgimento de múltiplos nacionalismos regionais, cujo desfecho provável será o fim da unidade territorial.

---

[540] Ver p. 281, nota 484.

CONCLUSÃO

Na maioria dos casos, o populismo pode ser visto como um movimento político que reage às experiências de crise de integração de uma maneira que as intensifica. A reação populista se concentra particularmente nos elementos globais da democracia contemporânea, e ataca as concepções normativas oriundas da arena global, que alicerçam as democracias nacionais. O populismo normalmente adquire relevância em contextos nos quais as formas subjetivas globais que sustentam a democracia tornam-se suscetíveis a serem desmoralizadas. No entanto, ao alegar garantir uma democracia mais direta, o populismo normalmente enfraquece os pré-requisitos institucionais básicos da democracia. Com base nisso, a análise do populismo nos permite alcançar uma compreensão sociológica aprofundada da democracia e de suas antinomias intrínsecas. A observação dos governos populistas mostra que os movimentos políticos que enfaticamente associam sua legitimidade às concepções clássicas da democracia constitucional – cidadania nacional, soberania popular e instituições soberanas fortes – geralmente levam essas mesmas concepções a uma crise. A tendência é que o governo populista reduza a coesão integradora da unidade básica que este propõe como a fonte subjetiva de sua legitimidade: o povo soberano, composto por cidadãos ativos e instituições centrais sólidas. Ao fazer isso, os governos populistas evidenciam o fato de que estes sujeitos fundamentais não são totalmente reais, de que eles existem apenas de forma conceitual, e não podem simplesmente ser materializados como realidades para sustentar a democracia. A maioria das medidas governamentais populistas, que afirmam materializar esses sujeitos como realidades vivas efetivas, são caracterizadas pela fragmentação do povo enquanto ator soberano, e pela erosão das instituições edificadas publicamente. Em alguns casos, esse tipo de governo leva a experiências de *desnacionalização estrutural*. Ao reivindicar obter sua legitimidade de sujeitos soberanos, o populismo reverte os processos de integração mais enraizados que fundamentam a sociedade moderna. O populismo contrapõe-se à construção da sociedade como um sistema relativamente uniforme de integração jurídica, e consolida características sociais de inclusão variáveis e um localismo territorial, que haviam sido gradualmente erradicadas pelos processos de desfeudalização, de proteção da individualização, e de integração institucional, delineados anteriormente. Em todos os aspectos, os governos populistas servem para realçar, ainda que de forma não intencional, a dependência profunda tanto da democracia quanto da nação de um sistema normativo que não se concentre na soberania nacional de forma enfática.

Evidentemente, estes aspectos do populismo podem ser examinados a partir de uma perspectiva que enfatiza o papel da ideologia na política. Pode-se simplesmente alegar que o populismo obstrui a realização de seus sujeitos básicos porque usa esses sujeitos como parte de uma estratégia ideológica, que serve a interesses seletivos na sociedade. Em alguns aspectos, porém, o populismo desvenda antinomias profundas que são inerentes à própria composição da democracia, e que são trazidas à tona pelo fato de o populismo acentuar o caráter coletivo-subjetivo da legitimação democrática. Como foi discutido, após 1945, a democracia se desenvolveu como um sistema de integração, em grande parte baseado em processos de subjetivação individual conduzidos através da articulação entre os sistemas políticos nacionais e as normas estabelecidas pelo sistema jurídico global. Em suas principais ênfases, o populismo se opõe a esta construção da democracia e incentiva as pessoas a desempenharem papeis coletivos fora das estruturas individualistas de integração jurídica e fora dos padrões de subjetividade concebidos pelo conjunto do Direito Constitucional Global. O populismo tende a aparecer em circunstâncias nas quais a força normativo-integradora do Direito Global se enfraqueceu, e propõe um vocabulário democrático que agrava este processo. Nesse

CONCLUSÃO

sentido, o populismo revela as antinomias essenciais do constitucionalismo democrático moderno. Ele realça a antinomia fundamental de um sistema político no qual a legitimidade advém, efetivamente, de processos de integração jurídica individual, ligados às expectativas normativas globais, os quais são sempre contestados pelos sujeitos políticos coletivos a partir dos quais se espera que a legitimidade provenha. Deste modo, o populismo demonstra a profunda dependência da democracia em relação aos processos de integração jurídica globais e às construções normativas constitucionais globais.

Em cada um de seus aspectos, o populismo se desenvolve como o resultado de uma ampla incompreensão constitucional da democracia, que situa um sujeito simples e reflexivo no centro do governo democrático. A propensão da democracia contemporânea a degenerar em autoritarismo não é simplesmente atribuível a políticos ou movimentos políticos que exploram as fragilidades institucionais, e não é explicável através da análise dos grupos sociais que aderem de forma cega aos apelos carismáticos. Pelo contrário, esta tendência autoritária está inscrita nos conceitos constitucionais básicos segundo os quais a democracia é concebida e justificada normativamente. A sociedade contemporânea está sempre exposta ao risco de que a assimetria entre os sujeitos conceituais, segundo os quais a legitimidade democrática é imaginada normativamente, e a forma de integração complexa, que a democracia adquiriu na realidade, venha a gerar uma crise sistêmica. Como foi discutido, isso pode ocorrer facilmente, na medida em que grandes setores da população podem ser alijados das dimensões integradoras da democracia e persuadidos a se apresentarem como encarnações imediatas da normatividade democrática. As explicações constitucionais da democracia fornecem um vocabulário imediato para esta experiência, e criam um espaço de legitimação a partir do qual a própria democracia pode ser prejudicada. Essa propensão à sabotagem democrática é em parte causada pela simplificação conceitual da democracia por parte de pessoas que a defendem.

Conclusão

Um dos argumentos fundamentais deste livro é que podemos identificar um paradoxo político profundo no âmago da sociedade moderna. Desde a década de 1980, a democracia tornou-se uma forma política global, e a adesão às normas de representação democrática é hoje definida, de forma quase universal, como um pré-requisito para a legitimidade política. Entretanto, a democracia é descrita e promovida em termos constitucionais que não capturam plenamente sua substância. A consolidação progressiva da democracia pelo mundo tem dependido da afirmação de que a democracia é legitimada constitucionalmente por atos de soberania popular e pela cidadania soberana. No entanto, essa concepção não fornece uma descrição adequada da democracia. Na maioria dos casos, a democracia foi criada através de procedimentos nos quais os atos de soberania popular desempenharam apenas um papel marginal na definição da ordem política do Estado. Além disso, essa concepção estabelece um vocabulário de legitimidade, nos termos do qual a democracia pode ser, e frequentemente o é, facilmente desmoralizada e prejudicada. Isso é exemplificado principalmente pelo surgimento de governos populistas. Os governos populistas geralmente tomam forma através da mobilização de sujeitos políticos em torno da desconexão constitucional entre a autoexplicação normativa e a realidade funcional da democracia, que caracteriza a maioria dos sistemas políticos.

Do ponto de vista aqui apresentado, é sociologicamente reducionista promover a democracia como o resultado constitucional de ações voluntárias ou de interações entre os sujeitos (cidadãos soberanos), que foram considerados como os autores da democracia nas últimas décadas do século XVIII. A democracia se desenvolveu, não como um sistema de autorregulamentação coletiva livre, mas como um sistema equilibrado de integração normativa e institucional. Ou seja, a democracia desenvolveu-se gradualmente como um tipo de sistema político predominante a nível mundial, por ser capaz de promover processos de integração normativa e institucional adequados e capazes de absorver os processos de individualização, de centralização institucional e

CONCLUSÃO

de convergência espacial que acompanharam a formação da sociedade moderna. Considerada como um sistema de integração, a democracia oferece muitos benefícios aos cidadãos, e a democracia pode ser justificada com base em muitos fundamentos normativos. Quatro dos fundamentos mais óbvios que justificam a democracia indicam que, em seu formato atual, ela tende a mitigar a violência social extrema; tende a promover liberdades pessoais em igualdade; tende a reduzir a força de vínculos ou filiações involuntários; tende, pelo menos formalmente, a evitar condições nas quais a propriedade pessoal de uma pessoa por outra pessoa seja legalmente sancionada. Entretanto, é equivocado supor que as pessoas se beneficiam da democracia porque ela é criada ou legitimada pelos cidadãos através do exercício da soberania popular, ou que a ordem constitucional da democracia corresponde a uma concepção subjetiva profunda da vida política que é formulada pelos cidadãos.

Naturalmente, nas democracias modernas, os cidadãos exercem alguma forma de soberania através do engajamento nos processos eleitorais e do consentimento a medidas legislativas. No entanto, eles o fazem, geralmente, no âmbito de uma ordem constitucional na qual a produção original de legitimidade não depende da manifestação da soberania popular, e na qual os cidadãos não agem como sujeitos jurídico-políticos originários. A democracia moderna geralmente está condicionada a um processo no qual o cidadão é reconfigurado globalmente: o cidadão confere legitimidade ao sistema político, não por estabelecer um vínculo entre o sistema político nacional e os atores soberanos na sociedade, mas por estabelecer um vínculo entre o sistema político nacional e o sistema jurídico global. Como foi discutido, este momento de reorientação constitucional formou, em geral, o núcleo da democracia moderna, e criou um foco na integração administrável para a sociedade como um todo. A partir de uma perspectiva histórica ampla, podemos observar que a concepção legitimadora básica do cidadão soberano moderno surgiu inicialmente como parte da reorganização integradora da sociedade no século XVIII, e formou o núcleo dos processos sociais determinantes desta época. No entanto, essa concepção não atuou originalmente como um ponto de apoio estável para a política democrática e, em muitos aspectos, prejudicou os processos de integração aos quais estava estruturalmente ligada. A democracia só se tornou real à medida que as sociedades nacionais protegeram seus processos fundamentais desta concepção. A forma da democracia contemporânea foi estabelecida através de uma concepção constitucional de cidadão que especificamente afastou o cidadão realmente existente do centro de legitimação da democracia. E, ainda mais importante, a democracia moderna é sustentada pelo fato de que a construção da cidadania através de iniciativas militares, fato que definiu inicialmente a essência legitimadora da cidadania soberana no século XVIII e depois dele, está enfraquecida.

Se considerarmos a democracia como um sistema de integração normativa e institucional razoavelmente equilibrado, podemos ver que a democracia tem dois pré-requisitos abrangentes e intimamente interligados. Os processos de integração que reforçam a democracia tendem a se consolidar em um sistema político baseado, externamente, em uma articulação aprofundada com o sistema global de direitos humanos, e que sustente, internamente, um alto grau de proteção da individualização. Esses processos se expressam de forma muito variável nos diferentes países, mas é provável que criem bases sólidas para a democracia. Além disso, tais processos foram consolidados na sociedade através de uma longa trajetória de adaptação, na qual o núcleo legitimador da política – o cidadão – foi desvinculado das noções clássicas de democracia e das noções clássicas de autoridade constitucional.

Pouquíssimas explicações teóricas sobre a democracia questionam a premissa básica de que a democracia é um sistema político legitimado pelo livre exercício da soberania pelos cidadãos. Conforme mencionado, esta visão está inscrita no cerne da teoria democrática clássica e neoclássica. Também está inscrita no cerne da teoria constitucional, que tem guiado a globalização da democracia nas últimas décadas, e que argumenta que o cidadão soberano é o fundamento primordial e inamovível do sistema político democrático. Tais teorias conferem um realce marcante à antinomia básica da democracia moderna. Em muitos casos, de fato, o quadro teórico no qual a democracia é imaginada realmente leva a democracia à crise, na medida em que atribui a legitimidade do governo democrático a concepções fictícias da subjetividade constituinte,

CONCLUSÃO

e expõe a democracia a expectativas normativas que prejudicam seus pré-requisitos institucionais de integração. Como foi discutido, quando articulados diretamente, os conceitos básicos de legitimidade democrática geralmente desestabilizam os pré-requisitos institucionais necessários para tornar a democracia real. Paradoxalmente, de fato, o vocabulário da soberania popular muitas vezes contém o risco de induzir tentativas de construir a legitimidade de um sistema político democrático em termos que ameaçam os benefícios reais da democracia (ou seja, redução da violência, segurança individual, liberação de solidariedades coagidas, promoção de liberdades compartilhadas). Esta antinomia se torna nitidamente visível nas ameaças impostas atualmente à democracia pelos partidos e governos populistas.

Outro argumento fundamental deste livro é que, neste momento, é essencial desenvolver uma perspectiva constitucional de análise da democracia que reconheça a sua essência material e funcional, e que explique a legitimidade democrática através da observação, em termos sociologicamente reflexivos, daquilo que a democracia realmente é e faz. Em outras palavras, é necessária uma perspectiva que entenda a democracia, primordialmente, como um sistema de integração, cujas concepções teóricas básicas se desenvolveram como uma reflexão das pressões e processos de integração arraigados na sociedade. Consequentemente, é necessária uma perspectiva que interprete os conceitos de democracia, não como entidades estáticas, mas como construções que articulam e refratam o processo social, e que analise adequadamente os pré-requisitos da legitimidade democrática. Uma perspectiva deste tipo poderia surgir, por exemplo, do reconhecimento de que a legitimidade de um sistema político democrático emana de múltiplos lugares e processos, alguns normativos e alguns funcionais, e de que a produção de legitimidade não pode ser atribuída a atos simples de sujeitos soberanos. Isso significa que é provável que uma democracia apresente padrões múltiplos de cidadania, segundo os quais os agentes se engajam na formação da vontade política em muitos papeis diferentes, que normalmente são desvinculados das solidariedades tradicionais. Naturalmente, isto não significa que as democracias não contenham espaço para protesto ou mobilização coletiva. Geralmente, no entanto, os movimentos políticos capazes de melhorar a integração democrática a nível nacional conectam as pessoas a sujeitos concebidos a nível internacional. Este não é inevitavelmente o caso, mas os padrões de protesto ou de agência constitucional que podem ser generalizados além das fronteiras nacionais, e que estão ligados aos sujeitos de muitos países, são geralmente mais propensos a promover interesses não excludentes a nível nacional. O compromisso com direitos definidos transnacionalmente é provavelmente um pré-requisito para manifestações de agência constitucional capazes de aumentar a soberania efetiva dos cidadãos nacionais. Com base nisso, uma perspectiva desse tipo poderia examinar atentamente as articulações entre os padrões globais e nacionais de construção normativa, e poderia observar as interações entre esses níveis como fontes vitais de subjetividade democrática e de uma soberania substantiva.

Uma análise da democracia constitucional de caráter mais sociológico não precisa promover uma abordagem restritiva ou acrítica do debate democrático. Uma análise sociológica reflexiva da legitimidade democrática claramente demonstrará uma atenção crítica a questões relativas à proteção individual, aos pré-requisitos de solidariedade social, aos termos da articulação entre normas globais e nacionais, e à precariedade das trocas de legitimação entre o cenário global e o nacional. Uma análise desse tipo demonstrará provavelmente como podem ser formados sistemas constitucionais que evitem crises, promovendo processos de integração através de uma forte proteção dos regimes de bem-estar social e do enraizamento da legislação internacional de direitos humanos e, consequentemente, tal análise poderá ser utilizada para reconstruir as ordens constitucionais nos contextos em que ocorra uma crise de integração. Apesar da perspectiva globalista, que é importante, uma análise sociológica reflexiva da legitimidade democrática é capaz de fornecer, sob certas condições, fundamentos para uma crítica forte e robusta das normas globais. É óbvio que nem todas as normas da esfera internacional que ingressam nas sociedades nacionais compartilham igual legitimidade ou promovem a democracia doméstica em igual medida. Esse não é um fato que pode ser ignorado por uma análise sociológica reflexiva da democracia, por mais que ela enfatize a dependência das instituições democráticas em relação às normas globais. Contudo, uma análise sociológica reflexiva da legitimidade democrática pode

CONCLUSÃO

muito bem evitar criticar as normas globais com base no simples argumento de que elas minam a soberania popular e/ou enfraquecem os procedimentos para a formação da vontade coletiva, e pode evitar a propensão de sugerir padrões alternativos de subjetividade soberana para contrapor a força de tais normas. É provável que uma perspectiva sociológica surja a partir da posição de que, em geral, as normas globais não são limites, mas pré-requisitos funcionais da cidadania soberana. Ao reconhecer esse fato, a análise sociológica reflexiva da legitimidade democrática provavelmente criticará as normas globais se elas não fornecerem contribuições que sustentem a democracia complexa no interior das sociedades nacionais, e se elas falharem em dar suporte aos processos de integração internos à sociedade, necessários para a democracia. Nesse sentido, é provável que uma crítica às normas globais se concentre, não em questões de soberania ou de legislação própria, mas em questões relativas à capacidade das normas globais de sustentar de forma normativa os processos de integração individualizada. Com esta abordagem, seria possível questionar a legitimidade das normas globais sem proporcionar um espaço de legitimação para o populismo.

Em geral, no centro de uma análise sociológica reflexiva da legitimidade democrática pode estar a expectativa de que os observadores da democracia demonstrem alguma lembrança dos modos pelos quais seus conceitos básicos foram formados e de quais são seus efeitos sociais. Parece razoável esperar que os observadores da democracia possam apreciar o entrelaçamento das normas nacionais e globais e as articulações multicêntricas entre subjetividades nacionais e globais que a democracia pressupõe. Também parece razoável esperar que tais observadores possam mostrar consciência do profundo incentivo dado aos movimentos contrários à democracia pelo vocabulário constitucional, em cujos termos a democracia é geralmente discutida e defendida.

REFERÊNCIAS BIBLIOGRÁFICAS

ABBOTT, Andrew; DEVINEY, Stanley. "The welfare state as transnational event: evidence from sequences of policy adoption". *Social Science History*, vol. 16, n. 2, 1992, pp. 245-274.

ABELSHAUSER, Werner. "Erhard oder Bismarck? Die Richtungsentscheidung der deutschen Sozialpolitik am Beispiel der Reform der Sozialversicherung in den Fünfziger Jahren". *Geschichte und Gesellschaft*, vol. 22, n. 3, 1996, pp. 376-392.

ABRAMOVITZ, Mimi. "The US welfare State: a battleground for human rights". *In:* HERTEL, Shareen; LIBAL, Kathryn (Coord.). *Human rights in the United States*: beyond exceptionalism. New York: Cambridge University Press, 2011, pp. 46-67.

ACKERMAN, Bruce. *We the people*: foundations. Cambridge, MA: Harvard University Press, 1991.

_____. *Revolutionary constitutionalism: charismatic leadership and the rule of law*. Cambridge, MA: Harvard University Press, 2019.

ADEJUMOBI, Said. "Citizenship, rights, and the problem of conflicts and civil wars in Africa". *Human Rights Quarterly*, vol. 23, 2001, pp. 148-170.

ADLER, Jessica L. *Burdens of war*: creating the United States veterans health system. Baltimore: Johns Hopkins University Press, 2017.

AIYAR, Yamini. "Modi Consolidates Power: Leveraging Welfare Politics". *Journal of Democracy*, vol. 30, n. 4, 2019, pp. 78-88.

ALBERTUS, Michael. "The role of subnational politicians in distributive politics: political bias in Venezuela's land reform under Chávez". *Comparative Political Studies*, vol. 48, n. 13, 2015, pp. 1667-1710.

ALMOND, Gabriel A.; VERBA Sidney. *The civic culture*: political attitudes and democracy in five nations. Newbury Park: Sage, 1989.

ALONSO, Angela. *Flores, votos e balas*: o movimento abolicionista brasileiro (1868-88). São Paulo: Companhia das Letras, 2015.

ALTENSTEIN, Karl vom Stein zum. "Denkschrift". *In:* WINTER, Georg (Coord.). *Die Reorganisation des Preussischen Staates unter Stein und Hardenberg. Erster Teil. Allgemeine Verwaltungs- und Behördenreform, I*: Vom Beginn des Kampfes gegen die Kabinettsregierung bis zum Wiedereintritt des Ministers von Stein. Leipzig: Hirzel, 1807, pp. 364-566.

ANDEWEG, Rudy B. "Consociational Democracy". *Annual Review of Political Science*, vol. 3, 2000, pp. 509-536.

ANDUIZA, Eva; GUINJOAN, Marc; RICO, Guillem. "Populism, Participation, and Political Equality". *European Political Science Review*, vol. 11, n. 1, 2019, pp. 109-124.

ANTOINE, Michel. *Le conseil du roi sous le règne de Louis XV*. Geneva: Droz, 1970.

_____. *Le coeur de l'État*: surintendance, contrôle général et intendances des finances 1552-1791. Paris: Fayard, 2003.

Archives Parlementaires de 1787 à 1860, Series 1, vol. VIII. Paris: Librairie Administrative P. Dupont, 1875.

Archives Parlementaires de 1787 à 1860, Series 1, vol. X. Paris: Librairie Administrative P. Dupont, 1878.

ARDITI, Benjamin: "Populism as an Internal Periphery". *In:* PANIZZA, Francisco (Coord.). *Populism and the mirror of democracy*. London: Verso, 2005. pp. 72-98.

ASCH, Ronald G. "Kriegsfinanzierung, Staatsbildung und ständische Ordnung im 17. und 18. Jahrhundert". *Historische Zeitschrift*, vol. 268, 1999, pp. 635-671.

AUBERT, Félix. *Le parlement de Paris*: de Philippe le Bel a Charles VII (1314-1422): Sa compétence, ses attributions. Geneva: Slatkine Reprints, 1977.

REFERÊNCIAS BIBLIOGRÁFICAS

BALDWIN, James Fosdick. *The king's council in England during the Middle Ages*. Oxford: Clarendon, 1913.

BALDWIN, Peter. *The politics of social solidarity*: class bases of the European welfare state 1875-1975. Cambridge, UK; New York: Cambridge University Press, 1990.

_____. *The narcissism of small differences*: how America and Europe are alike. New York: Oxford University Press, 2009.

BANDEIRA, Luiz Alberto de Vianna Moniz. *O governo João Goulart*: as lutas sociais no Brasil (1961-1964). 8. ed. São Paulo: Unesp, 2010.

BARTH, Boris. "'Partisan' und 'Partisanenkrieg' in Theorie und Geschichte. Zur historischen Dimension der Entstaatlichung von Kriegen". *Militärgeschichtliche Zeitschrift*, vol. 64, 2005, pp. 69-100.

BARTOLINI, Stefano. *The political mobilization of the European left 1860-1980*: the class cleavage. Cambridge, UK: Cambridge University Press, 2000.

BAUMANN, Reinhard. *Landsknechte*: Ihre Geschichte und Kultur vom späten Mittelalter bis zum Dreißigjährigen Kreg. Münch: Beck, 1994.

BAXTER, Douglas Clark. *Servants of the sword*: French intendants of the army 1630-70. Urbana: University of Illinois Press, 1976.

BEATTIE, Peter M. "Conscription versus penal servitude: army reform's influence on the Brazilian State's management of social control, 1870-1930". *Journal of Social History*, vol. 32, n. 4, 1999, pp. 847-878.

_____. *The tribute of blood*: army, honor, race, and nation in Brazil, 1864-1945. Durham: Duke University Press, 2001.

BEBEL, August. *Nicht stehendes Heer sondern Volkswehr*. Stuttgart: Dietz, 1898.

BECK, Ulrich. *Risikogesellschaft*: auf dem Wege in eine andere Moderne. Frankfurt am Main: Suhrkamp, 1986.

BECKER, Jean-Jacques. "Les 'Trois Ans' et les débuts de la première guerre mondiale". *Guerres mondiales et conflits contemporains*, vol. 145, 1987, pp. 7-26.

BECKETT, Jean-Jacques; TURNER, Michael. "Taxation and economic growth in eighteenth-century England". *The Economic History Review*, vol. 43, n. 3, 1990, pp. 377-403.

BELLAMY, Richard. *Political constitutionalism*: a republican defence of the constitutionality of democracy. New York: Cambridge University Press, 2007.

BENECKE, Werner. *Militär, Reform und Gesellschaft im Zarenreich*: die Wehrpflicht in Russland 1874-1914. Paderborn: Ferdinand Schöningh, 2006.

BENVINDO, Juliano Zaiden. "The rule of law in Brazil: a conceptual challenge". *I-CONnect: Blog of the International Journal of Constitutional Law*, 2 mai. 2018. Disponível em: http://www.iconnectblog.com/2018/05/the-rule-of-law-in-brazil-a-conceptual-challenge. Acesso em: 3 de maio de 2020.

BERG, Manfred. "Black civil rights and liberal anticommunism: the NAACP in the early cold war". *The Journal of American History*, vol. 94, n. 1, 2007, pp. 75-96.

BERGIEN, Rüdiger. *Die bellizistische Republik*: Wehrkonsens und, Wehrhaftmachung in Deutschland 1918-1933. Münch: Oldenbourg, 2012.

BERMAN, William C. *The politics of civil rights in the Truman administration*. Columbus: Ohio State University Press, 1970.

BERRY, Mary Frances. *Military necessity and civil rights policy*: black citizenship and the constitution, 1861-1868. Port Washington, NY: Kennikat Press, 1977.

BERTAUD, Jean-Paul. *La Révolution armée*: les soldats-citoyens et la Révolution française. Paris: Robert Laffont, 1979.

BEUST, Joachim Ernst von. *Observationes militares*. vol. 4. Gotha: Christian Mevius, 1747.

BEVERIDGE, William. "Social security: some trans-atlantic comparisons". *Journal of the Royal Statistical Society*, vol. 106, n. 4, 1943, pp. 305-332.

BEYRAU, Dietrich. "Von der Niederlage zur Agrarreform: Leibeigenschaft und Militärverfassung in Rußland nach 1855". *Jahrbücher für Geschichte Osteuropas*, vol. 23, n. 2, 1975, pp. 191-212.

BIEBER, Judy. *Power, patronage and political violence*: state building on a Brazilian frontier, 1822–1889. Lincoln: University of Nebraska Press, 1999.

BIGOT, Grégoire. *L'autorité judiciaire et le contentieux de l'administration*: vicissitudes d'une ambition 1800-1872. Paris: Librairie générale de droit et de jurisprudence, 1999.

REFERÊNCIAS BIBLIOGRÁFICAS

BIRNBAUM, Pierre. *States and collective action*: the European experience. Cambridge, UK; New York: Cambridge University Press, 1988.

BISSON, Thomas N. "The military origins of medieval representation". *The American Historical Review*, vol. 71, n. 4, 1966, pp. 1199-1218.

_____. *The crisis of the twelfth century*: power, lordship, and the origins of European government. Princeton; Oxford: Princeton University Press, 2009.

BLACKSTONE, William. *Commentaries on the laws of England*. vol. 1. Chicago; London: University of Chicago Press, 1979.

BLANCHARD, Peter. *Under the flags of freedom*: slave soldiers and the wars of independence in Spanish South America. Pittsburgh: University of Pittsburgh Press, 2008.

BLANTON, Harold D. "Conscription in France during the Era of Napoleon". *In:* STOKER, Donald; SCHNEID, Federick C.; BLANTON, Harold D. (Coords.). *Conscription in the Napoleonic era*: a revolution in military affairs? Abingdon: Routledge, 2009, pp. 6-23.

BLAUFARB, Rafe. *The French army 1750-1820*: careers, talent, merit. Manchester; New York: Manchester University Press, 2002.

BLESSING, Werner K. "Disziplinierung und Qualifizierung. Zur kulturellen Bedeutung des Militärs im Bayern des 19. Jahrhunderts". *Geschichte und Gesellschaft*, vol. 17, n. 4, 1991, pp. 459-479.

BLOKKER, Paul. "Populist constitutionalism". *In:* TORRE, Carlos de la (Coord.). *Routledge handbook of global populism*. Abingdon: Routledge, 2018. pp. 113-127.

_____. "Varieties of populist constitutionalism: the transnational dimension". *German Law Journal*, vol. 20, 2019, pp. 333-350.

BLUM, Jerome. "The rise of serfdom in Eastern Europe". *The American Historical Review*, vol. 62, n. 4, 1957, pp. 807-836.

_____. *The end of the old order in rural Europe*. Princeton: Princeton University Press, 1978.

BOCK, Fabienne. *Un parlementarisme de guerre 1914-1919*. Paris: Belin, 2002.

BÖCKENFÖRDE, Ernst-Wolfgang. *Staat, Verfassung, Demokratie*: Studien zur Verfassungstheorie und zum Verfassungsstaat. Frankfurt am Main: Suhrkamp, 1991.

BÖHLER, Jochen. *Civil War in Central Europe, 1918-1921*: the reconstruction of Poland. Oxford: Oxford University Press, 2018.

BONNEY, Richard; ORMROD, W. M. "Introduction: Crises, revolutions and self-sustained growth: towards a conceptual model of change in fiscal history". *In:* ORMROD, W. M.; BONNEY, Margaret; BONNEY, Richard. *Crises, revolutions and self-sustained growth*: essays in European fiscal history, 1130-1830. Stamford: Shaun Tyas, 1999, pp. 1-21.

BORGES, Vavy Pacheco. *Tenentismo e revolução brasileira*. São Paulo: Brasiliense, 1992.

BORNHAK, Conrad. *Geschichte des Preußischen Verwaltungsrechts*. vol. I: Bis zum Regierungsantritt Friedrich Wilhelms I. Berlin: Springer, 1884.

BORNHAK, Conrad. *Geschichte des Preußischen Verwaltungsrechts*. vol. II: Bis zum Frieden von Tilsit. Berlin: Springer, 1885.

BORODZIEJ, Włodzimierz; GÓRNY, Maciej. *Der vergessene Weltkrieg*: Imperien 1912-1916. Darmstadt: Wissenschaftliche Buchgesellschaft, 2018a.

BORODZIEJ, Włodzimierz; GÓRNY, Maciej. *Der vergessene Weltkrieg*: Nationen 1917-1923. Darmstadt: Wissenschaftliche Buchgesellschaft, 2018b.

BORSTELMANN, Thomas. *The cold war and the color line*: American race relations in the global arena. Cambridge, MA: Harvard University Press, 2009.

BOSHER, J. F. *French finances 1770-1795*: from business to bureaucracy. Cambridge, UK: Cambridge University Press, 1970.

BOULANGER, Philippe. *La France devant la conscription: géographie historique d'une institution républicaine 1914-1922*. Paris: Conomica et Institut de Stratégie compare, 2001.

BOYER, George R. *The winding road to the welfare state*. economic insecurity and social welfare policy in Britain. Princeton: Princeton University Press, 2019.

BREUER, Stefan. *Sozialgeschichte des Naturrechts*. Opladen: Westdeutscher Verlag, 1983.

BREWER, John. *The sinews of power*: war, money and the English state 1688-1783. London: Routledge, 1989.

BREWER-CARÍAS, Allan R. "Judicial review in Venezuela". *Duquesne Law Review*, vol. 45, n. 3, 2007, pp. 439-465.

REFERÊNCIAS BIBLIOGRÁFICAS

BRIGGS, Asa. "The welfare state in historical perspective". *European Journal of Sociology*, vol. 2, n. 2, 1961, pp. 221-258.

BRIQUET, Pierre. *Code militaire ou compilation des ordonnances des roys de la France*. vol. I. Paris: Imprimerie royale, 1728.

BROERS, Michael. *Napoleon's other war*: bandits, rebels and their pursuers in the age of revolution. Oxford: Lang, 2010.

BROGI, Alessandro. *Confronting America*: the Cold War between the United States and the Communists in France and Italy. Chapel Hill: University of North Carolina Press, 2011.

BROOKS, Clem; MANZA, Jeff. "Class politics and political change in the United States, 1952-1992". *Social Forces*, vol. 76, n. 2, 1997, pp. 379-408.

BROVKIN, Vladimir N. *Behind the front lines of the civil war*: political parties and social movements in Russia, 1918-1922. Princeton: Princeton University Press, 1994.

BROWN, Howard G. *War, revolution, and the bureaucratic state*: politics and army administration in France, 1791-1799. Oxford: Clarendon, 1995.

BRUBAKER, Rogers. "Nationhood and the national question in the Soviet Union and post-Soviet Russia: an institutionalist account". *Theory and Society*, vol. 23, pp. 47-78, 1994.

_____. "Populism and Nationalism". *Nations and Nationalism*, vol. 26, n. 1, 2020, pp. 44-66.

BRUNNER, Heinrich. "Der Reiterdienst und die Anfänge des Lehnwesens". *Zeitschrift für Rechtsgeschichte*, vol. 8, 1887, pp. 1-38.

BRUNO, Regina. "Bancada ruralista, conservadorismo e representação de interesses no Brasil contemporâneo". *In:* MALUF, Renato S.; FLEXOR, Georges (Coords.). *Questões agrárias, agrícolas e rurais*: conjunturas e políticas públicas. Rio de Janeiro: E-Papers, 2017, pp. 155-168.

BRYSK, Alison; WISE, Carol. "Liberalization and Ethnic Conflict in Latin America". *Studies in Comparative International Development*, vol. 32, n. 2, jun. 1997, pp. 76-104.

BUCHEZ, Philippe-Joseph-Benjamin. *Histoire parlementaire de la Révolution Française*. vol. 16. Paris: Paulin, 1835.

BUGARIC, Bojan. "Could Populism Be Good for Constitutional Democracy?". *Annual Review of Law and Social Science*, vol. 15, 2019, pp. 41-58.

BURKHARDT, Johannes. "Die Friedlosigkeit der Frühen Neuzeit: Grundlegung einer Theorie der Bellizität". *Zeitschrift für Historische Forschung*, vol. 24, n. 4, 1995, pp. 509-574.

BURSCHEL, Peter. *Söldner in Nordwestdeutschland des 16. und 17. Jahrhunderts*: Sozialgeschichtliche Studien. Göttingen: Vandenhoeck und Ruprecht, 1994.

BÜSCH, Otto. *Militärsystem und Sozialleben im Alten Preußen 1713-1807*: Die Anfänge der sozialen Militarisierung der preußischen-deutschen Gesellschaft. Berlin: de Gruyter, 1962.

BUSCHMANN, Nikolaus. *Einkreisung und Waffenbruderschaft*: Die öffentliche Deutung von Krieg und Nation in Deutschland 1850-1871. Göttingen: Vandenhoeck und Ruprecht, 2003.

CABANES, Bruno. *La victoire endeuillée*: La sortie de guerre des soldats français. Paris: Seuil, 2004.

CAMPBELL, Alec. "The Invisible Welfare State: Establishing the Phenomenon of Twentieth Century Veteran's Benefits". *Journal of Political and Military Sociology*, vol. 32, n. 2, 2004, pp. 249-267.

CANCIK, Pascale. *Verwaltung und* Öffentlichkeit *in Preußen*. Tübingen: Mohr, 2007.

CANE, Peter. *Controlling administrative power*: a historical comparison. Cambridge, UK: Cambridge University Press, 2016.

CANNADINE, David. *The decline and fall of the British aristocracy*. New Haven: Yale University Press, 1990.

CANNON, Barry. *Hugo Chávez and the Bolivarian revolution*: populism and democracy in the globalized age. Manchester; New York: Manchester University Press; 2009.

CANOVAN, Margaret. "Trust the People! Populism and the Two Faces of Democracy". *Political Studies*, vol. XVII, 1999, pp. 2-16.

CAREY, John A. *Judicial reform in France before the Revolution of 1789*. Cambridge, MA: Harvard University Press, 1981.

CAROTHERS, Thomas. "The End of the Transition Paradigm". *Journal of Democracy*, vol. 13, n. 1, 2002, pp. 5-21.

REFERÊNCIAS BIBLIOGRÁFICAS

CARVALHO, José Murilo de. "Cidadania: tipos e percursos". *Revista Estudos Históricos*, vol. 18, 1996, pp. 337-359.

CARVALHO, José Murilo de. *A construção da ordem*: a elite política imperial. Teatro de sombras: a política imperial. 11. ed. Rio de Janeiro: Civilização Brasileira, 2018.

_____. *Forças armadas e política no Brasil*. São Paulo: Todavia, 2019.

CAPOZZOLA, Christopher. *Uncle Sam wants you*: World War I and the making of the modern American citizen. New York: Oxford University Press, 2010.

CARAMANI, Daniele. "The end of silent elections: the birth of electoral competition, 1832-1915". *Party Politics*, vol. 9, n. 4, 2003, pp. 411-443.

_____. *The nationalization of politics*: the formation of national electorates and party systems in Western Europe. Cambridge, UK: Cambridge University Press, 2004.

CARRUTHERS, Bruce G. *City of capital*: politics and markets in the English financial revolution. Princeton: Princeton University Press, 1996.

CASTAÑO, Luis Ociel Zuluaga. "Modernidad ius-politica y esclavitud en Colombia: el proceso de abrogación de una institución jurídica". *Revista facultad de derecho y ciencias políticas*, vol. 41, n. 114, 2011, pp. 181-238.

CASTILHO, Celso Thomas. *Slave emancipation and transformations in Brazilian political citizenship*. Pittsburgh: University of Pittsburgh Press, 2016.

CENTENO, Miguel Angel. *Blood and debt*: war and the nation state in Latin America. University Park, PA: Pennsylvania State University Press, 2002.

CERDEIRA, Pablo de Camargo, et al. (Coord.). *Congresso em números*: a produção legislativa do Brasil de 1988 a 2017. Rio de Janeiro: Escola de Direito do Rio de Janeiro da Fundação Getúlio Vargas, 2018.

CHALLENER, Richard D. *The French theory of the nation in arms 1866-1939*. New York: Russell & Russell, 1965.

CHAMBERS II, John Whiteclay. *To raise an army*: the draft comes to modern America. London: Macmillan, 1987.

CHAS, Jean. *Biographie spéciale des pairs et des députés du royaume*: session de 1818-1819. Paris: Beaucé, 1819.

CHHIBBER, Pradeep K.; VERMA, Rahul. *Ideology and identity*: the changing party systems of India. New York: Oxford University Press, 2018.

CHRISTIANSEN, Niels Finn; PETERSEN, Klaus. "The Dynamics of Social Solidarity: the Danish Welfare State, 1900-2000". *Scandinavian Journal of History*, vol. 26, n. 3, 2001, pp. 177-196.

CLARK, Nichols Terry; LIPSET, Seymour Marin. "Are Social Classes Dying?". *International Sociology*, vol. 6, n. 4, 1991, pp. 397-410.

CLAUSEWITZ, Claus von. *Vom Kriege*. Hamburg: Nikol, 2008.

CLAYTON, James L. "The Fiscal Limits of the Warfare-Welfare State: Defense and Welfare Spending in the United States since 1900". *Western Political Quarterly*, vol. 29, n. 3, 1976, pp. 364-383.

CLEGG, Hugh Armstrong. *Trade unionism and collective bargaining*: a theory based on comparisons of six countries. Oxford: Blackwell, 1976.

CLEVELAND, Sarah H. "Our International Constitution". *Yale Journal of International Law*, vol. 31, 2006, pp. 1-125.

CMIEL, Kenneth. "The Emergence of Human Rights Politics in the United States". *The Journal of American History*, vol. 86, n. 3, 1999, pp. 1231-1250.

COHEN, Deborah. *The war comes home*: disabled veterans in Britain and Germany, 1914-1939. Berkeley: University of California Press, 2000.

COLLIER, David; MESSNICK, Richard E. "Prerequisites versus Diffusion: Testing Alternative Explanations of Social Security". *The American Political Science Review*, vol. 69, n. 4, 1975, pp. 1299-1315.

COLLIER, Ruth Berins; COLLIER, David. *Shaping the political arena*: critical junctures, the labor movement, and regime dynamics in Latin America. Princeton: Princeton University Press, 1991.

CONDORCET, Marquis de. "La nation française à tous les peoples". vol. XII. *In*: _____. Oeuvres in 12 vols. Paris: Firmin Didot frères, pp. 507-527, 1847.

CONRAD, Robert. *The destruction of Brazilian slavery, 1850-1888*. Berkeley: University of California Press, 1972.

CONWAY, Stephen. *War, state, and society in mid-eighteenth-century Britain and Ireland*. Oxford: Oxford University Press, 2006.

REFERÊNCIAS BIBLIOGRÁFICAS

CONZE, Werner. *Polnische Nation und deutsche Politik im Ersten Weltkrieg.* Cologne: Böhlau, 1958.

COOKSON, J. E. *The British armed nation 1793-1815.* Oxford: Clarendon, 1997.

CORRIAS, Luigi. "Populism in a Constitutional Key: Constituent Power, Popular Sovereignty and Constitutional Identity". *European Constitutional Law Review*, vol. 12, n. 1, 2016, pp. 6-26.

CORRÊA DO LAGO, Luiz Aranha. *Da escravidão ao trabalho livre*: Brasil, 1550-1900. São Paulo: Companhia das Letras, 2014.

CORVISIER, André. *L'armée française de la fin du XVII siècle au ministère de Choiseul*: Le soldat. Paris: PUF, 1964.

COWEN, Deborah. "Welfare Warriors: Towards a Genealogy of the Soldier Citizen in Canada". *Antipode*, vol. 374, 2005, pp. 654-678.

_____. *Military workfare*: the soldier and social citizenship in Canada. Toronto; Buffalo; London: Toronto University Press, 2008.

CRÉPIN, Annie. *La conscription en débat*: ou le triple apprentissage de la nation, de la citoyenneté, de la République (1798-1889). Arras: Artois Presses Université, 1998.

_____. "Armée, conscription et garde nationale dans l'opinion publique et le discours politique en France septentrionale (1789-1870)". *Association Revue du Nord*, vol. 350, n. 2, 2003, pp. 313-332.

_____. *Défendre la France*: les français, la guerre et le service militaire, de la guerre de Sept Ans à Verdun. Rennes: Presses universitaires de Rennes, 2005.

_____. *Histoire de la conscription.* Paris: Gallimard, 2009.

_____. *Vers l'armée nationale*: les débuts de la conscription en Seine-et-Marne 1795-1815. Rennes: Presses universitaires de Rennes, 2011.

CRESS, Lawrence Delbert. *Citizens in arms*: the army and the militia in American society to the war of 1812. Chapel Hill: University of North Carolina Press, 1982.

CRESSY, David. *England on edge*: crisis and revolution 1640-1642. Oxford; New York: Oxford University Press, 2006.

CUMMINGS, Scott L.; TRUBECK, Louise G. "Globalizing Public Interest Law". *UCLA Journal of International Law and Foreign Affairs*, vol. 13, 2008, pp. 1-53.

DAHRENDORF, Ralf. *Gesellschaft und Demokratie in Deutschland*. Münch: Piper, 1965.

DALE, Robert. *Demobilized veterans in late Stalinist Leningrad: soldiers to civilians*. London: Bloomsbury, 2015.

DANIEL, Ute. *Arbeiterfrauen in der Kriegsgesellschaft*. Göttingen: Vandenhoeck und Ruprecht, 1989.

D'AGUESSEAU, Henri François. "Essai d'une Institution au droit public". vol. XV. In: _____. *Oeuvres complètes in 16 vols*. PARDESSUS, M. (Coord.). Paris: Fantins et compagnie, pp. 164-272, 1819.

DALLARA, Cristina. "Powerful Resistance against a Long-Running Personal Crusade: The Impact of Silvio Berlusconi on the Italian judicial system". *Modern Italy*, vol. 920, n. 1 pp. 59-76, 2015.

DARESTE, Rodolphe. "Études sur les origines du contentieux administratif en France, I. Les Intendants et commissaires départis". *Revue historique de droit français et étranger*, vol. 1, 1855a, pp. 24-68.

_____. "Études sur les origines du contentieux administratif en France, II. Le Conseil d'État". *Revue historique de droit français et étranger*, vol. 1, 1855b, pp. 239-271.

DECROIX, Arnaud. *Question fiscale et réforme financière en France (1749-1789): logique de la transparence et recherche de la confiance publique*. Marseille: Presses universitaires de'Aix-Marseilles, 2006.

DE LANGE, Sarah L. "A New Winning Formula? The Programmatic Appeal of the Far Right". *Party Politics*, vol. 13, n. 4, pp. 411-435, 2007.

DELLA PORTA, Donatella. "'1968': Zwischennationale Diffusion und Transnationale Strukturen. Eine Forschungsagenda". *Geschichte und Gesellschaft Sonderheft*, vol. 17, 1998, pp. 131-150.

DEMETER, Karl. *Das deutsche Heer und seine Offiziere*. Berlin: Hobbing, 1933.

DENNISON, Tracy. *The institutional framework of Russian serfdom*. Cambridge: Cambridge University Press, 2011.

REFERÊNCIAS BIBLIOGRÁFICAS

DIAMOND, Larry. "Thinking about Hybrid Regimes". *Journal of Democracy*, vol. 13, n. 2, 2002, pp. 21-35.

DICKSON, P. G. M. *Finance and government under Maria Theresia, 1740-1780*: society and government. Oxford: Clarendon, 1987.

DOMAT, Jean. *Les lois civiles dans leur ordre naturel.* vol. I. Revised edition. Paris: Cavelier, 1705.

_____. *Les lois civiles dans leur ordre naturel.* vol. II. Revised edition. Paris: Cavelier, 1705b.

DOMKE, William K.; EICHENBERG, Richard C.; KELLEHER, Catherine M. "The Illusion of Choice: Defense and Welfare in Advanced Industrial Democracies". *The American Political Science Review*, vol. 77, n. 1, 1983, pp. 19-35.

DOWNING, Brian. *The military revolution and political change*: origins of democracy and autocracy in early modern Europe. Princeton: Princeton University Press, 1992.

DROEGE, Georg. *Landrecht und Lehnrecht im hohen Mittelalter.* Bonn: Röhrscheid, 1969.

DROLET, Jean-François; WILLIAMS, Michael C. "Radical Conservatism and Global Order: International Theory and the New Right". *International Theory*, vol. 10, n. 3, 2018, pp. 285-313.

DUDLEY, William S. "Institutional Sources of Officer Discontent in the Brazilian Army, 1870–1889". *The Hispanic American Historical Review*, vol. 55, n. 1, 1975, pp. 44-65.

DUDZIAK, Mary L. "Desegregation as a Cold War Imperative". *Stanford Law Review*, vol. 41, n. 1, 1988, pp. 61-120.

_____. *Cold war civil rights*: race and the image of American democracy. Princeton: Princeton University Press, 2000.

_____. "Brown as a Cold War case". *The Journal of American History*, vol. 91, n. 1, 2004, pp. 32-42.

DUFFY, Christopher. *The military experience in the age of reason.* London: Routledge, 1987.

DURANTI, Marco. *The conservative human rights revolution*: European identity, transnational politics and the origins of the European convention. New York: Oxford University Press, 2017.

DURKHEIM, Émile. *Le Socialisme*. Paris: PUF, 1928.

_____. *Leçons de sociologie*. Paris: PUF, 1950.

DURUY, Albert. "L'Armée royale en 1789: L'effectif. – La composition et la formation. Le commandement". *Revue des deux mondes*, vol. 81, n. 2, 1887, pp. 372-411.

DUTTON, Paul V. *Origins of the French welfare state*: the struggle for social reform in France, 1914-1947. Cambridge, UK: Cambridge University Press, 2002.

EBBINGHAUS, Bernhard: "The Siamese Twins: Citizenship Rights, Cleavage Formation, and Party-Union Relations in Western Europe". *International Review of Social History*, vol. 40, n. 3, 1995, pp. 51-89.

EDGERTON, David. *Warfare state*: Britain 1920-1970. New York: Oxford University Press, 2006.

EDLUND, Jonas; LINDH, Arvid. "The Democratic Class Struggle Revisited: The Welfare State, Social Cohesion and Political Conflict". *Acta Sociologica*, vol. 58, n. 4, 2015, pp. 311-328.

EHLERT, Hans. "Ursprünge des modernen Militärwesens. Die nassau-oranischen Heeresreformen". *Militärgeschichtliche Mitteilungen*, vol. 38, 1985, pp. 27-56.

EISNER, Marc Allen. *From warfare state to welfare state*: World War I, compensatory state building and the limits of modern order. University Park, PA: Pennsylvania State University Press, 2000.

ELCHARDUS, Mark; SPRUYT, Bram. "Populism, Persistent Republicanism and Declinism: An Empirical Analysis of Populism as a Thin Ideology". *Government and Opposition*, vol. 51, n. 1, 2016, pp. 111-133.

ELLIFF, John T. *The United States Department of Justice and individual rights 1937-1962*. New York: Garland, 1987.

ELORANTA, Jari. "From the Great Illusion to the Great War: Military Spending Behaviour of the Great Powers, 1870-1913". *European Review of Economic History*, vol. 11, 2007, pp. 255-283.

ENGELS, Friedrich. *Die Preußische Militärfrage und die Deutsche Arbeiterpartei*. Hamburg: Meißner, 1865.

REFERÊNCIAS BIBLIOGRÁFICAS

_____. "Wie die Preußen zu schlagen sind". *In:* MARX, Karl; ENGELS, Friedrich. *Werke.* vol. XVII. Berlin: Dietz, 1962, pp. 105-108.

ENLOE, Cynthia H. *Ethnic soldiers*: state security in divided societies. Athens: The University of Georgia Press, 1980.

_____. *Police, military and ethnicity*: foundations of state power. New Brunswick: Transaction, 1980.

_____. *The morning after*: sexual politics at the end of the cold war. Berkeley: University of California Press, 1993.

EPP, Charles R. *The rights revolution*: lawyers, activists, and supreme courts in comparative perspective. Chicago: University of Chicago Press, 1998.

ESDAILE, Charles J. *Fighting Napoleon*: guerillas, bandits and adventurers in Spain 1808-1814. New Haven: Yale University Press, 2004.

ESPING-ANDERS, Gøsta. *Politics against markets*: the social democratic road to power. Princeton: Princeton University Press, 1985.

_____. *The three worlds of welfare capitalism.* Cambridge, UK: Polity, 1990.

ESTÉVEZ-ABE, Margarita. *Welfare and capitalism in postwar Japan.* Cambridge, UK: Cambridge University Press, 2008.

EWALD, François. *L'état providence.* Paris: Grasset, 1986.

FARRAND, Max (Coord.). *The Records of the Federal Convention of 1787.* vol. I. New Haven: Yale University Press, 1911. 3 vols.

FAUSTO, Boris. *A revolução de 1930.* 16. ed. São Paulo: Companhia das Letras, 2010.

FEHR, Hans. "Das Waffenrecht der Bauern im Mittelalter". *Zeitschrift für Rechtsgeschichte*, vol. 35, 1914, p. 111-211.

FEIGL, Helmut. *Die niederösterreichische Grundherrschaft vom ausgehenden Mittelalter bis zu den theresianisch-josephinischen Reformen.* Vienna: Verein für Landeskunde von Niederösterreich und Wien, 1964.

FELD, Maury D. *The structure of violence*: armed forces as social systems. Beverly Hills: Sage, 1977.

FERTIG, André. *Clientelismo político em tempos belicosos*: a guarda nacional da província de São Pedro do Rio Grande do Sul na defesa do império no Brasil (1850-1873). Santa Maria: Editora UFSM, 2012.

FICHTE, Robby. *Die Begründung des Militärdienstverhältnisses* (1648-1806): Ein Beitrag zur Frühgeschichte des öffentlich-rechtlichen Vertrages. Baden-Baden: Nomos, 2010.

FIGES, Orlando. "The Red Army and Mass Mobilization during the Russian Civil War 1918-1920". *Past & Present*, vol. 129, 1990, pp. 168-211.

FINER, Samuel E. *The man on horseback*: the role of the military in politics. New Brunswick: Transaction, 2002.

FONER, Eric. "Rights and the Constitution in Black Life during the Civil War and Reconstruction". *The Journal of American History*, vol. 74, n. 3, 1987, pp. 863-883.

FONTANE, Theodor. *Der Krieg gegen Frankreich 1870-1871, 1*: Der Krieg gegen das Kaiserreich. Zürich: Manesse, 1985.

FORREST, Alan. *Conscripts and deserters*: the army and French society during the revolution and empire. New York; Oxford: Oxford University Press, 1989.

FOURNIER, Théo. *From rhetoric to action – a constitutional analysis of populism*. Firenze: European University Institute, 2018. Disponível em: http://cadmus.eui.eu/bitstream/handle/1814/51725/LAW_2018_08.pdf?sequence=1&isAllowed=y.

FRANK, Joseph Allan. *With ballot and bayonet*: the political socialization of American Civil War soldiers. Athens: University of Georgia Press, 1998.

FRAUENHOLZ, Eugen von. *Das Heerwesen in der Zeit des dreißigjährigen Krieges*. Munich: Beck, 1939.

_____. *Das Heerwesen in der Zeit des Absolutismus*. Münch: Beck, 1940.

FREVERT, Ute. *Die Kasernierte Nation*: Militärdienst und Zivilgesellschaft in Deutschland. Munich: Beck, 2001.

FRIEDBERG, Aaron L. *In the shadow of the garrison state*: America's anti-statism and its Cold War grand strategy. Princeton: Princeton University Press, 2000.

FÜHRER, Karl Christian. *Arbeitslosigkeit und die Enstehung der Arbitslosenversicherung in Deutschland 1902-1927*. Berlin: Colloquium, 1990.

GABORIAUX, Chloé. *La République en quête de citoyens*: les républicains français face au bonapartisme rural (1848-1880). Paris: Presses de Sciences Po., 2010.

REFERÊNCIAS BIBLIOGRÁFICAS

GARCIA-SIERRA, Mario J. "The 'Enabling Law': The Demise of the Separation of Powers in Hugo Chavez's Venezuela". *University of Miami Inter-American Law Review*, vol. 32, n. 2, 2001, pp. 265-293.

GEBELIN, Jacques. *Histoire des milices provinciales (1688-1791)*: le tirage au sort sous l'ancien régime. Paris: Hachette, 1882.

GEE, Austin. *The British volunteer movement 1794-1814*. Oxford: Clarendon, 2013.

GEHRKE, Roland. "Zwischen altständischer Ordnung und monarchischem Konstitutionalismus. Begriffserklärungen und Fragestellungen". *In:* GEHRKE, Roland (Coord.). *Aufbrüche in die Moderne*: Frühparlamentarismus zwischen altständischer Ordnung und monarchischem Konstitutionalismus. Schlesien-Deutschland-Mitteleuropa. Cologne: Böhlau, 2005. pp. 1-13.

GEVA, Dorit. *Conscription, family, and the modern state*: a comparative study of France and the United States. New York: Cambridge University Press, 2013.

GEWARTH, Robert. *The vanquished*: why the First World War failed to end, 1917-1923. London: Penguin, 2016.

GEYER, Michael. "Der zur Organisation erhobene Burgfrieden". *In:* MÜLLER, Klaus-Jürgen; OPITZ, Eckardt (Coords.). *Militär und Militarismus in der Weimarer Republik*. Düsseldorf: Droste, 1978, pp. 15-100.

_____."Ein Vorbote des Wohlfahrtsstaates. Die Kriegsopferversorgung in Frankreich, Deutschland und Großbritannien nach dem Ersten Weltkrieg". *Geschichte und Gesellschaft*, vol. 9, n. 2, 1983, pp. 230-277.

GINGRICH, Jane; HÄUSERMANN, Silja. "The decline of the working-class vote, the reconfiguration of the welfare support coalition and the consequences for the welfare state". *European Journal of Social Policy*, vol. 25, n. 1, 2015, pp. 50-75.

GINSBURG, Tom; HUQ, Aziz Z. *How to save a constitutional democracy*. Chicago; London: Chicago University Press, 2018.

GIRARD, Georges. *Racolage et milice* (1701-1715): le service militaire en France à la fin du règne de Louis XIV. Paris: Plon, 1921.

GNEIST, Rudolf. *Der Rechtsstaat und die Verwaltungsgerichte in Deutschland*. Darmstadt: Wissenschaftliche Buchgesellschaft, 1966.

GNÜGEN, Friedrich Andreas Gottlieb. *Gründliche Anleitung zum Kriegs-Recht*. Jena: Christian Friedrich Gollner, 1750.

GOLDSTEIN, Ariel Alejandro. "The New Far Right in Brazil and the Construction of a Right-Wing Order". *Latin American Perspectives*, vol. 46, n. 4, 2019, pp. 245-262.

GONZÁLEZ-JÁCOME, Jorge. "The Emergence of Revolutionary and Democratic Human Rights Activism in Colombia Between 1974 and 1980". *Human Rights Quarterly*, vol. 40, n. 1, 2018, pp. 91-118.

GOODWIN, Jeff. *No other way out*: states and revolutionary movements, 1945-1991. Cambridge, UK: Cambridge University Press, 2001.

GOULD, Frank; ROWETH, Barbara. "Public spending and social policy: the United Kingdom 1950-1977". *Journal of Social Policy*, vol. 9, n. 3, 1980, pp. 337-357.

GRADEN, Dale Torston. *From slavery to freedom in Brazil*: Bahia, 1835-1900. Albuquerque: University of New Mexico Press, 2006.

GRAF, Daniel W. "Military Rule behind the Russian Front, 1914-1917: The Political Ramifications". *Jahrbücher für Geschichte Osteuropas*, vol. 22, n. 3, 1974, pp. 390-411.

GREGORY, Adrian. *The last Great War*: British society and the First World War. Cambridge, UK: Cambridge University Press, 2008.

GRESLE, François. "Le Citoyen-Soldat garant du pacte républicain". *L'Année sociologique*, vol. 46, 1996, pp. 105-125.

_____. "La 'Société Militaire'. Son devenir à la lumière de la professionnalisation". *Revue française de sociologie*, vol. 44, 2003, pp. 777-798.

GREWE, William (Coord.). *Fontes Historiae Iuris Gentium*. vol. II. Berlin: de Gruyter, 1988.

GRIMM, Dieter. *Die Zukunft der Verfassung II*: Auswirkungen von Europäisierung und Globalisierung. Frankfurt am Main: Suhrkamp, 2012.

GRØNBJERG, Kirsten A. *Mass society and the extension of welfare*, 1960-1970. Chicago: Chicago University Press, 1977.

GRÜNBERG, Karl. *Die Bauernbefreiung und die Auflösung des gutsherrlich-bäuerlichen Verhältnisses in Böhmen, Mähren und Schlesien, I*: Überblick der Entwicklung. Leipzig: Duncker und Humblot, 1894.

REFERÊNCIAS BIBLIOGRÁFICAS

GRZESZCZAK, Robert; KAROLEWSKI, Ireneusz Pawel. "The rule of law crisis in Poland: a new chapter". *VerfBlog*, 08 ago 2018. Disponível em: https://verfassungsblog.de/the-rule-of-law-crisis-in-poland-a-new-chapter/. DOI: https://doi.org/10.17176/20180809-090230-0.

GUENIFFEY, Patrice. *La politique de la terreur*: essai sur la violence révolutionnaire 1789-1794. Paris: Fayard, 2000.

GUINIER, Arnaud. "De l'autorité paternelle au despotisme légal: Pour une réévaluation des origines de l'idéal du soldat-citoyen dans la France des lumières". *Revue d'histoire moderne & contemporaine*, vol. 61, n. 2, 2014, pp. 150-175.

GULLACE, Nicoletta R. "*The blood of our sons*": men, women and the renegotiation of British citizenship during the Great War. Basingstoke: Macmillan, 2002.

GUMZ, Jonathan E. *The resurrection and collapse of empire in Habsburg Serbia, 1914-1918*. Cambridge, UK: Cambridge University Press, 2009.

GUNN, Steven. *The English people at war in the age of Henry VIII*. Oxford: Oxford University Press, 2018.

GURR, Ted R. "War, Revolution, and the Growth of the Coercive State". *Comparative Political Studies*, vol. 21, n. 1, 1988, pp. 45-65.

HABERMAS, Jürgen. *Legitimationsprobleme im Spätkapitalismus*. Frankfurt am Main: Suhrkamp, 1973.

_____. *Strukturwandel der* Öffentlichkeit: Untersuchungen zu einer Kategorie der bürgerlichen Gesellschaft, new edition. Frankfurt am Main: Suhrkamp, 1990.

_____. "Zur Prinzipienkonkurrenz von Bürgergleichheit und Staatengleichheit im supranationalen Gemeinwesen: Eine Notiz aus Anlass der Frage nach der Legitimität der ungleichen Repräsentation der Bürger im Europäischen Parlament". *Der Staat*, vol. 53, n. 2, 2014, pp. 167-192.

HAGEN, Mark von. *Soldiers in the proletarian revolution*: the red army and the Soviet Socialist State, 1917-1930. Ithaca: Cornell University Press, 1990.

HAGEN, William W. *Ordinary Prussians*: Brandenburg Junkers and Villagers, 1500-1840. Cambridge, UK: Cambridge University Press, 2002.

HAGGARD, Stephan; KAUFMAN, Robert R. *Development, democracy and welfare states*: Latin America, East Asia and Eastern Europe. Princeton: Princeton University Press, 2008.

HAHLWEG, Werner. *Die Heeresreform der Oranier und die Antike*. Berlin: Juncker und Dünnhaupt, 1941.

HAHN, Jeffrey W. *Soviet grassroots*: citizen participation in local Soviet government. London: Tauris, 1988.

HALE, Henry E. *Patronal politics*: Eurasian regime dynamics in comparative perspective. New York: Cambridge University Press, 2015.

HALPERIN, Sandra. *War and social change in modern Europe*: the great transformation revisited. Cambridge, UK: Cambridge University Press, 2004.

HÄNDEL, Heribert. *Der Gedanke der allgemeinen Wehrpflicht in der Wehrverfassung des Königreiches Preußen bis 1819*. Frankfurt: Mittler, 1962.

HANISCH, Hartmut. "Preußisches Kantonsystem und ländliche Gesellschaft. Das Beispiel der mittleren Kammerdepartments". *In:* KROENER, Bernhard R.; PRÖVE, Ralf (Coords.). *Krieg und Frieden*: Militär und Gesellschaft in der Frühen Neuzeit. Paderborn: Schöningh, 1996, pp. 137-165.

HANSEN, Ernst Willi. "Zur Problematik einer Sozialgeschichte des deutschen Militärs im 17. und 18. Jahrhundert". *Zeitschrift für Historische Forschung*, vol. 6, 1979, pp. 425-460.

HARRISS, Gerald L. "War and the Emergence of the English Parliament, 1297-1360". *Journal of Medieval History*. vol. 2, n. 1, 1977, pp. 35-56.

HARSTE, Gorm. Kritik af Krigens Fornuft: et perspektiv på selvreferentielle systemer fra 11.-21 Århundrede. [*S. l.*]: Aarhus University Press, 2016.

HAURIOU, Maurice. *Précis de droit administratif, contenant le droit public et le droit administratif.* Paris: Larose & Forcel, 1892.

HAYEK, F. A. *The constitution of liberty*. London: Routledge, 1960.

HAYHOE, Jeremy. *Enlightened feudalism*: seigneurial justice and village society in eighteenth-century France. Rochester: University of Rochester Press, 2008.

HECLO, Hugh. *Modern social politics in Britain and Sweden*: from relief to income maintenance. New Haven: Yale University Press, 1974.

REFERÊNCIAS BIBLIOGRÁFICAS

HELG, Aline. *Liberty and equality in Caribbean Colombia 1770-1835*. Chapel Hill: University of North Carolina Press, 2004.

HELLIE, Richard. *Enserfment and military change in Muscovy*. Chicago: University of Chicago Press, 1971.

HELLMUTH, Eckhart. *Naturrechtsphilosophie und bürokratischer Werthorizont*: Studien zur preußischen Geistes- und Sozialgeschichte des 18. Jahrhunderts. Göttingen: Vandenhoeck und Ruprecht, 1985.

HENNEMAN, John Bell. "The Military Class and the French Monarchy in the Late Middle Ages". *The American Historical Review*, vol. 83, n. 4, 1978, pp. 946-965.

HEUSER, Beatrice. "Small Wars in the Age of Clausewitz: The Watershed between Partisan war and People's Ear". *Journal of Strategic Studies*, vol. 33, n. 1, 2010, pp. 139-162.

HEWITSON, Mark. "'Princes' Wars, Wars of the People, or Total War? Mass Armies and the Question of a Military Revolution in Germany, 1792-1815". *War in History*, vol. 20, n. 4, 2013, pp. 452-490.

HEWITSON, Mark. *Absolute war*: violence and mass warfare in the German lands, 1792-1820. Oxford: Oxford University Press, 2017.

HEWITT, H. J. *The organization of war under Edward III*. Manchester; New York: Manchester University Press, 1966.

HICKS, Alexander. *Social democracy and welfare capitalism*: a century of income security politics. Ithaca: Cornell University Press, 1999.

HICKS, Alexander; SWANK, Duane. "On the Political Economy of Welfare Expansion. A Comparative Analysis of 18 Advanced Democracies, 1960-71". *Comparative Political Studies*, vol. 17, n. 1, 1984, pp. 81-119.

HILPERT, Dagmar. *Wohlfahrtsstaat der Mittelschichten*? Sozialpolitik und gesellschaftlicher Wandel in der Bundesrepublik Deutschland (1949-1975). Göttingen: Vandenhoeck und Ruprecht, 2012.

HINTZE, Otto. *Staat und Verfassung*: Gesammelte Abhandlungen zur allgemeinen Verfassungsgeschichte, edited by Gerhard Oestreich. 2. ed. Göttingen: Vandenhoeck & Ruprecht, 1962.

HIPPLER, Thomas. *Soldats et citoyens*: naissance du service militaire en France et en Prusse. Paris: PUF, 2006.

HOCHEDLINGER, Michael. *Austria's wars of emergence*: war, state and society in the Habsburg monarchy 1683-1797. London: Pearson, 2003.

HOCHEDLINGER, Michael. "The Habsburg Monarchy: From 'Military--Fiscal State' to 'Militarization'". *In:* STORRS, Christopher (Coord.). *The fiscal-military state in eighteenth-century Europe*: essays in honour of P.G.M. Dickson. Farnham: Ashgate, 2009, pp. 55-94.

HOCKERTS, Hans Günter. "Integration der Gesellschaft – Gründungskrise und Sozialpolitik in der frühen Bundesrepublik". *In:* FUNKE, Manfred (Coord.). *Entscheidung für den Westen*: Vom Besatzungsstatut zur Souveränität der Bundesrepublik 1949-1955. Bonn: Bouvier, 1988, pp. 39-58.

HOERES, Peter. "Das Militär der Gesellschaft: zu Verhältnis von Militär und Politik im deutschen Kaiserreich". *In:* BECKER, Franz (Coord.). *Geschichte und Systemtheorie: Exemplarische Fallstudien*. Frankfurt; New York: Campus Verlag, 2004, pp. 330-354.

HOFBAUER, Martin. *Vom Krieger zum Ritter*: Die Professionalisierung der bewaffneten Kämpfer im Mittelalter. Freiburg: Rombach, 2015.

HOGAN, Michael J. *A cross of iron*: Harry S. Truman and the origins of the national security state, 1945-1954. New York: Cambridge University Press, 1998.

HÖHN, Reinhard. *Verfassungskampf und Heereseid*: Der Kampf des Bürgertums um das Heer (1815-1850). Leipzig: Hirzel, 1938.

HOLBACH, Paul Henri Thiry. *Éthocratie ou le gouvernement fondé sur la morale*. Amsterdam: Marc-Michel Rey, 1776.

HOLDEN, Robert H. *Armies without nations*: public violence and state formation in Central America, 1821-1960. New York: Oxford University Press, 2004.

HOLQUIST, Peter. *Making war, forging revolution*: Russia's continuum of crisis, 1914-1922. Cambridge, MA: Harvard University Press, 2002.

HOLSTI, K. J. *The state, war, and the state of war*. Cambridge, UK: Cambridge University Press, 1996.

HONG, Young-Sun. *Welfare, modernity, and the Weimar state, 1919-1933*. Princeton: Princeton University Press, 1998.

HOWARD, Michael. *The Franco-Prussian War*. London: Routledge, 1961.

REFERÊNCIAS BIBLIOGRÁFICAS

HUBER, Ernst Rudolf. "Deutsche Wehrordnung und Verfassung bis zum Ende des Absolutismus". *Zeitschrift für die gesamte Staatswissenschaft*, vol. 97, n. 1, 1937a, pp. 29-70.

HUBER, Ernst Rudolf. "Volksheer und Verfassung: Ein Beitrag zu der Kernfrage der Scharnhorst-Boyenschen Reform". *Zeitschrift für die gesamte Staatswissenschaft*, vol. 97, n. 2, 1937b, pp. 213-257.

HUBER, Evelyne; STEPHENS, John D. *Development and crisis of the welfare state*: politics and policies in global markets. Chicago; London: Chicago University Press, 2001.

HUBER, Evelyne; STEPHENS, John D. *Democracy and the left*: social policy and inequality in Latin America. Chicago; London: Chicago University Press, 2012.

HUBER, Evelyne; RAGIN, Charles; STEPHENS, John D. "Social Democracy, Christian Democracy, Constitutional Structure, and the Welfare State". *American Journal of Sociology*, vol. 99, n. 3, 1993, pp. 711-749.

HUBER, Robert A.; SCHIMPF, Christian H. "Friend or Foe? Testing the Influence of Populism on Democratic Quality in Latin America". *Political Studies*, vol. 64, n. 4, pp. 872-889, 2016.

HUBER, Ulrich. *De Jure Civitatis*. vol. I. Franeker: J. Gyselaar, 1684.

HÜLLE, Werner. *Das Auditoriat in Brandenburg-Preußen*: Ein rechtshistorischer Beitrag zur Geschichte seines Heerwesens mit einem Exkurs über Österreich. Göttingen: Otto Schwartz, 1971.

HUNTEBRINKER, Jan Willem. *"Fromme Knechte" und "Garteteufel"*: Söldner als soziale Gruppe im 16. und 17. Jahrhundert. Konstanz: UVK, 2010.

HUNTER, Wendy. "Making citizens: Brazilian social policy from Getúlio to Lula". *Journal of Politics in Latin America*, vol. 6, n. 3, 2014, pp. 15-37.

IGNAZI, Piero. *Extreme right parties in Western Europe*. Oxford; New York: Oxford University Press, 2002.

INAMA-STERNEGG, Karl Theodor von. "Der Accisenstreit deutscher Finanztheoretiker im 17. und 18. Jahrhundert". *Zeitschrift für die gesamte Staatswissenschaft*, vol. 21, n. 4, 1865, pp. 515-545.

INGENLATH, Markus. *Mentale Aufrüstung. Militarisierungstendenzen in Frankreich und Deutschland vor dem Ersten Weltkrieg*. Frankfurt: Campus, 1998.

INGESSON, Tony; LINDBERG, Mårten; LINDVALL, Johannes; TEORELL, Jan. "The Military Origins of Democracy: A Global Study of Military Conscription and Suffrage Extensions sine the Napoleonic Wars". *Democratization*, vol. 25, n. 4, 2018, pp. 633-651.

INGLOT, Tomasz. *Welfare states in East Central Europe, 1919-2004*. Cambridge, UK: Cambridge University Press, 2008.

INIKORI, Joseph E. *Africans and the Industrial Revolution in England*: a study in international trade and economic development. Cambridge, UK: Cambridge University Press, 2002.

ISSACHAROFF, Samuel. "Populism versus Democratic Governance". In: GRABER, Mark A.; LEVINSON, Sanford; TUSHNET, Mark (Coords.). *Constitutional Democracy in Crisis?* New York: Oxford University Press, 2018, pp. 445-458.

ISAACSOHN, Siegfried. *Geschichte des Preußischen Beamtenthums vom Anfang des 15. Jahrhunderts bis auf die Gegenwart*: Das Beamtenthum im 17. Jahrhundert. Berlin: Puttkammer & Mühlbrecht, 1878.

ISAACSOHN, Siegfried. *Geschichte des Preußischen Beamtenthums vom Anfang des 15. Jahrhunderts bis auf die Gegenwart*: Das Beamtenthum unter Friedrich Wilhelm I und während der Anfänge Friedrichs des Großen. Berlin: Puttkammer & Mühlbrecht, 1884.

IZECKSOHN, Vitor. *Slavery and war in the Americas*: race, citizenship and state building in the United States and Brazil, 1861-1870. Charlottesville: University of Virginia Press, 2014.

JABLONSKI, Johann Theodor. *Lexicon der Künste und Wissenschaften*. Königsberg: Hartung, 1748.

JANOSKI, Thomas. *Citizenship and civil society*: a framework of rights and obligations in liberal, traditional, and social democratic regimes. Cambridge, UK: Cambridge University Press, 1998.

JANSEN, Robert S. "Populist Mobilization: A New Theoretical Approach to Populism". *Sociological Theory*, vol. 29, n. 2, 2011, pp. 75-96.

JANOWITZ, Morris. *The military in the political development of new nations*: an essay in comparative analysis. Chicago; London: University of Chicago Press, 1964.

_____. *The last half century*: societal change and politics in America. Chicago; London: University of Chicago Press, 1978.

REFERÊNCIAS BIBLIOGRÁFICAS

_____. "Observations on the Sociology of Citizenship: Obligations and Rights". *Social Forces*, vol. 59, n. 1, 1980, pp. 1-24.

JANY, Curt. *Geschichte der königlich Preußischen Armee bis zum Jahre 1802*: Von den Anfängen bis 1740. vol. I. Berlin: Karl Siegismund, 1928.

JAURÈS, Jean. *L'Armée nouvelle, in Jean Jaurès, Oeuvres*. vol. IV. BONNAFOUS, Max (Coord.). Paris: Rieder, 1932. 9 vols.

JEISMANN, Michael. *Das Vaterland der Feinde*: Studien zum nationalen Feindbegriff und Selbstverständnis in Deutschland und Frankreich 1792-1918. Stuttgart: Klett-Cotta, 1992.

JENSEN, Steven L. B. *The making of international human rights*: the 1960s, decolonization and the reconstruction of global values. New York: Cambridge University Press, 2016.

JOHANSEN, Anja. *Soldiers as police*: the French and Prussian armies and the policy of popular protest, 1889-1914. Aldershot: Ashgate, 2005.

JONES, Ellen. *Red army and society*: a sociology of the Soviet military. Boston: Allen & Unwin, 1985.

JUSTI, Johann Heinrich Gottlob von. *Gesammelte politische und Finanz-Schriften über wichtige Gegenstände der Staatskunst, der Kriegswissenschaften und des Kameral- und Finanzwesens*. vol. I. Copenhagen: Rothensche Buchhandlung, 1761. 3 vols.

KAAK, Heinrich. *Die Gutsherrschaft*: Theoriegeschichtliche Untersuchungen zum Agrarwesen im ostelbischen Raum. Berlin: de Gruyter, 1991.

KAEUPER, Richard. *War, justice, and public order*: England and France in the later Middle Ages. Oxford: Clarendon, 1988.

KAIM-CHAUDLE, Peter. "Moving on From Beveridge". *In:* ZACHER, Hans F. (Coord.). *Bedingungen für die Entstehung und Entwicklung von Sozialversicherung*. Berlin: Duncker und Humblot, 1979, pp. 223-248.

KALTWASSER, Cristóbal Rovira; HAUWAERT, Steven M. Van. "The populist citizen: empirical evidence from Europe and Latin America". *European Political Science Review*, vol. 12, n. 1, 2020, pp. 1-18.

KANT, Immanuel. "Metaphysik der Sitten". *In:* _____. *Werkausgabe*. WEISCHEDEL, W. (Coord.). vol. VIII. Frankfurt am Main: Suhrkamp, 1977a. 12 vols.

_____. "Zum Ewigen Frieden". In: _____. *Werkausgabe*. WEISCHEDEL, W. (Coord.). vol. XI. Frankfurt am Main: Suhrkamp, 1977b, pp. 195-251. 12 vols.

_____. "Der Streit der Fakultäten". In: _____. *Werkausgabe*. WEISCHEDEL, W. (Coord.). vol. XI. Frankfurt am Main: Suhrkamp, 1977c, pp. 265-393. 12 vols.

KATZ, Michael B. *In the shadow of the poorhouse*: a social history of welfare in America. New York: Basic Books, 1986.

KAUTSKY, Karl. *Die soziale Revolution*. Berlin: Buchhandlung Vorwärts, 1907.

KAYSERS Maximilian II. *Artickel auf die Teutsche Knechte in Corpus iuris militaris novissimum*. Leipzig: Fritsch, 1724, pp. 34-46.

KEATING, Michael. *State and regional nationalism*: territorial politics and the European state. New York: Harvester, 1988.

KEEN, M. H. *The laws of war in the late middle ages*. London: Routledge, 1965.

KEITEL, Christian. *Herrschaft über Land und Leute*: Leibherrschaft und Territorialisierung in Würtemberg 1246-1593. Leinfelden-Echterdingen: DRW-Verlag, 2000.

KELLEY, Joanathan; MCALLISTER, Ian; MUGHAN, Anthony. "The decline of class revisited: class and party in England, 1964-1979". *The American Political Science Review*, vol. 79, n. 3, 1985, pp. 719-737.

KENNEDY, Gavin. *The military in the third world*. London: Duckworth, 1974.

KENT, Susan Kingsley. *Aftershocks*: politics and trauma in Britain, 1918-1931. Basingstoke: Macmillan, 2009.

KERSCHEN, Nicole. "L'Influence du rapport Beveridge sur le plan français de sécurité sociale de 1945". *Revue française de science politique*, vol. 45, n. 4, 1995, pp. 570-595.

KESTNBAUM, Meyer. "Citizenship and compulsory military service: the revolutionary origins of conscription in the United States". *Armed Forces & Society*, vol. 27, n. 1, 2000, pp. 7-36.

KETTNER, James H. "The development of American citizenship in the revolutionary era: the idea of volitional allegiance". *The American Journal of Legal History*, vol. 18, n. 3, 1974, pp. 208-242.

REFERÊNCIAS BIBLIOGRÁFICAS

KIENIEWICZ, Stefan. *The emancipation of the Polish peasants*. Chicago; London: Chicago University Press, 1969.

KIENITZ, Sabine. *Beschädigte Helden*: Kriegsinvalidität und Körperbilder 1914-1923. Paderborn: Schöningh, 2008.

KIM, Heewon. "Understanding Modi and Minorities: The BJP-led Government in India and Religious Minorities". *India Review*, vol. 14, n. 6, pp. 357-376, 2017.

KIRSCH, Martin. *Monarch und Parlament im 19. Jahrhundert*: Der monarchische Konstitutionalismus als europäischer Verfassungstyp – Frankreich im Vergleich. Göttingen: Vandenhoeck und Ruprecht, 1999.

KITSCHELT, Herbert. *The transformation of European social democracy*. New York: Cambridge University Press, 1994.

KLAUSEN, Jytte. *War and welfare*: Europe and the United States, 1945 to the present. Basingstoke: Macmillan, 1998.

KNAPP, Georg Friedrich. *Die Bauernbefreiung und der Ursprung der Landarbeiter in den ältern Theilen Preußens*. vol. II. 2. ed. Munich: Duncker und Humblot, 1927.

KOCKA, Jürgen. *Klassengesellschaft im Krieg*: Deutsche Sozialgeschichte 1914-1918. Göttingen: Vandenhoeck & Ruprecht, 1973.

_____. *Arbeitsverhältnisse und Arbeiterexistenzen*: Grundlagen der Klassenbildung im 19. Jahrhundert. Bonn: Dietz, 1990.

KOENKER, Diane; ROSENBERG, William G. *Strikes and revolution in Russia, 1917*. Princeton: Princeton University Press, 1989.

KOLCHIN, Peter. *Unfree labor*: American slavery and Russian serfdom. Cambridge, MA: Harvard University Press, 1987.

KÖLLNER, Lutz. *Militär und Finanzen*: Zur Finanzgeschichte und Finanzsoziologie von Militärausgaben in Deutschland. Munich: Berhard & Graefe Verlag, 1982.

KORPI, Walter. *The democratic class struggle*. London: Routledge, 1983.

KORPI, Walter; PALME, Joakim. "New politics and class politics in the context of austerity and globalization: welfare state regress in 18 countries, 1975-95". *American Political Science Review*, vol. 97, n. 3, 2003, pp. 425-446.

KOSELLECK, Reinhart. *Preußen zwischen Reform und Revolution*: Allgemeines Landrecht, Verwaltung und soziale Bewegung von 1791 bis 1848. 2te Auflage. Stuttgart: Klett-Cotta, 1977.

_____. *Vergangene Zukunft*: Zur Semantik geschichtlicher Zeiten. Frankfurt: Suhrkamp, 1979.

KOSOTIETI, Pekka. "From collectivity to individualism in the welfare state?" *Acta Sociologica*, vol. 30, n. 3-4, 1987, pp. 281-293.

KOTSONIS, Yanni. *States of obligation*: taxes and citizenship in the Russian empire and early soviet republic. Toronto; Buffalo; London: University of Toronto Press, 2014.

KRAAY, Hendrik. *Race, state, and armed forces in independence era Brazil*: Bahia, 1790s-1840s. Stanford: Stanford University Press, 2001.

KREBS, Ronald R. *Fighting for rights*: military service and the politics of citizenship. Ithaca: Cornell University Press, 2006.

KRUSE, Volker. "Mobilisierung und kriegsgesellschaftliches Dilemma. Beobachtungen zur kriegsgesellschaftlichen Moderne". *Zeitschrift für Soziologie*, vol. 38, n. 3, 2009, pp. 198-214.

KRUSE, Wolfgang. *Die Erfindung des modernen Militarismus*: Krieg, Militär und bürgerliche Gesellschaft im politischen Diskurs der Französischen Revolution 1789-1799. Munich: Oldenbourg, 2003.

KRÜSSMANN, Walter Grafensohn. *Ernst von Mansfeld (158-1626)*: Söldnerführer, Kriegsunternehmer gegen Habsburg im Dreißigjährigen Krieg. Berlin: Duncker und Humblot, 2010.

KUČERA, Rudolf. "Exploiting victory, sinking into defeat: uniformed violence in the creation of the new order in Czechoslovakia and Austria". *The Journal of Modern History*, vol. 88, 2016, pp. 827-855.

KUCHLER, Barbara. "Krieg und gesellschaftliche Differenzierung". *Zeitschrift für Soziologie*, vol. 42, n. 6, 2013, pp. 502-520.

KÜHLICH, Frank. *Die deutschen Soldaten im Krieg von 1870/71*. Frankfurt am Main: Lang, 1995.

KUNISCH, Johannes. *Der kleine Krieg*: Studien zum Heerwesen des Absolutismus. Wiesbaden: Steiner, 1973.

KWASNY, Mark V. *Washington's partisan war 1775-1783*. Kent, OH: Kent State University Press, 1996.

REFERÊNCIAS BIBLIOGRÁFICAS

KWASS, Michael. *Privilege and the politics of taxation in eighteenth-century France*: liberté, egalité, fiscalité. Cambridge, UK: Cambridge University Press, 2000.

LACLAU, Ernesto. *Politics and ideology in Marxist theory*: capitalism, fascism, populism. London: NLB, 1977.

LAFERRIÈRE, A.G.D. *Cours de droit public et administratif*. Paris: Joubert, 1841.

LAFERRIÈRE, Édouard. *Traité de la juridiction administrative et des recours contentieux*. vol. II. 2. ed. Paris: Bergher-Levrault, 1896.

LAMPE, Albrecht. *Der Milizgedanke und seine Durchführung in Brandenburg--Preussen vom Ausgang des 16*: Jahrhunderts bis zur Heeresreform nach 1807. Berlin: FU-Dissertation, 1951.

LANDAU, David. "Populist Constitutions". *University of Chicago Law Review*, vol. 85, n. 2016, pp. 521-543, 2018.

LASSWELL, Harold D. "The Garrison State". *American Journal of Sociology*, vol. 46, n. 4, 1941, pp 455-468.

_____. "The prospects of cooperation in a bipolar world". *University of Chicago Law Review*, vol. 15, 1948, pp. 877-901.

LAUREN, Paul Gordon. "First principles of racial equality: history and the politics and diplomacy of human rights provisions in the United Nations Charter". *Human Rights Quarterly*, vol. 5, n. 1, 1983, pp. 1-26.

LAURENTIUS, Johann Gottlieb. *Abhandlung von den Kriegsgerichten zu unsern Zeiten*. Altenburg: Richterische Buchhandlung, 1757.

LAW, David; VERSTEEG, Mila. "Sham Constitutions". *California Law Review*, vol. 101, n. 4, 2013, pp. 863-952.

LAWRENCE, Jon. "The transformation of British political life after the First World War". *Past & Present*, vol. 190, 2006, pp. 185-216.

LAYTON, Azza S. *International politics and civil rights policies in the United States, 1941-1960*. Cambridge, UK: Cambridge University Press, 2000.

LEAL, Victor Nunes. *Coronelismo, enxada e voto*: o município e o regime representativo no Brasil. 7. ed. São Paulo: Companhia das Letras, 2012.

LEED, Eric J. *No man's land*: combat and identity in World War I. New York: Cambridge University Press, 1979.

LEFEBVRE, Georges. *Les paysans du nord pendant la révolution française*. Paris: Colin, 1972.

LEFFLER, Melvyn. *A preponderance of power*: national security, the Truman administration and the Cold War. Stanford: Stanford University Press, 1992.

LEHNING, James R. *Peasant and French*: cultural contact in rural France during the nineteenth century. New York: Cambridge University Press, 1995.

LEIBNIZ, Gottfried Wilhelm. "De Justicia". *In:* MOLLAT, Georg (Coord.). *Rechtsphilosophisches aus Leibnizens ungedruckten Schriften*. Leipzig: Robolsky, 1885, pp. 36-42.

LEISERING, Lutz. "Individualisierung und 'sekundäre Institutionen' – Der Sozialstaat als Voraussetzung des modernen Individuums". *In:* BECK, Ulrich; SOPP, Peter (Coords.). *Individualisierung und Integration*: Neue Konfliktlinien und neuer Integrationsmodus? Opladen: Leske and Budrich, 1997, pp. 143-160.

LEMARCHAND, Guy. "La féodalité et la Révolution française: Seigneurie et communauté paysanne (1780-1799)". *Annales historiques de la Révolution française*, vol. 52, 1980, pp. 536-558.

LEMARCHAND, Guy. *Paysans et seigneurs en Europe*: une histoire comparée XVI-XIX siècle. Rennes: Presses universitaires de Rennes, 2011.

LEONARD, Carol S. *Agrarian reform in Russia*: the road from serfdom. New York: Cambridge University Press, 2011.

LEONHARD, Jörn. "Die Nationalisierung des Krieges und der Bellizismus der Nation". *In:* JANSEN, Christian (Coord.). *Der Bürger als Soldat*: Die Militarisierung europäischer Gesellschaften im langen 19. Jahrhundert: Ein internationaler Vergleich. Essen: Klartext, 2004, pp. 83-105.

LEONHARD, Jörn. *Bellizismus und Nation*: Kriegsdeutung und Nationsbestimmung in Europa und den Vereinigten Staaten 1750-1914. Munich: Oldenbourg, 2008.

LERNER, Hanna. *Making constitutions in deeply divided societies*. New York: Cambridge University Press, 2011.

LE ROUX, Nicolas. *Le créspucule de la chevalerie*: noblesse et guerre au siècle de la Renaissance. Ceyzétieu: Champ Vallon, 2015.

REFERÊNCIAS BIBLIOGRÁFICAS

LEVI, Margaret. "The institution of conscription". *Social Science History*, vol. 20, n. 1, 1996, pp. 133-167.

LEVITAN, Sar A.; CLEARY, Karen A. *Old wars remain unfinished*: the veteran benefits system. Baltimore: The Johns Hopkins University Press, 1973.

LIJPHART, Arend. "Consociational democracy". *World Politics*, vol. 21, n. 2, 1969, pp. 207-225.

LIMNAEUS, Johannes. *Jus publicus imperii romano-germanici*. vol. I. Strasburg: Spoor, 1699.

LINDERT, Peter H. *Growing public*: social spending and economic growth since the eighteenth century. vol I: the story. New York: Cambridge University Press: 2004.

LINK, Edith Murr. *The emancipation of the Austrian peasant 1740-1798*. New York: Columbia University Press, 1949.

LIPSET, Seymour Martin. *Political man*. London: Heinemann, 1960.

LIPSET, Seymour Martin. "The changing class structure and contemporary European politics". *Daedalus*, vol. 93, n. 1, 1964, pp. 271-303.

LLANQUE, Marcus. *Demokratisches Denken im Krieg*: Die deutsche Debatte im Ersten Weltkrieg. Berlin: Akademie Verlag, 2000.

LOCKE, John. *Two treatises of government*. New York: Cambridge University Press, 1960.

LOCKWOOD, Bert B. "The United Nations Charter and United States Civil Rights Litigation: 1946-1955". *Iowa Law Review*, vol. 69, 1984, pp. 901-956.

LOENING, Edgar. *Gerichte und Verwaltungsbehörden in Brnadenburg-Preußen*: Ein Beitrag zur Preußischen Rechts- und Verfassungsgeschichte. Halle: Verlag der Buchhandlung des Waisenhauses, 1914.

LOGETTE, Aline. *Le comité contentieux des finances près le conseil du roi (1777-1791)*. Nancy: Société d'impressions typographiques, 1964.

LOHR, Eric. *Nationalizing the Russian empire*: the campaign against enemy aliens during World War I. Cambridge, MA: Harvard University Press, 2003.

_____. "The ideal citizen and the real subject in late Imperial Russia". *Kritika*, vol. 7, n. 2, 2006, pp. 173-194.

LOHSE, Russell. "Reconciling freedom with the rights of property: slave emancipation in Colombia, 1821-1852, with special reference to La Plata". *Journal of Negro History*, vol. 86, n. 3, 2001, pp. 203-227.

LOMELLINI, Valentine. *Les liaisons dangereuses*: French socialists, communists and the human rights issues in the Soviet Bloc. Brussels: Lang, 2012.

LORENZ, Maren. *Das Rad der Gewalt*: Militär und Zivilbevölkerung in Norddeutschland nach dem Dreißjäihrigen Krieg (1650-1700). Cologne: Böhlau, 2007.

LOUGHLIN, Martin. "The concept of constituent power". *European Journal of Political Theory*, vol. 13, n. 2, 2014, pp. 218-237.

LOVELL, George I. *This is not civil rights*: discovering rights talk in 1939 America. Chicago; London: Chicago University Press, 2012.

LÜDTKE, Alf. *"Gemeinwohl", Polizei und "Festungspraxis"*: Staatliche Gewaltsamkeit und innere Verwaltung in Preußen, 1815-1850. Göttingen: Vandenhoeck & Ruprecht, 1982.

LUHMANN, Niklas. *Grundrechte als Institution*: Ein Beitrag zur politischen Soziologie. Berlin: Duncker und Humblot, 1965.

LUHMANN, Niklas. *Gesellschaftsstruktur und Semantik*: Studien zur Wissenssoziologie der modernen Gesellschaft. vol. I. Frankfurt am Main: Suhrkamp, 1980.

LUNDBERG, Urban; ÅMARK, Klas. "Social rights and social security: the Swedish welfare state, 1900-2000". *Scandinavian Journal of History*, vol. 26, n. 3, 2001, pp. 157-176.

LYNN, John A. *Giant of the grand siècle*: the French Army, 1610-1725. Cambridge, UK: Cambridge University Press, 1997.

LYON, Bryce D. "The Feudal Antecedent of the Indenture System". *Speculum*, vol. 29, n. 3, 1954, pp. 503-511.

LYON, Bryce D. *From fief to indenture*: the transition from feudal to non-feudal contract in western Europe. Cambridge, MA: Harvard University Press, 1957.

MABLY, Gabriel Bonot de. *Collection complète des Oeuvres de l'abbé de Mably*. vol. 8. Paris: Desbriere, 1793. 15 vols.

REFERÊNCIAS BIBLIOGRÁFICAS

MADISON, James; HAMILTON, Alexander; JAY John. *The federalist papers*. London: Penguin, 1987.

MALDONER, Johan Franz. *Synopsis militaris oder kurtzer Begriff über die Kayserliche Kriegs-Articul*. Nuremberg: Lochner, 1724.

MALLOY, James M. *The politics of social security in Brazil*. Pittsburgh: University of Pittsburgh Press, 1979.

MAMROTH, Karl. *Geschichte der Preußischen Staats-Besteuerung 1808-1816*. Leipzig: Duncker und Humblot, 1890.

MANSFIELD, Edward D.; SNYDER, Jack. "Democratization and war". *Foreign Affairs*, vol. 74, n. 3, 1995, pp. 79-97.

MARCHADIER, André. *Les états généraux sous Charles VII*. Bordeaux: Cadoret, 1904.

MARCHET, Gustav. *Versorgung der Kriegs-invaliden und ihrer Hinterbliebenen*. Warnsdorf: Strache, 1915.

MARIOT, Nicolas. *Tous unis dans la tranchée? 1914–1918, les intellectuels recontrent le peuple*. Paris: Seuil, 2013.

MARKOWITZ, Lawrence P. *State erosion*: unlootable resources and unruly elites in Central Asia. Ithaca: Cornell University Press, 2013.

MARSHALL, T. H. *Citizenship and social class*. Introduced by Tom Bottomore. London: Pluto, 1992.

MARTIN, Jean-Clément. *Violence et révolution*: essai sur la naissance d'un mythe national. Paris: Seuil, 2006.

MARTIN, Perry Alvin. "Slavery and abolition in Brazil". *The Hispanic American Historical Review*, vol. 13, n. 2, 1933, pp. 151-196.

MARWITZ, Ulrich. *Staatsräson und Landesdefension*: Untersuchungen zum Kriegswesen des Herzogtums Preußen 1640-1655. Boppard am Rhein: Harald Boldt, 1984.

MARX, Karl; ENGELS, Friedrich. "Manifest der Kommunistischen Partei". *In:* MARX, Karl; ENGELS, Friedrich. *Werke*. vol. IV. Berlin: Dietz, 1962, pp. 459-493.

MATHIEZ, Albert. "Le gouvernement révolutionnaire". *Annales historiques de la Révolution française*, vol. 80, 1937, pp. 97-126.

MAUCLAIR, Fabrice. *La justice au village*: justice seigneuriale et société rurale dans le duché-pairie de la Vallière (1667–1790). Rennes: Preses universitaires de Rennes, 2008.

MAYA, Margarita López. "Venezuela: the political crisis of post-Chavismo". *Social Justice*, vol. 40, n. 4, 2014, pp. 68-87.

MCCANN, Frank D. *Soldiers of the Pátria*: a history of the Brazilian army, 1889-1937. Stanford: Stanford University Press, 2004.

MCCOY, Donald R.; RUETTEN, Richard T. *Quest and response*: minority rights and the Truman administration. Lawrence: University Press of Kansas, 1973.

MCEWEN, Nicola. "State welfare nationalism: the territorial impact of welfare state development in Scotland". *Regional & Federal Studies*, vol. 12, n. 1, 2002, pp. 66-90.

MESA-LAGO, Carmelo. *Social security in Latin America*: pressure groups, stratification and inequality. Pittsburgh: University of Pittsburgh Press, 1978.

MESSERSCHMIDT, Manfred. "Preußens Militär in seinem gesellschaftlichen Umfeld". *Geschichte und Gesellschaft, Sonderheft*, vol. 6, 1980, pp. 43-88.

MESTRE, Jean-Louis. *Un droit administratif à la fin de l'ancien régime:* le contentieux des communautés de Provence. Paris: Librairie générale de droit et de jurisprudence, 1976.

_____."Le traitement du contentieux administratif au XVIIIe siècle". *La Revue administratif*, vol. 52, n. 3, 1999, pp. 83-97.

METTLER, Suzanne. "The creation of the G.I. Bill of Rights of 1944: melding social and participatory citizenship ideas". *The Journal of Policy History*, vol. 17, n. 4, 2005, pp. 345-374.

MEYER, Jean. *Le poids de l'état*. Paris: PUF, 1983.

MEYER, John W. "The effects of education as an institution". *American Journal of Sociology*, vol. 83, n. 1, 1977, pp. 55-77.

MEYER, John. "The World Polity and the Authority of the Nation-State". *In:* BERGESEN, Albert (Coord.). *Studies of the modern world-system*. New York: Academic Press, 1980, pp. 109-137.

MEYER, John W.; BOLI, John; THOMAS; George M.; RAMIREZ, Francisco. "World Society and the Nation-State". *American Journal of Sociology*, vol. 103, n. 1, 1997, pp. 144-181.

REFERÊNCIAS BIBLIOGRÁFICAS

MEYER, John W.; RAMIREZ, Francisco O.; RUBINSON, Richard; BOLI-BENNETT, John. "The world educational revolution". *Sociology of Education*, vol. 50, n. 4, 1977, pp. 242-258.

MEYER, John W.; RUBINSON, Richard. "Education and political development". *Review of Research in Education*, vol. 3, 1975, pp. 134-162.

MEZNAR, Joan E. "The ranks of the poor: military service and social differentiation in Northeast Brazil, 1830-1875". *The Hispanic American Historical Review*, vol. 72, n. 3, 1992, pp. 335-351.

MICHON, Georges. "Robespierre et la Guerre". *Annales révolutionnaires*, vol. 12, n. 4, 1920, pp. 265-311.

MICHON, Georges. *La preparation à la guerre*: la loi de trois ans (1910-1914). Paris: Marcel Rivière, 1935.

MILOT, Jean. "Evolution du corps des intendants militaires (des origines à 1882)". *Revue du Nord*, vol. 50, 1968, pp. 381-410.

MITCHELL, Allan. *Victors and vanquished*: the German influence on army and church in France after 1870. Chapel Hill: The University of North Carolina Press, 1984.

MÖLLER, Hans-Michael. *Das Regiment der Landesknechte*: Untersuchungen zu Verfassung, Recht und Selbstverständnis in Deutschen Söldnerheeren des 16. Jahrhunderts. Wiesbaden: Franz Steiner, 1976.

MÖLLER, Kolja. "Invocatio Populi. Autoritärer und demokratischer Populismus". *Leviathan Sonderband*, vol. 34, 2017, pp. 246-267.

MONAGHAN, Henry P. "Marbury and the administrative state". *Columbia Law Review*, vol. 83, n. 1, 1983, pp. 1-34.

MONTEILHET, Joseph. *Les institutions militaires de la France* (1814-1924): de l'armée permanente à la nation armée. Paris: Alcan, 1926.

MORLEY, Morris H. *Imperial state and revolution*: the United States and Cuba, 1952-1986. Cambridge, UK: Cambridge University Press, 1987.

MOOSER, Josef. "Auflösung der proletarischen Milieus: Klassenbindung und Individualisierung in der Arbeiterschaft vom Kaiserreich bis in die Bundesrepublik Deutschland". *Soziale Welt*, vol. 34, n. 3, 1983, pp. 270-306.

MOSKOS, Charles C. "Racial integration in the Armed Forces". *American Journal of Sociology*, vol. 72, n. 2, 1966, pp. 132-148.

MOSKOS, Charles C.; BUTLER, John Sibley. *All that we can be*: black leadership and racial integration in the army. New York: Basic Books, 1996.

MARTINS, Paulo Emílio Matos; MOURA, Leandro Souza; IMASATO, Takeyoshi. "Coronelismo: um referente anacrônico no espaço organizacional brasileiro contemporâneo?". *Organizações & sociedade*, vol. 18, n. 58, 2011, pp. 389-402.

MOUSNIER, Roland. "La fonction publique en France du début du sieziè-me siècle à la fin du dix-huitième siècle". *Revue Historique*, vol. 261, n. 2, pp. 321-335, 1979.

MUDDE, Cas. *The ideology of the extreme right*. Manchester: Manchester University Press, 2002.

MUIS, Jasper; IMMERZEEL, Tim. "Causes and consequences of the rise of populist radical right parties and movements in Europe". *Current Sociology Review*, vol. 65, n. 6, 2017, pp. 909-930.

MÜLLER, George Friedrich. *Koniglich-Preußisches Krieges-Recht*. Berlin: Verlag der Haude- und Spenerschen Buchhandlung, 1760.

MÜLLER, Jan-Werner. *What is populism*? London: Penguin, 2017.

MÜLLER, Sabrina. *Soldaten in der deutschen Revolution von 1848/49*. Paderborn: Schöningh, 1999.

MURPHY, Paul L. *World War I and the origin of civil liberties in the United States*. New York: Norton, 1979.

MYRDAL, Gunnar. *Beyond the welfare state*: economic planning in the welfare states and its international implications. London: Duckworth, 1960.

NEUGEBAUER, Wolfgang. "Staat-Krieg-Korporation. Zur Genese politischer Strukturen im 17. und 18. Jahrhundert". *Historisches Jahrbuch*, vol. 123, 2003, pp. 197-233.

NEWMAN, John Paul. *Yugoslavia in the shadow of war*: veterans and the limits of state-building, 1903-1945. Cambridge, UK: Cambridge University Press, 2015.

NEWTON, Scott. *Law and the making of the soviet world*. Abingdon: Routledge, 2015.

REFERÊNCIAS BIBLIOGRÁFICAS

NIEUWBEERTA, Paul. "The democratic class struggle in postwar societies: class voting in twenty countries, 1945-1990". *Acta Sociologica*, vol. 39, 1996, pp. 345-383.

NORBERG, Kathryn. "The French Fiscal Crisis of 1788 and the Financial Origins of the French Revolution of 1789". *In:* HOFFMANN, Philip T.; NORBERG, Kathryn (Coords.). *Fiscal crises, liberty and representative government*. Stanford: Stanford University Press, 1994, pp. 252-298.

NORRIS, Pippa; INGLEHART, Ronald. *Cultural backlash*: Trump, Brexit and authoritarian populism. New York: Cambridge University Press, 2019.

NORTHROP, Douglas. *Veiled empire*: gender and power in Stalinist Central Asia. Ithaca: Cornell University Press, 2004.

NOWOSADTKO, Jutta. Stehendes *Heer im Ständestaat*: Das Zusammenleben von Militär- und Zivilbevölkerung im Fürstentum Münster 1650-1803. Paderborn: Schöningh, 2011.

OBINGER, Herbert; SCHMITT, Carina. "Guns and Butter? Regime Competition and the Welfare State during the Cold War". *World Politics*, vol. 63, n. 2, 2011, pp. 246-270.

OBINGER, Herbert; SCHMITT, Carina. "The impact of the Second World War on postwar social spending". *European Journal of Political Research*, vol. 57, 2018, pp. 496-517.

O'CALLAGHAN, Joseph F. *The cortes of Castile Leon 1188-1350*. Philadelphia: University of Pennsylvania Press, 1989.

OFFE, Claus. *Strukturprobleme des kapitalistischen Staates*. Frankfurt am Main: Suhrkamp, 1972.

ORLOFF, Ana Shola. *The politics of pensions*: a comparative analysis of Britain, Canada and the United States 1880-1940. Madison: University of Wisconsin Press, 1993.

PANIZZA, Francisco. "Introduction: Populism and the Mirror of Democracy". *In:* PANIZZA, Francisco (Coord.). *Populism and the mirror of democracy*. London: Verso, 2005, pp. 1-31.

PAPKE, Gerhard. *Von der Miliz zum stehenden Heer*: Wehrwesen im Absolutismus. Munich: Bernard & Graefe, 1979.

PAPPAS, Takis. "Populists in Power". *Journal of Democracy*, vol. 30, n. 2, 2019, pp. 70-84.

PAPPUS, Petrus, *Corpus juris militaris*. Frankfurt: Helmsdorff, 1674.

PARET, Peter. *The cognitive challenge of war*: Prussia 1806. Princeton: Princeton University Press, 2009.

PARKER, Christopher S. *Fighting for democracy*: black veterans and the struggle against white supremacy in the postwar south. Princeton: Princeton University Press, 2009.

PARROTT, David. *Richelieu's army*: war, government, and society in France, 1624-1642. Cambridge, UK: Cambridge University Press, 2001.

_____. *The business of war*: military enterprise and military revolution in early modern Europe. New York; Cambridge, UK: Cambridge University Press, 2012.

PARSONS, Talcott. "Full citizenship for the negro American? A sociological problem". *Daedalus*, vol. 94, n. 4, 1965, pp. 1009-1054.

PATTERSON, James T. *America's struggle against poverty 1900-1985*. Cambridge, MA: Harvard University Press, 1986.

PERRIN, Guy. "Reflections on fifty years of social security". *International Labour Review*, vol. 99, n. 3, 1969, pp. 249-292.

PETERS, Anne. *Jenseits der Menschenrechte*: Die Rechtsstellung des Individuums im Völkerrecht. Tübingen: Mohr, 2014.

PETERSON, Klaus. "The early Cold War and the Western Welfare state.' *Journal of International and Comparative Social Policy*, vol. 29, n. 3, 2013, pp. 226-240.

PIERSON, Thomas. *Das Gesinde und die Herausbildung moderner Privatrechtsprinzipien*. Frankfurt am Main: Klostermann, 2016.

PIETRI, François. *Napoléon et le parlement, ou la dictature enchaînée*. Paris: Fayard, 1955.

PIGEON, Jérôme. *L'intendant de Rouen juge du contentieux au XVIII siècle*. Rouen: Publications des universités de Rouen, 2011.

PINELLI, Cesare. "The populist challenge to constitutional democracy". *European Constitutional Law Review*, vol. 7, n. 1, 2011, pp. 5-16.

REFERÊNCIAS BIBLIOGRÁFICAS

PIRONTI, Pierluigi. *Kriegsopfer und Staat*: Sozialpolitik für Invaliden, Witwen und Waisen des Ersten Weltkriegs in Deutschland und Italien (1914-1924). Cologne: Böhlau, 2015.

PIVEN, Francis Fox; CLOWARD, Richard. *Regulating the poor*: the functions of public welfare. Revised edition. New York: Vintage, 1993.

PLAGGENBORG, Stefan. "Gewalt und Militanz in Sowjetrußland 1917-1930". *Jahrbücher für Geschichte Osteuropas*, vol. 44, n. 3, 1996, pp. 409-430.

PLANERT, Ute. *Der Mythos vom Befreiungskrieg*: Frankreichs Kriege und der deutsche Süden. Alltag – Wahrnehmung – Deutung. 1792-1841. Paderborn: Schöningh, 2007.

PLANERT, Ute; FRIE, Ewald. "Revolution, Krieg, Nation – ein universelles Muster der Staatsbildung in der Moderne?". *In:* FRIE, Ewald; PLANERT, Ute (Coords.). *Revolution, Krieg und die Geburt von Staat und Nation*. Tübingen: Mohr Siebeck, 2016, pp. 1-20.

POPPITZ, Johannes. "Die Anfänge der Verwaltungsgerichtsbarkeit". *Archiv des öffentlichen Rechts*, vol. 72, n. 2-3, 1943, pp. 158-221.

POßELT, Stephanie. *Die Grande Armée in Deutschland 1805 bis 1814*: Wahrnehmungen und Erfahrungen von Militärpersonen und Zivilbevölkerung. Frankfurt am Main: Lang, 2013.

POWICKE, Michael. *Military obligation in medieval England*: a study in liberty and duty. Oxford: Clarendon, 1962.

PRAVILOVA, Ekaterina. *A public empire*: property and the quest for the common good in Imperial Russia. Princeton: Princeton University Press, 2014.

PRELLER, Ludwig. *Sozialpolitik in der Weimarer Republik*. Kronberg: Athenäum, 1949.

PRIBBLE, Jennifer. *Welfare and party politics in Latin America*. New York: Cambridge University Press, 2013.

PRÖVE, Ralf. *Stehendes Heer und städtische Gesellschaft im 18. Jahrhundert*: Göttingen und seine Militärbevölkerung 1713-1756. Munich: Oldenbourg, 1995a.

_____. "Zum Verhältnis von Militär und Gesellschaft im Spiegel gewaltsamer Rekrutierungen (1648-1789)". *Zeitschrift für Historische Forschung*, vol. 22, n. 2, 1995b, pp. 191-223.

_____. *Stadtgemeindlicher Republikanismus und die "Macht des Volkes"*. Civile Ordnungsformationen und kommunale Leitbilder politischer Partizipation in den deutschen Staaten vom Ende des 18. bis zur Mitte des 19. Jahrhunderts. Göttingen: Vandenhoeck & Ruprecht, 2000.

_____. "Systematische Herrschaftskonkurrenz durch Instanzenzüge und Patronatsbeziehungen. Probleme im Verwaltungshandeln des 18. Jahrhunderts". *In:* NOWOSADTKO, Jutta; KLIPPEL, Diethelm; LOHSTÄTER, Kai (Coords.). *Militär und Recht vom 16. bis 19. Jahrhundert*: Gelehrter Diskurs – Praxis – Transformation. Göttingen: V & R unipress, 2016. pp. 251-268.

QUARLES, Benjamin. *The negro in the American revolution*. Chapel Hill: University of North Carolina Press, 1961.

RABINOWITCH, Alexander. *The Bolsheviks in power*: the first year of Soviet rule in Petrograd. Bloomington: Indiana University Press, 2007.

RALSTON, David B. *The army of the Republic*: the place of the military in the political evolution of France, 1871-1914. Cambridge, MA: MIT Press, 1967.

RAMIREZ, Francisco O.; VENTRESCA, Marc J. "Building the Institution of Mass Education: Isomorphism in the Modern World". *In:* FULLER, Bruce; RUBINSON, Richard (Coords.). *The political construction of education*: the state, school expansion and economic change. New York: Praeger, 1989, pp. 47-59.

RASSOW, Peter. "Die Wirkung der Erhebung Spaniens auf die deutsche Erhebung gegen Napoleon I". *Historische Zeitschrift*, vol. 167, n. 2, 1943, pp. 310-335.

REBER, Vera Blinn. "A case of total war: Paraguay, 1864-1870". *Journal of Iberian and Latin American Research*, vol. 5, n. 1, 1999, pp. 15-40.

REED, Merl E. *Seedtime for the modern civil rights movement*: the president's committee on fair employment practice 1941-1946. Baton Rouge: Louisiana State University Press, 1991.

REDLICH, Fritz. *De Praeda Militari*: looting and booty 1500-1815. Wiesbaden: Steiner, 1956.

_____. *The German military enterpriser and his work force*: a study in European economic and social policy. vol. I. Wiesbaden: Franz Steiner, 1964a.

REFERÊNCIAS BIBLIOGRÁFICAS

_____. *The German military enterpriser and his work force*: a study in European economic and social policy. vol. II. Wiesbaden: Franz Steiner, 1964b.

REICHARDT, Sven. *Fascistische Kampfbünde*: Gewalt und Gemeinschaft im italienischen Squadrismus und in der deutschen SA. Cologne: Böhlau, 2002.

REIDEGELD, Eckart. "Krieg und staatliche Sozialpolitik". *Leviathan*, vol. 17, n. 4, 1989, pp. 479-526.

REINHARD, Wolfgang. "Kriegsstaat – Steuerstaat – Machtstaat". *In:* ASCH, Roland G.; DUCHHARDT, Heinz (Coords.). *Der Absolutismus – ein Mythos*? Strukturwandel monarchischer Herrschaft in West- und Mitteleuropa (ca.1550-1700). Cologne: Böhlau, 1996, pp. 277-310.

RENOUVIN, Pierre. *Les formes du gouvernment de guerre*. Paris: PUF, 1925.

RETISH, Aaron B. *Russia's peasants in revolution and Civil War*: citizenship, identity, and the creation of the Soviet State, 1914-1922. Cambridge, UK: Cambridge University Press, 2008.

RIMLINGER, Gaston. *Welfare policy and industrialization in Europe, America and Russia*. New York: Wiley, 1971.

RINK, Martin. *Vom "Partheygänger" zum Partisanen*: Die Konzeption des kleinen Krieges in Preußen 1740-1813. Frankfurt am Main: Lang, 1999.

_____. "Partisanen und Landvolk 1730 bis 1830. Eine militär- und sozialgeschichtliche Beziehung zwischen Schrecken und Schutz, zwischen Kampf und Kollaboration". *Militärgeschichtliche Zeitschrift*, vol. 59, 2000, pp. 23-59.

_____. "Preußisch-deutsche Konzeptionen zum 'Volkskrieg' im Zeitalter Napoleons". *In:* LUTZ, Karl-Heinz; RINK, Martin; SALISCH, Marcus von (Coords.). *Reform-Reorganisation-Transformation*: Zum Wandel in deutschen Streitkräften von der preußischen Heeresreform bis zur Transformation der Bundeswehr. Munich: Oldenbourg, 2010, pp. 65-87.

RITTER, Gerhard. *Staatskunst und Kriegshandwerk*: Das Problem des Militarismus in Deutschland, I: Die altpreußische Tradition (1740-1890). 3. ed. Munich: Oldenbourg, 1965.

RITTER, Gerhard A. *Der Sozialstaat*: Entstehung und Entwicklung im internationalen Vergleich. 2. ed. Munich: Oldenbourg, 1991.

ROBERTS, Robert. *The classic slum*: salford life in the first quarter of the century. London: Penguin, 1971.

ROBESPIERRE, Maximilien. *Discourse sur la guerre*. Paris: [s. n.], 1792.

_____. *Le Défenseur de la Constitution*. Paris: [s. n.], 1792.

_____. Œuvres completes. vol. 8. Paris: PUF, 1954. 11 vols.

ROOT, Hilton L. *Peasants and king in Burgundy*: agrarian foundations of French Absolutism. Berkeley: University of California Press, 1987.

ROSE, Jonathan. *The intellectual life of the British working classes*. New Haven: Yale University Press, 2001.

ROSENBERG, Jonathan. *How far the promised land?* World affairs and the American civil rights movement from the First World War to Vietnam. Princeton: Princeton University Press, 2006.

ROSENFELD, Michel. "The identity of the constitutional subject". *Cardozo Law Review*, vol. 16, n. 3-4, 1995, pp. 1049-1110.

ROSS, George. *Workers and Communists in France*: from popular front to eurocommunism. Berkeley: University of California Press, 1982.

ROSS, William G. *World War I and the American Constitution*. New York: Cambridge University Press, 2017.

ROTHSTEIN, Bo. *Just institutions matter*: the moral and political logic of the universal welfare state. Cambridge, UK: Cambridge University Press, 1998.

ROTTECK, Carl von. *Ueber stehende Heere und Nationalmiliz*. Freyburg: Herdersche Universitäts-Buchhandlung, 1816.

ROUSSEAU, Jean-Jacques. *Considérations sur le gouvernement de Pologne*. Paris: Cazin. 1782.

ROVINELLO, Marco. "The Draft and Draftees in Italy, 1861-1914". *In:* ZÜRCHER, Erik-Jan (Coord.). *Fighting for a living*: a comparative study of military labour 1500-2000. [S. l.]: Amsterdam University Press, 2013, pp. 479-517.

ROWLANDS, Guy. *The dynastic state and the army under Louis XIV*: royal service and private interests, 1671-1701. New York: Cambridge University Press, 2002.

REFERÊNCIAS BIBLIOGRÁFICAS

RUPARELIA, Sanjay. "India's new rights agenda: genesis, promises, risks". *Pacific Affairs*, vol. 86, n. 3, 2013, pp. 569-590.

RUPARELIA, Sanjay. "Minimum government, maximum governance: the restructuring of power in Modi's India". *South Asia: Journal of South Asian Studies*, vol. 38, n. 4, 2015, pp. 755-775.

RUSSETT, Bruce M. *What price vigilance?* The burdens of national defense. New Haven: Yale University Press, 1970.

SACHßE, Christoph; TENNSTEDT, Florian. *Geschichte der Armenfürsorge in Deutschland, 2*: Fürsorge und Wohlfahrtspflege 1871-1929. Stuttgart: Kohlhammer, 1988.

SADURSKI, Wojciech. "Polish Constitutional Tribunal under PiS: from an activist court, to a paralysed tribunal, to a governmental enabler". *Hague Journal on the Rule of Law*, vol. 11, 2019, pp. 63-84.

SAHM, Rainer. *Theorie und Ideengeschichte der Steuergerechtigkeit*. Berlin: Springer, 2019.

SAINT-JACOB, Pierre de. *Les paysans de la Bourgogne du Nord au dernier siècle de l'Ancien Régime*. Paris: Société les Belles Lettres, 1960.

SAKWA, Richard. *Soviet Communists in power*: a study of Moscow during the Civil War, 1918-21. Basingstoke: Macmillan, 1988.

SALES DE BOHIGAS, Nuria. "Esclavos y Reclutas en Sudamerica, 1816-1826". *Revista de Historia de América*, vol. 70, 1970, pp. 279-337.

SALLES, Ricardo. *Guerra do Paraguai*: escravidão e cidadania na formação do exército. Rio de Janeiro: Paz e Terra, 1990.

SANBORN, Joshua A. *Drafting the Russian nation*: military conscription, total war, 1905-1925. Dekalb: Northern Illinois University Press, 2003.

SANBORN, Joshua A. "Unsettling the empire: violent migrations and social disaster in Russia during World War I". *The Journal of Modern History*, vol. 77, n. 2, 2005, pp. 290-324.

_____. *Imperial apocalypse*: the great war and the destruction of the Russian empire. Oxford: Oxford University Press, 2014.

SANDERS, Sara Katherine. "The Mexican Student Movement of 1968". *In*: MOR, Jessica Stiles (Coord.). *Human rights and transnational solidarity in Cold War Latin America*. Madison: University of Wisconsin Press, 2013, pp. 73-98.

SAULL, Richard. *Rethinking theory and history in the Cold War*: the state, military power and social revolution. London: Cass, 2001.

SCHAFFER, Ronald. *America in the Great War*: the rise of the war welfare state. New York: Oxford University Press, 1991.

SCHISSLER, Hanna. "Preußische Finanzpolitik nach 1807. Die Bedeutung der Staatsverschuldung als Faktor der Modernisierung des preußischen Finanzsystems". *Geschichte und Gesellschaft*, vol. 8, n. 3, 1982, pp. 367-385.

SCHMIDT, Christoph. *Leibeigenschaft im Ostseeraum*: Versuch einer Typologie. Cologne: Böhlau, 1997.

SCHMIDT, Eberhard. *Beiträge zur Geschichte des preußischen Rechtstaates*. Berlin: Duncker und Humblot, 1980.

SCHMIDT, Hans. "Militärverwaltung in Deutschland und Frankreich im 17. und 18. Jahrhundert". *In:* KROENER, Bernhard R.; PRÖVE, Ralf (Coords.). *Krieg und Frieden*: Militär und Gesellschaft in der Frühen Neuzeit. Paderborn: Schöningh, 1996, pp. 25-46.

SCHMIDT, Peer. "Der Guerrillero. Die Entstehung des Partisanen in der Sattelzeit: Eine atlantische Perspektive 1776–1848". *Geschichte und Gesellschaft*, vol. 29, n. 2, 2003, pp. 161-190.

SCHMITT, Bernhard. *Armee und staatliche Integration*. Preußen und die Habsburgermonarchie 1815-1866. Rekrutierungspolitik in den neuen Provinzen: Staatliches Handeln und Bevölkerung. Paderborn: Schöningh, 2007.

SCHMITT, Carl. *Verfassungslehre*. Berlin: Duncker und Humblot, 1928.

_____. *Der Begriff des Politischen*. Berlin: Duncker und Humblot, 1932.

_____. *Der Nomos der Erde im Völkerrecht des Jus Publicum Europaeum*. Berlin: Duncker und Humblot, 1950.

_____. *Theories des Partisanen*: Zwischenbemerkung zum Begriff des Politischen. Berlin: Duncker und Humblot, 2017.

SCHMOLLER, Gustav. *Preußische Verfassungs-, Verwaltungs- und Finanzgeschichte*. Berlin: Verlag der Täglichen Rundschau, 1921.

SCHOTTE, Walther. *Fürstentum und Stände in der Mark Brandenburg unter der Regierung Joachims I*. Leipzig: Duncker und Humlot, 1911.

REFERÊNCIAS BIBLIOGRÁFICAS

SCHRIMPF, Heinrich. "Die Auseinandersetzung um die Neuordnung des individuellen Rechtsschutzes gegenüber der staatlichen Verwaltung nach 1807". *Der Staat*, vol. 18, n. 1, 1979, pp. 59-80.

SCHUMACHER, Gijs; KERSBERGEN, Kees van. "Do mainstream parties adapt to the welfare chauvinism of populist parties?". *Party Politics*, vol. 22, n. 3, 2014, pp. 300-312.

SCHUMANN, Dirk. *Politische Gewalt in der Weimarer Republik 1918-1933*: Kampf um die Straße und Furcht vor dem Bürgerkrieg. Essen: Klartext, 2001.

SCHWARTZ, Stuart B. *Sugar plantations in the formation of Brazilian Society*: Bahia, 1550-1835. Cambridge, UK: Cambridge University Press, 1985.

SCHWENNICKE, Andreas. "*Ohne Steuer kein Staat*": Zur Entwicklung und politischen Funktion des Steuerrechts in den Territorien des Heiligen Römischen Reichs (1500-1800). Frankfurt: Klostermann, 1996.

SCZANIECKI, Michel. *Essai sur les fiefs-rentes*. Paris: Sirey, 1946.

SEGAL, David R. *Recruiting for Uncle Sam*: citizenship and military manpower policy. Kansas: University of Kansas Press, 1989.

SEGURA-UBIERGO, Alex. *The political economy of the welfare state in Latin America*. Cambridge, UK: Cambridge University Press, 2007.

SELLIN, J. Thorsten. *Slavery and the penal system*. New York: Elsevier, 1976.

SELLIN, Volker. *Gewalt und Legitimität*: Die europäische Monarchie im Zeitalter der Revolutionen. Munich: Oldenbourg, 2010.

SEYMOUR, Michel. "Présentation". *In:* SEYMOUR, Michel (Coord.). *Nationalité, Citoyenneté et solidarité*. Montréal: Liber, 1999.

SEYSSEL, Claude de. *La monarchie de France*. Paris: D'Argences, 1961.

SHEHAJ, Albana Adrian J Shin; INGLEHART, Ronald. "Immigration and right-wing populism: an origin story". *Party Politics*. Online First, 2019, pp. 1-12.

SHEFFIELD, G. D. *Leadership in the trenches*: officer-men relations, morale and discipline in the British Army in the era of the First World War. Basingstoke: Macmillan, 2000.

SHERRY, Michael S. *In the shadow of war:* the United States since the 1930s. New Haven: Yale University Press, 1995.

SHKLAR, Judith N. *American citizenship:* the quest for inclusion. Cambridge, MA: Harvard University Press, 1991.

SIEYÈS, Emmanuel-Joseph. *Qu'est-ce que le Tiers-Etat?* 2. ed. Paris: [s. n.], 1789.

SIKORA, Michael. *Disziplin und Desertion:* Strukturprobleme militärischer Organisation im 18. Jahrhundert. Berlin: Duncker und Humblot, 1996.

_____. "Söldner: historische Annäherung an einen Kriegertypus". *Geschichte und Gesellschaft*, vol. 29, n. 2, 2003, pp. 210-238.

SILVER, Beverly J. *Forces of labor:* workers' movements and globalization since 1870. New York: Cambridge University Press, 2003.

SIMKINS, Peter. *Kitchener's army:* the raising of the new armies, 1914-16. Manchester: Manchester University Press, 1988.

SINCLAIR, Alexandra; TOMLINSON, Joe. "Deleting the Administrative State?". *UK Constitutional Law Blog*, 7 fev. 2019, Disponível em: https://ukconstitutionallaw.org/2019/02/07/alexandra-sinclair-and-joe-tomlinson-deleting-the-administrative-state/.

SITKOFF, Harvard. "Racial militancy and interracial violence in the Second World War". *The Journal of American History*. vol. 58, n. 3, 1971, pp. 661-681.

SKIDMORE, Thomas E. *The politics of military rule in Brazil 1964-85.* Oxford: Oxford University Press, 1988.

SKOCPOL, Theda. "Social revolutions and mass military mobilization". *World Politics*, vol. 40, n. 2, 1988, pp. 147-168.

_____. *Protecting soldiers and mothers:* the political origins of social policy in the United States. Cambridge, MA: Harvard University Press, 1992.

_____. "America's first social security system: the expansion of benefits for Civil War veterans". *Political Science Quarterly*, vol. 108, n. 1, 1993, pp. 85-116.

SKOCPOL, Theda; AMENTA, Edwin. "States and social policies". *Annual Review of Sociology*, vol. 12, 1986, pp. 131-157.

SKRENTNY, John D. *The minority rights revolution.* Cambridge, MA: Harvard University Press, 2002.

REFERÊNCIAS BIBLIOGRÁFICAS

SLOTKIN, Richard. *Lost Battalions*: The great war and the crisis of American nationality. New York: Henry Holt, 2005.

SMELE, Jonathan D. *The "Russian" Civil Wars 1916-1926*: ten years that shook the world. London: Hurst, 2015.

SMITH, Timothy B. *Creating the welfare state in France, 1880-1940*. Montreal: McGill-Queen's University Press, 2003.

SOBOUL, Albert. *Les Soldats de l'an II*. Paris: Le Club français du livre, 1959.

_____. "Survivances 'féodales' dans la société rurale française au XIXe siècle". *Annales:* Économies, Sociétés, Civilisations, vol. 23, n. 5, 1968, pp. 965-986.

SOIFER, Hillel David. *State building in Latin America*. New York: Cambridge University Press, 2015.

SONENSCHER, Michael. "The nation's debt and the birth of the modern republic: the French fiscal deficit and the politics of the revolution: Part 1". *History of Political Thought*, vol. 18, n. 1, 1997, pp. 64-103.

SPARROW, James T. *Warfare state*: World War II, Americans and the age of big government. Oxford: Oxford University Press, 2011.

SPEITKAMP, Winfried. "Gewaltgemeinschaften in der Geschichte. Eine Einleitung". *In:* SPEITKAMP, Winfried (Coord.). *Gewaltgemeinchaften in der Geschichte*: Entstehung, Kohäsionskraft und Zerfall. Göttingen: Vandenhoeck & Ruprecht, 2015, pp. 11-40.

SPREEN, Dierk. *Krieg und Gesellschaft*: Die Konstitutionsfunktion des Krieges für moderne Gesellschaften. Berlin: Duncker und Humblot, 2008.

SPRUYT, Bram; KEPPENS, Gil; DROOGENBROECK, Filip Van. "Who Supports Populism and What Attracts People to It?". *Political Research Quarterly*, vol. 69, n. 2, 2016, pp. 335-346.

STARR, Paul. *The social transformation of American medicine*: the rise of a sovereign profession and the making of a vast industry. New York: Basic Books, 1982.

STEINFELD, Robert J. "Changing Legal Conceptions of Free Labor". *In:* ENGERMAN, Stanley L. (Coord.). *Terms of labor*: slavery, serfdom and free labor. Stanford: Stanford University Press, 1999, pp. 137-167.

_____. *Coercion, contract and free labor in the nineteenth century*. Cambridge, UK: Cambridge University Press, 2001.

STEPAN, Alfred. *The military in politics*: changing patterns in Brazil. Princeton: Princeton University Press, 1971.

STICHWEH, Rudolf. *Die Weltgesellschaft*: Soziologische Analysen. Frankfurt am Main: Suhrkamp, 2000.

STREECK, Wolfgang. "The Sociology of Labor Markets and Trade Unions". *In:* SMELSER, Neil J.; SWEDBERG, Richard (Coords.). *The handbook of economic sociology*. Princeton: Princeton University Press, 2005, pp. 254-283.

STREECK, Wolfgang; HASSEL, Anke. "Trade unions as political actors". *In:* ADDISON, John T.; SCHNABEL, Claus (Coords.). *International handbook of trade unions*. Cheltenham: Elgar, 2003, pp. 335-365.

STÜBIG, Heinz. *Armee und Nation*: Die pädagogisch-politischen Motive der preußischen Heeresreform 1807-1814. Frankfurt am Main: Peter Lang, 1971.

SURI, Jeremi. *Power and protest*: global revolution and the rise of Détente. Cambridge, MA: Harvard University Press, 2005.

SVAREZ, Carl Gottlieb. *Gesammelte Schriften*. vol. 4/1. KRAUSE, Peter (Coord.). Stuttgart: frommann-holzboog, 2000. 6 vols.

SWANK, Duane. "Between incrementalism and revolution: group protest and the growth of the welfare state". *American Behavioral Scientist*, vol. 26, pp. 291-310, 1983.

SWANK, Duane; BETZ, Hans-Georg. "Globalization, the welfare state and right-wing populism in Western Europe". *Socio-Economic Review*, vol. 1, 2003, pp. 215-245.

SZLANTA, Piotr. "Der Erste Weltkrieg von 1914 bis 1915 als identitätsstiftender Faktor für die moderne polnische Nation". *In:* GROß, Gerhard P. (Coord.). *Die vergessene Front*: Der Osten 1914/15. Ereignis, Wirkung, Nachwirkung. Paderborn: Schöningh, 2006, pp. 153-164.

TAITHE, Bertrand. *Citizenship and wars*: France in turmoil. London: Routledge, 2001.

TANI, Karen M. *States of dependency*: welfare, rights, and American governance, 1935-1972. New York: Cambridge University Press, 2016.

REFERÊNCIAS BIBLIOGRÁFICAS

TÄNNSJÖ, Torbjörn. *Populist democracy*: a defence. London: Routledge, 1992.

TARROW, Sidney. *War, states, and contention*: a comparative historical study. Ithaca: Cornell University Press, 2015.

TEUBNER, Gunther. "Global Bukowina: Legal Pluralism in the World Society". *In:* TEUBNER, Gunther (Coord). *Global law without a state*. Dartmouth: Aldershot, 1997, pp. 3-28.

THERBON, Göran. "Classes and states: welfare state developments 1881-1981". *Studies in Political Economy*, vol. 14, n. 1, 1984, pp. 7-41.

THIELE, Andrea. "The Prince as Military Entrepreneur? Why Smaller Saxon Territories sent 'Holländische Regimenter' (Dutch Regiments) to the Dutch Republic". *In:* FYNN-PAUL, Jeff (Coord.). *War, entrepreneurs, and the state in Europe and the Mediterranean 1310-1800*. Leiden: Brill, 2014, pp. 170-192.

THOMAS, Daniel C. *The Helsinki effect*: international norms, human rights, and the demise of communism. Princeton: Princeton University Press, 2001.

THOMAS, George M.; MEYER, Jon W. "The expansion of the state". *Annual Review of Sociology*, vol. 10, 1984, pp. 461-482.

THOMASIUS, Christian. *Entwurf der Grundlehren, die einem studioso iuris zu wissen und auf Universitäten zu lernen nötig sind*. Halle: Renger, 1699.

THORNHILL, Chris. *The sociology of law and the global transformation of democracy*. Cambridge, UK; New York: Cambridge University Press, 2018.

THORPE, Rebecca U. *The American warfare state*: the domestic politics of military spending. Chicago: Chicago University Press, 2014.

TILLY, Charles. *The Vendée*. London: Arnold, 1964.

_____. "Where do Rights come From?". *In:* SKOCPOL, Theda (Coord.). *Democracy, revolution, and history*. Ithaca: Cornell University Press, 1999, pp. 55-72.

TOMBS, Robert. *The war against Paris 1871*. Cambridge, UK: Cambridge University Press, 1981.

TOPLIN, Robert Brent. "Upheaval, violence, and the abolition of slavery in Brazil: the case of Sao Paulo". *The Hispanic American Historical Review*, vol. 49, n. 4, 1969, pp. 639-655.

TORRES, João Camilo de Oliveira. *O positivismo no Brasil*. Brasilia: Edições Câmara, 2018.

TRÄGÅRDH, Lars. "Swedish model or Swedish culture". *Critical Review*, vol. 4, n. 4, 1990, pp. 569-590.

TROX, Eckhard. *Militärischer Konservatismus*: Kriegervereine und "Militärpartei" in Preußen zwischen 1815 und 1848/49. Stuttgart: Franz Steiner, 1990.

TSUTSUI, Kiyoteru; WOTIPKA, Christine Min. "Global civil society and the international human rights movement: citizen participation in human rights international nongovernmental organizations". *Social Forces*, vol. 83, n. 2, 2004, pp. 587-620.

TUSHNET, Mark. *Taking the constitution away from the Courts*. Princeton: Princeton University Press, 1999.

TUSHNET, Mark. "Authoritarian Constitutionalism". *Cornell Law Review*, vol. 100, 2015, pp. 391-462.

URBINATI, Nadia. *Me the people*: how populism transforms democracy. Cambridge, MA: Harvard University Press, 2019.

VAN DEN HEUVEL, Gerd. *Grundprobleme der französischen Bauernschaft 1730-1794*. Munich: Oldenbourg, 1982.

VATTEL, Emer de. *Le droit des gens ou principes de la loi naturelle*. vol. I. Leiden: Aux depans de la compagnie, 1758.

VIDRA, Zsuzsanna. "Hungary's Punitive Turn". *Communist and Post-Communist Studies*, vol. 51, n. 1, 2018, pp. 73-80.

VOCKE, Wilhelm. "Indirekte Steuern". *FinanzArchiv*, vol. 20, n. 2, pp. 1-25, 1903.

VOELZ, Peter M. *Slave and soldier*: the military impact of blacks in the colonial Americas. New York: Garland, 1993.

VOGEL, Barbara. "Staatsfinanzen und Gesellschaftsreform in Preußen". *In*: BERDING, Helmmut (Coord.). *Privatkapital, Staatsfinanzen und Reformpolitik in Deutschland der napoleonischen Zeit*. Ostfildern: Scripta Mercaturae Verlag, 1981, pp. 35-57.

VOIGT, Carsten. *Kampfbünde der Arbeiterbewegung*: Das Reichsbanner Schwarz-Rot-Gold und der Rote Frontkämpferbund in Sachsen 1924-1933. Cologne: Böhlau, 2009.

REFERÊNCIAS BIBLIOGRÁFICAS

VOLKMANN, Heinrich. "Modernisiering des Arbeitskampfes? Zum Formwandel von Streik und Aussperrung in Deutschland 1864-1975". *In:* KAELBLE, Hartmut (Coord.). *Probleme der Modernisierung in Deutschland*: Sozialhistorische Studien zum 19. und 20. Jahrhundert. Wiesbaden: Westdeutscher Verlag, 1978, pp. 110-170.

VOLLERT, Michael P. *Für Ruhe und Ordnung*: Einsätze des Militärs im Innern (1820-1918). Preußen-Westfalen-Rheinprovinz. Bonn: Dietz, 2014.

VOLTELINI, Hans von. "Die naturrechtlichen Lehren und die Reformen des 18. Jahrhunderts". *Historische Zeitschrift*, vol. 105, n. 1, 1910, pp. 65-104.

VON MISES, Ludwig. *Die Entwicklung des gutsherrlich-bäuerlichen Verhältnisses in Galizien* (1772-1848). Vienne: Deuticke, 1902.

VORMBAUM, Thomas. *Politik und Gesinderecht im 19. Jahrhundert* (vornehmlich in Preußen 1810-1918). Berlin: Duncker und Humblot, 1980.

WALLERSTEIN, Immanuel; ZUKIN, Sharon. "*1968, Revolution in the World-System*: Theses and Queries". *Theory and Society*, vol. 18, n. 4, 1989, pp. 431-449.

WALTER, Dierk. *Preußische Heeresreformen 1807-1870*: Militärische Innovationen und der Mythos der "Roonschen Reform". Paderborn: Schöningh, 2003.

WARBURG, Jens. *Das Militär und seine Subjekte*: Zur Soziologie des Krieges. Bielefeld: transcript, 2008.

WATSON, Alexander. *Enduring the great war*: combat, morale and collapse in the German and British armies, 1914-1918. Cambridge, UK: Cambridge University Press, 2008.

WAWRO, Geoffrey. *The Franco-Prussian war*: the German conquest of France in 1870-1871. New York: Cambridge University Press, 2003.

WEAKLIEM, David L.; HEATH, Anthony F. "The Secret Life of Class Voting: Britain, France, and the United States". *In:* EVANS, Geoffrey (Coord.). *The end of class politics*? Class voting in twenty postwar societes. Oxford: Oxford University Press, 1999, pp. 97-136.

WEBBER, Grégoire. *The negotiable constitution*: on the limitation of rights. Cambridge, UK: Cambridge University Press, 2009.

WEBER, Eugene. *Peasants into Frenchmen*: the modernization of rural France, 1870-1914. Stanford: Stanford University Press, 1976.

WEBER, Max. W*irtschaft und Gesellschaft*: Grundriß der verstehenden Soziologie. Tübingen: Mohr, 1921-22.

WEBER, Petra. *Gescheiterte Sozialpartnerschaft – Gefährdete Republik*? Industrielle Beziehungen, Arbeitskämpfe und der Sozialstaat. Deutschland und Frankreich im Vergleich (1918-1933/39). Munich: Oldenbourg, 2010.

WEEKS, Theodore R. *Nation and state in late Imperial Russia*: nationalism and russification on the western frontier 1863-1914. Dekalb: Northern Illinois University Press, 1996.

WEILER, Peter. *British labour and the Cold War*. Stanford: Stanford University Press, 1988.

WESTAD, Odd Arne. *The global Cold War*: third world interventions and the making of our times. Cambridge, UK: Cambridge University Press, 2007.

WESTERHOFF, Christian. *Zwangsarbeit im Ersten Weltkrieg*: Deutsche Arbeitskräftepolitik im besetzten Polen und Litauen 1914-1918. Paderborn: Schöningh, 2012.

WESTERN, J. R. *The English militia in the eighteenth century*: the story of a political issue 1660-1802. London: Routledge, 1965.

WIENFORT, Monika. *Patrimonialgerichte in Preussen*: Ländliche Gesellschaft und bürgerliches Recht 1770-1848/49. Göttingen: Vandenhoeck und Ruprecht, 2001.

WILENSKY, Harold L. *The welfare state and equality*: structural and ideological roots of public expenditure. Berkeley: University of California Press, 1975.

WILLEMS, Emilio. *Der preußisch-deutsche Militarismus*: Ein Kulturkomplex im sozialen Wandel. Cologne: Verlag Wissenschaft und Politik, 1984.

WILLIAMS, Chad L. *Torchbearers of democracy*: African American soldiers in the World War I era. Chapel Hill: University of North Carolina Press. (2010),

WINNIGE, Norbert. "Von der Kontribution zur Akzise: Militärfinanzierung als Movens staatlicher Steuerpolitik". *In*: KROENER, Bernhard R.; PRÖVE, Ralf (Coord.). *Krieg und Frieden. Militär und Gesellschaft in der Frühen Neuzeit*. Paderborn: Schöningh, 1996, pp. 59-83.

REFERÊNCIAS BIBLIOGRÁFICAS

WINTER, Martin. *Untertanengeist durch Militärpflicht?* Das preußische Kantonsystem in brandenburgischen Städten im 18. Jahrhundert. Bielefeld: Verlag für Regionalgeschichte, 2005.

WIRTSCHAFTER, Elise Kimerling. *From serf to Russian soldier*. Princeton: Princeton University Press, 1990.

WOHLFEIL, Rainer. *Spanien und die deutsche Erhebung 1808-1814*. Wiesbaden: Steiner, 1965.

_____. *Vom Stehenden Heer des Absolutismus zur Allgemeinen Wehrpflicht*. Munich: Bernard & Graefe, 1983.

WOLD, Atle L. *Scotland and the French Revolutionary War, 1792-1802*. Edinburgh: Edinburgh University Press, 2015.

WOLFF, Christian. *Grundsätze des Natur- und Völckerrechts*. Halle: Renger, 1754.

_____. *Jus Gentium methodo scientifica petractatum*. Reprint of 1764 edition. Oxford: Clarendon Press, 1764.

WOLFE, Martin. *The fiscal system of Renaissance France*. New Haven: Yale University Press, 1972.

WRIGHT, Gavin. *Sharing the prize*: the economics of the civil rights revolution in the American South. Cambridge, MA: Harvard University Press, 2013.

WRIGHT, William E. *Serf, seigneur and sovereign*: agrarian reform in eighteenth-century Bohemia. Minneapolis: University of Minnesota Press, 1966.

XENAKIS, Stefan. *Gewalt und Gemeinschaft*: Kriegsknechte um 1500. Paderborn: Schöningh, 2015.

YARBROUGH, Tinsley E. "Justice Black, The Fourteenth Amendment, and Incorporation". *University of Miami Law Review*, vol. 30, n. 2, 1976, pp. 231-275.

ZACCARIA, Giuseppe. "The People and Populism". *Ratio Juris*, vol. 31, n. 1, 2018, pp. 33-48.

ZIEMANN, Benjamin. *Front und Heimat*: Ländliche Kriegserfahrungen im südlichen Bayern 1914-1923. Essen: Klartext, 1997.

A Editora Contracorrente se preocupa com todos os detalhes de suas obras! Aos curiosos, informamos que este livro foi impresso no mês de junho de 2021, em papel Pólen Soft 80g, pela Gráfica Copiart.